本教材获得复旦大学"双一流"建设项目
"七大系列精品教材"建设计划资助

商务印书馆（上海）有限公司 出品
The Commercial Press (Shanghai) Co. Ltd.

复旦哲学·教材系列

现代西方哲学

(增订本)

张庆熊　著

商务印书馆
创于1897　The Commercial Press

图书在版编目（CIP）数据

现代西方哲学/张庆熊著. — 增订本. — 北京：商务印书馆，2023（2025.7重印）
（复旦哲学.教材系列）
ISBN 978-7-100-20993-9

Ⅰ.①现… Ⅱ.①张… Ⅲ.①西方哲学—现代哲学 Ⅳ.①B505

中国版本图书馆CIP数据核字（2022）第055662号

权利保留，侵权必究。

现 代 西 方 哲 学
（增订本）

张庆熊　著

商 务 印 书 馆 出 版
（北京王府井大街36号　邮政编码100710）
商 务 印 书 馆 发 行
山 东 临 沂 新 华 印 刷 物 流
集 团 有 限 责 任 公 司 印 刷
ISBN 978-7-100-20993-9

2023年6月第1版　　开本 889×1194　1/16
2025年7月第2次印刷　印张 35
定价：120.00元

复旦哲学·教材系列

编委会

吴晓明　孙向晨
袁　新　张双利
郭晓东　邓安庆
王国豫　郝兆宽
黄　翔　沈语冰

编委会主任

吴晓明

主　编

孙向晨

副主编

林　晖

目　录

- 1　　　现代西方哲学导论
- 10　　思考题

第一章　非理性主义、唯意志主义和生命哲学综述 …… 11
- 13　　第一节　问题意识
- 15　　第二节　基本特征、思想渊源和发展概况
- 18　　思考题

第二章　叔本华 …… 19
- 21　　第一节　生平著述与问题意识
- 25　　第二节　主要论点及其论证
- 34　　第三节　意义、影响和遗留问题
- 35　　思考题

第三章　尼　采 …… 37
- 39　　第一节　生平著述与问题意识
- 42　　第二节　主要论点及其论证
- 59　　第三节　意义、影响和遗留问题
- 63　　思考题

第四章　祁克果 …… 65
- 67　　第一节　生平著述与问题意识
- 69　　第二节　主要论点及其论证
- 76　　第三节　意义、影响和遗留问题
- 78　　思考题

第五章　柏格森 …… 79

- 81　第一节　生平著述与问题意识
- 86　第二节　时间与绵延
- 89　第三节　生命实体与创造进化
- 94　第四节　自由和直觉
- 97　第五节　意义、影响和遗留问题
- 99　思考题

第六章　实证主义综述 …… 101

- 103　第一节　思想渊源、基本特征和发展脉络
- 107　第二节　实证主义的社会政治观
- 111　第三节　实证主义的遗留问题
- 113　思考题

第七章　穆　勒 …… 115

- 117　第一节　生平著述与问题意识
- 120　第二节　实证的方法及其推广应用
- 128　第三节　意义、影响和遗留问题
- 130　思考题

第八章　实用主义综述 …… 131

- 133　第一节　实用主义的问题意识
- 135　第二节　实用主义的发展概况
- 136　思考题

第九章　皮尔士 …… 137

- 139　第一节　"实用主义"名称的来历
- 142　第二节　如何澄清概念和确定信念
- 144　第三节　指号学的实在论前提和对命题意义的自我控制
- 149　思考题

第十章　詹姆士 151

- 153　第一节　"实用"作为真理标准和人生指导原则
- 155　第二节　哲学的"气质说"和宗教的"慰藉说"
- 157　第三节　彻底的经验主义
- 159　思考题

第十一章　杜　威 161

- 163　第一节　自然主义的经验论
- 166　第二节　工具主义
- 169　第三节　民主与教育
- 172　思考题

第十二章　分析哲学综述 173

- 175　第一节　分析哲学的问题意识
- 178　第二节　分析哲学的两种类型和发展概况
- 181　思考题

第十三章　罗　素 183

- 185　第一节　罗素哲学研究的基本思路
- 189　第二节　逻辑原子主义
- 194　第三节　摹状词理论
- 197　思考题

第十四章　维特根斯坦 199

- 203　第一节　维特根斯坦的前期哲学
- 214　第二节　维特根斯坦的后期哲学
- 229　思考题

第十五章　从逻辑实证主义到实用主义的分析哲学 231

- 233　第一节　维也纳学派的逻辑实证主义

241 第二节 蒯因的实用主义的分析哲学

250 思考题

第十六章 牛津学派的日常语言哲学……251

253 第一节 赖尔论范畴错误

255 第二节 厄姆森对价值的分析

257 第三节 斯特劳逊论"描述的形而上学"

260 思考题

第十七章 诠释学、现象学、存在主义相互关系综述……261

263 第一节 诠释学的渊源

267 第二节 诠释学与现象学的交汇

272 第三节 存在主义的兴起及其基本特征

275 第四节 存在主义、诠释学和现象学的交汇

281 第五节 意义、影响和遗留问题

285 思考题

第十八章 狄尔泰……287

289 第一节 生平著述与问题意识

292 第二节 精神科学的自主性

298 第三节 诠释学方法

303 第四节 描述心理学和心灵生活的结构关联

311 第五节 结构关联中的思想游弋

312 思考题

第十九章 胡塞尔……313

315 第一节 生平著述与问题意识

319 第二节 对心理主义的批判

322 第三节 意向性理论

331　　第四节　现象学的方法
340　　第五节　生活世界
347　　思考题

第二十章　海德格尔 …… 349

351　　第一节　生平和问题意识
358　　第二节　主要论点及其论证
369　　第三节　转向后期哲学的问题
371　　思考题

第二十一章　萨　特 …… 373

375　　第一节　生平著述与问题意识
380　　第二节　《存在与虚无》的主要论点及其论证
403　　第三节　《辩证理性批判》的主要论点及其论证
414　　思考题

第二十二章　结构主义 …… 415

417　　第一节　结构主义的基本特征和发展概况
421　　第二节　索绪尔的语言学结构观
430　　第三节　罗曼·雅各布森和列维-斯特劳斯对结构主义的发展
434　　第四节　结构主义的贡献及其遗留问题
438　　思考题

第二十三章　后现代主义综述 …… 439

441　　第一节　现代性的基本特征
443　　第二节　后现代主义对现代性的批判
449　　第三节　在反思后现代主义困境中寻求出路
454　　思考题

第二十四章　德里达的解构主义 ······ 455

- 457　第一节　生平著述与问题意识
- 463　第二节　论解构
- 475　第三节　遗留问题、争论与评价
- 485　**思考题**

第二十五章　社会批判理论综述 ······ 487

- 489　第一节　基本特征和发展概况
- 491　第二节　前期法兰克福学派的批判理论
- 496　第三节　后期法兰克福学派的批判理论
- 498　**思考题**

第二十六章　哈贝马斯的交往行为理论 ······ 499

- 501　第一节　生活世界作为交往行为理性的根基
- 506　第二节　社会行为的划分和世界的划分
- 510　第三节　交往理性与主观世界、客观世界和社会世界的关系
- 517　第四节　意义、影响和遗留问题
- 522　**思考题**

- 523　推荐书目
- 525　参考文献
- 533　人名索引
- 537　术语索引
- 547　增订本后记

现代西方哲学导论

哲学始终处于建构与解构、确信与怀疑、批判与辩护、分析与综合的过程中。在此意义上,体系哲学与反体系哲学、形而上学和反形而上学只是一个问题的两个方面。哲学所能提供的不是什么现存的知识,而是问题意识和求解途径。近代以来,提供新知识的任务无疑已经被归入各门科学。但是,人类在认识世界和改造世界的活动中会发生各种各样的问题,而这些问题经常被遮蔽,如何善于发现这些问题,从本体论、认识论和方法论的角度探索求解途径,则落实到哲学身上。哲学有各种流派,现代西方哲学的流派更是五花八门。如何从这些纷杂的说法中获得收益呢?唯有梳理清楚它们的问题意识和比较它们所提供的解决方案的优缺点,才能开辟我们自己的思路,增进我们自己发现问题和解决问题的能力。哲学是一种爱好智慧的活动。**爱好智慧要有批判精神,要敢于对现存的说教加以怀疑,并为这种怀疑提供支持和反驳的理由,在论辩中推进思想的发展。**

作为导论,我想首先应该对本书的标题"**现代西方哲学**"做反思性的推敲。读者读到这个标题时,学生听到这个课程名称时,自然会想一想它的确切含义是什么,用这一标题是否具有正当性。我选用这个标题时自己也感到有许多需要说明的地方。在此,"现代""西方""哲学"这三个词的含义都需要澄清。

首先,"现代西方哲学"中的"**现代**"这一表达就值得推敲。如果把"现代西方哲学"翻译成英文,则为"modern western philosophy"。这个名称在西方学界有关哲学史的划分中曾指"十六、十七和十八世纪欧洲哲学"。在此,"现代哲学"是针对"中世纪哲学"而言的,"现代哲学"以理性精神反对中世纪的以宗教信仰为核心的哲学,具有启蒙的性质。有人主张,这里的"现代的"是指"当代的"(contemporary)。但是"当代的"的意思是"与当下活着的人同代的",也即近五十年左右的历史,至多不会超过一百年。现在已经是二十一世纪了，因此我认为在此用"当代的"这个词也是不妥当的。当然，"现代"这个词在学界除了专指十六、十七和十八世纪外，还有较为宽泛的其他用法。有一种观点是，十九世纪中叶起，西方的社会和哲学已经发生根本性的变化。那时西方已经进入以垄断资本为主导的帝国主义时代，其哲学是与这时代相适应的。"现代西方哲学"可指十九世纪中叶以来的西方哲学。还有一种观点主张，二十世纪中叶起西方已经进入"后工业化时代"，与此相应出现"后现代主义哲学"，它反思现代社会和现代思想的种种问题。另有一些学者则认为，"现代性仍然是一项未完成的事业"，"信息化"和"大数据"等所谓后工业化的特征并不足以标志划时代的生产技术和生产方式的出现，"语言学转向"和"反形而上学"等哲学运动也并不意味着新的哲学时代的到来。

为了妥当起见，较为谨慎的做法是不采取"现代哲学"、"后现代哲学"、"当代哲学"（contemporary philosophy）这些语义不详、容易引起误解的词汇，而采用"世纪"加"国别"的界限更加清楚的名称。复旦大学新近编著的《西方哲学通史》就采用"二十世纪英美哲学""二十世纪法国哲学""二十世纪德国哲学"之类的标题。

那么，为什么我们仍然把它称为"现代西方哲学"呢？这与我们编写哲学史的历史沿革和课程设置有一定的关系。在中国的高校中，习惯于把从古希腊至十九世纪德国古典哲学的课程称为"西方哲学史"，把十九世纪中叶德国古典哲学解体以来的西方哲学称为"现代西方哲学"。我们的"外国哲学"课程，习惯上分为两段：一段为"西方哲学史"，另一段为"现代西方哲学"。由此可见，使用这个名称多少出于国内的习惯用法和课程设置方便上的考虑。

当然，这里也有一个思想方式上的原因。十九世纪中叶正值马克思主义哲学诞生之际。以黑格尔哲学为标志的德国古典哲学是西方哲学发展的一个高峰。马克思主义哲学扬弃了德国古典哲学，把黑格尔的头足倒立的唯心主义辩证法再次倒立过来，建立了辩证唯物主义和历史唯物主义的哲学。马克思的思想为人类解放开辟了一条新的道路，确实是人类思想史上划时代的大事。把十九世纪中叶以前的康德、费希特、谢林、黑格尔的哲学称为"古典哲学"，也包含此后的哲学的"现代性"意味。

那么，在肯定马克思主义哲学的划时代的重要意义的同时，应该怎样来评价马克思的同时代及以后的西方哲学呢？过去的一种多少从苏联专家那里继承过来的"左"的看法是：所谓现代西方哲学就是指马克思主义诞生以后的腐朽的资产阶级的哲学，是重点批判的对象。时至今天，这样的说法需要加以反思。按照我的看法，在马克思主义哲学诞生之后，产生了许许多多新的哲学思潮。对于它们，我们确实要抱一种批判的态度。但是我这里所说的批判态度，是哲学的探索精神的表现，是马克思主义的实事求是的基本原则的表现。

哲学思潮的产生和流行，往往与新出现的社会问题和科学技术的革命有关。例如：实证主义的产生与现代物理学引领现代科学的研究模式有关；分析哲学的产生与现代逻辑和语言学的发展有关；法兰克福学派的社会批判理论与现代社会的专业分工所导致的人的片面发展和消费至上的文化工业所导致的人的精神颓废有关；近年来流行的"生态主义伦理学"乃至"生态的马克思主义"与人们意识到自然资源的有限与人的欲望无限以及资本推动的过度消费有关。这些新的社会问题和科学知识在马克思所处的时代还没有出现，因而也是当代马克思主义必须应对的现实问题。因此，我们应该充分研究这些新的哲学流派的问题意识和解题方案，从中找到可被我们吸纳的合理成分并扬弃其不足。

除了以上原因外，我觉得"现代"这个概念在中国人的用法中与西方人有很大不同。如果说西方的历史在十六、十七世纪是一个转折点的话，那么中国的历史在十九世纪中叶是一个转折点。鸦片战争发生在1840年，马克思和恩格斯合著的《共产党宣言》发表于1848年。中国人译介西方各国地理、历史和技术的著作的起步不晚。林则徐的朋友魏源为"师夷长技以制夷"，于1841年起就编撰《海国图志》，1848年六十卷本《海国图志》刊于扬州。可惜，中国人译介西方现代哲学的著作则晚得多。由于不了解西方的技术与西方人的思想方式和社会体制，洋务运动受保守落后的思想方式和政治体制的拖累而失败。直到1895年，才有严复翻译的论述进化史观的《天演论》等哲学著作出版，对中国人的社会政治思想产生冲击。然而在那时，甲午海战已经失败，中国社会在内外交困中进入最惨烈的灾变周期：戊戌变法不成而生共和革命，共和革命不成而有学俄国的社会主义革命。这些革命壮举可敬可畏，但实际效果远不及当初所愿。如果思想准备充分一些，认真学习和研究包括哲学在内的西学知识，吸取西方社会发展过程中的经验教训，结合中国自己的国情进行改革，就可能少走弯路。我们今天应懂得这个道理：哲学的研究和辩论充分一些，眼光就会前瞻和深刻一些，问题就会看得准一些，无谓的流血牺牲和社会动荡就会少一些。

现在我们来看"**西方**"这个概念。在字面上，"西方"是一个地理的概念。但在"现代西方哲学"的用法中，"西方"与地理概念有关，但主要不是一个地理概念，而是一个文化或文明的概念。澳大利亚在地理上属于东方，但澳大利亚的哲学被归于西方哲学。那么，什么是西方文明的主要特征呢？西方人常常这样概括：**古希腊的哲学、古罗马的法律、基督教的伦理是西方文明的三个源头性的核心要素**。他们认为，西方现代的理性思维方式和科学知识的形态是从古希腊哲学中发展出来的；西方现代的民主法治社会与继承和发展罗马的法律思想有关；西方人现在的伦理观和价值观与基督教的信仰传统有关。因此，我们不能割裂西方思想文化的传统。我们现在学习现代西方哲学的时候，不时要联系到古希腊哲学的源头。哲学总与政治、法律、伦理的思想交织在一起，因此我们也需要了解包括基督教在内的整个西方文化传统。

我们由此想到一个问题：什么是中华文明的基本特征？我们现在学习西方哲学，特别是马克思主义哲学，能够与中华文明的传统割裂开来吗？我们常说，中华文明是以儒家文化为主流的文明。我们也可以这样概括：**儒家的伦理、法家的法律、道家的自然观和养生观是中华文明的三个源头性的核心要素**。包括马克思主义在内的西方文化是外来文化，能容纳到中华传统文化中去吗？这就是一个现代中国在面对"西学"时激烈争论的问题。所谓"中学为体，西学为用"或"全盘西化"之类的争论就由此而起。其实，中华文明在生长的过程中也吸纳外来文化，佛教文化就是一种外来文化。我认为关键还在于心态。在盛唐时期，中国人的自信心很强，能主动积极地吸纳佛教文化；到了晚清，不思进取，被动挨打，就陷入要么害怕外来文化动摇原有体制的保守心态，要么责怪祖宗无能的"假洋鬼子"心态。文化的传承和发展就像生物的新陈代谢一样，在遗传中吐故纳新。"中学为体，西学为用"的错误在于，不知道"体"和"用"是有机统一的。"全盘西化"的错误在于，不知道文化的遗传基因的作用，因此你即使想成为"洋鬼子"也只能成为"假洋鬼子"。因此，我们在讲授西方哲学的时候，也请同学们时时联系中国国情和中国传统文化中的相关说法，通过比较研究取长补短。

现在我们转入"现代西方哲学"的本题。十九世纪中叶以后的西方哲学有形形色色的流派和众多著名的哲学家。由于课程时间的限制，怎样安排讲课内容是我不得不考虑的问题。通常，有按照流派讲和按照哲学家讲两种方式。多年的教学经验告诉我，如果按照流派讲，概述每一流派的基本观点和发展脉络，容易使得学生把握大局观，知道现代西方哲学的基本情况，但会讲得太泛，不能深入到哲学家自己的思想本身中去；如果按照哲学家讲，解释清楚他们各自专门的哲学用语和思想展开的过程，学生较易把握他们的哲学思想本来是怎么回事，但现代西方的哲学家太多，讲课的时间不够。因此，我不得不把按照流派讲和按照哲学家讲的方式结合起来，尽可能突出重点，讲得清楚一些，而不是像蜻蜓点水那样浮在表面上。

为了让读者和同学们对整个现代西方哲学有一个大局观，不至于迷失在众多流派和代表人物的细节中，我想有必要在导论课中先说明现代西方哲学的几个主要特征和演变情况。

现代西方哲学大致可以分成两块：一块是英美哲学，另一块是欧洲大陆哲学。大致地说，十九世纪中叶以来的英美哲学是英国经验主义传统的继续，以实证主义、实用主义和分析哲学为主流，重点是科学研究的认识论和方法论，强调经验事实和逻辑分析，不太关心人生问题和价值问题；其哲学与自然科学的关系较为密切，而且学院色彩明显，技术性较强，要受专门的训练才能把握其讨论的前沿问题；特别是当代的分析哲学日益演变为与高深的逻辑学、语言学、人工智能等学科结合在一起的专家哲学，对普通民众影响力较低，但对科学研究有助益。在大学的课程设置上，英美分析哲学偏重面对理工科的学生，培养他们科学研究和逻辑分析的思维方式。

十九世纪中叶以来的大陆哲学也呈现出一种连贯性。唯意志主义—生命哲学—存在主义都注重人的生命的统一性，突出人的意志、情感、目的追求和价值取向在人生中的重大意义，在方法论上以现象学和诠释学为主，强调内在体验和对生命意义的解释的不可替代作用。相对而言，它们与人文科学关系密切，往往以散文、小说、文艺评论、诗歌诠释的方式阐发哲理。叔本华和尼采的散文、狄尔泰的文艺评论、萨特的小说、海德格尔对诗的诠释，都堪称一绝。他们的哲学活动不束在校园内，经常走出课堂，对公众的影响较大，成为形形色色的欧洲社会运动的助推剂。

现代西方哲学的特征还可以通过"实证的路向""实用的路向""语言学的路向""生命—生存的路向""结构主义的路向""后现代主义的路向"和"社会批判理论的路向"等来刻画。这里说的"路向"也可以是"转向"，因为一条道路走不通了，就转向另一条道路。尽管现代西方哲学有许多不同的路向，但总的来说都是在近代哲学的基础上针对近代哲学的问题而发展出来的，其中特别是针对近代形而上学的体系哲学。

让我们先来看"实证的路向"。在实证主义者看来，形而上学的体系哲学的弊病在于脱离实际，以所谓自明的原理和观念的运动代替科学理论所需要的事实基础和实验验证。

他们主张，理性的思辨应转向经验的证实，以实证的科学取代思辨的形而上学。他们提出了人类思想演进的三阶段说，即（1）立足于信仰的神学，（2）立足于思辨的哲学，（3）立足于实证的科学。由此，他们提出了哲学的终结和科学时代来临的说法。需要注意的是，他们所说的"哲学"，在此有特别的含义，是指形而上学的思辨哲学，因为他们自己所提倡的实证主义本身也是一种哲学。"实证的路向"在十九世纪后半期有很大影响力，甚至影响到恩格斯后期著作中的一些用语，如《路德维希·费尔巴哈和德国古典哲学的终结》中有关"哲学的终结"和代之以马克思的"真正的实证科学"的说法。仔细推敲上下文，应能明白恩格斯这里所说的"哲学的终结"是指以黑格尔为代表的德国古典哲学的终结，而"真正的实证科学"是指区别于孔德的"实证主义哲学"的历史唯物主义哲学。

我们接着看"实用的路向"。"实用的路向"与"实证的路向"有类似之处，但也有重要区别。"实证的路向"把重点放在如何以观察事实为依据建立科学理论和如何通过观察事实检验科学理论上；"实用的路向"不仅肯定观察事实在科学理论的建立和检验上的重要作用，而且注意到理论是为了人的实用的目的而被建立的，理论对人的行动具有指导意义。"实证的路向"在考虑观察事实对理论的实证时，是以不变的、重复出现的自然规律为对象的；"实用的路向"强调理论与实践的关系不是静态而是动态的，人在应用理论的实践中意识到了问题，为了解决问题而建立理论，理论是解决问题的方案，理论会产生效果，影响人的行为，推动人改造所处的环境，导致人的活动成功或失败。

"实用"与"实践"这两个概念之间有着密切关系。实用主义十分重视人与自然环境和社会环境中的挑战与应战、问题与探索的互动关系，主张把理论视为实践的工具，从实践的效果（"有用"）出发评价理论。因此，真理不仅在于与所预言的事实相符，而且在于指导人在与自然和社会复杂的互动关系中获得预期的成功。马克思主义强调理论与实践的统一关系，强调理论在改造世界中的作用。马克思主义从生产力和生产关系的矛盾出发论证人类历史发展的规律，并把无产阶级解放自己和解放全人类作为哲学改造世界的理论指导。这一观点在实用主义那里是没有的。实用主义不承认有什么宏大的、客观的历史规律，始终把理论视为工具，时时提醒自己要按照新的情况和实际效果来锻造解决问题的新的工具。

从哲学思想发展的角度看，可知"语言的路向"是"实证的路向"和"实用的路向"深化的结果。"实证"是用经验事实对理论加以证实。理论是由联系在一起的命题组成，而这种联系命题的方式就是逻辑。为了真正阐明"实证",就必须研究"命题"和"逻辑"的关系。恰逢十九世纪末二十世纪初,逻辑学有了突破性的进展。弗雷格建立了数理符号化的"命题逻辑"和"谓词逻辑",奠定了现代逻辑的基础。罗素、维特根斯坦和维也纳学派的逻辑实证主义者看到,弗雷格的逻辑可用于弥补早期实证主义理论的不足。他们希望通过弗雷格的逻辑建立一种人工语言,用于表述科学理论。这样,科学理论就可以清楚地分为两个组成部分:一个部分是综合命题,由经验事实加以证实;另一个部分是分析命题,由逻辑加以证明。他们还认为,通过这种人工语言,就能把科学理论和形而上学清楚地区分开来。形而上学貌似科学理论,但它包含那些既不能被经验证实,也不能被逻辑证明的命题,所以必须加以拒斥。

随着对语言的认识的深入,包括维特根斯坦在内的分析哲学家发现,早先的那种对语言的看法太狭隘了。语言除了描述经验事实和逻辑演绎之外,还包含那些涉及规则或规范的命题,如有关"证实原则""综合命题""分析命题"的表述,就是涉及规则或规范的命题,它们本身是既不能被经验证实也不能被逻辑证明的,但它们在相关的理论中是不可或缺的,它们像"游戏规则"那样起制约作用。句法本身就是一种规则,评价这些规则要看在使用中的有效性。此外,语词的意义也非全然取决于对经验的描述,还涉及语词使用者的目的和实践功效。例如:同一块石头,相对于不同的语境,可以是自然之物、工业生产用的矿石或装饰用的宝石。对语言的研究就全面展开,进入语义学、语用学、句法学等各领域中去。随着分析哲学家越来越关注语言是如何被人实际使用的,分析哲学中的"日常语言学派"流行起来;维特根斯坦的后期哲学在此起了引领作用。

实用主义本来就注重理论在实践中的效用和概念在使用中的效果。因此,随着语言学研究的深入,实用主义就和分析哲学结合起来,出现实用主义的分析哲学,蒯因和普特南是其代表人物。蒯因质疑逻辑实证主义有关综合命题和分析命题的二分法,主张整个理论是与经验打交道的整体,从总体上说是经验性的。只不过理论外围的命题与经验的关系密切一些,而处于理论核心的逻辑虽与经验的关系远,但作为处理经验的理论工具,其规则也要随经验而调整。

语言还被用于人与人之间的交往。通过语言,人们交流对人生的目的、意义和价值的看法,联络情感,达成共识,协调行动。马克思主义讲的人的实践主要是指社会实践,社会实践不是个人的行为,而是人与人之间的联合的行动,因此需要协调沟通。哈贝马斯吸纳语言转向的积极成果，把语言交流与人的社会行为联系起来，研究话语交往的社会机制和行为规范，建立交往行为理论，补充和发展马克思主义的实践理论。

"生命—生存的路向"有不同的发展阶段，但有共同的特点。生命是在生活世界中的生存，这三者是缺一不可的统一体。

早期的生命—生存的转向以"唯意志主义"和"生命哲学"为代表，是针对黑格尔的观念主义的哲学的。黑格尔把绝对观念及其运动视为世界的本源。生命哲学主张观念来自人，而不是凌驾在人的生命之上的。生命是最根本的，人的生命是知情意的统一体；人的思想观念只是这个统一体中的一部分，是在生命意志的原动力的驱使下产生和为生命服务的。叔本华、尼采、狄尔泰等哲学家掀起一股生命转向的哲学运动，反对黑格尔的观念主义，主张回到活生生的生命中去。

后期的生命—生存的转向以存在主义为代表。存在主义吸纳了现象学和诠释学的研究成果，因此在阐明人的生命的意义和存在方式上走上了一个新的台阶。生存的转向所针对的是实证主义的科学主义和乌托邦的理想主义。按照存在主义的看法，实证主义者表面上倡导科学，但是他们不问科学的人生意义，他们在客观中立的名义下取消了一切价值的问题，不知道科学是为人的生存服务的。在实证主义的科学观中，人只是客观的自然之物中的一部分，完全受客观规律的支配，排斥了人在生存中的自由选择的可能性，把人完全物化了。存在主义还反对乌托邦的理想主义，反对以追求社会理想为名禁止个人的自由和要求个人完全服从组织。他们把人的个体生存的价值放在特别高的位置上。萨特的小说中所表现出来的存在主义具有反纳粹和反斯大林主义的意味。

现象学有关生活世界的学说在对人的生存的研究方面具有重要意义。笛卡尔主义和早期的胡塞尔的现象学企图从意识现象中找到知识的确定性的基础。所谓"我思故我在"和"意识行为和意识内容相关联"的意向性结构，被认为是在意识中所发现的无可怀疑的自明的"阿基米德点"。胡塞尔在后期多少意识到意识活动不能脱离生活世界，生活世界才是自明性的根基。向生活世界的转向意味着笛卡尔主义的意识哲学的终结，开启了一种以生活世界为基础重新审视科学和哲学与人的生活的关系的新途径。

结构主义是借助索绪尔的结构主义语言学而发展起来的一种哲学思潮，活跃于二十世纪中后期的法国。它特别针对萨特等的存在主义思潮，强调语言、文化和社会中的共时的结构制约历时的演变，批评存在主义的主体意识优先的观念和有关人的自由选择的学说。

后来，结构主义的观点遭到来自该学派内部的一些哲学家的批评。福柯通过他的"知识考古学"的方法论证人文科学中存在结构的断层，知识不免与权力纠缠在一起，"认识型"在历史过程中时常发生突变，因此没有什么在历时过程中恒常不变的共时的结构。德里达则用他的"解构主义"的方法解构了包括结构主义在内的各种"逻各斯中心主义"的体系哲学。

福柯和德里达被归为"后结构主义"的代表人物，他们的思想成为"后现代主义"的主要理论来源。后现代主义的路向是针对现代人对现代社会的"现代主义"看法的。按照这种"现代主义"的看法，现代社会将通过理性和科学不断取得进步。后现代主义看到现代社会的种种问题，如：贫富两极分化，异化劳动，消费文化，极权主义，纳粹，奥斯维辛式的集中营和大屠杀，资源的浪费和环境的破坏，等等。后现代主义企图通过对理性主义思想方式的解构和提倡多元化的方式来达到走出现代性困境的目的。社会批判理论同样批判现代性。霍克海默、阿多诺、马尔库塞等老一代法兰克福学派的批判理论家集中批判工业文明的现代社会中的"工具理性"和人的"单向度"发展，寄希望于"乌托邦"和"启蒙的辩证法"，引导人们从现代资本主义的新的奴役方式中解放出来。哈贝马斯等新一代法兰克福学派的社会批判理论家主张"现代性仍然是一项未完成的事业"，认为克服现代性的弊端需要发扬交往行为理性和完善话语沟通的机制，以协商民主的方式克服现代性的危机，实现人类的解放事业。

我们谈了这么多"路向"或"转向"，我希望同学们不要转来转去晕头转向了。实际上，这些转向往往发生在一种哲学思潮发展到顶点或走向极端的时候。在这种情况下，另一种哲学思潮就会作为反冲出现，与之相对立。哲学的发展正如黑格尔所描述的那样是一种**螺旋形上升的辩证运动**。现代西方哲学以反对黑格尔的体系哲学为起点，虽然这些反对呼声在特定的条件下有其合理成分，但黑格尔有关辩证法的一些论述仍然有其精妙之处，值得回味。这些哲学转向的价值究竟在哪里，需要我们开动自己的脑筋，结合自己的生活经验和所掌握的知识加以判断。

在这一导论收尾时，我想再来谈谈什么是哲学。我在开头时说过，哲学是一种爱好智慧的活动，**爱好智慧要有怀疑—探索的精神**，要在依据事实的验证和遵循逻辑的论辩中推进知识的增长。"辩证法"的原义就是"对话"或"辩论"，而有根有据、合乎逻辑的论辩乃哲学的精髓。我们怎样来进行辩论呢？其一是指出对方的论证缺乏事实的依据。这多少类似于"实证的转向"所诉诸的"证实原则"。其二是指出对方的主张在实践中行不通，缺乏实际效果。这多少类似于"实践的转向"所诉诸的"对真理的实践检验标准"。其三是指出对方的论证不合逻辑，曲解词义。这多少类似于"语言的转向"所诉求的逻辑推理和语言分析。其四是指出对方的主张违背生命的价值，不利于人的生存，缺乏生活意义。这多少类似于"生命—生存—生活世界的转向"所诉诸的面向生活世界的生命原则和存在意义。由此可见，这些所谓的哲学转向并非什么玄虚的东西，只要我们结合自己的生活经验和普通的明辨事理的方式就能理解。

作为结束语，我想请读者和同学们记住一句话：哲学是聪明学，但也可能是糊涂学。保持自己的头脑清醒和结合自己的实践经验独立思考哲学史上的各种论辩，就能使哲学成为**聪明学**。但死记硬背，迷失在公说公有理、婆说婆有理的虚玄中，就会使哲学成为**糊涂学**。这样，死读书不如不读书，死学哲学还不如不学哲学。当然，我还是希望各位走上哲学的追求智慧之路。

思考题

1. 如何才能把哲学史的学习与哲学的追求智慧之路相结合？
2. 结合历史观和中西不同的语境谈谈你对"现代"分期的不同理解？
3. 西方人如何理解其文明的源头？这对中国人理解自己的传统文化有何参考价值？
4. 英美哲学和欧洲大陆哲学各自的特点是什么？
5. 现代西方哲学经历了哪些转向？如何评价这些转向？
6. 哲学上不同学派间的辩论与我们日常生活中的辩论是否相关？请举出你自己生活中的具体例子对你的观点加以论证，并说明哲学探索如何能增进你的日常智慧。

第一章
非理性主义、唯意志主义和生命哲学综述

十九世纪上半叶,随着理性主义哲学登峰造极,非理性主义哲学也暗流涌动。**非理性主义**(irrationalism)与**唯意志主义**(voluntarism)和**生命哲学**(philosophy of life)相互呼应。"非理性主义""唯意志主义""生命哲学"这几个概念并非等同,但互相交叉重叠。"非理性主义"是从认识论的角度说的,"唯意志主义"和"生命哲学"是从本体论的角度加以命名的。在西方哲学史上,非理性主义的认识论主张早已有之,如中世纪的神秘主义哲学,主要表现在对神的认识中。但非理性主义与唯意志主义和生命哲学结合起来,还是十九世纪以来的新现象。这种结合表现为,主张意志支配理知,生命是知情意的综合体,知不能代替情和意,而情和意相比知更能体现生命的特征并处于生命原动力的位置上。非理性主义、唯意志主义和生命哲学反对理性主义哲学把概念和原理抬高到本体的地位,主张生命力、意志是本体,是创化的原动力,而理性的概念和原理是为生命意志服务的工具。非理性主义、唯意志主义和生命哲学的代表人物首推**阿图尔·叔本华**(Arthur Schopenhauer,1788—1860)、**弗里德里希·威廉·尼采**(Friedrich Wilhelm Nietzsche,1844—1900)、**索伦·祁克果**(Søren Aabye Kierkegaard,1813—1855)和**亨利·柏格森**(Henri Bergson,1859—1941)。他们的观点不尽相同。其中,有的强调意志的作用,如叔本华和尼采,常被冠以"唯意志主义"的名称。有的强调生命整体的地位和生命冲力的创化作用,如柏格森,以"生命哲学"为标签。祁克果的哲学则强调非理性的生存方式和人的生存困境,为二十世纪的存在主义开启先河。尽管他们之间存在

这些差别，但他们的哲学立场和认识论主张在总体上是交织在一起的，以各具特色的方式推动了非理性主义、唯意志主义和生命哲学的发展。

第一节　问题意识

欧洲近代哲学有一个认识论的转向。古代哲学家从本体论出发进行哲学建构。中世纪的神学以上帝创造世界来解说万物的起源。启蒙运动以来的近代哲学家提问：你是如何认识这样那样的本体的？你是如何知道上帝存在的？他们主张，一个哲学理论的可靠性取决于认识的可靠性；如果认识不可靠，那么哲学理论的基础不牢固，甚至很可能是荒诞的虚构。

那么，什么样的认识才是可靠的认识呢？在十六、十七世纪的近代哲学中出现了两个派别：经验论和唯理论。经验论主张，唯有经验（主要指感性经验）才是认识的可靠来源。人类的知识要在经验基础上通过归纳等方式建立起来。逻辑的分析和演绎推理有助于理清思想，但不提供新知识。唯理论者认为，经验并不可靠，知觉往往是错觉，唯有具有明证性的理性原理才是可靠的依据。在唯理论者看来，可靠的知识应以几何学为蓝本。到了十八、十九世纪，出现了融合经验论和唯理论的哲学形态，这表现为康德的先验论和黑格尔的思辨哲学。

无论是经验论还是唯理论、先验论还是思辨哲学，它们都可被归结为广义上的理性主义的哲学思想，因为它们都重视理性认识，重视概念思维和逻辑推导。非理性主义与这种理性主义的思想方式针锋相对。非理性主义哲学家对理性主义提出如下责难：

（1）*是否存在一些超出理性认识范围的东西*？换句话说，是否存在这样一些东西，它们既不能被感觉经验感知到，也不能被概念思维和逻辑推理所把握？在非理性主义者看来，确实存在这样一些东西，并且它们非常重要。有些非理性主义者主张，人的意志、情感乃至生命本身就是这样的东西；有些非理性主义者主张，世界的本体和上帝就是这样的东西。其中，有些非理性主义者，如叔本华和尼采，把"意志"加以泛化，主张"意志"是世界的本体，他们也被称为唯意志论者；有的则把"生命"加以泛化，如柏格森，主张"生命"是世界的本体，其哲学名之曰"生命哲学"。由于唯意志主义者主张，意志是包含在生命之中的一种与理智相对的主导力量，理智是为意志服务的，并且叔本华和尼采等唯意志主义者都从维持生存的意志出发展开论证，因此唯意志主义也被纳入广义上的生命哲学之中去。

（2）是否存在某种超出理性认识范围的认识能力？换句话说，是否存在这样一种特殊的认识能力，它既非感性经验，也非概念思维和逻辑推理，但是却在认识中起某种独特的作用？非理性主义者主张存在这样一种特殊的认识能力，它就是**直觉**（intuition）。按照他们的看法，人的意志、情感和生命，就是通过直觉来认识的。直觉是一种体认，是对内在于自己的东西的直接的认识。每个人的意志、情感和生命是内在于他自己的，每个人能体认到自己内在的感受。有些非理性主义者主张，通过对内在于自己的意志和生命力的体认，能直觉到天地万物是由一种普遍的意志和生命力转化生成出来的。每个人自己的意志和生命力是与天地万物的普遍的意志和生命力相通的。简言之，他们把直觉当作一种高于理性认识的非理性认识，认为唯有依靠直觉才能领悟生命的真谛和把握本体。

（3）是生活先于认识还是认识先于生活呢？非理性主义者、唯意志论者、生命哲学家主张前者。他们认为，人不是先认识了事物才去生活，而是先生活然后才有认识。生命本来就是一种冲力，求生本来就是一种意愿。有了这种冲力和意愿，人们在生存的过程中认识事物。生活是认识的前提，知识只是达到生活目标的手段。在这方面，他们与后来的实用主义的观点相似。在他们看来，先考察好了人的认识才去研究哲学的思路是不对头的，因为人的知识和认知方式是有了人的生活和生活方式之后才有的。这正如先有旅行，然后才有旅行的观感。人生是一次旅程，人在人生的旅程中获得知识和修正自己的认知方式。

（4）近代理性主义热衷于追求认知的确定性，而非理性主义、唯意志主义和生命哲学则喜欢讨论价值问题。在他们看来，价值比认知的确定性更加重要。人生道路的抉择取决于价值的抉择。对于"什么是最高价值"的问题，非理性主义者和生命哲学家之间存在分歧。有的把意志和欲望视为痛苦的根源，把从它们中解脱出来视为最高价值，如叔本华所主张的；有的则把提升权力意志视为最高价值，如在尼采那里。有的把实现生命的不断创化视为最高价值，如柏格森所主张的；有的则认为人生道路充满不可自拔的困境，把认识到自己的有限性和获得上帝的拯救视为最高价值。尽管存在这些分歧，但他们大都重视个体生命和自由选择，认为价值不是来源于对社会历史的必然性的认识，而是来源于对自己的个体生命的意义的体认。

第二节　基本特征、思想渊源和发展概况

在西方哲学史上，尽管"**非理性主义**"这个名称直到十九世纪中叶才出现，但非理性主义思潮由来已久。哲学中的非理性主义并不完全否认理性的作用，也并不主张论述不讲逻辑，而是反对把理性推高到无所不能的地位上的主张，认为在最根本的问题上理性无能为力，而不得不借助于非理性的东西。

在古代和中世纪，非理性主义的观点主要表现为**神秘主义**。神秘主义者主张，除了那些能够被我们通常的感性经验和知性概念所把握的东西之外，还存在一些神秘的东西，它们左右着我们所能看到和所能理解的世界。这些神秘的东西被认为是神灵、魔力、终极实体、第一原理等。基督教神学坚持神的启示真理与人的自然理性真理二分的教义，主张前者高于后者，人凭借自己的自然理性不能认识神的奥秘。基督教神秘主义者主张，有关上帝的经验是一种神秘经验，只可意会，不可言传。我们通常用来表述事物的理性概念不能用来表述上帝。如果硬要说的话，只能用否定性的，甚至自相矛盾的话语。

启蒙运动弘扬人的理性。在近代哲学中，理性主义占据主导地位，但并非没有非理性主义。著名的法国哲学家和数学家**帕斯卡**（Blaise Pascal，1623—1662）主张，在物理、数学等科学的领域必须遵循理性的准则，但在人生命运、灵魂得救和天堂地狱等宗教领域，仍然要相信非理性的神秘力量。德国古典哲学家**谢林**（Friedrich Wilhelm Joseph von Schelling，1775—1854）的哲学思想虽然从总体上说属于近代理性主义的范围，但在其客观唯心主义的思辨哲学体系中保留天启哲学的位置，为神话和宗教的非理性主义留有余地。帕斯卡和谢林的这两种非理性主义可视为基督教中的神秘主义思

想的残留。

把非理性主义与唯意志主义和生命哲学接上头，则是十九世纪出现的新现象。这时，有关神人关系的神秘经验被对生命的直觉替代了。神秘主义哲学家所说的神秘经验与生命哲学家所说的对生命的直觉认识方式都属于非理性主义的认识方式，它们都与理性主义所倡导的那种凭借概念和逻辑的认识方式有重大区别，但这二者之间存在一些差别。在广义上，**神秘经验**也被认为是直觉。但这种直觉是指一种超出我们通常经验范围的超凡的经验，是指一种超越自然常态的有关奇迹的直接经验，是指一种对超越者上帝的直接经验。但唯意志主义和生命哲学所说的"直觉"不再是一种超凡的神秘经验，而被认为是人人都具备的一种直接的认识、一种内在的对意志和生命力的体认。

在唯意志主义和生命哲学那里，本体不再是一种超越的东西，而是一种内在的东西。本体内在于万事万物之中，本体可以通过对自己内在的意志和生命力的体认来把握。这种观点的产生，与对康德哲学的反思有关。康德主张，理性认识不能达到本体，自在之物是不可知的。生命哲学主张，本体确如康德所说不能靠理智认识，但能靠直觉认识。直觉是一种超越了感性形式和知性范畴的非理性的认识方式，是一种向内的直接洞见本体的能力。叔本华批评康德有关自在之物不可知的主张：一方面说自在之物不可知，另一方面又说自在之物存在，这岂非自相矛盾？他认为康德批判独断论，但康德断言不可知的自在之物的存在本身就是一种独断论。叔本华自认为找到了一种克服康德的不可知论的方式，那就是通过直觉认识到自己的意志，把我的表象当作我的意志的表现形态，并推而广之，把意志当作万事万物的本体。后来的各种形态的生命哲学大都延续叔本华的这条以向内的直觉来直接把握作为本体的生命意志或生命力的思路。

与唯意志主义、生命哲学相结合的非理性主义思潮反对理性主义所追求的普遍性，强调每一个生命个体的独特性、现实世界中发生的事情的偶然性、人的选择自由、意识的绵延和创造力。近代理性主义哲学旨在发现普遍规律和论证普遍原理。近代的经验论者致力于通过经验的归纳发现普遍的经验规律，近代唯理论者致力于论证普遍的原理。黑格尔的思辨哲学从最普遍的绝对观念及其正、反、合的辩证原理出发阐述有关人的精神现象、自然界和人类历史的包罗万象的基本原理和逻辑展开的规律。与生命哲学相结合的非理性主义思潮则主张，概念自身不会运动，观念来源于人的思想，真正有活力的是生命。生命在不断创化。每一种新的生命现象都是独一无二的。树上没有两片相同的叶子，因为它们是在活的树上生长出来的。你能够预言母亲生孩子，但你不能预言母亲生出什么样的具体的孩子及其具体的成长过程。生命个体的独特性、成长过程的开放性、遭遇的偶然性和自由的选择是生命所不可或缺的特征。只有那些死的东西，从生命的向上喷发的洪流中下沉的物质性的东西，才有所谓普遍规律可循。真正珍贵的东西是无时无刻不在更新的生命。所以，对于生命哲学家而言，精神科学不同于自然科学，艺术不同于技术，因为它们是生命的创造力表现，是超越于普遍性的各具特色的东西。

十九世纪以来生物学的发展是生命哲学形成的重要背景。在近代自然科学的发展中，数学、物理学、天文学打头阵，生物科学相对来说是晚起的。到了十九世纪，生物科学有重大突破。其中，进化论深刻地影响了人的世界观。有关生物变异和演化的理论有不同的类型：有着重于生物自身努力的，如法国的博物学家和生物学家**拉马克**（Jean-Baptiste Lamarck，1774—1829）；有着重于适应环境的，如**达尔文**（Charles Robert Darwin，1809—1882）；有着重于遗传基因的，如奥地利遗传学家**孟德尔**（Gregor Johann Mendel，1822—1884）和德国动物学家**魏斯曼**（August Weismann，1834—1914）。尽管存在着这些差别，生物科学让人看到，在有机物和无机物之间、在生命现象和非生命现象之间存在本质差异。这突破了原先机械论的世界观，激发人探索生命演化的动能。到底应该怎样解释这种生物演化的动能呢？在当时的科学领域出现了"**活力论**"（vitalism）和"新活力论"之争。[1]这影响到在哲学界出现的与活力或生命力相关的理论。其解释方式存在差异，如名之为"生存意志""权力意志""生命冲动""生命动能"等。

影响生命哲学发展的，除了生物科学外，还有历史学说。十八世纪末十九世纪初在德国流行**浪漫主义**和**历史主义**运动，其代表人物是**歌德**（Johann Wolfgang von Goethe，1749—1832）、**赫尔德**（Johann Gottfried Herder，1744—1803）、**施莱格尔**（Karl Wilhelm Friedrich von Schlegel，1772—1829）等。他们的有关人格和生命的力量、思想自由、时

---

[1] 有关活力论的历史和理论的著作可参见 Hans Driesch, *The History and Theory of Vitalism*, London: Macmillian, 1914；有关生物学中的活力论与哲学的关系的著作可参见 Rainer Schubert-Soldern, *Mechanism and Vitalism: Philosophical Aspects of Biology*, translated by C. E. Robin, Notre Dame: University of Notre Dame Press, 1962。

代精神、历史进步的观点，影响到**狄尔泰**（Wilhelm Dilthey，1833—1911）的生命哲学观点。狄尔泰发展了诠释学，强调精神科学和自然科学的区分，与**胡塞尔**（Edmund Husserl，1859—1938）的现象学和**海德格尔**（Martin Heidegger，1889—1976）的存在哲学的关系甚为密切，所以我们放在有关诠释学、现象学和存在主义的篇章介绍。

十九世纪末二十世纪初的非理性主义和生命哲学的代表人物很多。在德国有**叔本华**、**尼采**、**狄尔泰**、**西美尔**（Georg Simmel，1858—1918）、**奥伊肯**（Rudolf Christoph Eucken，1846—1926）等。在法国有**居约**（Jean-Marie Guyau，1854—1888）、**柏格森**等。丹麦哲学家和神学家祁克果的思想别具一格，他无疑属于非理性主义者的行列，是有着浓厚神学色彩的生命哲学和存在主义的先驱。下面我们分析介绍叔本华、尼采、祁克果和柏格森的思想。

思考题

1. 什么是非理性主义、唯意志主义和生命哲学的问题意识？
2. 中世纪神秘主义的非理性主义与现代唯意志主义和生命哲学的非理性主义有何共同点和区别？
3. 评述非理性主义、唯意志主义和生命哲学的基本特征和思想渊源。

第二章
叔本华

在现代西方哲学史上,**阿图尔·叔本华**可谓一位承上启下的人物。他上承德国古典哲学的形而上学传统,以意志为本体,在康德的先验论形而上学框架内把贝克莱的经验论和莱布尼茨的唯理论结合在一起。他下启唯意志主义—生命哲学运动,以意志—生命力替代观念实体,以个体优先原则替代整体优先原则,以注重直观、情感、体认的"非理性主义"取代注重概念思辨的"理性主义",以**悲观主义**人生观取代启蒙理性的乐观主义人生观。叔本华还是最早关注东方哲学,把印度吠陀哲学、佛教哲学吸纳到自己的思想中来的一位重要的西方哲学家。

第一节　生平著述与问题意识

一、叔本华的生平著述

阿图尔·叔本华生于但泽（Danzig，今波兰格但斯克），死于美因河畔的法兰克福。历数他一生的经历，对他的人生态度和思想发展而言值得一提的事大致如下：

在阿图尔·叔本华的孩提时代，父亲海因里希·弗洛里希·叔本华（Heinrich Florist Schopenhauer）指望他长大后经商，继承他银行家兼大商人的家业，于是对他说：若想经商，就进商校读书，并且可供他漫游欧洲；若想做学问，就进高中读书，但不能去旅游。叔本华选择了前者。这次漫游欧洲，使他深入了解了欧洲多样的文化传统，并为此学习和练习了法语、英语等语言，也使他在沿途看到人间各种悲惨的情景。

1805年，他父亲死了，很可能是自杀。他父亲事业上的成功和人生的悲剧形成鲜明反差。这使他的心理蒙上阴影，但也使他有了不守对他父亲的许诺的机会。他此后离开商校，通过请私人教师和自学完成高中学业。

1806年，他的母亲约翰妮·特罗西内（Johanna Trosiener）移居魏玛。她在那里创办文艺沙龙，结交歌德等名流；她本人也成为一位颇有名望的小说家，1831年出版的著作集达二十四卷。相比之下，哲学家叔本华那时还默默无闻。叔本华与母亲的关系长期不和，在1814年的一次公开争吵后彻底决裂。

1809年，叔本华到哥廷根大学求学，一开始学习医学，不久被哲学吸引。哥廷根的哲学家舒尔兹（G. E. Schulze）引导他关注康德、谢林和柏拉图。两年后，叔本华转到柏林学习，他听了施莱尔马赫和费希特的课，但对他们的哲学没有好感。1813年，叔本华开始撰写他的博士论文《充足理由律的四重根》(*Über die vierfache Wurzel des Satzes vom zureichenden Grunde*)，以此获得了耶拿大学的博士学位。1813至1814年间他在魏玛结识歌德。在歌德的颜色学说的影响下，他撰写了《论视觉和颜色》(*Über das Sehen und die Farben*)，该书1816年出版。在那时，他还结识东方学家弗里德里希·梅耶（Friedrich Majer）等，激起了他一生对印度思想的兴趣。他后来形容《奥义书》说："它是这个世界上可能有的最有益的和最高贵的阅读材料。它既是我生的安慰，也将是我死的安慰。"[1]

1818年叔本华发表他的主要著作《作为意志和表象的世界》(*Die Welt als Wille und Vorstellung*)。

1820年叔本华成为柏林大学的讲师。他故意选择与当时正负盛名的黑格尔同一时间上课，结果有两百个学生去听黑格尔的讲演，而他的课开始时只有几个听众，后来连一个都没有了。他从此结束了讲师职业。这更加刺激了他对黑格尔哲学的深刻敌意。在柏林的日子可谓叔本华的倒霉日子。除了教书生涯的挫折外，他还陷入一场与一个上了年纪的女裁缝的官司。她在他的房间门外与朋友大声说话，惹得他动火，把她推下楼去，致使她终身伤残。法院判决叔本华必须每季付给她十五塔拉的生活费。

1831年，柏林流行霍乱，黑格尔就死于这次霍乱。叔本华为逃避瘟疫离开柏林，在曼海姆住了两年，1833年起定居法兰克福，直至逝世。在那里，他过着离群索居的生活，精神忧郁，担心生命安全和财产损失；他特别仇视学院哲学家，抱怨公众不读他的书；同时他也坚信自己是有史以来最伟大的哲学天才之一，预言自己必将受到世人重视。

1836年叔本华出版了《论自然意志》(*Über den Willen in der Natur*)，企图提出科学的证据来支持他关于意志的信条。1838至1839年他参加挪威皇家科学院和丹麦皇家科学院的征文比赛，分别就意志自由和道德基础问题写了两篇论文。他赢得了奖，但他的论文仍然无人问津。这两篇论文合起来于1841年以《伦理学的两个基本问题》(*Die beiden Grundprobleme der Ethik*) 的书名出版。1844年，他发表《作为意志和表象的世

---

[1] A. Schopenhauer, *Parerga and Paralipomena*, Vol. II, translated by E. F. J. Payne, Oxford: Clarendon Press, 1974, p. 397.

界》的第二版。

叔本华晚年时来运转，他的哲学思想逐渐受到人们的关注。这多少与德国1848年革命的失败有关。这场革命是由左翼黑格尔派推动的，革命失败后黑格尔哲学在德国走入低谷，人们开始关心与黑格尔相对立的哲学思潮。1851年，叔本华出版了两卷本的论文集《附录与补遗》（*Parerga und Paralipomena*）。这些文章写得通俗易懂，容易进入读者的视野和被理解。1853年英国的一本杂志《威斯敏斯特评论》（*Westminster Review*）以《德国哲学中敢于攻击传统观念的人》（"Iconoclasm in German Philosophy"）为题介绍了叔本华和他的这本书。在其后的几年中，叔本华的哲学思想开始受到一些评论家的追捧，评述叔本华哲学的专辑出版了。德国的一些大学，如波恩大学，开设了有关叔本华的课程。著名音乐家瓦格纳也怀着"尊敬和感激"，将一册《尼伯龙根的指环》赠送给他。1859年叔本华发表《作为意志和表象的世界》第三版。1860年9月21日，叔本华在法兰克福去世。

叔本华一生主要靠他父亲的遗产生活。他对妇女表示厌恶，终身未娶。

二、叔本华的问题意识

叔本华的哲学思考从他所发现的康德和柏拉图哲学中的问题开始。

叔本华赞同康德有关区分**现象**（Phänomen）和**本体**（Noumenon）两界以及主张现象是人的意识、本体是**自在之物**（Ding an sich）的观点。但他认为，康德一方面说自在之物不可知，另一方面又说自在之物作用于我们的感官产生感觉现象，这是自相矛盾的。既然自在之物是不可知的，怎么能知道它作用于我们的感官产生感觉现象？正如断言物质世界的客观存在是一种**独断论**一样，断言不可知的自在之物的存在也是一种独断论。

柏拉图主张理念是本体，并且理念有等级高低之分，而现实世界中的事物只是不同等级的理念的影子。叔本华赞同柏拉图的**理念等级说**以及有关现象世界中的具体事物是**对理念的摹写**的观点，但他认为柏拉图没有论述清楚理念的等级是如何产生的，以及理念是如何被我们认识的。如果断定多种多样不同等级的理念一开始就有，那么它就会与一元的终极本体的概念相冲突。如果说一切较低等级的理念都是从一个最高的理念那里衍生出来的，那么就产生一个不能自圆其说的问题：既然柏拉图主张理念是永恒不变的，那么理念的生成又如何可能呢？柏拉图主张现实世界中的人所看到的只是理念的影子，而只有当灵魂回忆原先所处的纯粹精神世界中的情景的时候才记起理念。这样的说法显得非常神秘，这实际上是把我们如何在现实生活中认识本体（在柏拉图那里指理念）的问题排除出去了。

如何克服康德哲学和柏拉图哲学中的问题？如何把康德哲学和柏拉图哲学中可取的部分结合起来，建立一种新的形而上学的体系？这是叔本华早年致力于思考的问题。[1]

叔本华解决这些问题的方案是引入本体论意义上的"意志"的概念，并主张意志是可以被我们直观的。由于把意志当作本体（自在之物），叔本华就能把理念和现象世界中的事物视为**意志客观化**的结果。如同一个人做某件事情时，他有他的意志，他体认到自己的意志，并由这种意志产生想法（理念），然后再实现这些想法（把理念转化为现实）一样，世界的演变也被设想为普遍的世界意志的客体化（对象化）的结果，这种客体化的进程是先产生一般的理念及其等级，后产生各种具体的事物。这样，柏拉图哲学中所缺乏的有关理念如何产生以及理念如何演化为现象世界中的具体事物的问题就解决了。由于把意志当作本体（自在之物），意志有原动力，意志能够生成，并且本体是可直观的，叔本华就否定了康德的有关自在之物不可知的论断。按照叔本华的看法，如果一个人能直接地知觉到他自己的意志（决心、欲望、动机等）以及他的意志与他的身体的行动的关联，那么他就直观到本体界的自在之物以及这种自在之物与现象界的事物的关联。叔本华试图以这种方式打通康德哲学中的现象界与本体界的隔阂。

除了用可直观的意志代替康德的不可知的自在之物和主张世界的产生是意志的客体化的结果外，叔本华的哲学还吸纳了其他三种因素：

其一是**贝克莱的表象理论**。叔本华主张表象是认识的出发点，认识的形式存在于表象中，通过直观表象才发现这些认识的形式。因此，叔本华反对康德的先考察认识的形式后考察表象的观点。

---

[1] 参见 A. Schopenhauer, *Manuscript Remains in Four Volumes*, Vol. I, translated by E. F. J. Payne, London/New York/Hamburg: Berg Publishers, 1998, nos 17, 228, 442。

其二是**莱布尼茨的充足理由律**。叔本华通过"充足理由律"的概念整合康德有关认识的感性形式和知性范畴的学说。

其三是**印度婆罗门教和佛教**中有关**欲望产生痛苦**的学说。这导致叔本华的悲观主义。

叔本华的思想虽然有很多来源，但他把它们融合在一起，一以贯之。如果说大部分哲学家终生都在论述他的同一种思想的话，那么叔本华就是这类哲学家的典范。叔本华的主要著作《作为意志和表象的世界》表述了他的基本的哲学思想。《充足理由律的四重根》可被视为这部著作的准备，其余著作可被视为对这部著作的解释或在具体领域的应用。下面我们就以《作为意志和表象的世界》为主，介绍叔本华的哲学思想的主导概念。

第二节　主要论点及其论证

一、世界作为我的表象

"世界是我的表象。"[1]这是叔本华的主要著作《作为意志和表象的世界》的第一章中的第一句话。"**表象**"（Vorstellung）这个概念在叔本华那里指出现在意识面前的一切东西，包括感觉印象、抽象观念、情感等。康德没有把现象（Phänomen）与表象等同起来，因为在康德那里，现象是物自体的作用和认识形式的组织共同的结果，因此现象多少还有一些客观的成分。叔本华用"表象"替代康德的"现象"，意在突出它是相对于主体而言的，是主体的对象。"凡属于和能属于这世界的一切，都无可避免地带有以主体为条件［的性质］，并且也仅仅只是为主体而存在。"[2]他认为，"康德首先的一个缺点就是对这一命题的忽略"，而"贝克莱是断然把它说出来的第一个人"。[3]他论证：既然若不联系认识的主体，就不能认识任何事物，那么就没有任何脱离认识而

1　叔本华：《作为意志和表象的世界》，石冲白译，杨一之校，北京：商务印书馆，1982年，第25页。
2　同上书，第26页。
3　同上。

存在的事物；既然任何给予我的东西无非是我的意识内容，那么世界就是由我的表象构成的。因此，对于任何一个人而言，他的世界无非就是他的认识内容的总和，即他的表象的总和。由此，他说了一句骇人听闻的话：每个人，只要通过反省，"他就会清楚而确切地明白，他不认识什么太阳，什么地球，而永远只是眼睛，是眼睛看见太阳；永远只是手，是手感触着地球；就会明白围绕着他的这世界只是作为表象而存在着；也就是说这世界的存在完全只是就它对一个其他事物的，一个进行'表象者'的关系来说的。这个进行'表象者'就是人自己"[1]。

叔本华的这种有关"世界是我的表象"的论证方式使我们想起佛教的如下说法："没有旗动，没有风动，而只有我的心动。"确实，叔本华受到佛教的很大影响。佛教认为一个人对事物的认知不免与他的欲望、爱好和利益纠缠在一起。这论点有一定的合理性，但是佛教由此走过了头，把外部世界完全归约为人的内在的心理活动。显然，我们闭上眼睛，太阳照样存在；我们在房间里没有看到旗动和感受到风动，但外面照样风吹旗动。当然，叔本华的论证方式要比刚才说的佛教的那种论证方式更加精致一些，这表现在叔本华区分了表象界和本体界。就表象界而言，世界是我的表象；就本体界而言，世界上的各种有生命的存在物和无生命的存在物被设想为**普遍的世界意志**的客体化（对象化）的产物。称其为"普遍的世界意志的客体化的产物"，这当然与我个体的心动所引起的知觉的表象是有所区别的。有关这一点，我们下面还要谈到。

二、主客分立作为表象的基本形式

需要注意的是，叔本华尽管主张表象依赖于主体，但并不主张唯有主体是实体，主体创造客体。他认为主体和客体是意识显现活动的两个方面，表象处于主客二分的结构之中。客体总是相对于主体而言的，主体也总是相对于客体而言的；有了主体的这一个极，客观的世界才有统一性。"客体主体分立是这样一个形式：任何一个表象，不论是哪一种，抽象的或直观的，纯粹的或经验的，都只有在这一共同形式下，根本

---

[1] 叔本华:《作为意志和表象的世界》，第25页。

才有可能,才可想象。"[1] 由于表象总处在主客分立的结构中,因此不能说主体创造了一个客体的表象世界。"所以,从主体出发和前面说过的从客体出发,有着共同的错误,双方都是一开始先就假定了它们声称往后要证明的,也就是假定了他们那出发点所不可少的对应[物]。"[2] 叔本华强调,作为他的理论的出发点的既不是客体也不是主体,而是融主客体于一体的表象。"我们既不从客体、也不从主体出发,而是从表象出发的。表象的意识上最初的事实,表象的第一个本质上所有的基本形式就是主客体分立。"[3] 在这个意义上,叔本华既反对主张客体独立于主体存在的唯物论,也反对把主体(费希特的"绝对自我"、黑格尔的"绝对观念")当作实体的唯心论,并且还反对康德的那种脱离客体考察主体的先验主义的思路。叔本华的这一思想确实在一定程度上克服了主观唯心主义的缺陷,认识到"主体"和"客体"之间的关联性,与后来胡塞尔的现象学所主张的意识的意向性理论(意识现象都处在意识活动指向意识对象的结构之中)有类似之处。

三、表象的先天形式:时间、空间和因果关系

叔本华主张,表象除了必然处于主客二分的结构中之外,还受**时间、空间**和**因果关系**这三种先天形式的支配。

叔本华的这一观点也是通过改造康德的认识形式完成的。康德主张现象必然处于先天(a priori)形式的支配之中。康德区分"时间"和"空间"两种直观形式和十二种知性范畴。叔本华把康德的十二种知性范畴归结为"因果律"的一种。但这种简化实际上是复杂化。因为在我看来,叔本华在实际使用这个概念的时候不得不区分狭义的因果律和广义的因果律;**广义的因果律**相当于"**理由律**"(Satz vom Grunde,又译"根据律"),指任何可回答"为什么"的"理由"或"根据"。因此,不仅在变化(Werden)过程中的前一事件与后一事件之间的相继关系被视为因果关系(如:天下雨,地上湿),而且在同一时空中整体与部分的关系,几何、数学和逻辑的推理关系,

---

[1] 叔本华:《作为意志和表象的世界》,第26页。
[2] 同上书,第67页。
[3] 同上。

判断与所依据的经验事实之间的关系，动机与行为的关系也属于因果关系。就存在物的变化过程而言，因果关系可以表现为物理作用的形态、刺激的形态和动机的形态。这三种形态之间的不同构成了无机物、植物、动物之间的本质区别。像康德一样，叔本华主张，时间、空间和因果律先验地适用于世界中的一切可能的经验对象，但并不适用于"本体"。当然，叔本华在与康德不同的意义上理解"本体"的概念。在康德那里，"本体"指与现象界对立的"自在之物"，在叔本华那里，"本体"指"意志"。叔本华的这些有关认识论的观点在他早年的著作《充足理由律的四重根》中已有详细论述。

四、摩耶之幕

"摩耶"（Maja），在梵文中意为"欺假""骗局"，在印度教中是创世之神的名称，意在表达外表世界是不真实的。叔本华把时间、空间和因果关系这些先天形式称为隔在现象与自在之物之间的"摩耶之幕"，表明我们所知觉的表象世界是不真实的，"摩耶之幕"阻碍我们看清真实的世界（本体世界）。叔本华引用印度上古智者的话说："这是摩耶，是欺骗[之神]的纱幔，蒙蔽着凡人的眼睛而使他们看见这样一个世界，既不能说它存在，也不能说它不存在；因为像梦一样，像沙粒上闪烁着的阳光一样，行人从远处看来还以为是水，像随便抛在地上的绳子一样，人们却将它看作一条蛇。"[1]

五、意志作为世界的本体

叔本华主张**意志是世界的本体**。"一切表象，不管是哪一类，一切客体，都是现象。唯有意志是自在之物。"[2] 叔本华所说的意志，不专指心理的欲望、决心和动机，而具有更广的含义，包括意志力、生命力，甚至自然界中的力。他指出，人们要么把意志与力看作两种不同的东西，分属于两个不同的类，要么把意志归入力；而他恰恰相反，认为意志和力同属于一个类，并把力归入意志。"可是直到现在，人们还是没有

---

[1] 叔本华：《作为意志和表象的世界》，第32页。
[2] 同上书，第164—165页。

认识到自然界中任何一种挣扎着的、起作用的力与意志的同一性"[1];"过去人们总是把意志这个概念概括在力这个概念之下,我则恰好反其道而行之,要把自然界中的每一种力设想为意志"[2]。因此,叔本华的意志不能在纯粹主观的意义上理解,不能被仅仅理解为主体的一种心理的行为和特征,而应被理解为**泛化了的意志力、生命力**,如同泛神论宗教中的滋生出宇宙万物的神秘力量。

六、意志客体化的等级

叔本华主张表象世界是**意志客体化**的结果。意志的客体化有许多不同的等级,意志在客体化中实现自己的本质。意志首先在自然中实现自己的客体化。地球围绕太阳旋转、火山爆发、泉水喷发、江河入海等被视为意志在自然的层次上的客体化的表现形态。其次,意志在生物的层次上实现自己的客体化。植物的向上生长、动物的性欲冲动、生物间的生存竞争被认为是生存意志的表现形态。就动物的身体而言,"身体的各部分必须完全和意志所由宣泄的各主要欲望相契合,必须是欲望的可见的表出:牙齿、食道、肠的输送就是客体化了的饥饿;生殖器就是客体化了的性欲;至于攫取物的手和跑得快的腿所契合的已经是意志的比较间接的要求了,手和脚就是这些要求的表出"[3]。人与人之间的情爱的本质说到底是生物维持自己的类的生存的本能。在意识的层次,概念思维、逻辑推导都是意志的工具,是为意志而服务的。

叔本华把这种意志客体化的学说与柏拉图的理念论结合起来。柏拉图的理念有一个从高到低的等级系列,叔本华的意志的客体化也有一个从高到低的等级系列。意志在实现自己的过程中首先表现为一系列的理念,然后才是这些理念在个别的东西上的具体化。"这些理念在无数个别的东西上表现自身,它们与后者的关系是原本对摹本的关系。"[4]"只要这些级别意味着一定的物种或有机和无机的一切自然物体的原始、不变的形式和属性,意味着那些按自然规律而把自己暴露出来的普遍的力,那么,我们在第

---

[1] 叔本华:《作为意志和表象的世界》,第165页。
[2] 同上书,第166页。
[3] 同上书,第163页。
[4] A. Schopenhauer, *Schopenhauer Selections Papers*, edited by DeWitt H. Parker, London: Charles Scribner's Sons, 1928, p. 94.

二篇里就已在那些级别上看出了柏拉图的理念。"[1]叔本华把柏拉图的理念的等级系列解释为意志客体化的等级系列,以这种方式把柏拉图的理念论融合到他的唯意志论的学说中。

七、通过直观认识本体

叔本华主张我们可以**直观到本体**。直观本体的途径是一种内在的体认,即对自己内在的意志的体认。我们能直接意识到自己的意志在指挥自己身体的运动。我们洞悉我们的意志是一种内在的动力,我们的身体的运动是这种内在动力驱动的结果。"身体的活动不是别的,只是客体化了的,亦即进入了直观的意志活动。"[2] "每一真正的、无伪的、直接的意志活动都立即而直接的也就是身体的外观活动。"[3]当我举起手的时候,我不仅观察到手举起来这一表象世界中的活动,而且还内在地知觉到举起手的意志。我举起手的外在的活动是我举起手的内在意志的实现。在这里,意志是原动力。叔本华把这种意志理解为本体,理解为支配表象的自在之物。

叔本华试图通过意志与身体活动的关系架起本体世界与表象世界之间的桥梁。表象世界中的现象,包含身体的外部运动在内,服从时间、空间、因果律的支配;我们可以用这些先天的原理解释它们,甚至能找到现象与现象之间互相关系和相继发生的规律,但这不能说明它们的本源和原初的动力是什么。要找到它们的本源和原初动力,必须越出表象世界,进入本体世界。这不能借助于理性的推导,因为理性的推导只适用于表象世界,不适用于本体世界。叔本华认为意志是自由的,意志不服从现象界的任何原理和规律的支配。意志是不可遏止的盲目冲动,是无尽的变化,是永恒的流动。虽然每一个别活动都有一个目的,但整个的总欲求却没有目的。我们不能通过充足理由律的理性方式认识意志的活动规律,但我们却能通过直觉直接体认到意志的存在,并能体认到意志与身体活动的关系。这样就认识到本体与表象的关系。

叔本华进一步推论,既然我的意志是我的身体活动的本体,那么其他人的意志也是其他人的身体活动的本体,甚至所有的动物、植物、无机物都有意志(力)在背

---

[1] 叔本华:《作为意志和表象的世界》,第237—238页。
[2] 同上书,第151页。
[3] 同上书,第152页。

后支配它们，都是意志的实现的表现形态。当然，叔本华在此的论述已经不是依据直观，而是大胆的类比推理。

八、理智是意志的工具

叔本华认为理智是意志的工具，是为意志服务的。理智只是为了适应生存意志的需要而产生的，充当达到生存意志目标的工具。"所以认识，从根本上看，不管是理性认识也好，或只是直观的认识也好，本来都是从意志自身产生的。作为仅仅是一种辅助工具，一种'器械'，认识和身体的任何器官一样，也是维系个体生存和种族存在的工具之一。"[1]

认识产生于问题。问题由于需求、困境、缺陷、忧虑和恐惧而产生。问题的解决没有穷尽，新的问题总会产生。对有关世界和人生的总体问题的追问永远不会有完满的解答。面对知识，满足感是暂时的，不满足感是永恒的。认识如同由于爱欲而怀孕生子的母亲。意志与理智的关系如同一个勇猛强壮的瞎子背负着一个能给他指路的亮眼的瘸子。

九、悲观主义的人生观

叔本华持**悲观主义的人生观**。其理由有二：

意志是一个无尽的追求过程，欲望永远得不到满足；

意志的实现是一个斗争的过程，每一意志的实现都以侵蚀别的意志为代价。

我们先谈第一点。从总体上说，意志是永无止境、永不停歇的追求。每一生物都有欲求；意志受到阻抑，无法达到目的就是痛苦。就算有时实现了某一目的，满足了某一欲求，但那时刻是短暂的，新的欲求还会产生。因此，幸福是转瞬即逝的，痛苦是漫无止境的。"原来一切追求挣扎都是由于缺陷，由于对自己的状况不满而产生的；……每一次满足反而只是又一新的追求的起点。我们看到的追求挣扎都是到处受

---

[1] 叔本华：《作为意志和表象的世界》，第220页。

到多重阻碍的,到处在斗争中;因此,这种情况存在一天,追求挣扎也永远就被看成痛苦。追求挣扎没有最后的目标,所以痛苦也是无法衡量的,没有终止的。"[1]即使欲望在一定条件下得到满足,而自己满足于现状,也会产生无聊的感觉,而无聊本身也是一种痛苦。痛苦是随着认识程度的提高而增加的,认识愈明确,痛苦就愈深重。因此,人的痛苦要高于动物;在人之中,则天才最痛苦。

我们再看第二点。一个意志在客体化中实现自己是以牺牲别的意志实现其客体化为代价的。羊食草,以牺牲草的生长为代价;狼吃羊,以牺牲羊的生长为代价。即使生物自身的繁殖,也以牺牲自身为代价。动物在性欲最旺盛的时期总是最强壮和最美丽的,而一旦性交和生育之后,就迅速衰老和死亡。性交只是种群利用个体达成自己繁衍目的的一个骗局。在这个意义上,意志不得不以自身为食,意志的实现以吞噬自身为代价。"意志客体化的每一级别都在和另一级别争夺着物质、空间、时间。恒存的物质必须经常更换〔自己的〕形式,在更换形式时,机械的、物理的、化学的、有机的现象在因果性的线索之下贪婪地抢着要出现,互相争夺物质,因为每一现象都要显示它的理念。"[2] "这样,生命意志就始终一贯是自己在啃着自己,在不同形态中自己为自己的食品,一直到了人类为止,因为人制服了其他一切物种,把自然看作供他使用的一种物品……人把那种斗争,那种意志的自我分裂暴露到最可怕的明显程度,而'人对人,都成了狼'了。"[3]

由于存在永远满足不了的欲望,由于生存斗争的残酷,所以痛苦构成了一切存在物,特别是人的本质。痛苦对于人是不可消除的。消除痛苦的努力只能改变痛苦的形态,而不能改变痛苦本身。这就是叔本华的悲观主义人生观的根据。

十、三条解脱痛苦的途径

叔本华认为存在三条**解脱痛苦**的途径。它们是**艺术**(Kunst)、**怜悯**(Mitleid)和**禁欲**(Askese)。这三者分别构成叔本华的美学、伦理学和宗教学说的核心。

(1)艺术创作是一种非常特殊的意志客体化的活动。这种客体化与其他的客体化

---

[1] 叔本华:《作为意志和表象的世界》,第424页。

[2] 同上书,第212—213页。

[3] 同上书,第213页。

不同，它在一定程度上超越了生存竞争。它不像捕猎、种地、经商那样以谋生和盈利为主要目的。当人全心全意地创作和欣赏艺术作品时，他完全沉浸在艺术作品之中，忘记了自己的个体和利益。审美经验使生存意志得到了暂时的平息。在审美经验的特殊时刻，人的认识可成为一种**利益无涉**（interessenlose）的纯客观的观审，可以使人从痛苦中暂时解脱出来。

叔本华把各种艺术形式安排在一个从低到高的等级序列中。这序列是：建筑、绘画、雕刻、诗歌、戏剧、音乐等。叔本华特别推崇戏剧中的悲剧和音乐。在他看来，悲剧表现了意志与其自身的冲突，悲剧英雄在巨大努力之后体尝巨大痛苦，从而实现意志转向，进行自我遗弃。音乐是一种以完全利益无涉的方式对意志本身的再现，直接表达了意志的斗争和挣扎的本质，对音乐的欣赏使人释放意志的压力和获得宽慰。

（2）比起艺术来，怜悯是一种更加深层和高尚的解脱痛苦的方式。我们通常把邻人当作占有和利用的对象，以满足自己的欲望。但是我们也知晓其他人也有生存意志，也有痛苦，他们像我一样都是普遍的世界意志的个体表现。当别人痛苦的时候，我也痛苦，这就是德文词"怜悯"的含义。通过怜悯，我们把自己的个体与别人的个体同一起来，进入到普遍的世界意志中去。怜悯是道德上善的行为的基础。叔本华喜欢引用《吠陀》的一句经文"那就是你"来表达一种超越"小我"到达"大我"的境界。人作为意志客体化的存在物势必努力维持和发展自己的生存，所以人通常都是自私的；但当一个人能洞悉意志客体化的普遍性以及它所导致的普遍的痛苦的时候，他就能超越个体化的原理，把他人乃至全世界的痛苦都当作自己的痛苦。为此，他能牺牲他自己个体的利益，甚至自己的生命。

（3）既然欲望是导致痛苦的根源，那么禁欲就是摆脱痛苦的最彻底的方式。叔本华认为**禁欲**是基督教和东方**宗教**（佛教和印度教）**的本质**。禁欲就是故意摧毁生命意志，主动放弃生命享受，弃绝性欲的满足，自愿地承受生命中的一切痛苦。禁欲不仅是一种针对物质享受的苦行，而且是一种针对心理欲念的精修。禁欲要使自己从执着于对象的关系中解脱出来，超离主客二分的表象世界的结构，达到物我两忘的**涅槃境界**（Nirwana）。这样，我们就能得到"一种不可动摇的安定""一种深深的宁静和内心的愉快"[1]。

---

[1] 叔本华：《作为意志和表象的世界》，第534页。

第三节　意义、影响和遗留问题

叔本华的哲学说旧亦旧，说新亦新。从形式上讲，叔本华的哲学是旧的。叔本华继承了康德以降德国古典哲学的形而上学传统，以系统化的形式表述了他的哲学思想。《作为意志和表象的世界》一书建立了一种以意志为本体的形而上学体系，把本体论、认识论、伦理学和美学融为一体。这难免给人一种模仿康德的三大批判的感觉。从内容上讲，叔本华哲学中相当多的内容是旧的。他吸纳了柏拉图、贝克莱、莱布尼茨、康德等诸多思想成分。因此难怪有人批评他的哲学是个大杂烩，"是由过时哲学的十足的残渣拼凑而成的"[1]。但是不容否认，叔本华的哲学有创新之处。我觉得他的创新之处主要有两点：

（1）叔本华扩充了"意志"概念，使它与"生命力"概念融合起来，以此为本体，建立了一种新的哲学。这一思路直接或间接地影响了尼采、柏格森、狄尔泰等人，形成了唯意志主义—生命哲学的一场持续几十年的哲学运动。

（2）叔本华扩展了"直观"概念，主张本体（意志、生命力）是可以被直观到的。这样就避免了康德所谓用理性范畴进行思考不能达到本体界的困境。这一观点与近代中国新儒家（如熊十力）所主张的本体的知识只有通过反求自证才能真正达到的观点相契合。很可能中国的近代学者看到了叔本华或其他的生命哲学家有关直观本体的观点后才想到中国的先哲（孟子、子思、王阳明）有类似的观点，从而坚定了自己哲学传统中的通过直观本心体认本体的路线。

叔本华的哲学看似自圆其说，但实际上存在严重问题。在我看来，它存在以下三方面的问题：

（1）叔本华通过意志客体化的方式说明意志产生现象世界的万事万物。意志客体化是他的意志本体论的关键，但他没有论述意志为什么要客体化。说我们的心理的意志具有客体化（对象化）的活动方式是可以理解的。我们可以理解我们的动机、欲望、构想在对象化（客体化）的活动中实现自己。但是为什么物质世界中的东西，比如一块石头，也是意志（普遍的世界意志）的客体化的结果呢？对此，叔本华没有提

---

[1] 恩格斯：《自然辩证法》，载《马克思恩格斯选集》第四卷，北京：人民出版社，1995年，第286页。

供有说服力的论证。

（2）叔本华主张通过直观认识本体。直观在他的哲学中起十分重要的作用。但他对直观缺乏深入探讨。叔本华没有阐明直观认识的活动方式、范围和限度。叔本华指出，我们可以直观到我们的意志与我们的身体活动的关系。我们姑且承认这是一个可直观的事实。但光有这一点还远远不够，因为这不等于说我们能够直观到自然界中的事物也是意志实现自己的结果。叔本华通过火山爆发、泉水喷发、江河入海等论证自然界的现象也是意志客体化的结果。但这只是比喻，而不是直观。叔本华往往**从直观一下子跳到类比推理，用比喻代替以直观为基础的逻辑推导**。在他那里，直观、类比推理和想象之间没有明确的界限。

（3）如果说意志是唯一全能的本体，意志总是在实现自己，总是在维持自己的生存，那么我们为什么不把意志当作值得肯定的事情，把实现自己的生存意志、权力意志当作自己追求的目标呢？意志的本体论与泯灭意志的悲观主义不是自相矛盾的吗？尼采正是由此出发对叔本华的意志做了一种新的理解，提出了一种肯定生存意志的伦理观，反对禁欲主义，张扬权力意志，从另一个极端发展了叔本华的唯意志主义哲学。

思考题

1. 叔本华是如何通过"意志"和"直观"来改造康德的哲学的？
2. 叔本华如何论证意志与表象的关系？
3. 叔本华如何论证意志和理智的关系？
4. 评述叔本华的悲观主义的人生观及解脱痛苦的途径。
5. 评述叔本华的哲学研究的问题意识和解题思路。
6. 评述叔本华的哲学的意义和所遗留的问题。

第三章
尼　采

弗里德里希·威廉·尼采像叔本华一样，把意志当作一切思想和现实的东西的根基和原动力。在这个意义上，他们都是唯意志主义的哲学家。尼采还像叔本华一样，把意志与生命紧密地结合在一起，主张哲学的任务在于揭示生命的本来面目。在这个意义上，他们也可被视为生命哲学家。然而，当叔本华谈到生存意志（der Wille zum Leben）的时候，他强调这种意志是一种自发的维持自己生存的欲念/推动力（Trieb），是一种自我保存的渴望/推动力（Selbsterhaltungsdrang）；并且这类欲望带来痛苦，解脱痛苦的根本途径是灭绝自己的欲望。当尼采谈到生存意志的时候，他强调这种意志是一种提升自己的生命等级（Steigerung des Lebens）的欲念/推动力，是一种给自己带来欣喜的自我超越的渴望。因此他提倡权力意志（der Wille zur Macht）[1]，即一种发挥自己的力量、提升自己的能力、使自己成为超人（Übermenschen）的意志。由此可见，尼采的唯意志主义与叔本华的唯意志主义有很大的区别。前者对生存意志持一种积极肯定的态度，后者持一种消极悲观的态度。

---

[1] "Wille zur Macht"这个概念通常译为"权力意志"，近来有人译为"强力意志""强势意志"等。我沿用通常的译法。但我觉得把"Wille zur Macht"译为"权力意志"确有缺陷，因为这容易让人把它当作一个政治概念，当作追求政治权力的概念，而实际上尼采主要讲的是提高生命能量和提升生命等级的意志。当然，这其中也包括追求在生存竞争中取得优势地位和操控对手的能力。因此，"作为政治的权力意志"只是整个权力意志中的一个部分。参见尼采：《权力意志》（下卷），孙周兴译，北京：商务印书馆，2007年，第977—978页。

第一节　生平著述与问题意识

尼采于1844年10月15日生于普鲁士萨克森邦吕岑（Lützen）附近勒肯（Röcken）村的一个基督教新教牧师家庭。他祖上五代人中有二十多人当牧师，而他一反家族的传统，直至后来成为西方近代史上最激烈的反基督教的思想家。这一转变与他在中学期间阅读了**大卫·施特劳斯**（D. F. Strauss，1808—1874）的《耶稣传》有关。这本书促发他开始怀疑基督教的信仰。1864年10月，尼采进入波恩大学学习语文学和神学。两学期后，转学莱比锡大学，继续攻读语文学。在莱比锡期间，尼采有一次逛书摊，看到了叔本华的《作为意志和表象的世界》，如获至宝。尼采自己的意志哲学之路从此开始。1868年，尼采开始了与著名音乐家**瓦格纳**（Richard Wagner，1813—1883）持续十年的交往。但后来瓦格纳音乐中的宗教因素逐渐增多，尼采对这种倾向越发不满，这最终导致两人的决裂。1869年2月，尼采尚未从莱比锡大学毕业，即被恩师里奇尔举荐到巴塞尔大学任古典语文学副教授。短短一年后，二十六岁的尼采即升任正教授。

1870至1871年普法战争期间，尼采作为一个志愿的伤病护理员工作了几个月，不幸自己也得了重病。自此以后他一直受疾病困扰，不得不于1879年辞去在巴塞尔大学的教职。在以后的十年时间内，尼采蛰居于瑞士阿尔卑斯山脚下一个名为西尔斯－玛利亚的小山村，间或漫游于瑞士、意大利和德国的农村或城市。他认为这些地方的自然环境和气候有助于缓解他的病痛，也有助于他的哲学沉思。1889年1月，尼采在意大利都灵发生精神崩溃，此后经常处于精神迷乱中，先后由母亲和胞妹照顾。1900年8月25日，尼采逝世于魏玛。

尼采的主要著作有：《悲剧的诞生》（*Die Geburt der Tragödie*，1872）、《不合时宜的

沉思》（1873—1876）、《人性，太人性》（1878）、《朝霞》（1881）、《快乐的科学》（*Die fröliche Wissenschaft*，1882年出版前四卷；1886年增补了第五卷）、《查拉图斯特拉如是说》（*Also sprach Zarathustra*，1883至1884年出版前三卷；1885年尼采自费出版了第四卷的部分内容，只印刷了四十册；1891年根据尼采手稿对第四卷做了增补）、《善恶的彼岸》（*Jenseits von Gut und Böse*，1886）、《道德的谱系》（*Zur Genealogie der Moral*，1887）、《瓦格纳事件》（*Der Fall Wagner*，1888）、《偶像的黄昏》（1889）。另外，在尼采精神失常和逝世后，由其亲友根据其手稿整理出版了《反基督者》（1895）、《尼采反对瓦格纳》（*Nietzsche contra Wagner*，1895）、《权力意志》（*Der Wille zur Macht*，1901）、《瞧，这个人》（*Ecce Homo*，1908）等。三卷本的《尼采著作集》（*Werke in drei Bänden*, hrsg. von Karl Schlechta, München: Hanser, 1954）收入了上述尼采生前自己出版的著作和由其亲友在他精神失常和逝世后出版的著作。该版本较为流行。较有学术研究价值的尼采著作集首推由科利（G. Colli）和蒙提那里（M. Montinari）合编为十五卷本的考订研究版《尼采全集》（*Sämtliche Werke, Kritische Studienausgabe in 15 Bänden*, hrsg. von G. Colli u. M. Montinari, Berlin: De Gruyter, 1980），它包括了尼采自己出版的著作和遗留的重要手稿。其中有关《权力意志》的书稿完全放弃尼采妹妹伊丽莎白·福斯特－尼采的编本，改为按照年代顺序编排尼采于1885年秋至1889年1月初之间写下的手稿，作为《尼采全集》的第十二和第十三卷出版。该两卷手稿已由孙周兴翻译，于2007年在商务印书馆出版。主要为图书流通起见，中文版仍保留《权力意志》的书名。[1] 尼采的著作大都已有中译本，而且有的著作已有多个不同的译本。近来刘小枫组织编译《尼采注疏集》，为阅读理解尼采著作提供了很大便利。

在一个"上帝死了"和理性的神话被打碎的时代，价值导向是否可能？这是尼采的问题意识。

尼采宣告**"上帝死了"**，这不仅表明他否定上帝的存在，更重要的是在于表明这样一个事实：当今大多数人是不相信上帝存在的。既然对上帝的信仰已烟消云散，那么假托上帝颁布的道德律令就失去效用。上帝死了，是否一切都可允许？如果一切都可允许，那么个人选择是否有孰重孰轻的优劣之分？

---

[1] 参见尼采：《权力意志》，"中文版凡例"，第1页。

近代启蒙运动以理性否定基督教的信仰，但保留基督教的伦理。它的做法是把基督教的伦理与基督教的信仰分离开来，用理性重新论证基督教的伦理，使之成为一种理性主义的伦理。在尼采看来，近代启蒙运动对基督教的否定是不彻底的。他主张不仅要批判基督教的信仰，而且要批判基督教的伦理。基督教的伦理是一种"奴隶的伦理"，而不是"主人的伦理"，是在摧毁生命，而不是在激励生命。近代启蒙思想家把理性当作审判一切的最终法官，企图通过理性为伦理奠定基础。但在尼采看来，理性无非是意志的奴仆，所谓作为最终法官的自主的理性本身是一个被树立起来的新的神话。在上帝的权威和理性权威一个接连一个被推翻之后，在这些长久以来被信以为真和被当作权威树立起来的东西被彻底虚无化了之后，一种彻底的虚无主义流行起来。在这种情势下，价值的导向是否还有可能呢？现代人是否还有可能从彻底的虚无主义的困境中走出来呢？这种彻底的虚无主义对现代人来讲意味着什么呢？

有关意志与理性的关系，叔本华已经做了论证。尼采有关这一关系的观点基本上是从叔本华那里来的。但尼采认为，叔本华的意志哲学有首尾不连贯的地方。叔本华主张：意志主要表现为维持自己生存的意志；由于资源有限，生物间的竞争不可避免；生物处在食物链之上，生物以捕食其他生物为生，"意志自相为食"，这种生存竞争必然是痛苦的。生存竞争导致生物的进化，柏拉图式的各级理念预先规定了存在物进化的样态和秩序的可能性。处在各级存在物秩序的最上端的是能够意识到这种生存意志（欲望）必然带来痛苦的人，而圣人是那些宁愿以自己的死来换取别人和其他生物的生的人。道德发轫于怜悯。道德是一种从利己的、求生的意志向利他的、献身的意志的倒转。摆脱痛苦的根本途径是泯灭自己的意志。在尼采看来，既然生存意志和生存竞争导致进化，那么就不应该否定生存意志和生存竞争，而应该最大限度地发挥自己的潜力和能动性，积极地参与竞争，促进生命的发展；既然意志是一切存在物的根基和原动力，就没有什么预先规定和制约存在物的发展的可能性的理念秩序；生物的进化不可能是封顶的，人之上还有超人；超人不是泯灭人的生存活力的"**圣人**"，而是不断进取和永远提升自己的生命等级的**强人**。

对在一个宗教和理性的神话破灭后的虚无主义时代如何才能获取价值导向的问题，尼采给出的回答是在生命之光照耀下谈论价值，把生命本身作为价值标准，以激发生命活力、促进生命发展的价值观念取代扼杀生命活力、阻碍生命发展的价值观念。他把前者视为健康的、刚强的价值观念，把后者视为病态的、虚伪的价值观念。"什么是好的？——所有能提高人类身上的权力感、权力意志、权力本身的东西。什么是坏的？——所有来自虚弱的东西。什么是幸福？——关于权力感在增长的感觉，——关于一种阻力被克服了的感觉。"[1]

第二节　主要论点及其论证

一、酒神精神和日神精神

叔本华在《作为意志和表象的世界》中把意志与理性的关系比喻为一个勇猛强壮的瞎子背负着一个能给他指路的亮眼的瘸子。尼采在《悲剧的诞生》中把意志与理性的关系比喻为酒神与日神的关系。**酒神狄俄尼索斯（Dionysos）象征意志和本能；表现一种追求生育、丰产的愿望；相信一种在创造和毁灭之间的统一，一种生生不息、周而复始的永恒。日神阿波罗（Apollo）象征理性，以追求完美的自为存在为目标；喜欢简化、明朗化和典型化；宣扬受法则限制的自由。酒神狄俄尼索斯把意志的本真世界表现得淋漓尽致，日神阿波罗则惟妙惟肖地表现一个经理性的概念帷幕遮盖的虚假世界。通过酒神狄俄尼索斯，我们体验到一种原始的本能、一种奔放的生命力，我们不再受理性的观念和道德原则的束缚，感受到生命的真实性。在狄俄尼索斯的狂醉的世界中，人的生命感受最强烈，人性深处的欲望最率真地表现出来。

对于早期的希腊人来说，美不是从天上送给他们的，逻辑学亦然，风俗道德的自然性亦然，那是他们所征服的，是通过他们自己的追求和抗争而得的，那是他们的胜利成果，是为他们的生命服务的。当然，有追求和抗争，就会有失败和失望。所以，以狄俄尼索斯为象征的希腊精神是**"实践的悲观主义"**。在此，尼采使用"实践的悲观主义"这个词语与他研究希腊的悲剧有一定的关系。希腊悲剧中的主人公是敢于与命运抗争的英雄人物。明知航海要遇到狂风巨浪，偏要扬帆远航；明知山有虎，偏向

---

[1] 尼采：《权力意志》（下卷），第903—904页。

虎山行。英雄敢于实践，不畏千辛万苦，哪怕经过英勇卓绝的斗争最终失败，在血流中倒下，他依然是可歌可泣的英雄。与命运拼搏的人不会因为自己没有做过努力而感到内疚。尽管其结局令人伤心，但观众会沉浸在悲伤中感叹其英雄业绩。这就是尼采推崇的"实践的悲观主义"。在尼采看来，自苏格拉底起，崇尚理论思辨的取向就取代了崇尚实践探索的取向，追求不变不动的完美理念取代了追求具体的现实成果，沉湎于幻想的乐观主义取代了敢于与命运搏斗的悲观主义。苏格拉底提出"知识就是美德"的口号，把知识当作人生的最高目的，当作区分善恶的标准，当作去恶从善的原因。尼采指出："相对于这种实践的悲观主义，苏格拉底则是理论型乐观主义者的原型，他相信万物的本性皆可穷究，认为知识和认识拥有包治百病的力量，而错误本身即是灾祸。深入事物的根本，辨别真知灼见与假象错误，在苏格拉底式的人看来乃是人类最高尚的甚至唯一的真正使命。因此，从苏格拉底开始，概念、判断和推理的逻辑程序就被尊崇为在其他一切能力之上的最高级的活动和最堪赞叹的天赋。"[1]尼采反对这种唯智主义的知识崇拜倾向，认为它是生命贫乏与衰败的标志，因为知识本身不是目的，知识是为生命服务的。生命只有在遭到歧视并无所归依的时候，才会紧紧抓住知识这根救命稻草不放，沉湎在理论知识的虚假世界中。

通过狄俄尼索斯和阿波罗这两个形象，尼采重构欧洲的文化发展史。起初，我们可以从古希腊早期的悲剧作品中看到，阿波罗（理性）是为狄俄尼索斯（意志）服务的。但随着希腊理性主义世界观的兴起，阿波罗的理性原理就侵蚀狄俄尼索斯的生命意志。西方两千年从苏格拉底到黑格尔的哲学史就是阿波罗的理性原理不断侵蚀狄俄尼索斯的生命意志的历史。与此相关，基督教的道德和启蒙运动以来所谓人道主义的道德推动了这种对生命意志的压制，这两种原则就处于紧张的关系之中。然而，狄俄尼索斯的生命意志是不应也不能被压制的。这是因为，狄俄尼索斯象征生命的原动力，世界归根结底是由意志主导的。我们应该弘扬生命，而不应摧残生命。对于狄俄尼索斯和阿波罗的关系，不应以理性主义的方式来处理，应恢复古希腊悲剧中的那种阿波罗（理性）为狄俄尼索斯（意志）服务的准则。当代人应该向早期的希腊人学习，尊崇酒神精神。

---

[1] F. W. Nietzsche, *Die Geburt der Tragödie*, §15, in F. W. Nietzsche, *Sämtliche Werke, Kritische Studienausgabe in 15 Bänden*, KSA 1, S. 100–101. 以下将十五卷本考订研究版《尼采全集》简称为KSA。

需要注意的是，尼采的"实践的悲观主义"不同于叔本华的那种悲观主义。尼采赞赏叔本华有关意志是原动力，意志的世界是本真的世界，由概念编织的表象世界不是本真的世界的观点，但尼采不赞同叔本华的欲望导致痛苦的悲观主义，反对通过禁欲解脱生存意志所带来的痛苦的观点。尼采指出，古希腊的悲剧已经表明，希腊人懂得叔本华所揭示的生命是痛苦的道理，但希腊人没有像叔本华一样对生命采取一种退缩的悲观主义的态度，而是直面人生，欣然承受生命的痛苦。"痛苦不可当作反对生命的理由：'你再也没有剩下幸福留给我了吗！那好，你还有你的苦难……'"[1]这是被尼采视为知音的一位俄罗斯姑娘**莎乐美**（Salomé）写下的诗歌，尼采对其极其珍视。知其不可承受之重而承受之，知其有翻船覆舟的危险而昂然扬帆远航，这是古希腊悲剧所体现的英雄主义，这也是尼采所倡导的人生观。

尼采在其自传性的著作《瞧，这个人》序言中写道："我是哲学家狄俄尼索斯的弟子。我宁愿做一个酒色之徒（Satyr），而不愿做一个圣者。"[2]宁愿做"**酒色之徒**"，因为这体现生命的纯真，而圣者的假仁假义的道德说教则扼杀生命。尼采在《悲剧的诞生》中所倡导的以酒神精神取代日神精神，可被视为他一生思想的主旋律。

二、权力意志：重估一切价值

以"权力意志"为准则"**重估一切价值**"（die Umwertung aller Werte），是尼采为自己的哲学提出的中心任务。

尼采曾有撰写《权力意志：重估一切价值的尝试》一书的计划，后来约在1888年8月底9月初之际放弃了。但他根据有关这个主题的手头已有材料的一个摘录发表了《偶像的黄昏——或如何用锤子进行哲思》（1889）。[3]此外，在尼采精神失常后，有关这个主题的另一部分材料于1895年由其亲友整理，以《反基督者》为书名出版。尼采的妹妹伊丽莎白·福斯特-尼采还根据尼采的相关手稿编订出版《权力意志：重估一切价

---

[1] F. W. Nietzsche, *Ecce Homo*, in KSA 6, S. 336.
[2] Ibid., S. 258.
[3] 参见刘小枫主编的《尼采注疏集》中的《偶像的黄昏》"Pütz版编者说明"，上海：华东师范大学出版社，2007年，第3页。

值的尝试》(1901)。尽管这一编订的合理性和可靠性受到质疑，但尼采确有撰写《权力意志：重估一切价值的尝试》的计划，并留下大量相关手稿，这一点是无可置疑的。

尼采所说的"权力意志"主要指生命的本能和活力。哪里有生命，哪里就有意志。我们的全部本能生活是权力意志的发展和繁衍。尼采的"权力意志"概念在一定意义上是针对叔本华的"生命意志"概念提出来的。尼采认为叔本华的"生命意志"概念过于消极。叔本华把生命意志看作生命自我维持的意志。尼采认为，生命不仅自我保存和延续，而且自我扩张和强化。生命本身就是成长、延续、累积力量和追求力量的本能。生物所追求的首先是释放自己的能量。尼采使用"权力意志"这个概念，以表达生命的一种自我扩张、自我创造、自我改善、自我超越的能力和倾向。权力意志旨在提高生命能量和提升生命等级。尼采写道："人们不能从一种力求自我保存的意志中推出细胞原生质最低层和最原始的活动：因为细胞原生质以一种不可思议的方式摄取了比保存所要求的更多的东西；而且首要地，它因此并不是在保存自己，而是蜕变了……在此起支配作用的欲望恰恰可以说明这种不求保存自己的意愿。"[1]"生命体所做的一切并不是为了自我保存，而是为了变得更丰富。"[2]

当然，在尼采那里，"生命"的概念要从广义上理解，"权力意志"的概念也要从广义上理解。权力意志不限于生物的生命。不仅生物有机体的摄取营养，而且物理学中的引力和斥力，化学中的分解和化合，都是权力意志展开和释放的表现。在人类世界中，权力意志还表现为追求政治权力、经济权力、文化权力。权力意志分化为追求食物的意志、追求财产的意志、追求工具的意志、追求奴仆（听命者）和主子的意志。总之，世界上的一切存在物及其活动都是权力意志的表现，它们之间的区别只是权力意志的区别，它们之间的关系都是权力意志的争夺关系。权力意志是一切力量的来源。"一切推动力都是权力意志，此外没有什么身体的、动力的或者心灵的力量了。"[3]"一切都力求投入权力意志的这种形态之中。"[4]

当尼采确立了"权力意志"这个概念后，他就用权力意志来重估一切价值。尼采

---

[1] 尼采：《权力意志》（下卷），第733页。
[2] 同上书，第1032页。
[3] 同上。
[4] 同上书，第1033页。

非常重视这种估价活动。在他看来,"任何民族,倘若它不首先进行估价,就不能生存"[1]。"估价就是创造:听呵,你们这些创造者!估价本身乃是一切被估价物种的宝藏和珍宝。"[2]

尼采在"重估一切价值"中所说的"一切",从时间上说上至古希腊哲学,中接基督教信仰,下连近代的理性主义和人道主义的思潮;从内容上说涉及知识、伦理、艺术的全部领域。如果说这三个领域内的价值分别可以用"真""善""美"这三个概念来表达,那么尼采则对传统的真、善、美价值观进行全面的锤打。尼采自称是"炸药",是"真正的破坏者",是在"用铁锤从事哲学"。他对这些传统的价值观冷嘲热讽,嬉笑怒骂,揭示它们的伪善和病态,把它们当作偶像打倒。

就知识论而言,尼采主张,世上没有绝对真理,没有用于度量真理的客观的、不偏不倚的、统一的标准。所谓客观的、纯粹的、排除了个人主观因素干扰的真理是根本不存在的。理性主义的认识论的根本错误在于把认识视为无关于人的利害的求知活动。实际上,人总是从各自的视角出发看待事物,从各自的需求出发研究事物,从各自的标准出发判断事物。是欲望驱使了认知活动,而不是认知活动决定欲望。人的求知欲溯源于占有和制服的欲望。这是因为,感官、记忆、思维等功能就是循着这种欲望发展起来的。人的认识能力、逻辑和理性的范畴无非是人用来满足自己的某种目的的工具。"哲学迷误的依据在于,人们没有把逻辑和理性视为手段,而是为了把世界布置得合乎功利性之目的(也就是'原则上',把世界布置为合乎一种功利的伪造),人们以为在逻辑和理性范畴中有了真理或者实在性的标准。实际上,'真理的标准'只不过是这样一个原则性伪造系统的生物学上的功利性:而且,由于一种动物知道没有比自我保存更重要的事情了,所以,人们实际上就可以在此谈论'真理'了。"[3]在这里,尼采把批判的矛头指向康德等哲学家所宣扬的纯粹理性。

尼采主张,真理不是最高的价值标准,更不是最高的权力。真理本身不能确立价值,真理的价值体现在为生命服务之中。生命高于真理之上,真理只是生命的创造。人们因为生命的需要才去关心真理,才想到用逻辑去证明真理。科学的和哲学的真理

---

1 尼采:《查拉图斯特拉如是说》,孙周兴译,上海:上海人民出版社,2009年,第68页。
2 同上书,第69页。
3 尼采:《权力意志》(下卷),第1070页。

归根结底是建立在意志的基础之上的，是权力意志展开的表现。因此，人们绝不能用真理去危害生命。人类不能为真理而消亡，真理却要为人类生命的发展效劳。

就伦理学而论，尼采认为迄今为止盛行的道德观念不是在强化人的生命力，而是在弱化人的生命力。尼采把基督教所提倡的"善良""仁慈""宽厚""谦卑""同情"视为颓废的道德，因为这是对生命意志的违抗，是在否定生命的价值。尼采在1886年为其《悲剧的诞生》一书所写的序言"自我批判的尝试"中，申言要用人的生命来解释道德，而不用道德来解释生命："因为在道德（特别是在基督教的道德，即无条件的道德）面前，生命必不可免地永远是无权的，因为生命本质上是某种非道德的东西——最后，在蔑视和永久否定的重压之下，生命必定被认为是不值得渴望的东西、本身无价值的东西。道德本身——怎么，道德不会是一种'否定生命的意志'，一种隐秘的毁灭冲动，一种衰落、萎缩、诽谤的原则，一种末日的开始吗？因而不会是危险中的危险吗？……为反对这种道德，我那时在这本还成问题的书中，转向我的本能，转向一种伸张生命的本能，并且我发明一种在原则上与此相反的学说和一种相反的对生命的价值判断，一种纯艺术的价值判断，一种反基督教的价值判断。"[1]

尼采意识到，这种"否定生命意志"的道德不仅基督教有，佛教也有。叔本华正是从"同情的道德"（Mitleids-Moral）出发，转向一种企图通过禁欲解脱痛苦的否定生命意志的态度的。尼采视叔本华为他的"伟大的教师"，但是在这一点上与叔本华发生重大分歧，认为这是叔本华意志学说中自相矛盾的地方，是对生命和整个欧洲文化带来巨大危险的价值观。尼采忧心忡忡地指出："我理解了风靡一时的同情的道德，甚至连哲学家们都被这种道德传染了，弄病了，这难道不是我们那变得可怕的欧洲文化的最可怕的病兆吗？这难道不是在间接地走向一种新的佛教，一种欧洲的佛教，一种虚无主义吗？"[2]

就艺术而论，尼采主张没有什么美本身，"'自在之美'仅仅是一个词，甚至不是一个概念"[3]。那么什么是美呢？美感是从什么地方来的呢？第一种答案是：美来自

1　F. W. Nietzsche, *Die Geburt der Tragödie*, in KSA 1, S. 19.
2　F. W. Nietzsche, *Zur Genealogie der Moral*, Vorrede 5, in F. W. Nietzsche, *Friedrich Nietzsche: Werke in drei Bänden*, Bd. 2, hrsg. von Karl Schlechta, München: Hanser, 1954, S. 767.
3　尼采:《偶像的黄昏》，卫茂平译，上海：华东师范大学出版社，2007年，第133页。

人。"人相信世界本身充满美——他忘记自己是美的原因。"[1] 人把美赠予世界，人把一切反射自己形象的东西看作美的。尼采指出，这只说对了问题的一半，还要给它一个限定，答案才完整。"没有什么是美的，只有人是美的：全部的美学都建立在这样一种简单的事实上，它是美学的第一真理。让我们立刻添上它的第二真理：没有什么比蜕化的人更丑——审美判断的领域由此被限定。"[2] 如果只肯定美学的第一个真理，那么它只是一种"人性，太人性的美"；如果加上了美学的第二个真理，那么我们就能明白美是要由生命和权力意志来衡量的。"从生理学上核算，一切的丑使人虚弱和悲哀。它令人想起颓废，危险，软弱无力；人在此时的确会丧失力量……他的权力感，他的权力意志，他的骄傲——与丑同降，与美同升……在这样或那样的情况中，我们得出一个结论：美丑之前提以其无比的丰富性积聚在本能中。"[3]

尼采否认存在为艺术的艺术。艺术家的创作活动不是指向艺术本身，而是指向艺术的意义，即生命的。艺术应指向生命的可盼之望，应为提升生命力而工作。但也有这样的一些哲学家，如叔本华，认为"弃绝意志"是艺术的全部意图，把"赞同绝望"尊为悲剧的最大功利。尼采认为这是一种病态的表现，是虚无主义对生命的"整体贬低"，是悲观主义的"凶险目光"。这与希腊的悲剧精神背道而驰。"面对一个强大的敌人，面对一种巨大的灾难，面对一个引起恐惧的问题，感情的无畏和自由——这是悲剧艺术家所选择和美化的**胜利状态**。……习惯于痛苦和寻求痛苦的**英雄之人**，他以悲剧颂扬自己的此在——悲剧作家只是为他，捧上这杯最甘美的残酷之酒。"[4]

尼采曾一度把瓦格纳的音乐艺术视为直接表现意志的形式加以赞美。后来在看到瓦格纳用音乐艺术来赞美基督教的价值观念后，他认识到对艺术本身也要加以区分，并表示与瓦格纳决裂。

从生命的角度出发，以权力意志为准则，重估一切价值，是尼采一生哲学活动的主线索。在他看来，一种东西价值的大小就看它对人类的生命是否有所促进，是否使权力意志得到强劲的发挥。一旦用这个标准来衡量知识、道德和艺术的价值，就能对真、善、美的意义做出全新的诠释。

---

[1] 尼采：《偶像的黄昏》，第133页。
[2] 同上书，第134—135页。
[3] 同上书，第135页。
[4] 同上书，第140页。

三、主人道德和奴隶道德

"**主人道德**"和"**奴隶道德**"是尼采所划分的基本的道德类型。他在《善恶的彼岸》中写道:"在来回审视了世间迄今为止曾居支配地位或还在居支配地位的许许多多精致和粗放的道德之后,我觉察到某些特征一再有规则地互相联系在一起出现:我终于发现了它们的两种基本类型和一种根本区别:世间存在主人道德(Herren-Moral)和奴隶道德(Sklaven-Moral)——我要立即补充说,在所有较高和较混杂的文化中,试图调停二者的倾向是显而易见的,它们频频被混淆,彼此之间相互误解。的确,它们时常被粗糙地并置在一起,甚至在同一个人、同一个灵魂之内。"[1]

按照尼采的看法,"主人道德"体现了人的统治欲和支配欲,是生命的自我肯定、自我颂扬。主人道德是少数奋发有为的人,即主人、贵族、上等人所奉行的道德。他们不受任何确定的、被认为是普遍的道德原则的束缚,超出传统的善恶标准,完全以自己的意志为尺度来衡量价值和制定道德规范。"高贵类型的人感到自己是价值的决定者,他不需要获得赞许,他宣告'凡对我有害的本身就是有害的',他知道唯有自己才是赋予事物荣誉的人,他是价值的创造者。他赞美他自己所认识的东西:这样的一种道德是自我颂扬。"[2]高贵的人之所以高尚、尊贵和值得骄傲,乃在于他们把一切能发挥个人的内在生命力和本能的东西发挥出来,他们具有创造力和能动性,不人云亦云,不因循守旧,敢于提出新观点,敢于冒险和建功立业。

与此相反,奴隶道德却是那种逆来顺受的、消极的、怨恨的道德,它反映的是那种衰败生命的庸俗趣味。在他看来,奴隶道德是畜群的普通人、下等人所奉行的道德。这些人缺乏旺盛的生命力和激情,没有奋发有为的生活理想和自我创造的愿望。他们贪图平安,追逐蝇头小利,把苟延自己的生命放在第一位,把怜悯、同情、仁慈、宽厚等品性赞为美德,把强者和具有独立个性的人当作敌人。他们畏惧、嫉妒、仇视强者,企图以他们自己所遵奉的道德作为普遍的道德原则来对抗强者。他们提倡平等,要求消除强弱之间的差别。这实际上是在扼杀奋发有为的生命力,是在毁灭权力意志。

在尼采看来,基督教提倡的道德是典型的奴隶道德。基督教主张道德律是上帝颁

---

[1] F. W. Nietzsche, *Jenseits von Gut und Böse*, in F. W. Nietzsche, *Friedrich Nietzsche: Werke in drei Bänden*, Bd. 2, S. 729.
[2] Ibid., S. 730.

布的律令，把道德规范绝对化和普遍化，要求人无条件服从，以上帝的末日审判决定行为者最终是否幸福，把人们的目光引向彼岸世界。基督教道德是病态的道德。基督教在神圣道德的名义下把丰富多彩、欣欣向荣的生命弄得苍白无力、死气沉沉。他主张必须用主人道德与之战斗。尼采在《瓦格纳事件》的跋中写道："在所谓道德价值这个更狭窄的领域里，找不到比**主人道德**和**基督教**价值观念的道德更为巨大的对立了：后者生长于完全病态的土壤（——基督教福音派把我们带向一种正如小说家陀思妥耶夫斯基所描绘的那种生理类型），相反，主人道德（罗马的、异教的、古典的、文艺复兴的道德）则是发育良好的标志，**上升**生命的标志，作为生命原则的权力意志的标志。主人道德本能地从事肯定，基督教道德本能地从事否定（上帝、彼岸、无我是公开的否定）。前者将其丰满移交给事物——它使世界容光焕发，它美化世界，**合理化**世界；后者将大千世界贫乏化、苍白化、丑化，它**否定**世界。"[1]

在尼采看来，从基督教道德到近代的所谓人道主义道德都有一个公式，那就是"**你应**"，它老是一再强调："不要做这个！断绝一切念头！要克服你自己！"尼采认为这种"你应"的道德是奴隶道德的重要标志，因为这是对生命的自然本性和欲望的敌视，是道德说教者的自我粉饰与伪装，是弱者和驯服者的避难所。与此相反，尼采提倡"**我要**"的道德，因为它是主人的道德，它激励人的斗志。只有这种"我要"的道德才能鼓舞我，使我废寝忘食，夜以继日地去做某事，除了只想一个人独立将它完成，其余什么都不想。尼采在《查拉图斯特拉如是说》中写道："我爱那种从自己的品德中确立自己的偏好和厄运的人，因而他们为自己的品德而活，或者为自己的品德而死。"[2]

尼采提倡"主人道德"，反对"奴隶道德"，固然出自激发生命活力和人的主动性的目的，但在实际效果上起到反民主政治的作用，为**贵族主义**和**精英主义**的政治家所欢迎，被他们用以压抑和蔑视平民大众。

四、虚无主义

虚无主义（Nihilismus）主张价值是空虚乌有的。"哲学上的虚无主义者坚信：一

---

1 F. W. Nietzsche, *Der Fall Wagner*, in KSA 6, S. 46—47.
2 F. W. Nietzsche, *Also sprach Zarathustra*, in F. W. Nietzsche, *Friedrich Nietzsche: Werke in drei Bänden*, Bd. 2, S. 282.

切发生事件都是毫无意义的和徒然的。"[1] 对于尼采而言，虚无主义既是他对现实的描述，又是他对自己哲学批判的意义的思考。尼采清楚地意识到他自己所处的时代是一个走入虚无主义的时代；他还预言虚无主义将是"今后两个世纪的历史"[2]。

欧洲近代的虚无主义始于基督教信仰的破灭。尼采用"上帝死了"这句话来刻画它。上帝在基督教中不仅仅是一个信仰的对象，而且是价值体系的核心：上帝是道德律令的颁布者和道德行为的审判者；上帝被认为是一个最完善的存在者（至善），一切其他存在者的完善程度都将以上帝为衡量；上帝被认为是最高的目标，一切其他的存在者都以上帝为目标；上帝被认为是全知全能的，一切其他的存在者都不得不服从上帝的权威。随着"上帝死了"，基督教的价值体系就丧失效用。这意味着基督教的价值观念对欧洲文明的约束力、激发力和建构力丧失了，欧洲文明的整个基点、目标和理想丧失了，于是人的生活也就茫然失措了。随之而来的是整个文化领域的混乱和无序。

欧洲现代的理性主义在摧毁基督教的信仰中发挥了重大作用。但这些新的思潮在破坏了旧的价值体系后，并没有能确立它们自己的价值观念。"现代人试验性地一会儿相信这种价值，一会儿相信那种价值，然后又把它们取消了：过时的和被取消的价值的范围变得越来越丰富；价值的空虚和贫乏越来越明显可感。"[3]

现代理性主义者在论证其价值观时通常依赖于三种基本的假设：（1）进化的目的假设，（2）系统性或整体性假设，（3）真实性假设。尼采认为这三种假设都是站不住脚的。

首先，让我们来看**"进化的目的假设"**。现代理性主义相信世上的一切事物都处在一个发展的过程之中，这种发展是向某个目标的迈进，因而是一种进化。生物处在进化的过程之中，人类历史处在进化的过程之中。一旦进化的目的被设定，那么就可以用这个目标来衡量一切：凡是朝向这个目标的，有利于向这个目标前进的，就被认为是进步的，有价值的；凡是逆这个目标而动的，阻碍向这个目标前进的，就被认为是反动的，没有价值的。尼采否认一切事物的发生和变化存在统一的目标，否认物种

---

[1] 尼采：《权力意志》（下卷），第719页。
[2] 同上书，第732页。
[3] 同上。

的进化，否认人类社会处在一个从低级向高级的发展过程中。他写道："认为物种表现出一种进化，这是最不明智的世界主张：物种只能暂时表现出一种水平——认为高级的有机体是从低级有机体进化而来的，这种观点迄今为止绝对没有得到过证实。"[1]"迄今为止有千个目标，因为有千个民族。只是一直没有套在千个颈项上的锁链，一直没有一个唯一的目标。人类还根本没有目标。"[2]现代的一些政治学家和历史学家把平等、民主、自由、公正、博爱、和谐等视为社会历史发展的目标。尼采认为这些无非是他们所假定的目标，而且他们之间也不一致，并在不断变更所设定的目标。

其次，让我们来看**"系统性或整体性假设"**。现代理性主义把整个世界看作一个系统，认为一切存在物都是互相联系的，它们形成一个整体。个体的存在依赖于整体的存在。因此，要做出价值判断，就要从这个系统和整体出发，凡是有利于整体的存在的，凡是有利于整体的利益的，就是有价值的；否则就是没有价值的。尼采虽然不否认各种类型的生物机体、社会机体的存在，但是对整个世界是一个系统的看法极其怀疑。他写道："世界不是一个有机体，而是一团混沌：'精神性'的发育乃是使机体组织得以相对延续的一个手段……——有关存在的总体特征，一切'愿望'都毫无意义。"[3]"一种统一性，某种'一元论'形式，而且由于这样一种信念，人就处于对某个无限地优越于他的整体的深刻联系感和依赖感中，那就是神性的样式……'普遍的幸福要求个体的投身'……但是看哪，根本就没有这样一种普遍！"[4]

最后，让我们来看**"真实性假设"**。理性主义主张世界上存在普遍真理。当人们说我们看不到这种普遍真理的时候，他们就说人所感知的世界是一个表象世界，表象世界是不真实的，但在表象世界背后有一个本质世界，本质的东西才是真实的存在。人的一切价值观念将来自真实的本质世界。在尼采看来，这是一个形而上学的虚构，正如上帝和彼岸世界是虚构一样。

当这三种假设被废弃之后，现代人就处于彻底的虚无主义之中。尼采写道："当人们明白了，无论是用'目的'概念，还是用'统一性'概念，或者用'真理'概

---

[1] 尼采：《权力意志》（下卷），第1036页。
[2] 尼采：《查拉图斯特拉如是说》，第70页。
[3] 尼采：《权力意志》（下卷），第709页。
[4] 同上书，第721页。

念，都不能解释此在（Dasein）的总体特征，这时候，人们就获得了无价值状态的感觉。……质言之：我们借以把某种价值嵌入世界之中的那些范畴，诸如'目的''统一性''存在'等等，又被我们抽离掉了——现在，世界看起来是无价值的。"[1]

在"上帝死了"之后，在理性主义的神话破灭之后，现代人处于彻底的价值的虚空之中，这就是尼采对现代人的精神面貌的描述。

尼采认为，虚无主义是西方文化发展到某一阶段后必然要出现的一种症状，虚无主义具有双重含义：它既表示现代人的自我沉沦和无所适从，又表示现代人在对传统的价值观的彻底厌恶和失望中转向重估一切价值，为一种增强生命活力和权力意志的价值观开辟道路。为此，尼采区分"消极的虚无主义"和"积极的虚无主义"。[2] **消极的虚无主义**在"上帝死了"之后认为一切都是允许的，犹如主子死了之后家奴认为现在无人管束，干什么都行。尼采认为这是一种奴隶造反的心理。**积极的虚无主义**则通过彻底批判一切传统的价值观，在使人对旧有的理念和陈规感到厌恶、失望和空虚后，身处绝境而奋起自救，从而克服虚无主义。在尼采看来，上帝是虚无的，基督教的伦理是虚无的，近代理性主义者所鼓吹的理性是虚无的，在把这一切外在的权威打倒之后唯一剩下的就是自己的意志的决断，在这种扫荡了一切宗教信仰和世俗的信念之后所呈现的虚无中自立自强，这就是尼采所推荐的积极的虚无主义。显然，这是一种辩证的态度。尼采对基督教和现代理性主义的批判正是这种积极的虚无主义的表现，是希望在破坏中赢得生机。他写道："这个未来的人，这个将把我们从先前的理念中拯救出来的人，将会把我们**从这些理念滋生的东西中**、从巨大的厌恶中、从走向虚无的意志中、从虚无主义中解救出来。他将敲响正午的钟声和做出重大决策，让意志重新自由，让大地重新拥有自己的目标，让人重新获得希望。这是一位反基督者和反虚无主义者，这是一位打败上帝和战胜虚无的人——**他必定有一天会到来**。"[3]

五、超　人

"**超人**"（Übermensch）是尼采为克服虚无主义提出的一个概念。在对上帝的信仰

---

[1] 尼采：《权力意志》（下卷），第722页。
[2] 参见尼采：《权力意志》，张念东等译，北京：商务印书馆，1993年，第280—281页。
[3] F. W. Nietzsche, *Zur Genealogie der Moral*, in F. W. Nietzsche, *Friedrich Nietzsche: Werke in drei Bänden*, Bd. 2, S. 837.

丧失之后，在理性主义的幻觉破灭之后，人是否还有可能确立价值呢？人是否必定处于虚无主义的泥潭中呢？在尼采看来，普遍的、自在自为的价值是没有的，价值是由意志确立起来的。超人就是那种能自己确立自己的价值，并按照这种价值去判断和行动的人。超人敢于为自己树立远大的目标，具有创造性，积极进取，勇敢无畏。

"超人"这个概念是相对于"末人"（der letzte Mensch）提出的。"**末人**"就是在虚无主义的时代自甘堕落的人。"末人"平庸畏葸，浅陋渺小，无所作为而又洋洋自得。"超人"和"末人"可以比照"主人道德"和"奴隶道德"中的"主人"和"奴隶"来理解。所不同的是，"超人"和"末人"是特别针对经历了中世纪的基督教和近代的启蒙运动后面临虚无主义困境的现代人提出的。

在基督教中，"上帝"起到价值的导向的作用。在尼采那里，"超人"也起价值导向的作用。当然，这二者之间存在重大差别。在基督教那里，上帝是绝对的，是普遍价值的确立者。在尼采那里，"超人"不是绝对者，"超人"是那些敢于为自己树立远大目标并勇于追求这样的目标的人。"超人"没有提出普遍的价值，而只是从自己的视角出发，自己为自己设定价值。

"超人"不应从种族主义的意义上来理解。纳粹党人把"超人"理解为金发碧眼的纯种雅利安人，这是对尼采的曲解。"超人"也不是指一种具有超强的智力和体力的人。有关"超人"，尼采明确指出："我的问题并不是：什么东西将取代人；而是：应该选择、意愿、培育何种具有更高的价值的人。"要正确理解一个词的意义，必须结合使用这个词时的语境。从尼采论述"超人"的语境看，"超人"主要是指在克服了基督教和理性主义的价值观念后能超越虚无主义困境的人。然而，人们往往不这样去理解尼采的'超人'概念。面对很多人对"超人"概念的误解，尼采在其自传《瞧，这个人》中对它进行了澄清："'**超人**'是用来形容一种至高卓绝之人的用语，这种人同'现代'人、'善良'人、基督徒和其他虚无主义者完全相反。这个词出于查拉图斯特拉之口，即出于道德的摧毁者之口，具有很深的用意。然而，它几乎处处被想当然地当作与查拉图斯特拉形象相对立的价值含义去理解。硬说超人是一种高等的'理想主义'典型，是半为'圣徒'、半为'天才'之人……还有另一个有学问的、头上长角的畜生由此而怀疑我是达尔文主义者。"[1]

---

[1] F. W. Nietzsche, *Ecce Homo*, in KSA 6, S. 300.

六、视角主义

视角主义（Perspektivismus）是尼采的思想方法。这种思想方法来自绘画艺术中的透视主义。对此尼采这样写道："自我中心是感知的视角主义法则，根据这项法则，近距离的东西显得较大且较为重要，而远距离的东西其大小和重要性就缩减。"[1]

哲学上的视角主义发端于莱布尼茨的单子论。按照莱布尼茨，每一个单子都是独立的，每一个单子都有一个它自己的世界，这个世界就是它从自己的视角出发所看到的世界。尼采从他的权力意志理论出发论述视角主义。他主张：每个人的视角都是由他的意志确定的；他的意志就是他的视角。每一个人都从自己的意志出发看待世界，他所看到的世界只是他的意志的视角中的世界。因此，普遍的真理是没有的，只有相对于他的视角的真理；普遍的价值也是没有的，只有相对于他的意志的视角的价值。

尼采从视角主义出发反对基督教的和理性主义的思想方法。基督教的思想方法假定了一个全知全能的上帝，他耳听四面、眼观八方，无所不知，无所不晓，因而他的认识和判断绝对正确。基督教的有关普遍知识和普遍价值的说教就建立在这样一个上帝的假定上。在尼采看来，这样的一个上帝是根本不存在的。近代启蒙的理性主义（包括经验论和唯理论）虽然否定了上帝的存在，但是并不否定普遍的知识和价值。近代经验论者主张以直接被给予的感觉现象为基础，建立普遍有效的知识体系。近代唯理论者主张以自明的原理为基础，建立普遍有效的知识体系。在尼采看来，没有什么人人相同地被给予的感觉现象，也没有什么对任何人来说都自明的普遍原理，因为人们的认识活动都有各自的动机，都是从各自的视角出发的，并且以各自的方式对所看到的东西加以解释。但尼采不认为视角主义必然导致虚无主义。他所反对的是只用一只被基督教和理性主义虚构出来的眼睛看事物，而提倡用多只眼睛多视角地看事物，从而使得我们的认识更加丰富和全面。他在《道德的谱系》一书中写道："我的哲学家先生，让我们从现在起谨防那种设定了一个纯粹的、没有意志、没有时间、没有痛苦的认知主体的概念虚构，这种概念虚构是古老而又危险的；让我们谨防诸如'纯粹理性''绝对知识''绝对理智'之类的自相矛盾的概念触角，所有这些概念都设定了一只无法想象的眼睛、一只完全没有方向的眼睛、一只抛开了能动性和解释力的眼

---

[1] F. W. Nietzsche, *Die fröhliche Wissenschaft*, §162, in KSA 6, S. 498.

睛，而正是这种能动性和解释力才造就了看，造就了看见某物。因而，在他们那里总是要求的那只眼睛是荒诞的、完全无法把握的。事实上，**只有**一种视角性的看，只有一种视角性的'认识'。我们在谈论一个既定事物时越是允许更多的情感表露，我们越是能够让更多不同的眼睛去看这一既定对象，我们对该事物的看法就会更全面，我们的'客观性'也就更大。但是要排斥意志、完全悬置情感——假若这是可能做到的话——这难道不意味着是在彻头彻尾地**阉割**理智吗？"[1]

由此可见，尼采提倡视角主义，是为谨防我们被那只超出了人的现实生活的所谓全知全能的眼睛欺骗。视角主义反对绝对的、普遍的知识和价值，但并不主张虚无主义。这是因为，不同的视角加起来不等于没有视角，不等于什么都看不见了，而是成为**多视角**，成为从不同的角度看事物。增加观看事物的视角，融入观察者的能动性和解释力，有助于增加了事物的谱系，从而使我们的认识更加全面，更具有"客观性"。如果说"超人"是尼采为克服虚无主义设立的目标的话，那么"视角主义"就是尼采为克服虚无主义提出的思想方法。

七、永恒轮回

"永恒轮回"（die ewige Wiederkunft）这个命题看起来并不新鲜，它是人类古已有之的对世界和人类历史的一种看法。"日月光华，旦复旦兮。"这句出自《尚书大传·虞夏传》中的名句表达了中国古代人对宇宙、对人生的看法。"世界是一团永恒的活火，周而复始地燃烧和熄灭。"这是古希腊赫拉克利特对世界历史的理解。在印度的神话中，世界历史被描绘为一条首尾相衔的蛇：蛇神舍沙（Shesha）环绕着龟神俱利摩（Kurma），支撑起负责背负整个世界的八头（或称四头）大象。"万物去了又来；存在之轮永远转动。万物枯了又荣，存在之年永远行进。万物分了又合，同一座存在之屋永远在建造中。万物离了又聚；存在之环永远忠于自己。存在始于每一刹那；每个'那里'之球都绕着每个'这里'旋转。中心无所不在。永恒之路是弯曲的。"[2]这是尼采在《查拉图斯特拉如是说》中宣讲的永恒轮回的思想。

1　F. W. Nietzsche, *Zur Genealogie der Moral*, in F. W. Nietzsche, *Friedrich Nietzsche: Werke in drei Bänden*, Bd. 2, S. 860–861.
2　尼采:《查拉图斯特拉如是说》，第280页。

第三章 尼采

尼采宣讲"永恒轮回",他有时还特别强调地把它表述为"相同的东西的永恒轮回"(die ewige Wiederkunft des Gleichen),这不只是在重复古代先哲的思想。对他来说,这一命题包含特别深刻的内在矛盾:它既是虚无主义产生的根由,又是克服虚无主义的动因。如果不结合尼采的视角主义的思想方法,很难说清楚这个道理。

设想一下,如果这个世界无始无终,一切都在重复,没有进步,没有终极目的,一切生都要死,一切努力都要落空,如同竹篮打水一样一场空,那么生活还有什么意义呢?这个问题对"超人"也是一个挑战,"超人"也要像"渺小的人"一样永恒轮回。那么"超人"的一切努力又有何价值呢?尼采充分意识到这个问题。他在《查拉图斯特拉如是说》中叙述了这样一个故事:

> 一个侏儒对查拉图斯特拉说:"呵,查拉图斯特拉,你这智慧的石头,你这石弹,你这星球的毁坏者啊!你把自己抛得那么高,——但每一块被抛的石头——都必将掉落下来!……呵,查拉图斯特拉,你确实把石头抛得很远,——但它将回落到你自己身上!"[1]

"永恒轮回"是否意味着一种抛石头砸自己的运动呢?查拉图斯特拉与侏儒的区别是否意味着前者跳得越高,摔得越重,后者跳得低一些,摔得轻一些;前者被自己抛得又高又重的石头击毙,后者则逍遥自在?

对于尼采来说,这确实是一个非常恶劣的、折磨人的问题。尼采把它比喻为一条正盘绕在牧人身上的粗黑的蛇,它的头已钻进了他的喉咙,使他抽搐、哽咽。蛇象征轮回,一条头钻进了牧人的喉咙的粗黑的蛇象征一种可怕的轮回,象征生活的空虚和无意义。

尼采是如何解决这个问题的呢?他这样描述:

> "我用手去拉那条蛇,拉啊拉:——徒然无功!……于是我高喊:'咬吧!咬吧!把头咬下来!'"这位牧人咬了。"他好生咬了一口!他把蛇头远远吐出。"[2]

---

[1] 尼采:《查拉图斯特拉如是说》,第199页。
[2] 同上书,第202页。

"咬断蛇头"意味着什么？意味着摆脱永恒轮回？不！尼采始终坚持永恒轮回的主张。"咬断蛇头"意味着转换了观看永恒轮回的视角。这表现为四个方面：

（1）把观看永恒轮回的焦点从未来的"死"转向未来的"生"，在万物枯了又荣的更替中，把目光朝向荣的一面，看到再一次的"生"。"这就是生命吗？好吧！那就再来一次！"[1]

（2）把自己看作中心，以自己的视角进行观察和行动；存在始于每一刹那，把每一个"瞬间"当作起点，由此出发走向永恒。要看透每个"那里"之球都绕着每个"这里"旋转，"这个瞬间吸引了所有将来的事物"[2]。

（3）把自己看作永恒轮回的原因。尽管没有什么不朽的灵魂及其轮回，但我的意志和行为在因果之纽带中发挥作用，因而我是这永恒轮回的因果纽带中的原因。"灵魂如同肉体一样是要死的。然则我缠绕于其中的因果之结是轮回的，它将把我重新创造出来！我自己就属于永恒轮回的原因。"[3]

（4）把"或然"还给万物，把万物从目的的奴役中解放出来；认清每个人每时每刻都有自己的意志在意愿，但万物之上和万物之中并没有一种"永恒的意志"在意愿，这样在万物之上就赢得自由和澄明。[4]

这位转变视角观看永恒轮回的牧人就咬断了那蛇头，"'他跳了起来'，超越了自己，他'不再是牧人，不再是人，——一个变形者，一个周身发光者，大笑着！世间任何人都不曾像他这般笑过！'"[5]这表明，一旦一位像牧人这样的普通人改变了对生活的怯弱态度，勇敢地面对生死，就能克服虚无主义而成为"超人"。"超人"主要不是指体力和智力上的超强者，而指笑傲永恒轮回的大无畏者。

在尼采看来，侏儒提出的问题之所以"恶劣"和"折磨人"，乃是因为它实际上只是"幻觉与谜团"[6]。有关这一点，尼采已用这一章的标题"幻觉与谜团"点明。要破除这个幻觉和解开这个谜团，只需要转变自己的视角。把永恒轮回从一种负担、一种痛苦、一种虚空和无意义感，转变为一种推动力，使自己敢作敢为，敢于自己承担责任。

---

1 尼采：《查拉图斯特拉如是说》，第199页。
2 参见同上书，第200—201页。
3 同上书，第283页。
4 参见同上书，第210页。
5 同上书，第202页。
6 同上书，第197页。

需要注意的是，尼采谈论的永恒轮回绝不是指灵魂不死的永恒轮回。尼采认为灵魂及灵魂不死是基督教宣扬的"迷信概念"[1]；"对知识的发展而言，废除人类对灵魂不朽的信仰也许是最关键的一步"[2]。尼采所说的生命的"再来一次"，是指生命的生生不息。他在对未来生命的寄托中，得到了宽解和安慰："渴望——对我来说就是：失去自己。我拥有你们，我的孩子们啊！这种拥有中，当有全部安全而全无渴望。"[3]仔细回味尼采在《七个印记（或：肯定和阿门之歌）》中来回咏唱的最后一节，我们能体认到他的永恒轮回学说的真谛：

哦，我怎能不为永恒、不为婚礼般的环中之环而热血沸腾，——那轮回之环！

除了我爱的这个女人，我还从来没有找到过一个女人，是我想要跟她生小孩的：因为我爱你，永恒啊！

因为我爱你，永恒啊！[4]

听到这里，我想很多中国的听众也会跟着吟诵他们自幼钟爱的唐诗：

离离原上草，一岁一枯荣。
野火烧不尽，春风吹又生。
远芳侵古道，晴翠接荒城。
又送王孙去，萋萋满别情。

第三节　意义、影响和遗留问题

尼采的哲学对于整个西方的文化传统具有强大的冲击力。欧洲近代启蒙主义思想

1　尼采：《权力意志》（下卷），第1170页。
2　尼采：《朝霞》，田立年译，上海：华东师范大学出版社，2007年，第389页。
3　尼采：《查拉图斯特拉如是说》，第205页。
4　同上书，第295—300页。

家通常是以理性批判基督教的信仰，他们论证上帝的存在不可能用理性证明，违背自然规律的奇迹不可能发生，基督教的神学违背经验事实并在逻辑上自相矛盾；但是他们通常不反对基督教的道德，有的近代启蒙思想家甚至为了维护基督教的道德，不惜以"实践理性"之类的名义重新预设"上帝存在""灵魂不死"和"末日审判"，把他们早先通过理论理性否定的东西又借口道德实践的需要偷运回来。在这方面，最典型的哲学家是康德。当然，启蒙思想家在这样做的时候，通常以**人道主义道德**的名称取代了"**基督教道德**"的名称。在尼采看来，这种所谓人道主义的道德与基督教的道德在本质上是一样的，都是一种扼杀生命活力的道德，他反对这种"人性，太人性"的道德。尼采的"重估一切价值"对基督教构成第二股冲击波，它比先前的启蒙运动冲击力更大。如果说欧洲文明传统的一根支柱是基督教道德的话，那么尼采的"重估一切价值"意味着要把这根支柱连根拔起。

尼采宣告虚无主义是从今往后两个世纪的故事。这确实是被尼采言中了。"上帝死了"，基督教衰败了；各种各样的意识形态来了又去，无功而返。人类现在确实面临价值空虚的困境。只要我们看一下当今广泛流行的那些观点（"价值多元""没有普遍有效的规范""没有终极目的""没有公认的合理性"等），我们就会叹服尼采的预见力。

尼采的哲学思想对二十世纪上半叶时兴的存在主义和下半叶时兴的后现代主义都产生重大影响。存在主义所讲的"自己设计自己""自己的抉择决定自己的存在"，后现代主义所讲的"叙事被权力支配""诠释由权力驱动""反逻各斯中心主义""解构主义"等等，似乎都能在尼采的著述中找到出处。难怪它们都以尼采为鼻祖。

尼采的"永恒轮回"的学说对传统的历史观形成巨大冲击。尼采所关注的传统的历史观有三种类型，它们分别是：

（1）犹太—基督教的线性历史观，

（2）波斯的二元论历史观，

（3）佛教的轮回论历史观。

基督教的历史观是**线性的历史观**。按照基督教的教义，历史从上帝创造世界开始，到上帝的"末日审判"终结。凡是信奉耶稣基督和按照耶稣的教诲行善的人将得到善报，在天堂中享永福；凡是不信奉耶稣基督和违背耶稣的教诲而行恶的人将得到恶报，在地狱中受永罚。尼采的永恒轮回学说与这种有始有终的一次性的历史观正相反。永恒轮回说从根本上颠覆了基督教道德学说的基础。试想一下，一旦人们相信世界是永恒轮回的，那么他们就不会指望死后灵魂去天堂享永福了。

琐罗亚斯德教（袄教、拜火教）曾盛行于古代波斯帝国和其他中东地区。该教持**二元论的历史观**，认为世界是由精神和物质两大原因产生的，世界的历史是代表光明的**善神阿胡拉·玛兹达**和代表黑暗的**恶神安格拉·曼纽**长期斗争的历史。这场斗争将持续一万两千年。原初，善神统治的光明世界与恶神统治的黑暗世界并存。随后，恶神向光明世界发起进攻，善神进行回击，于是产生善恶和明暗相交割和混杂的世界。最终，善神将战胜恶神，光明的世界和黑暗的世界重新截然分开。人存在于那善恶和明暗相交割和混杂的世界中。有人选择跟随善神，以善念、善言、善行参加善的王国，有人则相反，参加恶的王国。人死后各有报应。善者死后很容易走过**裁判之桥**（Chinvat），进入无限光明的天堂；恶者过桥时，桥面变得薄如刀刃，他们堕于地狱受与其罪恶相当之苦。

尼采所说的查拉图斯特拉就是琐罗亚斯德（"查拉图斯特拉"是波斯文的发音法，传入希腊后称为"琐罗亚斯德"），他是创立袄教的教主。本来，查拉图斯特拉持一种有开始有终结的历史观，把历史视为善恶二元斗争的过程，"裁判之桥"相当于"末日审判"。犹太—基督教的线性历史观很可能受到琐罗亚斯德教的影响。尼采指出："查拉图斯特拉首先在善恶斗争中追求万物的动力之轮——他的工作就是把道德作为自在的力量、原因和目的转换成形而上学。但从根本上说，这个问题似乎已经是答案。查拉图斯特拉创造了这个极端灾难性的错误，也就是道德：因此他必然是第一个认识到这个错误的人。"[1]于是，尼采重新塑造了一个查拉图斯特拉，由他来克服他自己犯的错误，由他来宣告永恒轮回说。

印度佛教持**轮回论的历史观**。佛教主张众生在因缘和业报的作用下不断轮回。欲望（意志）导致业报，导致在因缘之链中的轮回，这是痛苦的根源。因此，为摆脱痛苦，必须禁欲，从而超脱轮回。叔本华的历史观来源于印度的佛教，并把欲望当作痛苦的根源。尼采不反对轮回论的历史观，不反对把意志视为宇宙的本源和历史的

---

[1] F. W. Nietzsche, *Ecce Homo*, in KSA 6, S. 367.

动力，但反对从中引出悲观主义的结论。在尼采看来，既然自己的意志是自己的历史的动力，那么就应该肯定这种意志，珍惜这种意志，选择自己真正希望做的事情；既然轮回不仅意味着毁灭而且意味着再生，那么就应该从这种再生中看到希望和得到安慰。视角主义成为尼采逆转叔本华的悲观主义的依据。

我认为，尼采的永恒轮回的历史观和视角主义的思想方法尽管对西方占主流地位的线性历史观和普遍主义的思想方法构成重大挑战，揭示了它们的很多错误，但其自身也遗留了重大问题。

首先，尼采的永恒轮回学说没有考虑到生态的问题。如果生态破坏了，就不会有再生了；离离原上草，不再一岁一枯荣，而是寸草不生了。与此相关，尼采也没有考虑到技术可能导致的灾难性的负面作用。人用自己的技术所造成的对自然的破坏，会使得大地失去自身的修复能力，这样人就失去了自己的家园，把自己连根拔起，人的生命的轮回就终止了。

其次，尼采没有讲清楚自我中心的视角与客观的普遍性的关系。我们不应把视角与普遍对立起来。普遍主义是错误的，因为普遍主义否认特殊性和差异，但这不等于说相对于特殊的普遍和相对于差异的共性是没有的。就拿尼采所说的"近距离的东西显得较大且较为重要，而远距离的东西其大小和重要性就缩减"的视角主义原理来说，如果不去度量距离，怎么知道近大远小的视角原理呢？尽管不同的人通过自己的眼光看一个东西的远近有差距，但这种主观上的差距并不妨碍我们去寻找一种客观的、统一的方法——我们可以通过确定度量衡的准则进行测距，从而得到大家公认的测距的数目。没有客观的普遍有效性，就没有科学；科学的真理建立在主体际有效的检验方法、实验手段和观察对象的基础之上。当然，对于自然现象，较容易确立客观的普遍有效性；对于社会现象，很难建立普遍有效的准则。但这不等于说人们在社会生活的领域内不存在任何客观的衡量尺度和较为统一的评价标准——对于人的衣食住行的水准是可以进行统计的；对于一些基本的价值观，如珍爱生命、保障人身安全、保护生态环境等，对于绝大多数人而言，是可能达成基本的共识的。视角主义可以被作为反对普遍主义的理由，但不能被作为拒绝交流、拒绝在道德规范和价值观上达成共识的理由，因为人类共同的社会生活要求这样的共识和规范。没有它们，人类不能共同生活，除非像查拉图斯特拉那样独自生活在深山老林中。

最后，尼采的价值观着眼于个体生存、个体的愿望和当下的感受。在我看来，价值是不能仅凭个体生存、个体的愿望和当下的感受来建立的。价值是以下三个方面的综合体：（1）价值不仅涉及一个人自己的生存，而且涉及他人的生存，乃至整个人类和世界的生存。（2）价值不仅涉及一个人当下存在的现实性，而且涉及指向将来的整个人类生存的可能性。说得具体些，当一个人评估价值的时候，不仅要考虑他当下的情况，而且要展望未来，着眼子孙万代的生存，考虑将来的各种各样的可能性。（3）价值不能只以自己的愿望和自我实现为基础，更重要的是要建立在"无私奉献"的基础之上，道德价值主要体现在利他主义的维度上。

思考题

1. 尼采是如何通过"权力意志""提升生命等级""超人"的概念来改造叔本华的悲观主义的唯意志主义哲学的？
2. 尼采如何论述酒神（狄俄尼索斯）精神与日神（阿波罗）精神的关系？
3. 尼采如何以"权力意志"为准则"重估一切价值"？
4. 评述尼采有关"主人道德"和"奴隶道德"的价值观。
5. 在尼采的哲学中，"虚无主义""永恒轮回"和"视角主义"这三个概念之间的关系如何？
6. 评述尼采哲学的意义、影响和遗留问题。

第四章
祁克果

索伦·祁克果[1]是一位原创性的思想家。他生于十九世纪初，被追溯为盛行于二十世纪中叶的存在主义的创始人。他的思想很难解读。究其原因，他的思想兼有哲学和神学两个维度，舍弃其一，就说不通。此外，他以**反讽**的、互相辩驳的方式进行写作，其目的不是让一方胜过另一方，而是让其两败俱伤，让理性陷于绝境，从而引向信仰。如果不了解祁克果的这一特点，就可能把他的反讽之语当作肯定之语，或者觉得他自相矛盾，无所适从。但如果明白，祁克果的志趣在于揭示理性主义生存方式的困境，以面向上帝的个体生存之路为归宿，那么他的那些看似自相矛盾的话语还是能够连贯起来理解的。

---

[1] 祁克果又译基尔凯郭尔、克尔凯戈尔、克尔凯郭尔；可能是因为丹麦人名发音的关系，译法较多。

第一节　生平著述与问题意识

索伦·祁克果在1813年5月5日生于丹麦哥本哈根。他的个人生活笼罩在浓厚的宗教气氛中。其父米歇尔·祁克果有过两次婚姻，他是家中第七个孩子，也是最后一个。其母安妮·卢恩德在成为米歇尔·祁克果的第二任妻子之前曾在他家当过佣人，在米歇尔前妻死后才四个月，就为她丈夫生下一个孩子。索伦·祁克果的一个姐姐和哥哥在童年就夭折了。在他上大学后不久，家中就发生了一系列不幸，在不到四年的时间内，他的两个姐姐、一个哥哥以及母亲相继去世，家里除了父亲之外，就剩下他的长兄了。老祁克果把家庭的不幸归于他所犯过的罪孽，这包括在他年轻时因贫困诅咒过上帝以及婚前的性行为。他预感到自己的子女在33岁以前都将离他而去。索伦·祁克果自童年起就觉察到他父亲的这种罪孽感和不安心情，并有类似的感受，死亡和罪责的阴影追随着他，他敏锐地感受到生存危机。

除此之外，祁克果与**瑞金娜**（Regina Alsen）的恋情也对他的思想情感产生很大影响。瑞金娜是他钟爱的情人，二人1837年相识，1840年订立婚约，然而深藏于内心的那种忧郁感却驱使他在1841年解除了这个婚约。他从来没有明确披露他解除婚约的理由。或许，他觉得自己是个不幸的人，他不想把这种不幸带给他钟爱的人；或许，他觉得自己秉性孤僻，不善于把自己内心深处的思想与人交流，而他又认为这同婚姻不相容；或许，他意识到他立志于神学的事业要求他放弃婚姻。无论如何，他的这一经历也给他的一生带来剪不断理还乱的痛苦。从某种角度看，祁克果一生除了写作外，没有做过任何有关社会和国家的大事。然而，正是这些个人生存中跌跌宕宕的危机事件塑造了他的个体生命，这对于理解他的存在主义的哲学和神学思想必不可少。

1840年，祁克果通过了国家的神学考试。1841年7月，祁克果以《与苏格拉底相关的讥讽概念》获得哲学硕士学位。同年10月他去柏林大学学习，在此期间他深入研究了黑格尔的哲学，并听了谢林开讲的启示哲学。

1942年3月，祁克果从柏林回到哥本哈根后，依靠父亲留下的巨额遗产全心全意投入写作之中。第一阶段常被称为"美学写作"阶段，这多少与同瑞金娜的爱情纠葛有关。这一时期的作品包括：《或此或彼》(1843)、《重复》(1843)、《恐惧与颤栗》(1843)、《开导性的论述》(1843)。随后，他完成了两部重要的哲学著作《哲学片断》(1844)和《结论性的非科学附记》(1846)，以及其他许多哲学、宗教和神学的著作：《焦虑的概念》(1844)、《人生道路诸阶段》(1845)、《两个时代》(1846)、《爱的劳作》(1847)、《致死之疾病》(1849)、《基督教的磨炼》(1850)。此外，祁克果还写了许多揭示当时官方基督教体制、教会的虚伪和堕落的文章。其中，发表于1854至1855年间的那些文章和小册子，用英文出版的合集的题名为《对基督教世界的攻击》。

祁克果的著作大部分匿名发表，并且观点也变化不定。有时不同匿名下的作品，犹如柏拉图对话中的不同人物互相辩驳，显示内在的矛盾和张力。这可能是他有意为之，旨在引导读者自己去思考和得出结论。祁克果在日记中印证了这一点："柏拉图数篇对话的结尾没有任何具体结论，其中的原因比我迄今所想到的还要更深刻一些。事实上柏拉图是刻意模仿苏格拉底的接生术，以期引导听众独立思考，所以不总结出任何结论，只留下一些提示。"[1] 并谈到他自己也是以这种方式写作的："我的命运大抵如此：我将阐述我所发现的真理，同时推翻任何先前的权威。然后，随着我逐渐不为人所相信，在众人的眼里变成一个极不可靠的人，我就将真理公诸于世，使他们陷于一个他们唯有沉浸于那个真理之中方能得以解脱的矛盾之中。"[2]

为理解祁克果的基本思想，需要抓住他思想发展过程中的问题意识和主攻方向。发现黑格尔的观念论思辨哲学中的问题，以个体生存的具体性对抗概念思辨的抽象性，可谓祁克果哲学方面的问题意识和主攻方向。针对体制化的教会只重礼仪形式、不关心人的实际的生存状况这一日趋僵化的困境，主张发展一种生存论的神学思想，揭示个体生存中的矛盾、荒唐和绝望，激活人内心深处期待上帝拯救的希望，从而恢

---

[1] 克尔凯戈尔：《克尔凯戈尔日记选》，晏可德、姚蓓琴译，上海：上海社会科学院出版社，1992年，第121页。
[2] 同上。

复基督教对人的感召力,可谓祁克果宗教方面的问题意识和主攻方面。这两个方面实际上是关联在一起的。当时丹麦的官方教会主导性的神学思想是黑格尔主义。在祁克果看来,正是这种观念论的形而上学体系,把活生生的个人存在淹没了。

祁克果意识到当时丹麦思想界所流行的黑格尔主义的哲学和神学所带来的问题。黑格尔主义着眼于"大全",把个体的特殊性融入抽象的全体之中。这好比只看到森林不看到树木,只看到"我们"不看到"我"。要知道,没有一棵棵具体的树,就不会有整体的森林,没有一个个活生生的自我,就不会有群体的我们。概念思辨本身是没有活力的,只有每一个人的实存才有活力。当时的思想界以黑格尔为榜样,崇尚时代精神,看重社会整体的力量和历史发展的大趋势,对于个人的生存状况漠不关心,把个人的情感和精神寄托当作非理性的东西加以排斥,个体人生被夷平在世界历史的滚滚车轮之下。在祁克果看来,这是他的时代的悲哀。他呼吁,神学家的任务不是去模仿黑格尔建立思辨的神学体系,而应去关心辗转于疾痛绝望中的每个具体生命。神学若走思辨形上学的道路,无异于灵性生命的自杀。当然,黑格尔的哲学是否一定就像祁克果所理解的那样以整体性来抹杀个体性,以抽象性来消解具体性,依然是一个可商榷的问题。但从思想史的角度看,祁克果的思想代表了对当时在北欧流行的黑格尔主义的反叛,以个体生命的生存论对抗黑格尔的思辨的观念论,为存在主义哲学开了先河。

第二节　主要论点及其论证

一、人的存在

人的存在是一种生成。人的存在是充满可能性的存在,是人通过自己的活动把可能性转化为现实性的存在。人的生存不是一种简单的按照固有规定性的活动。人并非仅仅是理性的生物,而是一种思想、意志、情感和行为的统一体。人的生存不是像黑格尔所主张的那样按照观念演化的正、反、合的定式向确定的方向发展,而是一种自己在自己的存在处境中产生出来的充满变数的活动。人的生存处于一种与自然、与他人、与上帝的关系之中。人通过自己所选择的活动不仅改变了他的外在处境,而且改变了他自己。人自己的本性是通过他自由决断的行动来塑造和刻画的。人自由决断的行动同时也是一种自我估价和自我实现的行动。人在自己面临的处境和各种可能性中选择他自认为应该做的事情，从而改变了与他相关的实然与应然、现实与理想、身体与灵魂的关系，并把自己造就成一个什么样的人。

二、人的存在与物的存在的区别

为了表明人的存在的特点，祁克果把人的生存与物的存在做了对比。物的存在处于自然因果律的支配之下，是一个必然的过程。田野中的百合开花和凋谢，天空中的鸟冬天南飞夏天北归，它们虽然在生长和迁移，但这一切都按照时节进行。[1]人虽然有其自然的一面，但人是一种可能性和必然性的综合体。人的生物遗传特性、业已养成的心理习惯和早先做过的事情，属于那些构成人的现实处境的必然因素。但是人依然处于与周围世界的自由的关系之中，人能通过自己投入的行动打破这种必然性，走出一条新的存在的道路。植物和野兽的生命过程是一个阶段跟着另一个阶段的必然过程。人的生存则是通过自己的选择开启出来的充满可能性的过程。人在每一个自由选择的瞬间都推送过去，创造现在，面向具有新的可能性的将来。包括动物在内的自然之物的活动都发生在必然的时间点上，这些时间点仿佛一条锁链上的一个连一个的铁环，以必然的方式决定着事物的运动。人的生存则在时间性中展开，时间性迸发可能性。自我存在的每一个瞬间都处于生成的过程之中。"这自我潜在地既是可能的又是必然的，因为它的确是它自身，但它还有成为它自身的任务。就它是它自身而言，它是必然的；就它担负着成为它自身的任务而言，它是一种可能性。"[2]人的生成是一个充满矛盾和不确定性的过程。这意味着人在每一瞬间的自我决断的行动都在缔造其自己的可能性与必然性相统一的新的存在方式。

祁克果还借用所罗门的话表达人的存在与物的存在的区别："上帝造万物，各按其

---

[1] "飞鸟缄默并且等待：它知道，或者更确切地说，它完全而坚定地相信，一切在其应发生时发生，所以飞鸟等待。……同样，在百合那里，百合缄默和等待。它不会不耐烦地去问'春天什么时候到来？'，因为它知道，在适当的时候春天自然将到来。"转引自克尔凯郭尔：《百合·飞鸟·女演员》，京不特译，北京：华夏出版社，2004年，第29—30页。
[2] 克尔凯郭尔：《致死的疾病》，张祥龙、王建军译，北京：中国工人出版社，1997年，第30页。

时，成为美好，又将永生（原文作'永远'）安置在世人心里。"（《传道书》3:11）这表明人类跟其他受造物很不同，除了人的存在是一种可能性之外，在这种可能性中还包含人与永恒的上帝的关系。由于有了这种与永恒的上帝的关系，人在处置自己人生的可能性时才能摆脱迷茫。上帝的永恒贯通一切，安排属时间之事的定时，必按自己的意旨处置时间。由于有了这样的永恒，每一个人在瞬间中的每一动作，都有永恒监视着，人要承担自己的责任。

三、人与上帝之间存在无限差距

按照祁克果的看法，上帝是永恒和绝对的。上帝超越时空，不受任何因果链束缚。上帝的自由是无限的，而人的自由是有限的。上帝是创世主，人是有限的受造物，人永远也不要指望与上帝的差距会缩小。"与上帝的交往并不像与一个人的交往一样，共同生活得愈长久，彼此了解得愈详细，他们就愈接近。在上帝那里，情况相反：与上帝同在愈久，上帝就愈无限，人则愈加有限。……啊，人们在**成年**时发现，上帝是何等无限，人们会意识到这种无限的距离。"[1]

祁克果的这一观点与现代理性主义的观点正好相反。按照现代理性主义的看法，人通过不断提高自己的认识能力，掌握越来越多的知识，就越来越能克服自己的有限性，从而越来越自由地改造世界，增进人间的幸福。在这个意义上，人与上帝越来越接近，天国就在地上。启蒙理性把人从对上帝敬畏转变为人想自己成为上帝。祁克果强调，尽管人不同于植物和禽兽之类的动物，并非完全处于自然律的强制之中，但人的生存依赖时空中的所与物，这意味着人的自由势必受到时空中所与物的必然性限制。人的自由是有限的自由，上帝的自由是无限的自由，人永远不可能缩小与上帝之间的差距。人对自己的处境认识得越清楚，就越能明白，人与上帝之间存在无限的距离。

四、生存绝望与上帝拯救

人在有限与无限、暂时与永恒、可能性与必然性的关系中施展自己自由的活动。

---

[1] 克尔凯郭尔：《基督徒的激情》，鲁路译，北京：中央编译出版社，2001年，第35页。

由于人的选择的有限性，人总会犯错误，其行为导致的结果往往与其愿望相反。人的行为导致新的现实性，也意味着原来的可能性的丧失。覆水难收，时间不会倒退，懊悔不免发生。一个人可能由于过去某一次的疏忽患了疾病。从那时开始，这种病就存在了，他的病态成为一种现实性，他现在已经不能像过去那样了。更为糟糕的是，他可能由于新的过失而患上更加严重的疾病。实际上，任何人都处于染上疾病的过程之中。并且，他不能像天上的飞鸟和田野中的百合那样把所发生的事情归之于必然性。毕竟对人而言，事情可能并不必定那样发生。那些发生了的事情，多少是他自己招致的。反过来说，他也可能不招致那样的事情。人的生存是一种自己的行为对自身发生作用的关系。他自己选择的行为要为他自己招致的结果承担责任。于是，人势必处于焦虑乃至绝望之中。

祁克果写道："正像一个医生说的，很可能没有一个单个的活着的人是完全健康的。所以任何一个真正了解人类的人都可能说，没有一个单个活着的人是多少没有点绝望的。没有一个活着的人不秘密地隐藏着某种不安、内心的争斗、不和谐，对某种还不知道的，甚至不敢知道的事情的焦虑，对某些生存中的可能性的焦虑，或对他自己的焦虑。"[1]

祁克果这里所说的"**焦虑**"和"**绝望**"不是我们使用这两个词的通常意义上的"焦虑"和"绝望"。通常，我们会对某种处境感到焦虑，会对不能实现某种目标感到绝望。假如，某位政治人物想当恺撒，他会因众多对手的反对而感到焦虑，他会因当不上恺撒而绝望。这样的焦虑和绝望只是对某种处境或某种目标的焦虑和绝望。但是，祁克果这里所说的"焦虑"和"绝望"则是指人的一种**普遍的精神疾病**。人的生存势必处于可能性与必然性的关系之中。但是，人的每一个具体目标都不可能是必然会实现的，而具有必然性的东西又不包含任何生成的意义。必然性的绝望是缺乏可能性，而可能性的绝望则是缺乏必然性。人总是处于两难的危机之中。再加上人的**有限性**和**脆弱性**，人不可能不犯错误而堕落。所以，"绝望是致死的疾病"[2]。

但是，**绝望这种致死的疾病也给人带来辩证的转机**。这是因为，尽管这对人来说是不可能的事情，对于上帝而言，一切都是可能的。当人从绝望中转向完完全全

---

[1] 克尔凯郭尔：《致死的疾病》，第18页。
[2] 同上书，第14页。

信靠上帝时，才能免于崩溃，赢得平安和希望。祁克果写道："由于这个原因，他没有崩溃。他把他怎样得救全部留给上帝，但他相信对于上帝来说任何事情都是可能的。……所以上帝也会帮助他——或许通过允许他避开恐惧，或许通过这恐惧本身——在此，出乎意料的、不可思议的、神奇的帮助确会到来。"[1]

五、人生道路三阶段

祁克果在《人生道路诸阶段》中谈到人的生活道路的三个阶段：美学阶段、伦理阶段和宗教阶段。但他强调，这里所说的阶段虽然含有后一个高于前一个的意思，但绝非意味着这是必然过程中的阶段，而是人的生成中的三个可能的层次或境界。有的人在一生中经历了这三阶段，有的人则经历了第一和第二阶段，有的人走到后一阶段后又退回到前一阶段，或处于两种或三种生存方式重叠和冲突的挣扎中。

第一阶段为**美学阶段**。"美学的"（aesthetical）含有"感性"的意思，指这一阶段的人生处于感性的直接性的支配之下。好似舌之爱品尝美味，眼之喜看美色，耳之乐闻美声；个人沉溺于追求感性的快感和肉欲的享受，完全为其感觉、冲动和情欲所支配。他的生活观念是趋乐避苦。莫扎特的一部歌剧中的人物唐璜可谓这种生活方式的典范。这时的人生处于生存境界的最低阶段，犹如动物一样，凭靠自然本能而生活，自我还没有真正发展起来，他还不会真正地进行选择，他的行为可以说是被动的，他的活动总是被外界带给他的感官刺激牵着鼻子走。这时，他的人格还没有真正形成，他还只是一个被动的"宾格的自我"，而不是一个主动的"主格的自我"，他还不知道去承担责任。他时而欣喜若狂，时而悲痛欲绝，一切受到变幻莫测的"好运"或"厄运"的支配。当他感受到这种不确定性的折磨，对这种寻求感官享受的生活感到厌倦，或因经常得不到满足而感到痛苦时，他就不免陷入失望之中。这种失望促使人追求另一种较高的生活方式，即伦理生活。

第二阶段为**伦理阶段**。当人意识到过去与将来的区别，意识到自我与他人的区别，意识到自己能主动地在可能的东西的范围内活动，且自己所采取的行动会造成将来不同于过去和会改变自己与他人的生存关系的时候，他的自我意识就清晰起来。然

---

[1] 克尔凯郭尔：《致死的疾病》，第34页。

而，只有当人从认知的主体上升为道德地生存着的主体时，即意识到自己要履行道德义务和承担道德责任时，他才真正跃进到伦理的阶段。伦理阶段的人生以伦理规范为衡量善恶的尺度。这时，人的行为是有指导的，人在原则上知道什么应该做，什么不应该做。然而，伦理阶段的生活仍然存在矛盾，主要是道德义务和个人对道德义务的履行之间经常脱节。完全可能出现这样的情况：一个人认可这种规范是他应该遵循的，但他未必能够做到确实去履行这样的规范。他的追求快感的第一阶段的习惯性意念还时常在背后驱动他的行为。他知道这是不应该的，但他还是去做不应该的事情。这时他内心会产生一种**罪疚感**。祁克果批评康德的伦理学太过于形式化，未能顾及人的现实的生存状况。康德错误地以为"应当就包含着能够"，伦理的东西被放在理想的东西（绝对命令）之中，但现实的东西却包含罪恶。绝对命令使人相信了他自己的责任，但他无力去履行这样的责任。罪恶是一个无理数，它证明普遍的道德律令是一个无效的理想。

第三阶段为**宗教阶段**。由于人认识到现实世界中的罪恶和理想主义的道德律令的无能为力，由于人深切体验到人的有限性和人性的脆弱，期待上帝的恩典就成为绝望中的最后的希望。对于人生道路而言，说到**恩典**，也就进入了宗教阶段。宗教阶段的生活为信仰所支配。在此，人不像在美学阶段那样追求感官的享乐，从而摆脱了世俗的、物质的东西的束缚，也不像在伦理阶段那样崇尚理性，从而摆脱了普遍的道德原则和义务的制约。在此，个人真正作为他自己而存在，独自面对上帝，听从上帝的召唤。祁克果在《恐惧与颤栗》中以亚伯拉罕奉上帝之命去用儿子以撒献祭的故事为例，论述宗教阶段的人生态度。从伦理的角度来看，亚伯拉罕的这一举动是违背普遍的道德原则的恶行，但亚伯拉罕本着对上帝的信仰绝对顺从上帝之命。当道德的普遍原则与上帝的召唤相矛盾时，他根据与绝对者的关系来决定他与具有普遍性的东西的关系，而不是根据他与具有普遍性的东西的关系来决定他与绝对者的关系。"信仰本身不能够被调节进普遍性的东西，否则它将遭到废除。信仰即这样一个悖论，个人简直不能使他自己让任何人理解。"[1]对祁克果而言，宗教与其说是理性的，还不如说是荒谬的。即便**荒谬**，人依然要服从上帝的命令。上帝是孤独无依的个人在恐惧和绝望时最终的精神寄托，是个人在感到自己有罪时向之忏悔的对象，是人的生存的力量来源

---

[1] 克尔凯郭尔：《恐惧与颤栗》，刘继译，陈维正校，贵阳：贵州人民出版社，1994年，第47页。

和对之绝对听命的上主。

六、宗教A和宗教B

对于祁克果所说的"人生道路的宗教阶段",还需要做一番澄清,因为他区分"宗教A"和"宗教B",他这里所说的"宗教阶段"是指"宗教B"而不是"宗教A"。祁克果也把"**宗教A**"称为"内在宗教"或"苏格拉底式的宗教",把"**宗教B**"称为"外在宗教"或"耶稣基督的宗教"。"宗教A"的特点是从内在的理性出发论证宗教真理。宗教真理好似早就在人心中,人认识宗教真理好似苏格拉底通过启发式的教育方法把人心中原先就有的真理引导出来,好似灵魂回忆起理念一样。推而广之地说,人自身拥有认识宗教真理的能力,人通过认识世界之内的相对真理进而认识绝对真理,宗教信仰的建立是一个内在而超越的过程。按照祁克果的看法,"宗教A"不是真正的宗教;"宗教A"实质上是用理性化解宗教,使得宗教成为理性主义哲学的附属物,例如在黑格尔那里宗教成为绝对观念演变中的一个阶段。"宗教B"与"宗教A"相反,不是把宗教还原为理性的"辩证法",而是让宗教立足于人的生存的"辩证法",是在人的生存的荒谬和绝望中所见到的。"宗教B"的特点是从外在的超越者的恩典出发论证宗教真理。"宗教B"强调人心中本来没有宗教真理,人本来也不具备认识宗教真理的条件,宗教真理不是通过人世间的教师的教导而获得的,而是由上帝对人的启示建立起来的。祁克果写道:"一位教师绝不能做到既赋予门徒真理,而且还提供门徒条件。一切教育最终取决于条件的存在,要是门徒本身缺乏条件的话,对一个教师来说,就一筹莫展,因为那样的话,教师在施教之前,还必须得去改变而不是改善门徒。但是没有一个人能够做到改变别人;倘若真要这样做的话,那就应当由上帝亲自去做。"[1]按照祁克果的看法,上帝不在人世间,因为人由于罪而与上帝分离了。上帝的自我启示并非出于人的要求和事功,而是出于上帝自己的爱心,上帝凭着自己的恩典从外部来到人之中。**上帝超越而内在**,授予人宗教真理。在世间的所有宗教中,唯有基督教持这样的宗教观,唯有基督教是真正的宗教。

---

[1] 克尔凯郭尔:《论怀疑者/哲学片断》,翁绍军、陆兴华译,北京:生活·读书·新知三联书店,1996年,第116—117页。

七、真理即主体性

哲学家通常所说的真理是认识论意义上的真理。在此，我们谈论认识如何符合客观事实；对此，我们必须肯定真理的客观性。祁克果所说的真理是生存论意义上的真理。在此，真理是人的生存的指导性观念，是人在生存中努力实现的目标。对于这种真理，一个人可以为之而生，为之而死。在祁克果看来，人是一种精神性的存在，对于每一个真正追求精神性的生存的人而言，真理不存在于任何别的东西之中，而存在于亲自为之奋斗的自我的活动之中。既然真理是在生存中实现出来的东西，那么真理就不是现存的东西，就不能去谈论主观认识符合客观实际。既然真理是人为之奋斗的目标，那么它只有在主体性当中才有决定性。因此，**真理即主体性**。祁克果并非完全否认真理与客观性的关系。人在生存之过程中实现真理，涉及客观条件，具有客观上的不确定性，因此必然存在主体内在性之中的张力和风险。但他强调，对于追求真理要抱有激情，要敢于承担风险。祁克果所说的真理说到底是宗教性的真理，是对上帝这个无限者的献身追求的真理。这样的真理，归根结底是超越客观的自然条件和社会条件的，所以他把主观性放在决定性的位置上。祁克果在《结论性的非科学附记》中写道："对无限者的激情成了真实性或真理。……只有在主观性当中才有决定性；追求客观性就是置身于谬误之中。决定性的因素是对无限者的激情，而不是无限者的内容，因为其内容正是其自身。主体性和主观上的'如何'就以这种方式构成了真理。"[1]

第三节　意义、影响和遗留问题

祁克果是一位十九世纪的人物，当时的影响力微乎其微，其著作只用丹麦文字发表，几乎不流传到北欧文化圈之外。但是到了二十世纪，在存在主义兴盛时期，他被追认为存在主义的鼻祖，其著作被翻译成世界各国的主要语言，除时运所至的因素

---

[1] S. Kierkegaard, *Concluding Unscientific Postscript to the Philosophical Fragment*, translated by David Swenson and Walter Lowrie, Princeton: Princeton University Press, 1941, p. 181.

外，确有其原创的精神和值得称道的地方。

要说祁克果在思想史上的意义，最好还是从近代理性主义说起。近代理性主义哲学的祖师笛卡尔的基本命题是"我思故我在"，即从我的思想意识推导出我的存在。而祁克果把笛卡尔的基本命题完全颠倒过来：唯其"我在"，才有"我思"。我的意识活动依存于我的存在，而不是反过来。这意味着从意识哲学走向存在哲学。祁克果描述了人的生存处境和生存道路，揭示人在生存中的彷徨、苦闷乃至绝望的真实情感，让人正视自己的生存，明了生存的意义，这比近代理性主义哲学所运用的抽象思索更为鞭辟入里和紧扣人心。正是由于这一点，祁克果作为现代存在主义的创始人，完全名实相符。

近代理性主义在谈到理性与存在的关系时，主张理性在先，存在在后。这表现为黑格尔的名言："凡是现实的都是合理的，凡是合理的都是现实的。"按照黑格尔的看法，概念的辩证运动在先，现实的东西是概念辩证运动中的一个阶段；合理的概念将演变为现实的东西，不合理的东西势必退出现实世界的舞台。祁克果并不反对辩证法，但他认为：概念自身没有活力，只有人的生存才有活力；概念自身不会辩证运动，人的生存中才有辩证运动；是人的生存中的选择和行动才改变人的生存取向和生存状况。在人的生存中，随处可见荒谬的东西；现实的人生与其说是合理的，毋宁说是荒谬的。但是当意识到此前生活的荒谬时，人会重新选择人生道路，这是把失望转变为希望，在绝望中看到生机。这就是祁克果所主张的**生存论的辩证法**。这种辩证法与黑格尔的客观唯心主义的辩证法不同，它不是把客观概念的辩证运动当作终极真理，而是把主观的选择放在首位，主张"真理即主体性"。如果说，概念之间的矛盾和否定的辩证法对人生还有意义的话，那它只是像产婆那样"接引"人生，而不是"支配"人生。

祁克果的非理性主义的生存论哲学和神学也带来一些新的问题。人的信念与人的行动有关，人的信念推动人的行动，人的抉择开启人生道路，这是人的生存中的实情，本身无可非议。然而，由此得出"真理即主体性"的论点，则走到了另一个极端。真理从何而来呢？我们依据什么来检验信念的真伪呢？我们凭什么分辨抉择的好坏呢？我们要靠人的实践。人的实践是主客的统一。人的生存中包含客观的维度。因此，即便是生存论意义上的真理依然不是纯主观的，依然有客观条件、客观规律可言。黑格尔的"凡是现实的都是合理的，凡是合理的都是现实的"命题，如果去除其观念论体系的外壳，将其放到生存论的语境中理解，则可理解为符合客观条件和客观规律的信念才能在人生实践中取得成功。祁克果过分强调了人生抉择的主观因素，带来盲动性，会招致十分危险的结果。即便拿宗教信仰来说也是如此。在宗教界不乏招摇撞骗的教主和假先知，在个人的信仰生活中不乏陷入迷津的情况。如果完全舍去理性，如何才能区分信仰的真伪和优劣呢？因此，即便在基督教界，还有另一种神学质疑祁克果的观点：既然上帝创造世界和爱人，那么上帝为何不赋予人的理性某些判别和评估人的信仰生活的能力呢？难道只有在荒谬中才能有真的宗教信仰可言吗？要知道，从荒谬中产生的信仰并不一定是真的信仰，很可能使人走上更加荒谬和危险的道路。对于《圣经》中亚伯拉罕遵循上帝之命去用其子献燔祭的故事，可做不同的诠释，因为这个故事的结局是上帝不让亚伯拉罕用其子献燔祭，而是用羊献燔祭。并且，《圣经》后来的故事表明，上帝根本不要人用任何东西来献燔祭，而是要人服从道德律令。"摩西十诫"和耶稣的"登山宝训"表明，普遍的道德准则与对上帝的信仰并不冲突。如何协调个体人生与理性的普遍原理的关系，是祁克果留给包括萨特在内的存在主义者的一个新的难题。

思考题

1. 什么是祁克果的问题意识？
2. 祁克果如何论证人与上帝的关系？
3. 祁克果如何论述人生道路的三阶段？
4. 评述祁克果有关"真理即主体性"的学说。
5. 评述祁克果的非理性主义和以神为中心的生存论哲学。

第五章
柏格森

对于**亨利·柏格森**的哲学的特点，我想从印在他的《时间与自由意志》英译本扉页上的一句格言说起："如果有人问大自然，问它为什么要进行创造性的活动，又如果它愿意听并愿意回答的话，则它一定会说：'不要问我；静观万象，体会一切，正如我现在不愿意开口并一向不惯于开口一样。'"[1]

这句话来自**普罗提诺**（Plotinus, 205—270）。它旨在表明：本体不是通过概念思维所能达到的，而要靠直观和体认来把握。这是柏格森所赞同的哲学通向实在的基本途径。当然，在柏拉图主义和柏格森主义之间存在如下重大差别：柏拉图主义把永恒不变的理念当作最高实在，把流变的世界万象当作精神的堕落和幻影；柏格森则倒过来，他告诉人们：倘若你试图认识实在，那么你就跳入到那种柏拉图主义一贯蔑视的"流"本身中去，使你面对感觉，面对观念论者总是加以责骂的那种活生生的东西。柏格森的一个基本论点是：生命之流就是实在，精神是生命之流向上的冲力，而物质是生命之流向下的沉降和凝固。他主张通过反求诸己对意识绵延和生命之流的直觉建立本体界的形而上学，通过对事物的观察和概念思维建立现象界的科学。因此，说柏格森开辟了哲学的新路向，在一定意义上是要打上问号的。这是因为，诚如以上所引的格言表明，有关通过直觉把握本体的哲学路向在柏拉图主

---

[1] 转引自柏格森：《时间与自由意志》，英译者序言，吴士栋译，北京：商务印书馆，1958年第一版，第iii页。F. L. 朴格森（英译者）在该序言中指出，柏格森的哲学精神有一部分可以通过这句格言表达出来，并且他在英译本扉页上添加这句格言的做法得到了柏格森本人的同意。

义和新柏拉图主义那里就有。然而，柏格森确有他的一些创新之处，他不把永恒不变的理念当作本体，而视意识绵延和生命冲力为本体。柏格森的哲学标志着从十九世纪所盛行的概念思维的理性主义转向十九世纪末二十世纪初所掀起的直觉主义的非理性主义和生命哲学的运动。柏格森是这场运动中法国的代表人物。

第一节　生平著述与问题意识

亨利·柏格森1859年10月18日生于巴黎，父亲是波兰犹太血统的英国公民，母亲是犹太血统的爱尔兰人。1878年，柏格森进入巴黎高等师范学校读书，他的博士论文为《意识的直接材料》(*Essai sur les données immédiates de la conscience*)，发表于1889年，是他的第一部主要著作。该书的英译本为《时间与自由意志》(*Time and Free Will*, 1910)。1896年，柏格森发表他的第二部哲学论著《物质与记忆》(*Matière et mémoire*, 又译《材料与记忆》)。1900至1921年，他担任法国最高学府法兰西学院教授。在这段时间，法国出现了"柏格森热"，学界热衷于谈论"柏格森主义"，谈论他的"新哲学"。[1] 1907年，他发表了《创造进化论》，该书为他赢得了国际声誉。在第一次世界大战期间，柏格森出任外交使节，1917年任职于西班牙使馆，1918年任职于美国使馆，承担劝说美国介入第一次世界大战、出兵反对德国的使命。此后，他作为法方代表参与筹建"国际联盟"工作。1928年他获得诺贝尔文学奖。1932年他发表了他的晚年著作《道德和宗教的两个来源》。年迈的柏格森关心宗教问题，接近天主教会，但并未正式成为天主教徒。这与他反对纳粹迫害犹太人有关。他在1937年的遗嘱中写道："如果不是因为我看到多年来酝酿并甚嚣尘上的巨大反犹主义浪潮，我已经皈依了。然而，我宁愿在此坚守，等待明天遭到迫害。"[2] 1941年，柏格森在德国纳粹占领下的巴黎逝世，享年八十二岁。

---

[1] 例如，在法国知名刊物《两大陆评论》(*Revue des Deux Mondes*)上，1912年2月1日和15日连续发表了两篇同样名称的文章《新哲学：亨利·柏格森》，作者为勒鲁瓦（Edouard le Roy）。

[2] 转引自R.-M. Mossé-Bastide, *Bergson éducateur*, Paris: PUF, 1955, p. 352。

柏格森的问题意识集中表现在他对传统哲学的困境的解析上。在柏格森的视野内，传统哲学有三种类型：

（1）**唯心主义**，把物理现象归结为心理现象，以主观意识解说客观事物，如贝克莱把物说成是"感觉的复合"。

（2）**唯物主义**，把心理现象归结为物理现象，把主观感觉视为客观事物的印记，以"刺激—反应"的模式研究意识的发生。

（3）**先验主义**，"把我们从自己的结构所借来的某些形式作为媒介以知觉事物"[1]。先验主义调和唯心主义和唯物主义，把认知的形式归于主体，但承认事物有一定的自在性。

按照柏格森的看法，唯心主义和唯物主义遇到的困难在于**心理现象和物理现象是不能相互还原的**。用适合于物理现象的形式难以说明心理现象，用适合于心理现象的形式难以说明物理现象。心理现象的主要特征是"强度"（intensity）、"绵延"（durée）、"自由决定"；物理现象的主要特征是广延、数量、条件与结果的必然关联。物理的东西处于空间之中，是可以测量的，服从必然的因果律。心理的强度是一种性质，不是数量或大小。我们的意识状态不是无连续性的众多体，而是不可分割的绵延。我们在外界找不到绵延，所能找到的只是同时发生。我们能做出自由的决定，而外界事物则受条件的制约，遵循必然的自然规律。由于意识与事物之间有这种根本性差异，把意识还原为事物或把事物还原为意识的道路都是走不通的。

唯心论者企图把事物还原为感觉的复合。如果真是那样的话，我只要闭上眼睛，我所见到的宇宙就会消失。然而，我们决定不去感知事物，事物依然按照其自己的方式存在。科学使我们确信，物理现象按照一种确定的规则相互接续、相互制约，结果与原因构成严格的比例关系。"在我们感官知觉到的规则与我们准备为了科学而设想的规则之间，不可能存在转换。"[2]一些唯物主义的实验心理学家企图以对神经系统的物理刺激和生理的反应来说明意识。但柏格森认为，这些生理反应一点儿也没有触及意识的特质，因为刺激与感受存在本质差异，不同的刺激所产生的是身体反应的量的差别，不同的感受产生的则是质的差别，刺激是可以通过外感知的方式被观察到的，而

---

1 柏格森：《时间与自由意志》，吴士栋译，北京：商务印书馆，1989年，第152页。
2 柏格森：《材料与记忆》，肖聿译，北京：华夏出版社，1999年，第205—206页。

感受只能被自己所体验。

柏格森的时代是实验心理学有重大发现的时代。实验心理学找到了一些大脑的生理结构与意识的关系。例如，实验心理学家发现，人的语言机能和记忆机能位于大脑皮层的某一部位，如果人的大脑的这一部位因撞伤等事件而发生物理损伤，则人就会犯失语症，会丧失记忆。这似乎支持了唯物主义对意识的说明。柏格森本人早年也从事心理实验工作，但他做出了不同的解释。按照他的看法，在撞击等事件对大脑造成损伤时，在许多情况下，属于意识本身的记忆和语言思维没有丧失，所丧失的只是记忆和语言思维的联结系统。这犹如挂衣钩坏了，一件衣服掉下来了，衣服本身并没有坏。正如修好挂衣钩仍然能把衣服挂起来一样，修复了该部位神经系统的人会恢复记忆和语言能力。如果记忆正是那样被储存在皮质细胞里，如果失语症就是由这些皮质细胞的毁坏而造成的，那么就不可能再恢复相关的记忆和说出单词了。然而却存在这样的情况："要使患者找到一个单词，往往只要向他提示该单词的第一个音节，把他放在单词的轨迹上就可以了。甚至仅仅对患者进行一番鼓励，也能奏效。情感也可能产生同样的效果。"[1]这是柏格森在《物质与记忆》一书中花相当大篇幅探讨的问题。这在很大程度上属于有关记忆的实验心理学和病理学的论域。他探讨这些问题的原因是，他在《意识的直接材料》中有关意识的论点遭到持唯物论立场的实验心理学家的批评，他同样诉诸实验心理学的根据加以反驳。然而，从其所主张的基本论点和立论的根本依据看，他的理由与其说来自实验，不如说来自哲学。他主张，意识绝不能被还原为大脑的生理机能。拿记忆来说，如果对一个单词的记忆被当作刻入大脑皮层的听觉的印痕及其激活，那么有多少种声音音高和嗓音音质，就会有多少种听觉形象。实际上，记忆不是如此被动。在记忆中存在主动的抽象、选择和综合的活动。当人面临某种情势要加以处置时，会引发他对过去经验的记忆，这种记忆是活生生的，是与他现在的处境和希望结合在一起的，是他整个生命之流的一部分。他主张意识的动力不是来自大脑的机能，而是来自生命意志的冲力。在此意义上，他主张精神现象与身体只有间接的关系，不是大脑思考，而是思考的精神使用大脑，使意识得以通过大脑的活动表现出来。

柏格森意识到，在他那个时代，有关身心关系学说的主要倾向，不是把心理归结

---

[1] 柏格森：《材料与记忆》，第102页。

为物理的唯物主义,也不是把物理归结为心理的唯心主义,而是"把我们从自己的结构所借来的某些形式作为媒介以知觉事物"的先验主义。他认为,自康德以来这种倾向越来越显著。然而,这种康德式的先验论也有其面临的困境。

首先,即便我们可以认定我们在认知事物之前已经有了某些认知事物的形式,这些形式来自我们的主体,我们对事物的认识受到这些媒介的影响,我们是否能够担保在我们认识事物的过程中我们的认知形式不受到事物的影响呢?柏格森认为,这是很难担保的。这正如一个人在一次旅行之前已经有了某些观念,他抱着这些观念去看待旅行中所遇到的事物,然而在旅行之后他原先的许多观念会发生改变。柏格森写道:"可是人们还可再进一步而提出这个说法,说适用于事物的种种形式不完全是我们自己的贡献,说它们是物质和心灵二者调和的结果,说我们如果给了物质许多东西则我们多半会从物质得到一些东西,又说这样一来,当我们企图在外界作完一次旅行之后再来掌握自己的时候,我们就已经不再不受拘束了。"[1]

其次,康德主张时间和空间是我们认知事物的感性形式。柏格森认为,康德把时间与空间并列看待是不对的。时间与空间实际上是根本不同的。空间刻画事物的广延性,空间可以加以量化,用来测定外部世界的物理对象的大小、方位等。时间的特质在于绵延。时间总是在流变,在创新,在进行多样性的整合。时间的每一瞬间都是不同质的。这样的时间体现意识之流、生命之流的本质。这样的时间发自我们意识和生命的内部,能够被我们直接体验到。康德所说的作为认知事物的感性形式的时间已经是空间化了的时间,是为了量化的需要而被塑造出来的,即把时间当作均匀同质的一个一个连接的点。如同空间坐标一样,建立时间坐标,用于测定外部世界中的事物发生的同时性和相对位置。在柏格森看来,康德所说的时间不是真正的时间,而只是"时间象征"。柏格森写道:"康德的大毛病在于把时间当作一种纯一的媒介。他没有注意到,真正绵延是互相渗透的瞬刻所构成的;没有注意到,当真正绵延好像具有一个纯一整体的这种形式时,这是由于它被排列在空间。因而康德对于空间与时间二者的区别在骨子里等于把这二者混淆起来。"[2]

最后,由于康德混淆了时间与空间,自由就被他弄成一种不可理解的事实,实体

---

[1] 柏格森:《时间与自由意志》,第153页。
[2] 同上书,第159页。

（物自体）成了不可知的。柏格森认为，这是康德式的先验论的知识论势必要得出的结论。这是因为，有了这种时间和空间的坐标系，再加上因果关系等范畴，在确定的条件下，就能计算出什么样的原因必定会导致什么样的结果。在这种认知模式中，一切都是必然的，没有给自由留下任何余地。这种认知模式固然适宜于说明自然现象，但把它应用于意识领域就会产生问题。这是因为，当用这种认知模式解释意识现象时，意识也就成了必然的了。近代心理学家企图借助联想律说明一组心理现象与另一组心理现象之间关联的规律。按照柏格森的看法，这样解释的心理现象与其说是心理现象，毋宁说是自然现象，因为它们要么是有关对身体的刺激与感觉之间的相联系的规律，要么是所意识到的自然现象。真正的意识现象是绵延；排斥了绵延，自由也就成为不可能的了。然而，康德又舍不得否认自由，于是不得不诉诸实践理性，把自由当作实践理性的预设，把自由护送到"物自体"之超自然的境界里去。"由于他已把绵延和空间混淆在一起，他就把这个确定在空间之外的、真正的、自由的自我变成一个被认为也在绵延之外的，因而是我们的知识能力所不能及的自我。"[1]"实践理性是我们天职的启示者；它像柏拉图的回忆一样，走来告诉我们，'物自体'是实有的，虽然我们看不见，却存在着。"[2]

以上是柏格森所看到的传统哲学存在的问题。他寻求以什么方式去解决这些问题呢？答案其实已经隐含在他对问题的分析中。他主张本体界有本体界的认知方式，现象界有现象界的认知方式；科学有科学的研究途径，哲学有哲学的研究途径。科学研究看重外界事物，看重空间，看重量化，看重概念分析和逻辑推导的理智；哲学研究看重内在世界，看重时间，看重性质的变化，看重对"绵延"的体认和对实体的直觉。如果说科学还谈到时间的话，那它关心的至多是"同时性"。"科学既从外物界去掉绵延，则哲学必得从内心界去掉空间。"[3]科学对于时间不保留旁的而只保留同时发生，对于运动自身不保留旁的而只保留运动物体的位置。哲学则要返观内心现象，不把意识当作空间中排列的一个一个的现象，而要按其本来面目看到它，体认意识之流的绵延，直观实在之本质。"在其原始状态被这样恢复之后，绵延就完全显得是一个

---

[1] 柏格森：《时间与自由意志》，第159—160页。
[2] 同上书，第160页。
[3] 同上书，第156页。

性质式的众多体，是一个其中各种因素互相渗透之绝对多样性的体系。"[1]

正是从这一观点出发，柏格森主张，适用于科学的理智的方法不适用于哲学。以往的哲学，不管是唯物论还是唯心论，不管是经验论还是唯理论，它们只要利用理智的形式和理智的方法，就终究认识不了实在。康德虽然区分了本体界和现象界，但他所阐发的"纯粹理性"只适用于现象界和以牛顿物理学为代表的自然科学，康德没有提出本体界的研究方法。对此，柏格森通过如下譬喻来表达："形而上学家在实在之下掘了一条深长的地道，科学家则在实在之上架了一座高大的桥梁，然而，事物的运动之流却在这两个人工的建筑之间通过，而不与它们接触。"[2]因此，柏格森主张，要跳到这条河中去，直接接触它。在他看来，意识之流是绵延的，生命之流是绵延的，绵延是可以被我们直觉到的，**本体界的研究途径是对生命意识的体认**。绵延是一种不断更新的创化，时间的本质是绵延，是意识之流和生命之流的表现形态；把握了时间，把握了绵延，也就把握了康德称之为"物自体"的实体。

第二节　时间与绵延

现在我们来逐一解说柏格森哲学中的一些基本概念。首先让我们来看"**时间**"和"**绵延**"。这两个概念在柏格森哲学中是关联在一起的：时间的本质通过"绵延"来刻画。然而，传统哲学却不这样看。传统哲学在实证科学的影响下，倾向于把时间看成像空间一样可以量化的参照系。什么是时间呢？它是通过空间来表达的。日、月等星球天体位移，钟表机械转动，时间在这种周而复始的位置变化中表现出来。时间被设想为永远均衡地流逝，你心急它也快不了，你沉睡它也照样流逝。它用以计算物体运动的速度，用以统计劳动者的工作量。在这种实证和实用的思考方式的影响下，人们把时间完全当作与空间一样外在的东西了，忽略了时间的内在属性，看不到时间的本质在于绵延。柏格森写道："当我用眼睛跟着秒针转动时，我不是在测量绵延，像平常所设想的那样，我仅仅是在计算一些同时发生，而这是完全另外一回事。在我以外，

---

[1] 柏格森：《时间与自由意志》，第157页。
[2] 柏格森：《形而上学导言》，刘放桐译，北京：商务印书馆，1963年，第36页。

在空间之内，秒针与钟摆的位置决不会有一个以上，因为过去的位置没有留下任何余迹。在我自身之内正发生着一个对于意识状态加以组织并使之互相渗透的过程，而这过程就是真正的绵延。"[1]

在柏格森看来，把握时间的关键在于把握每一瞬间所体验到的时间，在此可发觉每一瞬间存在性质上的重大差别。这种差别不是数量上的，不是你感受到一种更大或较少的温暖、痛苦或愉悦，而是这些感受状态之间的质的差异。当你回顾以往的经验时，你会更加明显地发觉这种差异。举例来说，当我旧地重游，我选择跟以往一样的路线，还是那些街道，那些房屋，但我的感受和心情却不是相同的。又比如，我两次看同一部戏剧，同样的情节，同样的台词，一次无动于衷，另一次感动得流泪。为什么会这样呢？这是因为在此期间我的人生经历发生了改变，我所接触的人、我所遭遇的事随着我的记忆积淀于我的内心，当我看到同样的景象和听到同样的话语时，我瞬间的感触和联想是不同的。我不再是以前的自己，我不再能以同样的心境感受同样的事。我不能两次踏入同一条河，不仅河在流变，更重要的是我自己在流变。这大概就是中国古诗"年年岁岁花相似，岁岁年年人不同"的意境。

在通常的时间观念中，这种时间的质的差别被磨平了。每一瞬间的差别就如同表盘上的每一刻度间的差别，只有量的差别，没有质的差别。这种量的时间是空间化了的时间，如同一颗接连一颗的珍珠串是可计数、可度量的，但它不是真正的时间，而是被外化为空间形态的时间。真正的时间内在于我们的意识之流中，不可度量，只可体认。质的时间才是真正的时间。

经历了时间的意识状态间的差异是内在的差异。不同的意识状态互相渗透，构成一个有机的整体，在相互关联、相互牵引、相互塑造中流动。用一个形象化的比喻说，你把时间当作写在纸上的五线谱，那就错了，因为那里只有空间上的一个接一个的排列，一个个音符间是互相独立的；时间如同演奏着的交响曲，前一乐声还在回荡，后一乐声已经继起，各个乐章交织在一起，形成一个整体。我们聆听交响乐，我们的体验此起彼伏，感触万千。在音乐的延续中，在意识的绵延中，我们体验到真正的时间。

---

[1] 柏格森：《时间与自由意志》，第72—73页。

在柏格森看来，绵延是原初的时间现象。绵延不是简单的延续，而是一种综合。在意识的绵延中，不同的意识不断地被统摄起来。这种统摄是积极的、活生生的，每一当下的意识状态中都综合流逝的过去。这样，过去得以鲜活地持存。过去在每一当下的瞬间以我们所不经意的方式融入当下的意识显现出来，成为当下化的东西。意识总是留下余迹，但它不是死的，犹如遗留在海滩上的鹅卵石，而是一种融入生命进化中的力量。这种过去的余迹专为现在所体验到的、所展现的意识而保留，而新感受到的东西总是经由过去经验的解释而内在化为综合的意识。与此同时，意识也是一种对将要发生的事情的"预料"（anticipation）、一种依靠过去来期待将来的态势、一种不断向前的创造性的运动。柏格森写道："在我们经验的范围内，让我们寻找一个点，我们感到：这个点在我们的生命当中与我们最密切。我们重新回到的，正是纯粹的绵延（duration）；过去始终在这种绵延中移动，并不断地与一个崭新的当前一起膨胀。但与此同时，我们也感到我们意志的弹簧被拉紧到了极限。我们必须强力使我们的个性退回到其自身，将正在溜走的过去收集起来，这样才能将这种压缩的、未分割的过去插入由于它的进入而创造的当前中去。"[1]

按照柏格森的看法，传统哲学把意识状态当作一个个互相分离的杂多，它们一个接连一个地发生和消失，本身并无联系；自我像一个旁观者，它不生不灭，始终在一旁静观这些杂多的意识状态，并把它们组织和统一起来。没有自我，也就没有意识的统一，因此自我被当成杂多意识的统调者。这种自我如何处理记忆呢？它仿佛一个档案馆的管理员，把过去的经验登记注册，放在一个个抽屉里，当需要的时候再把它们拿出来。柏格森认为，这种对意识状态和自我的看法完全错了，因为它把意识状态和自我当作静态的东西，而不是当作统一的生命整体。**自我不在意识之流之外，而与意识之流合为一体，是绵延着的、活的、变化的实体**。柏格森写道："我们的存在若由一个个分开的状态组成，这些状态又被一个无动于衷的自我联系在一起，那对我们来说就不存在绵延了。这是因为，一个不变化的自我是不能持续的；同样，一种心灵状态在被下一个状态代替之前，若是始终如一，那它也不能持续下来。因此，将这些状态排列在假定能维系它们的自我之上，这就是徒劳的尝试了：这些被维系在固体上的固

---

[1] 柏格森：《创造进化论》，肖聿译，北京：华夏出版社，1999年，第172页。

体,绝对不能构成流动的绵延。"[1]

在柏格森看来,我们的绵延并不只是一个瞬间代替另一个瞬间。绵延是过去持续的进展,当它前进时,其自身在膨胀,如同滚雪球一般。过去作为一个整体,在每一瞬间都跟随我们。我们就是我们自出生以来的历史。我们正是通过自己的全部过去(包括我们心灵的原初倾向)去产生欲望和意愿,去做出行动和筹建未来。我们甚至可以说,我们生前的历史、我们的先人所塑造的文化和环境也融入我们先天的禀赋和生活习惯中去。过去就是如此延续着,以致它不再是过去;历史就是如此保留着,以致它总是以现在的面目出现;意识不能两次处于同一状态,以致它总是新的瞬间;生命就是如此维持着,以致它无时无刻不新陈代谢。

总之,在柏格森的哲学中,绵延表示生命之流和意识之流所特有的那种延续方式,它也表示时间的本质性特征。绵延是一个流动的、不可逆转的状态的继续,是已有的和新的动能相互融合的一个不可分割的过程,是一系列质的变化,在每一瞬间都呈现新的可能性。绵延不像物体在空间中的运动那样可以被外在地观察和测量,而只能被生命和意识的拥有者内在地体验。

第三节 生命实体与创造进化

柏格森主张,真正的实体是生命实体。生命实体不断进行创造,是一种冲力、一种倾向、一种发展、一种成长。生命实体的基本特征是绵延,是在自身变化中维持自身。一方面它在不断改变自己,另一方面它又在改变中维持自身的统一。一方面它在不断更新,另一方面它又把过去融入当前的性状中去。它是多样性中的统一性、突破性中的连续性。生命实体有各种各样的形态,但它们在总体上是统一的,是一种永恒的变化和生长的过程。我们人自己也是永恒生命过程中的一种绵延,我们通过体认自己意识的绵延,能直觉永恒生命的实体。

按照柏格森的看法,传统哲学把**变化**视为不真实的,把**永恒**不变的东西视为实

---

[1] 柏格森:《创造进化论》,第10页。

体。传统哲学的基本理路是，凡是发生的，就是要消亡的；凡是要消亡的，就不能被认作实体；只有不生不灭的东西才是永恒的东西，才是真正的实体。因此，柏拉图哲学把理念视为实体，亚里士多德哲学把不动的推动者视为实体，乃至近代的笛卡尔和康德的哲学仍然把不死的灵魂视为或设定为意识活动的实体。传统哲学中虽有各式各样有关实体的学说，但它们论述实体的基本倾向是一致的：**要么把实体当作不变的本源，把我们变化着的世界当作来自这一不变本源的结果；要么把实体当作不变的基本因子或要素，把变化的世界当作这些基本因子或要素在结构上的重新组合；要么把实体当作现象背后的物自体**。所有这些有关实体的学说都不从当下来把握实体，都没有看到实体就是绵延，都没有正视永恒的变化和变化中的永恒，都没有认识到实体就是生命的过程和生命的冲动，而我们自己特殊的生命绵延就包含在这种永恒的生命之流中。我们可以从自己当下意识的绵延中体认到生命实体及其绵延中的永恒性。因此，柏格森呼吁换一个方向看待实体和永恒性。他写道："如果我们朝向另一个方向前进，那就会达到这样一种绵延，它越来越使自己紧张、收缩、强化，它的极端是永恒性。这已不是概念的永恒性（概念的永恒性是一种死板的永恒性），而是一种生命的永恒性。这是一种活生生的、从而也是运动着的永恒性，我们自己特殊的绵延将包含在这种永恒性中，就像振动包含在光中一样；这种永恒性是一切绵延的集聚，就像物质性是它的扩散的集聚一样。"[1]

柏格森认为，近代传统哲学的主要缺陷是按照机械论的眼光看待世界，把世界看成是由一些不变的、空间中发生位移的元素构成的，世界仿佛只有量变而没有质变，世界的变化被当作像小孩玩积木一样固定的东西的拼凑、拆散和重新组合。这种机械论的观点只能解释钟表之类的机械，不能解释生命的有机体。它不能解释如何从无生命的东西中产生有生命的东西，不能解释生命的进化和创造。这种观点是由以牛顿力学为范式的近代物理学和天文学的发展特点所决定的。而现在，由于生物学等生命科学的发展，随着人们对生物进化和心理意识的研究的深入，这种观点的缺陷就充分暴露出来了。

柏格森企图依托他那个时代的生命科学来建立他的"**创造进化论**"，以反对机械

---

[1] 柏格森：《形而上学导言》，第29页。

论的宇宙观。柏格森的"创造进化论"是通过改造和综合新达尔文主义和新拉马克主义来完成的。十九世纪中叶，达尔文通过环球考察搜集到的大量生物学资料表明，物种是可变的，生物之间存在生存竞争，适应环境者生存下来，不适者被淘汰，这就是自然的选择。生物以"物竞天择"方式进化，从低级到高级，从简单到复杂。在达尔文之前，法国博物学家拉马克已经提出了进化论的设想，但他认为进化的动力主要不在于自然选择，而在于生物自己的"努力"，生物有能力通过使用或放弃使用其器官而产生变化，有能力将如此获得的变异传给其后代，如长颈鹿努力吃树上高处的叶子而使得自己的脖子变长，并遗传给后代。这两个理论都遇到一些问题。达尔文的进化论强调自然选择，这虽然能够说明生命适应环境的一层，如高寒地带的牛长毛、北极熊脂肪厚等，但难以说明为何适应环境的就是进化的。进化意味着从低等到高等，从简单到复杂。然而，常常出现这样的情况：低等的、简单的生物更能适应环境，而那些大的、处于生物链高端的生物最先绝灭。拉马克的进化论强调生物自身的努力，但这缺乏遗传学上的明显证据。我们虽然能够看到，生物加强其某一器官的锻炼，可以使该器官得到加强，如锻炼手臂，可以使得该部位的肌肉粗壮强健，但我们找不到这能遗传给下一代的可靠证据。新达尔文主义者发现，遗传的突变主要发生在胚芽或胚胎中，用现在的话来说，主要发生在遗传基因中，这可以通过杂交等方式来实现。现在的问题是，如果把物种的变化仅仅看作遗传基因的重新组合排列的话，那么依然谈不上进化，因为物种变化的一切可能性本已包含在原先已有的遗传基因中，这如同扭转魔方，有种种变形，但不能说有进化。柏格森主张，为说明生物本身的进化，必须承认生物进化的内因，而这内因就是"生命的原始冲动"。柏格森写道："我们经过多少有几分迂回的道路，又回到了我们最初的那个思想上，即生命的原始冲动（original impetus），通过连接代际间隔的成熟有机体从前一代胚芽传给下一代胚芽。这种冲动沿着进化的路线持续，被这些路线分开，它就是变异的根本原因，至少是那些被有规则地传递的变异的根本原因，是那些积累和创造新物种变异的根本原因。总之，从物种开始从共同的祖先分化起，它们就在各自的进化过程中强化了自己的差异。然而，在某些确定的点上，它们又可能出现共同的演变；实际上，倘若接受'共同冲动'的假定，它们就必须如此。"[1]

---

[1] 柏格森：《创造进化论》，第74页。

柏格森主张，生物进化的原动力是生物自身本来就具有的"**生命的原始冲动**"，这一内因受到外界条件的影响，会发生进化路线上的变化和生物种类和形态上的变化。他认为，每一物种，甚至每一个体的生命冲动，从本源上说，都来自这个普遍的生命冲动，但它们保留和演化出各自的生命冲动的特殊形态，它们全都具有为其自身利益而运用这种能量的趋向，这其中包括适应环境。因此，各个物种及其个体在为维持其自身生存而奋斗时便有可能与其他生命形态发生冲突，这便是生存竞争。由于这种原始冲动是一种共同的冲动，生物之间的冲突是在原则上的和谐之下的不和谐。生命的原始冲动把生命之流推得越高广，生命的不同趋向就越会显出在互相竞争中的互补。总之，"生命的原始冲动"的内因是根本性的，生物适应外在环境及其分化和竞争是生物进化不可或缺的条件。他写道："我们丝毫不怀疑：对环境的适应是进化的必要条件。十分明显，倘若一个物种不去顺应强加给它的生存条件，那它便会消失。但是，承认外界环境是进化必须慎重考虑的力量，与宣布外界环境是进化的直接原因，这完全是两回事。后一种就是机械论的理论。这一理论绝对排除了关于'原始冲动'的假说；而所谓原始冲动，就是一种使生命得以发展的内在冲动，其形式越来越复杂，其最终目标越来越高。"[1]

由此可见，所谓"创造进化论"，就其构思的要义而论，无非是柏格森所假定的"生命的原始冲动"加上达尔文等的进化论学说。生命被假定为始于"原始冲动"，生命的进化被当作一种永不停歇的创造过程，是一种在绵延中的不断创新。柏格森还试图以"原始冲动"和"绵延"的观点来说明整个宇宙的发展变化。但他不能否认宇宙中还存在非生命的物理运动，对此他需要联系生命运动加以说明。他写道："的确，从宇宙本身就可以区分出两种对立的运动；后面我们将看到，这两种运动就是'下降'和'上升'。前一种运动只是打开一个现成的卷。大体上说，这种运动几乎有可能在瞬间之内完成，犹如松开的弹簧。但是上升运动则关系到成熟和创造的内在运作，其本质是延续的，它将自身的节奏加诸下降运动，而下降运动与上升运动是不可分割的。"[2]

如果说，柏格森的"创造进化论"在说明生物进化时还有一定的"科学性"，还是在检讨当时流行的有关生物进化的科学理论的基础上提出他自己的观点的话，那么

---

[1] 柏格森：《创造进化论》，第91页。
[2] 同上书，第16页。

当他企图以生命冲动为本体说明宇宙间一切事物的发展变化时，就没有任何"科学性"可言了，而是一种完全以"比喻"来代替论说的形而上学的遐想。柏格森主张，对于宇宙间的一切，生命冲动是真正实在的、内在的、贯穿于全过程的基本动能。无论是有生命的东西还是无生命的东西，都是由生命冲动所派生的。现实世界事物的千差万别只不过表明生命冲动派生万物方式的千差万别。如果说机械论的宇宙观遇到的问题是难以用机械论解释生命现象，那么柏格森的生命哲学的宇宙观遇到的问题则正好倒过来：如何用生命力去解说物理现象。在此，柏格森实际上所做的不是严格的论证而只是一些比喻。他认为，在所有这些派生方式中，可以区分出两种不同类型或基本倾向。一种是生命冲动的原本运动，即它的向上喷发，它产生一切生命形式；一种是生命冲动的原本运动的逆转，即向下坠落，它产生一切无生命的物质事物。这两种倾向互相对立，互相抑制。生命冲动的向上运动总是企图克服下坠的倾向，克服物质事物的阻碍，而生命冲动的向下坠落也必然牵制其向上的喷发。他把生命的生长和进化比喻为一颗炮弹的发射及其引爆的弹片飞向不同方向，把无生命的东西比喻为弹片受到阻力失去动能后的落地。他把生命力比喻为蒸汽机中因加热而获得动能的蒸汽，把无生命的东西比喻为从气缸中喷出的汽凝结为水珠而下落。活的生物在生长，死的生物则化为土与水。

如果说柏格森的这种生命冲动创造一切的观点与上帝创造世界的观点有什么不同的话，那就是它否定了传统基督教的上帝创世说中的"**预定论**"。按照这种预定论，上帝被认为在世界之外按照预定的目的和设计创造世界；在这种预定论的创造中，世界其实并无"进化"可言，因为包括生物在内的世界中的一切都根据一定的角色和关系而被排定：它假定青草是为了让牛吃掉，羊是为了让狼吃掉。这在柏格森看来极其荒谬。与这种预定论的创世说相反，在柏格森的"创造进化论"中，生命冲动的创造是在世界之内的创造，是一种永无终结的创造，是一种靠自身的动能在适应环境的竞争和互补中的进化，是一个永远前进的过程。柏格森的这种"创造进化论"也被某些非正统的天主教神学家采纳，如**德日进**（Pierre Teilhard de Chardin，1881—1955）的"**进化论神学**"；在此，他承认宇宙的进化，其中包含人的进化，如他在中国考察期间为发现北京猿人做出重大贡献，但他将上帝视为宇宙进化的原动力，并认为宇宙的进化将展现上帝的先在性与终极性。

第四节　自由和直觉

柏格森的"**自由**"和"**直觉**"的观点必须联系他有关"绵延""时间"和"生命实体"的观念加以考察，因为在他的哲学体系中，后者是前者的基础。柏格森所说的"自由"主要不是指意志**选择的自由**，而是本体论意义上的**原发的自由**，即意识本身是绵延，而绵延是连续不断的更新，意识的绵延提供了意志选择的非事先决定的可能性，所以意志才真正有可能进行自由选择。他所说的"直觉"是对意识绵延和时间之流的直觉，是意识自己对自己的绵延和在内时间中的流变的体认，对生命实体不能以概念思维的方式把握，而只能依靠直觉，即通过对意识绵延的体验直觉生命本体。

在柏格森看来，意识绵延是一种不断的生成和更新。我们要从这种绵延出发把自由作为一种生成和更新的环节来把握。意识绵延不是一种不变的意识状态的延续，而是连续中的各瞬间的生存和逝去，各个意识状态间都存在质的差别。这意味着从前一个意识状态中不能推导出后一个意识状态，从意识状态的过去的历史中不能推导出它的现在。自由是相对于必然而言的，"必然"意味着存在决定论的因果关系，有什么样的因就会有什么样的果，在一定的条件下就会有一定的现象出现。这种必然关系存在于物理世界，但不适用于生命现象，更不适用于人的意识。一棵树生长出的每一片叶子都跟以前的叶子有所不同，尽管这里的差别非常细微。一个艺术家的每一件作品都与他以前的作品会有所不同。拿一位画家来说，他使用画笔、色料、调色盘、帆布等进行创作。对于用什么样的画笔和色料，进行什么样的调色，在什么样的帆布上产生什么样的色彩的光学效果，这是能按照物理的定律得出确定的结论的。我们凭经验也能看出水彩画和油画之间必然的差异。但是，对于这位画家创作的作品而言，即使他按照同样的模特画肖像，我们永远也不可能预言其结果会是什么样子。或许有人认为，可以根据这位画家的风格和以前的作品做出判断。柏格森认为，这至多能推断它们之间的相似性，但不能推断它们之间必然的同一性。这是因为这位画家是活的人，他的心境在时间中总是会发生变化，他的创造的灵感和他随这种灵感而来的动作都是不能预言的。

以往，哲学家谈到自由时，倾向于把自由当作一种自主的选择：我的选择我做主，所以我是自由的。柏格森则把自由提升到有关生命、意识和时间的本质的层次生命是一种创化，意识是一种绵延，时间永远对新的可能性开放，因此它们的本质是自由，它们为我们自由选择自己的行为提供本体论上的基础。按照柏格森的看法，别人不可能根据我以往的行为对我现在的选择做出具有必然确定性的预言，甚至我自己也不可能对我将来的选择做出具有必然确定性的预言，因为我的生命时时刻刻在新陈代谢，我的意识状态分分秒秒在转化更新，时间开放着可能性，这种可能性是非决定的，是不可能按照公式来算计的。柏格森强调："我们的动作出自一种心理状态，而这种状态是独一无二的，永远不能再度出现的；我们的动作所以被宣称为自由的，正是由于这一动作对于这一状态的关系是无法以一条定律表示出来的。"[1]

柏格森还从与习惯和概念化思维方式对比的角度论述自由。他认为，我们的意识在本质上是自由的，我们在原则上能够自主地选择自己的行为。然而，当我们行动时，我们必须与外在的事物打交道；我们为了达到目的，需要遵循事物的规律，需要计算利益得失。这养成了我们行为方式的习惯，造就了我们观察事物的概念框架。这容易使得我们把这样的习惯和概念框架当作天经地义的东西，看不到它们原本出自我们的自由创造。这样，我们的自由会受到遏制，甚至会窒息我们自由的意念和真挚的情感。柏格森写道："我们的自由，在肯定其存在的那些运动本身中，就创造出了一些日益增长的习惯，倘若这些习惯未能依靠不断的努力来更新自己，它们就会窒息这种自由：自动性（automatism）在鞭策着自由。最具活力的思想，在表达这种思想的公式中也会变为僵化的东西。词藻反叛意念。字母扼杀精神。而我们最炽烈的热忱，一旦被外化为行动，便立即会如此自然地冷却为对利益的冷静算计或虚荣心（这两者都很容易以对方的形式出现），以致我们若不知道这种死去的情感在一段时间内还保留着活着的情感的特征，就会将这两者混为一谈，怀疑我们自己的真诚，否定善良与爱。"[2]

柏格森还认为，像意识活动本身的自由与意识活动通过概念方式运思所显现出来的习惯势力的关系一样，生命的总体运动是自由的，生命的表现形式则有相对固定的形态。总体生命本身就是创化的运动，而各种生命的具体表现形态则倾向于维持自身原来的系统，纠结于自由创新与循环重复之间。生命的总体运动是向上的冲力，总想表现出时间性，而生命的具体表现形态则往往落在它的后面。生命的总体进化乐于奔

---

[1] 柏格森：《时间与自由意志》，第164页。
[2] 柏格森：《创造进化论》，第111页。

腾向前，而每一种特定的进化则类似于一个循环。正像被风刮起的气旋，每一种生命体也在自转。由于它们相对稳定，容易被当作物体，而不是一个进化的过程，由于我们每一个人都是一个生命体，有其相对稳定的形态，并按照既成的习惯行动，与处于空间中的事物打交道，我们每一个人的自我也就具有双重性：一个是基本的自我，另一个是基本自我在空间和社会中的表现。只有前者才是自由的。我们通过深刻的内省体验到意识的绵延，体验到活生生的变化的东西，体验到我们的自由，但是我们掌握自己的时候是非常稀少的。"我们所以只在很少的时候才是自由的，就是这个缘故。大部分的时候，我们生活在我们自己之外，几乎看不到我们自己的任何东西，而只看到自己的鬼影，被纯绵延投入空间之无声无嗅的一种阴影。所以我们的生活不在时间内展开，而在空间展开；我们不是为了我们自己而生活，而是为了外界而生活；我们不在思想而在讲话；我们不在动作而在被外界'所动作'。要自由地动作即是要恢复对于自己的掌握并回到纯粹的绵延。"[1]

在柏格森看来，自由不能用概念和定律来说明和认识，因为凡是能通过概念和定律来说明和认识的东西，就已经不是自由了。由于意识和生命的本质在于自由，意识和生命就不能用概念和定律来说明和认识。由于世界的实体被认为是生命的冲力和意识的绵延，因此世界的实体也不能用概念和定律来说明和认识。那么，凭什么柏格森断定存在这样的实体呢？柏格森认为我们具有直觉，我们通过直觉体认实体。柏格森所说的"直觉"包括如下四种含义：（1）直觉是一种直接的认识，即不通过任何概念中介的认识；（2）直觉是内在的认识，即不是通过外感知而是通过内知觉的一种意识自己对自己的认识；（3）直觉是一种动态的认识，即不是对静态的东西的把握，而是在运动之内对运动本身的体认，在绵延中对绵延的体认，在生命之流中对生命冲力的体认；（4）直觉是一种具体的、当下显现的意识，即不是一种抽象的意识，不是有关理念或绝对观念的意识。直觉不是像柏拉图等哲学家所主张的那样通过理智的眼睛直接看到理念，而是活生生的具体的意识的当下呈现，它不能用符号来指称和用概念来框定，超越了我们通常的语言文字的表达范围。柏格森认为，我们通常是在对象之外观察对象，在对象之外观察对象之间的相对运动。这样的观察是一种外知觉，是从某

---

[1] 柏格森：《时间与自由意志》，第159页。

一种特定的角度观察事物及其相对运动，并用某种特定的概念去说明它们。但是，只有我们进入对象之内，跳入运动之流本身中去，我们才能真正把握绝对的运动。这时，我所体验到的就不依赖于我观察对象可能采取的观察点，也不依赖于我可能用以说明事物及其相对运动的符号，而是一种活生生的内在体验。他写道："简单地说，在直觉中，我将不再从我们所处的外部来了解运动，而是从运动所在的地方，从内部，事实上就是从运动本身之中来了解运动。"[1]

第五节　意义、影响和遗留问题

柏格森把"直觉"与"理智"区分开来，把"时间"与"空间"区分开来，把生命的创化与非生命的物理运动区分开来，把形而上学与科学区分开来，并论证直觉是认识生命本体的方式，而理智则是认识空间中的事物的方式。**柏格森主张，形而上学的认识论基础是直觉而不是理智**；理智是一种致力于外在的观察、概念思维和逻辑推理的认识活动，理智不适合于形而上学；形而上学有其自己独特的认识论和方法论，反求诸己的直觉是通达形而上学的必由之路。在一个实证主义借助科学之名迅猛流传的时代，柏格森的哲学为形而上学保留了名分和开辟了一条专门的认识论通道，为生命、意义和价值这些在实证科学面前黯然失色的东西提供形而上的基础，赢得了许多重视传统文化和伦理道德的人的欢迎。柏格森成为当时很有影响的哲学家。其影响力和受欢迎的程度可以从他获得诺贝尔文学奖等奖项中看出。

就柏格森主张直觉是把握本体所特有的认识方式而论，他的哲学属于"非理性主义"。但需要强调的是，**柏格森的非理性主义并非排斥科学，而是让形而上学和科学各行其道**。因为在他看来，形而上学有形而上学的认识方式，科学有科学的认识方式。以"理智"为标志的理性主义是科学的必由之路，通过直觉所达到的形而上学不能代替科学。

柏格森在有关理智的问题上持类似于实用主义的观点。理智具有功利性的特点。

---

[1] 柏格森：《形而上学导言》，第1—2页。

生命体为维持自身的生存，需要完善其达到目的的工具。概念思维、逻辑分析对事物运动规律的把握，是为了更加有效地认识外部环境，达到操控对象、满足自己的生存需要的目的。理智以及以理智为基础的科学知识与人的实践活动密切相关，是为适应环境和趋利避害。"理智的正常活动绝非无利害关系。总的来说，我们并非是为知识而知识，而是为了站到某一方面去，是为了获利，简单地说，是为了满足一种利益。"[1] 此外，理智还具有空间性的特点。凡是能通过概念和定律来说明和认识的事物，都是处于空间中的事物。这是因为，只有相对稳定的、一再重复的东西，才值得用确定的符号来表达；只有在空间中具有广延的东西，才可加以测量和计算。通过理智，人类积累经验知识和发展出科学。理智对于人类而言当然是有用的和必不可少的。然而，理智也有限度。凭借理智，人类不能真正认识实体。理智由于其空间性和社会功利性，所得的知识是相对的、外在的。只有抛开一切带有空间性和功利性的概念，进入到生命的内部去，我们才能认识实在，达到绝对。

柏格森的哲学在中国有很大的影响力。早在1913年就有人在《东方杂志》撰文介绍过柏格森的生命哲学思想。柏格森的主要哲学著作在20世纪初就已经被翻译成中文出版，如：张东荪翻译的《创化论》（商务印书馆，1919）、《物质与记忆》（商务印书馆，1922）、杨正宇翻译的《形而上学导言》（商务印书馆，1921），潘梓年翻译的《时间与自由意志》（商务印书馆，1927）。近年来，这些著作又被重新翻译出版。在二十世纪初，柏格森的生命哲学与中国的传统哲学产生某种交融，直接或间接地促进了中国近代新儒家的发展。在今天，新儒家又受到我们的重视，但我们可能忘了它那时产生、发展的语境。如果我们对照阅读柏格森的著作和近代新儒家大师熊十力、牟宗三等的著作，我们对近代新儒家有关"体认生命"和"直觉本体"的主旨思想的理解就会更加深入一些。

然而，柏格森的哲学也留下严重的问题。柏格森的哲学导致一种新的二元论，那就是形而上学与科学、直觉与理智、时间与空间、生命与物质的二元论。柏格森忽视了生命是要在生活世界中展开的问题。我们越来越清晰地认识到，生命与身体是相关联的，时间与空间是相对的，直觉的认识方式与理智的认识方式是相互关联的。柏格

---

[1] 柏格森：《形而上学导言》，第18页。

森的生命哲学和直觉的认识论与后来的存在主义哲学和现象学的认识论有相似之处，后者在有关生命意识与在世的生存方式的关系问题上的探讨是对前者的推进。

思考题

1. 什么是柏格森的问题意识？
2. 评述柏格森有关时间与绵延的观点。
3. 评述柏格森有关生命实体与创化的观点。
4. 柏格森是如何论述直觉与理智的关系的？他的非理性主义对近现代中国哲学产生过什么样的影响？

第六章
实证主义综述

实证主义（positivism）产生于十九世纪下半叶的欧洲。实证主义反对神学，反对形而上学，特别是反对十九世纪达到顶点的黑格尔式的思辨形而上学体系。它主张实证，反对玄谈，反对不切实际的理想主义和浪漫主义。它历经两百多年的发展，不断以新形态出现，影响力十分持久，在很大程度上塑造了现代人有关"科学"方法论和"科学"社会理论的"范式性"观点。尽管此后很多反实证主义的思潮批评实证主义的科学观太狭隘，但至今仍然有很多人，包括相当大一部分涉及自然科学和社会科学的理论工作者和决策管理人员，把实证主义的观点当作科学的基本观点，把实证主义的原则当作区分科学和非科学的标准，把实证主义哲学当作科学理论的哲学基础。本章旨在阐明实证主义的基本观点、发展脉络和问题意识，评述其功过得失。

第一节　思想渊源、基本特征和发展脉络

要谈实证主义的基本特征和发展脉络，需要从**英国经验主义**谈起。英国经验主义肇始于英国伟大哲学家**弗兰西斯·培根**（Francis Bacon，1561—1626）。培根曾用"蚂蚁""蜘蛛"和"蜜蜂"譬喻知识形成中的经验材料、概念框架和认知整合的关系：那些把知识仅仅当作经验材料的人像蚂蚁一样，收集、使用所找到的一切；那些只关注概念框架的人像蜘蛛一样，用自己吐出的丝结蜘蛛网；蜜蜂则在二者之间，它在花园和原野上穿梭采集花蜜，并通过自己的努力消化合成。真正的知识工作类似于蜜蜂的工作，因为它既不完全或主要依赖于心灵的力量，也不只把从自然的历史或机制的实验中所得到的一切堆放在记忆里，而是在理解中加工和转化它们。因此，我们有很好的理由寄希望于把这些能力（实验能力和理性能力）比以往更紧密和精纯地结合起来。[1]

培根主张，科学知识的建构应该是经验与理性相结合的产物。经验是依据，理性是推导的能力。心智通过理性把实验所得的经验材料在理解中加工整理，转化为科学理论。但对于究竟什么是经验，什么是理性，以及理性如何组织整理经验材料等问题，培根并没有详细说明。康德的先验论可谓解答培根的"蜜蜂"功能的一种尝试。按照康德，心智通过先天的感性形式（时空）和知性范畴（因果等）来组织整理经验材料，使之上升为有系统的知识。

---

[1] Francis Bacon, *Novum Organum*, in *Great Books of the Western World*, Chicago: Encyclopedia Britannica Inc., 1955, Aphorism 95, p. 126.

实证主义者不同意康德的先验论。他们认为，心智对经验材料的组织整理确实要通过时空、因果等认知的形式或范畴，但是这些认知的形式或范畴依然来源于经验，其有效性要经受经验的检验。心智组织整理经验材料的方式主要是心理的联想、逻辑的归纳和分析。心理的联想律是经验的规律。对于逻辑的归纳和演绎的方法是否是经验法则的问题，实证主义者之间历来有所争论。有的主张，逻辑的归纳法是经验的方法，而逻辑的演绎法则是纯形式的分析方法，与经验无关。从而，有必要严格区分经验命题和分析命题；经验命题要受经验检验，而分析命题则要靠逻辑分析来证明。有的主张，不论是归纳法还是演绎法，归根结底都依赖于经验，因为对逻辑推论方式的有效性的辨别最终要依赖于经验，正如工具的有效性要受经验检验一样。尽管实证主义在发展过程中，在对范畴和逻辑形式的形成及其与经验的关系问题上有不同的解说和争论，但基本倾向是认为它们不是先天的认知形式，反对康德的先验论。

总的来说，**实证主义是经验主义的延续**，企图用经验主义的方式说明培根提出的心智如何加工和转化经验材料的问题。实证主义者主张，一切真正有意义的知识必须以经验事实为基础，必须能够得到经验的证实。**实证主义所说的经验主要是指感性经验**。实证主义者意识到经验包括感性经验和情感等内知觉的体验。但实证主义者认为只有感性经验才能成为科学知识的来源，因为感性经验是公共可观察的，而内知觉的经验则不是。每个人的感性经验虽有差异，但大体上还是相同的。不同的个人在色、声、味、触等感觉方面略有差别，个别的人甚至色盲、眼瞎、耳聋，但普通的正常人的感觉还是基本相同的。而且，对于这些主观上的差异可以通过建立客观的准则，如建立统一的度量标准和度量工具加以克服。由于对于绝大多数人而言，**感性经验是公共可观察的，并能通过测量加以量化**，科学所需要的客观性和精确性就能建立起来。

实证主义属于经验主义的传统。比起以往的经验主义来，实证主义更加着重对理论的经验证实，并强调这种证实必须是公共可观察的，必须具有主体际的有效性。实证主义者否认任何先天有效的原理，反对通过纯粹理性思辨建立知识体系的主张。实证主义者拒斥形而上学，因为在他们看来，形而上学就是这样一种没有经验基础而单靠思辨建立起来的理论体系。而科学与形而上学相反，科学理论以经验事实为基础，并能够得到经验的证实或证伪。

实证主义的方法有三个要点：(1) 确定经验事实；(2) 发现现象间的齐一性，建立有关现象相继发生的规律性的理论;(3)从理论中推导出那些能够对未来发生的现象加以预言的经验命题,并通过经验事实验证该理论是否正确。实证主义者鉴于这种方法在自然科学中富有成效,就想把它应用到社会领域中去。他们认为社会现象与自然现象有区别,但没有本质上的不同。社会现象比自然现象更加复杂一些,往往受到人的动机的影响,带有人的主观价值判断的色彩。但从总体上讲,社会现象仍然具有一定程度的齐一性,或在诸社会现象中有一些具有齐一性的现象在背后主导那些初看起来没有齐一性的现象。因此在原则上,在自然科学中普遍适用的实证主义的方法经过一定的调整之后可被应用于社会领域,找到那些支配社会现象的规律,从而使得有关社会的理论能够成为实证的科学。

实证主义有很长的发展过程,可以说经历了三代。第一代以法国哲学家**奥古斯都·孔德**(Auguste Comte,1798—1857)、英国哲学家**约翰·斯图亚特·穆勒**(John Stuart Mill,1806—1873)和**赫伯特·斯宾塞**(Herbert Spencer,1820—1903)为代表。第二代以**恩斯特·马赫**(Ernst Mach,1838—1916)、**理查德·阿芬那留斯**(Richard Avenarius,1843—1896)和**赫尔曼·赫尔姆霍茨**(Hermann von Helmholtz,1821—1894)等人为代表,他们的学说也被称为**马赫主义**或**经验批判主义**。第三代以**莫里兹·石里克**(Moritz Schlick,1882—1936)、**鲁道夫·卡尔纳普**(Rudolf Carnap,1981—1970)和**奥托·纽拉特**(Otto Neurath,1882—1945)等人为代表,他们的学说被称为**逻辑实证主义**。

第一代实证主义者阐明了实证主义的基本原则,并把这些基本原则与当时流行的进化论思想相结合,提出了社会进化论和实证主义的社会学思想。第一代实证主义哲学家普遍关心社会问题。在他们那里,哲学和社会学还没有分家。他们兼具哲学家和社会学家的身份。其后,社会学越来越成为一门独立的学科,所以第二代和第三代实证主义哲学家谈论社会学的问题就较少,但他们的方法论继续对包括社会学在内的社会科学产生重大影响。"社会学"的概念是首先由孔德提出的。孔德把按照实证主义的原则建立起来的有关社会现象的理论称为社会学,其任务是研究和发现社会现象的"不变的规律"。他参照物理学的概念,把社会学分为社会静力学和社会动力学两个部分。社会静力学研究静态的社会关系、社会结构和社会秩序。社会动力学研究社会的运动和发展的规律,研究社会进步的动力和进化的过程。斯宾塞则把生物学的概念应用于社会学。他认为社会如同一个生物的有机体,社会的分工如同动物机体的各个器官的分工。生物要维持有机体内各成分的均衡，要调节营养的分配，社会也要安排各社会成员的分工和调节他们的利益。生物通过生存斗争获得进化，各民族、各种社会制度和文化也将通过它们之间的生存斗争获得进化。系统地阐述实证主义的社会科学方法论的则推穆勒。在下一章中，我们将会专门讨论他们的社会科学方法论的观念。

第二代实证主义者侧重于心理学的感觉分析。鉴于第一代实证主义者没有深入探讨究竟什么是经验的问题，第二代实证主义者结合当时发展起来的神经生理学的理论对感觉经验做深入的分析，认识到视觉神经、听觉神经接受光线和声波的刺激而形成的感觉经验并非像白板一样直接反映或摹写外部事物，而是像符号一样象征性地传递外部事物的信息。在第二代实证主义者看来，培根所说的在科学研究中的"蚂蚁"的工作并非简单地收集客观的材料，因为"感觉经验"已经或多或少融合主体和客体的因素。因此，在有关判断经验究竟是主观还是客观的问题上，他们主张"要素一元论"或"经验中立论"，认为存在一些超越心物对立的中立的经验要素，它们在一种联系中可以是物理的东西，在另一种联系中可以是心理的东西，主张实证科学应该以这样的经验要素为可靠的起点。列宁在《唯物主义与经验批判主义》一书中严厉批判了第二代实证主义者，认为他们所说的"要素一元论"或"经验中立论"实质上是主观唯心主义的理论，是支持"孟什维克"，反对"布尔什维克"的马克思主义唯物论的。今天，我们没有必要纠缠于这些党派之争，而应实事求是地评价第二代实证主义哲学家的功过。我觉得，他们结合当时生理心理学的研究成果对感觉经验所做的科学分析是值得肯定的。

第三代实证主义者也被称为**逻辑实证主义者**，以**维也纳学派**为代表。这一派特别关注逻辑分析在科学理论的研究和证实中的重要性。培根说科学研究要像"蜜蜂"一样结合"蚂蚁"的收集材料和"蜘蛛"的理论建构工作。第三代实证主义者发现，不论是收集材料还是理论建构，都离不开逻辑和语言分析。他们认为，命题表达事实，逻辑建构理论，因此对科学理论的证实离不开逻辑分析，而科学理论的建构需要依托于更加精确的人工语言。由于从第三代实证主义者起，语言分析问题越来越受到重视，对早先过于狭隘的"实证原则"的批评也越来越激烈，"逻辑实证主义"这个称呼渐渐不受欢迎，而他们更愿意使用"**逻辑经验主义**"或"**分析哲学**"这个名称。因此，我们在本书中也就把维也纳学派的逻辑实证主义放到分析哲学部分加以评述。

在二十世纪的分析哲学中，形成了人工语言学派和日常语言学派这两个派别。前者结合当时新发展起来的数理逻辑的研究成果，企图为科学理论配置精确的人工语言。他们严格区分逻辑命题和经验命题，主张对于逻辑命题应采用逻辑证明的方法，对于经验命题应采用经验证实的方法。他们认为，科学理论应以经验命题为基础，通过逻辑命题加以联络，建构表述普遍规律的理论体系，并由从该体系中推导出来的预言经验事实的命题来检验。后者主要关注日常语言，分析日常语言的用法，分析语言与生活形式的关系。语言本身有其规则，语言的意义除了描述事实外，还有其他许多不同的用法。不澄清语言的句法和语义，科学研究中就会留下许多不清楚的地方，哲学中的形而上学的迷思往往因误解语言而产生，因此需要分析形而上学是如何因为误解语言而失误的。语言分析成为哲学研究中的重中之重，这种现象在二十世纪的西方哲学史上被刻画为"**语言学的转向**"。

第二节　实证主义的社会政治观

实证主义以反形而上学著称于世。形而上学是欧洲思想史上古已有之的传统。柏拉图的理念论、亚里士多德的四因说可谓古典形而上学的典范。然而，实证主义对形而上学的批判则发轫于对启蒙思潮的反思，发轫于对近代理性主义的体系哲学所带来的种种问题的意识。过去，我们谈到实证主义批判形而上学时，主要关注哲学上的本体论和认识论的问题。但是，当我们认真阅读第一代实证主义的代表人物孔德、斯宾塞、穆勒的著作后，我们会发现他们也很关注社会政治问题，他们把当时欧洲在社会政治问题上的失误归咎于形而上学的思想方式。[1]

十七、十八世纪的欧洲**启蒙运动**高举理性、自由和进步的大旗，反对宗教的蒙昧主义，推翻封建专制统治，推动社会变革。欧洲社会在这一阶段发生了翻天覆地的变

1　我们今天谈到实证主义的时候，首先想到的往往是知识论、语言和逻辑的问题，实证主义似乎离社会现实很远。但是早期的实证主义者非常关心社会问题，在他们的论著中社会学说占有很大篇幅，他们主要关切的是如何用实证主义的方法解决社会问题。可以说，早期实证主义的代表人物，如奥古斯都·孔德和赫伯特·斯宾塞，首先是社会理论家，"社会学"的概念最初就是由孔德提出的。

化，取得了前所未有的进步，也体尝到了空前激烈的社会冲突，面临极其复杂的社会问题。从客观的进程看，英国的社会体制的过渡还算平稳，法国就不同了。1789年的法国大革命带来的是惨烈的社会动荡、暴力恐怖和内外战争。在整个欧洲，作为第三等级的工商业主与封建贵族之间的斗争，拥有巨大财富的资本家与赤贫的工人之间的斗争，以及受到封建领主和资本双重压迫而奋起反抗的农民暴动，是这一时期社会状况的真实写照。"阶级斗争"的概念就是在这样的形势下应运而生的。面对这样的社会现实，实证主义的思想家起来反思如下问题：

（1）启蒙思想家倡导理性，主张人要用自己的理性作为审判一切的最终法官。但是为什么在这种理性思潮推动下发生的社会革命会产生如此众多非理性的社会现象？究竟什么是理性？我们究竟应该用什么样的理性来组织社会？

（2）启蒙思想家宣扬人类历史在不断进步。但究竟什么是进步呢？"人权""自由""平等""民主"之类的概念本身就意味着进步吗？还是人类历史要经历一定的发展阶段，按照可信赖的准则来衡量，才能谈得上进步？

（3）人的自由、平等、博爱的理念的实现与人类社会发展水准的关系如何？离开了社会发展的现实情况，能落实人的自由、平等、博爱的理念吗？如果人的自由、平等、博爱的理念的实现必须与社会发展状况相协调，那么应该怎样来调整人的社会关系呢？

面对第一个问题，实证主义者认为，理性本身并没有什么错，错误在于启蒙思想家对理性的认识不确切。**理性的要义不仅仅是合理的推论，而且在于对理论的真假检验**。启蒙思想家的许多社会理论听上去十分合理，但却无法检验。启蒙思想家提出自由、平等、博爱的社会理念，并建立各种各样的社会学说来论证他们的社会主张。其中较为流行的是：人生而自由平等，后来由于互相争斗、私有财产的出现等原因导致专制主义和社会不平等。因此，需要推翻专制政体，建立自由民主的社会制度，实现自由、平等、博爱的社会理念。实证主义者质问：你怎么知道人生而是自由平等的呢？你有什么证据说人由于互相争斗、私有财产等原因而导致人失去自由并变得不平等呢？你凭什么方法能证明人类社会将是自由、平等、博爱的社会呢？

通过对照启蒙思想家的社会理论与自然科学的理论，实证主义者发现它们之间有如下重大差别：自然科学探究自然现象间的规律或法则，这些规律或法则是能够被经验检验的，从而能够判别自然科学理论的真假和优劣。启蒙思想家关心的不是社会现象间的规律，而是他们信以为真的美好的社会理念。他们建立的社会理论虽然娓娓动听，虽然也有一步一步的推理，但是以虚构的假定和想当然的原理为依据，并从未提出去检验这些假定和原理的方式。因此，**启蒙思想家的社会理论依然是形而上学的理论，还没有达到科学理论的水准。**

由于启蒙思想家提出的社会理论是不可检验的，因此当启蒙思想家要以理性作为最终法官来审判各种社会理论的时候，其结果不可避免地是公说公有理、婆说婆有理的下场；各派政治势力按照各自的利益来鼓吹各自偏好的理论，从而在理性名义下的社会改革不免沦为实质上非理性的血腥斗争。

为克服这种思想上的混乱和社会动荡，实证主义者希望使得社会理论从形而上学的学说上升为科学，这就要在社会理论中引入"实证的准则"：只有那些论述社会现象间的规律或法则并可以被经验检验的理论才配得上称为科学的社会理论。由此，才能以科学的社会理论来指导社会改革，避免无谓的流血牺牲，赢得真正的社会进步。

面对第二个问题，早期的实证主义者倾向于赞同启蒙思想家有关社会历史进步的观点，但责备启蒙思想家的"进步观"只停留在观念的层次上，没有提供"实证"的证据。这犹如以往一些人主张生物是进化的，但没有提供生物进化的证据一样；直到达尔文收集到一系列生物进化的标本，生物进化论才从观念成为一种科学学说。有鉴于此，实证主义者认为必须掌握人类社会发展的关键证据，才能真正去谈人类历史是否在进步的问题。

实证主义者寻求发现人类社会进步的外在特征、内在结构和思想方式的演进的线索。人类历史演进的外在特征较为容易发现，如：石器时代、青铜器时代、铁器时代、以蒸汽机为开端的机器化时代；与此相应，有狩猎时代、农耕时代、工业化时代等。对于这样的历史递进，能以考古资料为证据。对于社会结构演进线索的发掘，则较为困难。实证主义者企图从家庭结构（亲缘关系）、经济结构（财产支配关系、商品交换关系）、政治结构（权力关系）的角度进行考察，除了从历史书上找证据外，还以对原始部落的社会调查为依据。对于人类思想方式的演进，早期实证主义者中较为流行的观点是"**三个阶段说**"：（1）神学阶段，以神灵意志来解释自然现象和社会现象；（2）形而上学阶段，以理性原理来解释自然现象和社会现象；（3）科学阶段，以能被经验证实的规律或法则来说明自然现象和社会现象。

实证主义者还试图把人类社会进步的外在特征、内在结构和思想方式的演进联系起来考察。他们认为，在使用石器、青铜器的狩猎时代和原初的农耕时代，人类认识受到神学思想方式的支配；在使用铁器的农耕时代，人类认识以形而上学的思想方式为主；在大机器生产的工业化时代，人类认识进入科学的阶段，实证的思想方式成为主流。

早期的实证主义者对人类社会历史演进的外在特征、内在结构和思想方式的类型的研究还相当粗糙，但他们确立了一条实证的原则，即社会理论必须以可供经验检验的证据为基础。在他们看来，有了这条原则，社会学说就能摆脱形而上学思辨的形态，迈向科学的理论；有了这条原则，任何社会学说都不再是一成不变的教条，而将随着新发现的资料和新的证据被修正或推翻；有了这条原则，社会理论的进步才真正有据可依。

面对第三个问题，实证主义者思考社会理念的实现和社会发展规律的关系。各类启蒙思想家大致都推崇自由、平等、博爱的社会理念，但在其优先顺序的配置方面有所分歧：有的把"自由"放在首位，主张只要实现自由贸易、自由经营、自由舆论、自由选举，就能带来经济活力和思想活力，实现经济繁荣和社会进步；有的把"平等"放在首位，主张只要实现人人劳动、分配平等，社会地位平等，就能解决所有丑恶的社会问题，实现社会的正义；有的把"博爱"放在首位，提倡以"人道"为根基的"公民道德"，认为当人道主义的"博爱"取代以"神灵"为救世主的宗教愚昧后，就能实现人间的真正幸福。

实证主义者反思自由、平等、博爱的关系。他们认识到，不能空谈理念本身的好坏，而必须结合现实的社会处境考察理念实现的可能性和其互相间的配置关系。自由的市场经济能增加经济活力，因为它符合人性中追求利益最大化的特点，但也会带来贫富两极分化，导致实质上的社会不平等，增加社会冲突的因素。建立平等的社会关系，实现分配的平等，有助于克服贫富对立，但不利于社会发展所需的专业化分工和经济发展所需的激励手段。实证主义者主张对社会政策的有效性做实证的考察，即不是从理念方面而是从实际效果方面评价社会政策的有效性。由于实证主义者持这一立场，他们因此倾向于社会改良而不是社会变革，因为社会改良的政策的效果较为看得清，而以理念为指导的社会变革往往导致许多无法预料的负面结果。

实证主义者并非没有注意到**道德**在社会生活中的重要性，他们从一开始就思考这样一个问题：社会发展所导致的越来越扩大的社会分化靠什么力量才能维系起来呢？他们认为，不能也不可能再通过崇拜神灵的宗教来主持社会的道德，但他们想建立一个新的"尘世""人道"的实体，使其发挥与以往的宗教相同的道德教育功能。他们设想实证主义的哲学家和科学家能承担起道德教育的职责，能发挥类似于宗教的维系社会和谐的功能。"科学家"和"艺术家"能否充当教士般的"精神领袖"呢？道德规范和道德意识培育的问题能否以实证的方式解决呢？这一直是摆在实证主义者面前悬而未决的问题。

第三节　实证主义的遗留问题

自第一代实证主义者起，"科学理论"这个名称与实证主义经常被联系在一起。实证主义者极力宣扬这样一种观点：一种理论，如果它是用实证的方法进行研究的，那么它就是科学的学说；如果不是，那么它就不是科学的学说。它可以是文学、历史之类的学科，但严格地说，它不能被称为科学理论。逻辑实证主义者则进一步主张，凡是不能被经验证实和逻辑证明的陈述和理论都是没有意义的。它们要么是诗歌之类的文学艺术作品，要么是企图伪装成科学的形而上学。

但"实证"与科学理论的关系究竟如何呢？凡是不能被实证的就不是科学理论吗？这一"证实原则"是否过于狭隘了？实证主义的理性观是否是工具主义的理性观？这些是实证主义的遗留问题。由此引发来自不同方面的批判。

实证主义的科学观遭到三个方面的批评：（1）欧陆的生命哲学—诠释学—现象学的传统；（2）英美分析哲学—科学哲学传统内部；（3）法兰克福学派的社会批判理论。

欧陆生命哲学—诠释学的代表人物狄尔泰提出"精神科学"（Geisteswissenschaft）的概念。他认为：人的思想和行为、人的创造物、人的历史都是人的生命现象；生命现象具有不同于物理现象的特点，生命现象是每时每刻都在创新的、永远不重复的，是没有物理现象中的那种齐一性可言的。据此，他提出，"精神科学"（该词在英文中被译为"道德科学")应该有自己的独特的方法,这就是诠释学的方法。为此,狄尔泰区分了"说明"(erklären/explain)和"理解"(verstehen/understand)。他认为,"说明"是自然科学方法的特点,旨在按照规律对将发生的自然现象进行预言;"理解"是精神科学方法的特点,旨在通过诠释学的方法对人的思想和行为(文学、历史等精神科学被表达在文本中)的意义进行理解。有关这个问题,我们在后面有关狄尔泰的章节中将详细讨论。

英美分析哲学—科学哲学后来的发展意识到,原先的实证主义的观点过于狭隘。**波普尔**(K. R. Popper,1902—1994)批评实证主义方法的局限性,认为归纳法不是建立科学理论的普遍有效的方法,对科学预言的一个证实乃至众多证实不足以确定该科学理论是正确的,但对某科学理论的一次**证伪**却足以推翻该科学理论。维特根斯坦等哲学家论证科学理论不仅包括经验命题和逻辑命题,而且还包括**规则性的陈述**,如实证主义的原则本身就是规则性的陈述。如果只有经验命题和逻辑命题是有意义的命题的话,那么实证主义的原则本身既不能被经验证实也不能被逻辑证明,也应被视为无意义的命题了。维特根斯坦在其后期哲学中论证,在我们语言的实际使用中,许多描述的用语带有褒贬,价值判断和事实判断往往交织在一起,如"这个人救了一个落水的小孩""这个人偷盗"之类的句子既包含事实判断,又包含价值判断。我们对语言的使用涉及遵循语言用法的规则,而这些规则受到生活形式中的价值观念的影响。要想严格区分事实判断和价值判断,在实际的社会生活中往往做不到。

实证主义者主张严格区分**事实判断**和**价值判断**。他们认为,事实判断是实然判断,是能够被经验证实的;价值判断是应然判断,是不能被经验证实的;因而,价值判断不属于科学研究的范围。这一观点对某些社会学家产生重大影响。他们强调,尽管在选择研究课题时价值判断不可避免地会发生作用,但在进行社会科学研究时要尽可能保持**价值中立**的立场。社会科学不是去启发人们应当做什么,而是告诉人们事实是什么,以及怎样对将发生的现象进行预测。他们主张,认识是为了预测,而预测是为了控制。法兰克福学派的社会批评理论指责实证主义的这种观点是工具理性的观点。他们主张社会科学应该关心价值问题,应该批判不公正的社会现象,弘扬社会正义,参与到人类解放的事业中去,而不应像实证主义者那样仅仅做一个旁观者。

思考题

1. 什么是实证主义的问题意识?
2. 实证主义是如何评价十八世纪的启蒙思潮有关理性和社会进步的观点的?
3. 结合实证主义的观点,谈谈你自己对如何处理社会理念和社会规律之间关系的看法。
4. 结合哲学史上的学派评述培根有关"蚂蚁""蜘蛛""蜜蜂"的三种获取知识的途径的说法。
5. 实证主义经历了哪三个阶段?它们各自的特点是什么?
6. 什么是实证主义的遗留问题?实证主义的科学观是否过于狭隘?实证主义为何被法兰克福学派批判为"工具理性"的思想方法论?

第七章
穆 勒

我们在上一章中对实证主义的基本观点和发展概况做了综述。在这一章,我想以**约翰·斯图亚特·穆勒**(又译约翰·斯图亚特·密尔)为代表阐明早期实证主义的思想方法。孔德和斯宾塞当然也是实证主义的扛鼎人物。为什么我选择穆勒呢?我觉得穆勒有关实证主义思想方法的论述更加精密和深入,他通盘考察了如何把实证主义方法应用于自然科学和社会科学的问题。在中国,穆勒的知名度可能更高一些。早在1902年,严复就翻译了穆勒的《逻辑体系》(可惜缺译其最后一卷"论道德科学的逻辑"),以《穆勒名学》为书名出版,在中国学界影响很大。

第一节　生平著述与问题意识

约翰·斯图亚特·穆勒是著名国民经济学家**詹姆斯·穆勒**（James Mill，1773—1836）的大儿子。詹姆斯·穆勒不满意当时英国的教育制度，把约翰·斯图亚特·穆勒的教育完全握在自己手中。约翰·斯图亚特·穆勒没有上过小学、中学和大学，他的一切知识都是在父亲的安排下，由父亲本人和父亲的朋友传授的。三岁起，他就学习希腊文。他最初读的书是希腊文原文的《伊索寓言》和色诺芬的《长征记》。他八岁起学拉丁文、数学和自然科学，十二岁时就学国民经济学。他父亲的教育方法是自己先教他，然后让他教其妹妹，并通过他妹妹是否理解了来检验其教学成果。除了他的父亲外，他父亲的朋友**边沁**（Jeremy Bentham，1748—1832）对他的影响也很大。他们使得他年轻时就熟知培根、洛克、休谟的英国经验论传统和法国十八世纪的启蒙哲学，并且向他灌输他们自己所热衷的功利主义伦理学和联想心理学。

约翰·斯图亚特·穆勒确实比他的同代人早得多地掌握了高深的知识。但这种教育方式是否好，还值得商榷。可能由于压力过大和童年时缺乏必要的玩耍，他在二十岁时得了严重的抑郁症，几乎精神崩溃；后来通过阅读浪漫主义的作品，特别是**卡莱尔**（Thomas Carlyle，1795—1881）的《英雄和英雄崇拜》，逐渐恢复过来；但终身留下神经性的右眼抽搐的后遗症。

约翰·斯图亚特·穆勒在十七岁时经他父亲安排谋得东印度公司的职位，他在那里任职总共达三十五年之久，这使得他生活上比较宽裕，甚至能拿出钱来资助生活上陷于困境的哲学家，如奥古斯都·孔德。穆勒很欣赏孔德的《实证哲学教程》，1841年起与孔德长期通信联络，讨论哲学问题，写有专著《孔德和实证主义》（1865）。

穆勒的主要著作有：《逻辑体系》(1843)、《论自由》(1859)、《功利主义》(1886)、《汉弥尔顿爵士哲学研究》(1865)、《孔德和实证主义》(1865)、《论宗教》(1874)。其中《逻辑体系》是一部全面论述他的实证主义研究方法的集大成之作，他一再修订再版，至1875年出到第九版。

在穆勒之前，孔德已经提出科学的特点在于依据经验事实在可观察的现象中发现规律和证实规律。然而，存在各种各样的现象领域，在有的领域内容易找到**齐一性**，如在天文和物理的领域内；在有的领域内缺乏明显的齐一性，如在社会和文化领域内。是否唯有在自然领域中能发现规律，从而使之成为实证科学的研究对象，而在人类社会和文化的领域中则无规律可循，从而不能使之成为实证科学的研究对象呢？换句话说，是否只有自然科学才是真正意义上的科学（即实证科学），而社会和人文学科不是真正意义上的科学，不可能具有实证性呢？穆勒不同意这样的看法。他认为人类社会和文化的领域中的现象无非更加复杂一些，但绝非没有规律。穆勒的实证科学研究方法的重心就放在如何在人类社会和文化的领域中寻找齐一性和发现规律上。

穆勒把人类社会和文化的领域统称为"道德领域"，把研究这一领域的科学统称为"**道德科学**"（the moral science）。在今天看来，这一名称有些奇特，因为"道德"这个概念在现在的用法中涵盖面相当窄，仅指为人处世的行为规范。而在穆勒那里，"道德科学"包括有关人的本性、人的性格、人的心理活动和行为的规律、伦理规范、民俗习惯、社会制度、政治体制及其相互关系的研究。穆勒对"道德科学"的这一用法继承于古希腊对学科的划分。柏拉图把知识分为"辩证法""物理知识"和"道德学说"三大类。在英国的学术传统中，这一有关知识的分类法有一定影响，英国哲学家洛克、怀特海也使用这一广义上的"道德科学"的概念。但在欧洲的其他地方，这一用法不流行，所以当穆勒的书《逻辑体系》被翻译成德文时，其中"道德科学"的术语就被译成"精神科学"，以便被看作一个与"自然科学"相对的概念。

那么，穆勒是如何在社会和文化领域中寻找规律的呢？总的来说，他发现两条途径。

其一是统计"**概率**"。社会现象虽然没有明显的齐一性，但仍然能够从中发现一定的概率。把握其中的概率，对于预测社会发展趋势和制定相关的社会政策以达到调控社会关系的目的还是够用的。这正如气象预报虽然不精确，但其一定程度上的正确性概率对于我们提前采取必要的措施多少是有用的一样。

其二是寻找有关社会的各种规律之间的关系，发现其中的**因果链**。他认为社会现象之所以复杂，是因为它不是由一条规律支配的，而是诸多不同规律互相作用的结果。其中有些规律是普遍的，有些规律是特殊的；有些规律是长期起作用的，有些规律是短期起作用的；有些规律在诸规律因果链的底层起作用，有些规律在表层起作用。要能对社会现象的把握更加牢靠，就要弄清楚有关社会的各种规律之间的关系。

举例来说，某一国度人民生活富裕，这是由什么原因造成的呢？这不可能只有一个原因，而是由诸规律的因果链的层层作用导致的。生活富裕只是表层现象。人们发现，这个国家的商业经济相当发达，而商业经济发达的原因是这个国家有良好的海港，而海港又和多条运河相连，适宜远洋国际贸易和内陆商品流转。是不是这个国家天然的地理条件造成了它的商业经济繁荣呢？更深入的观察又发现，海港是人工建造的，而运河是人工发掘的，甚至大部分的国土也是围海造田形成的。因此最深层的因素还在于人的气质和心理活动，是那里的人的敢作敢为的性格及精心设计与施工的思想方式和工作态度，带来了对自然环境因地制宜的改造，推动了经济的繁荣。

在穆勒看来，处于最深层次的规律是人的**心理的联想律**，具有最高的普遍性，因为一切知识都是通过心理的联想律来思考和发现的；有关人类性格形成的规律处于中间位置；有关人类的各种具体的社会行为的规律处于表层。自然条件、地理位置是影响一个国家的经济和社会发展的持久的因素，但不是决定性的因素。

生产技术的演化、社会制度的演化、人的思想观念的演化具有一定的关联性。正如孔德已经论证的，在石器、青铜器的狩猎时代和原初的农耕时代，流行图腾崇拜和宗教信仰的思想方式；在铁器的农耕时代和手工业时代，以形而上学的思想方式为主；在大机器生产的工业化时代，人类认识进入科学的阶段，实证的思想方式成为主流。但在这里，最普遍的、在底层起作用的规律不是生产技术、社会制度和意识形态，而是人的心理的联想律。没有人的心理联想，生产技术不会发展起来，社会制度和意识形态也不会随之发生变化。*心理联想律是纵贯各种规律间的规律*。这是穆勒与马克思的历史唯物主义的主要区别。穆勒的这一观点也被称为社会历史发展中的"*心理主义*"观点。但有关各种规律间的因果链的观点，是穆勒首先提出和阐明的。

为了说明纷繁复杂的社会历史现象，穆勒试图找到那些在一系列的因果链的基底上起根本性作用的规律，由此纲举目张，找到总线索，理出头绪，发现社会历史发展的规律性的东西。为此，穆勒提出"具体演绎的方法"和"逆向演绎的方法"等实证主义的研究方法。

第二节 实证的方法及其推广应用

一、实证的方法以经验观察为基础

什么是穆勒所说的实证的方法呢？概而言之，实证的方法以经验观察为基础，而不是从先天的原理中推导出来的。"明证的原理和方法的理论不应先天地被构造出来。我们的理性能力的规律就像任何其他自然的行为方式的规律一样，完全是通过观看行为者的工作而习得。"[1] 实证的方法要求"使所有注意到相关证据的人对所获得的结果最终达到一致赞同"[2]。实证的方法提出了科学的**可检验性的要求**，这种检验必须具有普遍性，它不以个别人的经验为依据，而要求对检验的程序和结论的**主体际的确认**。

二、齐一性与通过归纳发现规律

穆勒特别重视**归纳的方法**，认为在任何一个可能通过归纳法进行概括（generalization）的地方，其相关的主体就可能成为科学研究的对象。他写道："所有按照恒常的规律彼此相续的事实本身都适宜成为科学的课题；尽管这些规律可能还没被发现，或依据我们现有的手段它们还不能被发现。"[3] 这也就是说，**凡有齐一性**（uniformities）**的地方，就会有科学**。当我们还没有发现某些领域内有齐一性时，不等于说那里没有齐一性，这或许是由于我们的观察还不充分，或许是由于我们的观测手段还不具备。

自然科学之可能乃在于自然现象具有齐一性，服从"普遍的因果律"（law of universal

---

[1] J. S. Mill, *A System of Logic*, London: Longmans, 1895, p. 545. 以下简称 SL。
[2] Ibid., p. 546.
[3] Ibid., p. 552.

causation）。他写道:"总的自然过程是恒常的,因为构成这一总的过程的各种现象的过程都是恒常的。每当某些环境具备的时候,总是不变地发生某些事实,并且每当缺乏这些环境的时候,它们也不发生;这同样也适用于其他的事实;如此等等。我们称之为自然的那个伟大的整体之各部分互相关联,它们交织成一个不变的关联的网络,结为一个整体。如果A总是伴随D,B总是伴随E,C总是伴随F,就能得出AB总是伴随DE,AC总是伴随DF,BC总是伴随EF,并最终ABC总是伴随DEF,并且由此总的规律性的特征就产生出来了,并且这盛行整个自然,当然其间包含无限的多样性。"[1]

穆勒的这一"普遍的因果律"的观点来自休谟。**休谟**认为,X有规律地由Y相继,这是主张X是Y的原因的必要和充分的条件。人们由此通过心理联想产生有关X与Y之间的因果关系的观念。

三、社会规律与概率

对于自然现象的这种齐一性,人们具有广泛的共识。但是社会现象又怎么样呢?每个具体的人千差万别,每个人都是自由的,每个人都有自己特有的行为、情感和思想。社会是由这样的个人组成的,社会现象也有齐一性吗?穆勒认为社会现象也有齐一性,只是比较复杂,不够精确,较难发现。心理规律和社会规律不像物理规律那样具有精确性,但不等于说它们不是规律。物理学是一门精确的科学,"道德科学"不是一门精确科学,而是一门具有近似的真理性的科学。但具有近似的真理性的科学不等于说不是科学,而只是在精确性程度上存在差异。

穆勒写道:"一旦我们知道人类中的大多数、某个民族、某个阶级中的大多数将如何思考、感受和行动时,就足以说这样的命题相当于普遍的命题了。对于政治和社会的科学来说,这就足够了。正如我们早先已经指出的,在社会的探索中的一个近似的概括,对于大多数实践的目的来说相当于一个精确的概念;其之可能,仅当所要加以断言的个人被无偏见地选择时,仅当所确定的是大众的性格和集体的行为时。"[2]

在此,穆勒提出了一个社会研究中的"**概率论**"的概念。社会科学研究的是社

---

[1] J. S. Mill, SL, p. 206.

[2] Ibid., p. 554.

会群体的行为的规律,而不是个别人的行为的规律。举例来说,每个社会群体的犯罪率、自杀率等都有一定的规律性。它们受到人们的性格、社会的风气、经济的景气情况等多种因素的影响。当经济不景气时,一个社会中的犯罪率和自杀率会高一些,社会学家可以画出一条经济景气指数与社会中的犯罪率和自杀率的关系曲线。但是这不适用于具体的个人。有的人可能特别坚强,经济越不景气,压力越大,他越奋发,经济的景气情况一点儿也不会使他犯罪或自杀。有的人可能特别脆弱,在没有很大压力的情况下也会自杀。人们的心理活动和行为受到多种因素的作用,每个人的经历各不相同,每个人所处的环境也有所不同,每个人都有自己的性格和爱好,这使得上述具有较高普遍性的规律不适用于具体的个人(对于具体的个人而言,要考虑个人的特殊情况);但是它们对整个社会却是有效的,因为社会研究考虑的是适合于大多数人的情况和这些多重因素合力的平均值,这使得我们能依据统计上的概率找到一定的规律,做出近似性的预言。

这如同自然现象中的气象预报一样。大气环境的变化受制于一些规律,因此可以成为科学研究的课题。但是由于气象现象受到多种因素的影响,并且我们观察气象现象的手段还很有限,我们难以做出精准的预言,但是我们还是能够做出具有一定概率程度的预言。

四、"人性科学"

科学追求的是普遍性,以发现普遍的规律为目标。有没有支配社会现象的普遍的规律呢?穆勒认为是有的。但是社会现象是多重规律互相作用的结果;其中有些是普遍性很高的规律,有些是普遍性较低的规律;要找到这些规律,并确定它们的普遍性的程度,是十分困难的事情。

如何才能找到各种支配社会现象的具有普遍意义的规律呢?穆勒从社会现象的来源上考虑。社会现象之区别于自然现象的根本因素在于社会现象是人的思想、情感和行动的结果。一个国家的地理环境、气候条件、资源状况等外在因素会影响该国家的社会现象,但是该国家的社会现象主要取决于该国家的人的状况。如果能找到支配人的行为的普遍规律的话,那么就能找到支配社会现象的普遍规律。

穆勒写道:"所有的社会现象都是人类本性的现象,是由外在环境作用下的人类群体的行动引起的。因此,如果人类的思想、情感、行动遵循一定的规律,那么社会现象也不得不遵循一定的规律,不能不是前者的后果。"[1]

穆勒认为一切社会现象都是人性的现象,社会科学归根结底是**"人性科学"**(science of human nature)。人性科学包括三个层次,其规律性的普遍程度逐步递增。在最低层次上的是关于人类行为的一些经验规律。人的行为与人的性格相关联;知道了一个人的性格,往往可以推导出他的行为。人的性格是如何形成的,也有一定的规律性。有关人类性格形成的科学处于人性科学的中间层次。处于这门科学最高层次的是心理学。心灵的规律也是关于齐一性的陈述,只不过这里所说的齐一性乃是心灵状态间相续关系的齐一性,其最根本的规律就是休谟所说的印象或观念间的联想律。至于心理学的规律是否可以被还原为生理学的规律,穆勒对此持开放态度。不过他认为,建立一系列不依附于生理学的独立的心理学规律的可能性并不会受到这个问题的干扰——尽管在某一天我们可能在相当程度上进行这样的还原。

穆勒试图找到涉及人的活动的各个领域或层次的规律,以及这些领域或层次间的相互关系的规律。他试图从心理现象相续关系的齐一性中找到心理学的规律,并试图从生理状态与心理状态的相续关系的齐一性中找到身心关系的规律。他研究人的行为与性格之间的关系,研究人的性格的形成与社会体制、文化教育等因素之间的关系。他认为,正如我们一旦把握了某个人的性格和习惯,我们就能对他的行为做出一定程度的预言一样,当我们把握了一个民族中的大多数人的道德水准、性格特征、社会风俗、文化程度等因素,我们也能对这个民族中的大多数人的思想行为做出一定程度的预言。这种预言虽然不具有高度的精确性,而只有统计概率上的近似的正确性,但已经能满足实践上的需要,社会和政治的科学应从事这样的经验研究。

五、具体演绎的方法

穆勒倡导在研究"道德科学"时采用**"具体演绎的方法"**(the concrete deductive

---

[1] J. S. Mill, SL, p. 572.

method）或"物理学的方法"。这种方法具有如下三个特点：（1）它是一种演绎的方法，它尝试从普遍的规律中推导出具体的规律；（2）它不是一种抽象的演绎方法，不是完全从抽象的原理出发进行推导，而是把普遍的原理与具体的条件相结合；（3）它归根结底是经验的方法而不是先验的方法，因为其最高层次上的最普遍的心理学的规律是根据对心理现象相继的齐一性的经验观察和归纳得出的，有关具体条件的知识也是经验观察和归纳的结果，有关具体演绎的结论最终要由经验证实。

按照穆勒的看法，虽然人类没有一个普遍的性格，但是有关性格形成的普遍规律还是存在的。"性格学或关于性格发展的科学"可以建立在我们关于心灵法则的知识的基础之上，它能够从普遍心灵法则在特殊人类的个体化环境的运作中推导出来。穆勒所列举的两个例子很能说明他的上述观点："当诗篇的作者匆匆地说所有人都说谎时，他阐述的不过是他依据某些时代和某些国家中获得的大量经验所得出的结论；但说谎不是人性的规律，尽管它可以成为人性规律的后果之一：当某些外在的环境普遍存在，尤其是那些产生不信任和恐惧的环境普遍存在时，说谎几乎成为普遍的。"[1] "当老年人的性格被断定为小心谨慎，年轻人的性格被断定为性情急躁时，这只能是一条经验的规律；因为年轻人不是因为年轻而性情急躁，老年人也不是因为年老而小心谨慎。这主要是（如果不是全部的话），老年人在他们多年的生活中通常经历过许多险恶的事情，受过磨难，或看到别人受过磨难，从而获得如何较好地应付环境的联想；而年轻人由于缺乏类似的经验和自恃强壮，就容易和急于投入到某件事情中去。"[2] 这两个例子说明，普遍的心理学的联想律等人性的规律加上个体所处的外在环境和自己具体的生活经验，造就了人具体的性格。

穆勒认识到了历史研究对于社会科学的价值，但他认为这种历史研究的方法单靠归纳法是不行的，而必须结合"具体演绎的方法"。例如，对于究竟是自由贸易的政策有利于一个国家的经济繁荣，还是贸易保护的政策有利于一个国家的经济繁荣的问题，很难用归纳法得出正确的结论。首先，历史上找不到具有这种齐一性的资料：凡采取贸易保护的国家经济都繁荣，或凡采取自由贸易的国家经济都繁荣。其次，一项政策要奏效必须结合其他的政策和条件，如法律制度、政府效率、社会秩序、公民道

---

[1] J. S. Mill, SL, p. 562.

[2] Ibid.

德、劳动者的素质、智商、地理环境、物产资源等。两个都采取贸易保护或自由贸易政策的国家，可能由于其他政策和条件方面的差别，造成它们中的一个经济繁荣，另一个经济萧条。为此，能不能找到这样的两个国家，它们在其他方面都相同，除了一个采取贸易保护政策，另一个采取自由贸易政策呢？穆勒认为，这样的两个国家是找不到的，因为所要比较的政策和条件无限之多。最后，历史的机遇不同，世界贸易的大环境不同，也会造成这两种政策的效果不同。

穆勒认为，这种对历史现象的归纳只有与具体演绎的方法相结合才是真正有效的。贸易保护的政策也许一时保护了某个国家的某个行业的经济，但是它也可能导致该行业因缺乏竞争而无所作为。考虑到人性的一些规律，如竞争促进人的努力，人总想用较少的钱购买较多较好的东西，禁止自由贸易就不能是长久之计。经济的政策要考虑人性的特点。"例如，存在这样一个大类的社会现象，其中起直接决定作用的原因主要是那些通过对财富的欲望而起作用的原因，其中主要涉及的心理学的规律是那条熟悉的规律：较大的收入优于较小的收入。"[1] 经济学的规律归根结底是与这条人性的规律相关联的，甚至是以此为基础的。

六、具体演绎的方法、化学或实验的方法和几何或抽象的方法

穆勒通过反驳他所称的社会科学中的"化学或实验的方法"（the chemical or experimental method）和"几何或抽象的方法"（the geometrical or abstract method）来凸显他的"具体演绎的方法"的优胜之处。

"化学或实验的方法" 具有如下两个要点：(1)社会的性质如同化学合成物的性质，当化学的元素合成为一个化学物的时候，其元素的性质不再呈现出来，而呈现出来的是化学物的总体的性质；(2)社会研究要采用类似于化学实验的方法，进行一系列关于社会成分合成为一个社会整体的实验，选择那些具有最好性质的合成物。

对于第一点，穆勒这样反驳："一切社会现象的规律是，而且只能是在社会状态中联成一体的人类行动与情感（passions）的规律。然而，人在社会状态中仍然是人；

---

[1] J. S. Mill, SL, p. 587.

他们的行动和情感服从个体的人性的规律。当人聚合在一起时，人不会转变成另一种具有不同性质的实体，就像氢和氧与水不同，或氢、氧、碳和氮与神经、肌肉和腱不同。"[1] 穆勒主张，个体的人在社会中仍然保持着人的本性，因此有关人性的普遍规律依然可以在社会中作为普遍的规律与具体的社会条件相结合，从中推导出各种派生的规律。对于第二点，穆勒这样反驳："我们采用实验的方法去确定社会现象的规律所遇到的第一个困难是我们在这里没有进行人工实验的手段。"[2] 这是因为社会始终处于演变的过程中，不会有相同的社会环境重复出现，不像化学的实验那样可重复进行。我们不可能建立一种人工的社会环境进行社会实验，就像建立化学实验室那样进行化学实验，因为我们本身就生活在社会中，任何新的社会政策的推行都会改变社会状况。再说，我们也承受不起进行各种各样的社会实验的代价，正如我们承受不起制造引起物种灭绝的事件的代价一样。

"**几何或抽象的方法**"则正好与"化学或实验的方法"相反，它是一种纯粹的演绎方法，它企图从抽象的原理出发，演绎出有关人类社会的一切法则，正如几何学凭借少数几条公理，演绎出一切几何学的定理一样。按照穆勒的看法，几何学是一门关于同时存在的事实的科学，这些事实完全独立于有关现象的前因后果的法则。

但是，社会事实与几何事实有本质上的差别。社会事实是在历史的前因后果中发生的。前人所做的事情影响我们，我们所做的事情也将影响后人。我们的现在是我们的过去的结果，当代人的习惯、性格、社会环境既是我们现在的各种因素相互作用的结果，也是一代代前人的作为的结果。"人类所处的种种环境既按照它们自己的规律运行，也按照人性的规律运行，它们形成人的性格；但是人类也为他们自己和他们的后人塑造环境。"[3] 这就决定了几何学的方法不适用于人类社会。

穆勒批评了那些按照几何学的方法建立的社会学说。这些学说的错误在于它们不是按照在社会历史中形成的有关人和社会的实际的规律，而是按照抽象的权利和抽象的人的本性的观点建立的理论。比如，**霍布斯**（Thomas Hobbes，1588—1679）的政治哲学就是这样的一个典型。他假定人人都是自利的，并且人人都有自由地支配自己行

---

[1] J. S. Mill, SL, p. 573.

[2] Ibid., p. 574.

[3] Ibid., pp. 595-596.

动的权利，这导致人与人之间的激烈争斗；人们由于恐惧这种相互残杀导致族群的毁灭，就签订契约把每个人拥有的一部分权利交给某一个强者（国王），由他来维持社会秩序。这样的社会契约论完全是杜撰出来的，既不符合历史发展的实际情况，也不符合人性的实际情况。

边沁等人的**功利主义**的政治学说也立足于这种几何学式的抽象方法，这些思想家"把他们的整个政府理论建立在一个统一的前提上，即人的行动始终都是由他们的利益决定的"[1]。按照穆勒的观察，现实中的人的行动并非始终是由利益推动的，他们有时也会出于同情心和道德责任感而行动，传统的规范、格言、社会的风尚、思考问题的模式也是影响人的行动的因素。自私自利不是人的一成不变的本性，人的性格是由人的心理的联想的内在机制和外部环境共同决定的，是在社会历史的过程中形成的。

穆勒主张，在社会研究中既要反对化学式的实验方法，又要反对几何学式的抽象方法，而应该把这两种方法结合起来，即把从普遍原理出发的演绎推理与对经验事实的具体归纳结合起来；具体地说，将具有较低普遍性的社会的经验规则与具有高度普遍性的关于人类本性的规律相联系，通过演绎表明：这样的规则可以被期盼为是从终极规律中推导出来的。这就是穆勒所说的具体演绎的方法。

七、逆向演绎的方法

具体演绎的方法还有一个变种，即"**逆向演绎的方法**"（the reverse deductive method）。所谓逆向演绎的方法，简单地说，就是从结果推论到原因的方法。从结果推论到原因，当然不可能是具有必然的真理性的推论，因为社会历史现象极其复杂，决定社会历史事件发生的因素和规则极其多样，而且它们一环扣一环，我们不可能把所有这些因素和规律以及它们的因果系列都找出来。

然而，穆勒认为，我们还是能够从历史的现象中找到一些与我们当前的生活直接相关的经验的社会规律，把它们与具有很高稳定性和普遍性的人性的规律联系起来，看看它们能不能从有关人性的普遍规律中被推导出来，成为普遍规律的派生规律。如

1　J. S. Mill, SL, p. 580.

果能够做到这一点,那么就不仅增强了因果系列的完整性,而且在一定程度上论证了有关这些经验的社会规律的合理性,它们的真理性因其在系统内的融合性而得到提高。这种从结果推论到原因,以及逐步上升到最高、最普遍的原因(规律)的方法,就是穆勒所说的"逆向演绎的方法"。

穆勒写道:"因而,经明智地考查之后,历史提供给我们有关经验的社会规律。这样,普通社会学的问题就是去确认这些规律,并把它们与人性的规律相联系,通过演绎表明它们是派生的规律,以致自然而然地期望它们是那些终极规律的结果。"[1] 由于历史研究经常采用这样的方法,穆勒也把**"逆向演绎的方法"**称为**"历史的方法"**（the historical method）。

当然,这种"逆向的或历史的演绎法"所提供给我们的只能是关于社会历史发展的一般趋势的预见,而不能是关于确定事件的预见。这样的推论始终是**假言的推论**,其前提是,如果有关人性的那些基本规律保持稳定,如果那些有关社会历史的经验规律仍然有效,如果社会状况没有发生本质性变化,如果相关的特定原因的结果没有被其他的作用力抵消,那么我们的推论依然有效。我们不可能指望从中获得有关特定社会历史的在细节上高度丰富的知识,并由此对社会历史的事件做出精准的预言,但是正如气象预报是具有一定的概率性的预报一样,在社会领域中仍然能做出具有一定的概率性的预报。

第三节　意义、影响和遗留问题

作为本章的结束语,我想简要概括穆勒的实证方法的意义、影响和遗留问题。

穆勒对实证主义方法的一个重要贡献,是把在研究自然科学时行之有效的寻找齐一性的归纳的方法加以改进,使之适用于研究人类社会和文化。穆勒提出了"道德科学"的概念。"道德科学"研究人的本性、人的性格、人的心理活动和行为的规律、伦理规范、民俗习惯、社会制度、政治体制及其相互关系。他认为"道德科学"虽然

---

[1] J. S. Mill, SL, p. 598.

比自然科学复杂，但仍然能用实证的方法加以研究。

为了找到社会现象的普遍规律，穆勒主张采用"具体演绎的方法"。这是一种把归纳法与演绎法结合起来、把特殊的规律与普遍的规律连贯起来的研究方法。它既区别于"化学或实验的方法"，又区别于"几何或抽象的方法"，兼顾经验的依据和理论的融贯。这种方法的实质不是转向先验主义，而是弥补简单的经验归纳方法的不足。"具体演绎的方法"把对具体经验的归纳与久经考验的普遍原理结合起来，增强其融贯性，克服其片面性，朝向统一科学的目标发展。这种方法归根结底建立在经验事实的基础之上，上至有关心理学和人性的普遍规律，下至有关人类不同社会历史和文化背景中的较为特殊的规律，在经验的融贯性中统一起来。

穆勒用实证的方法研究社会现象，把人的社会活动当作因果关系来处理，存在不少困难。人的行为是有意义的行为，人按照自己所理解的意义、目的和价值来安排自己的活动。人对意义、目的和价值的理解能否由因果关系来说明呢？在这里，因果的还原论行不通。固然，人对意义、目的和价值的理解受限于客观的条件且具有物质方面的原因，如人为满足衣食住行的需要而进行生产活动，但人是自由的，人的行为不是必然地由因果律决定的，人总会有所选择地行动，做自己认为有意义的事情，按照自己的理想和价值观念去改造现存的客观环境。在此，**因果说明的方法需要由诠释学的方法加以补充**。尽管穆勒想了许多办法使得实证方法能够在一定程度上被应用于社会领域，但这对于充分和全面地说明和理解社会现象依然是不够的。

穆勒的研究方法具有心理主义的嫌疑。在穆勒对各个领域中的各种规律之间关系的安排上，心理学的规律处于最深层次，具有最高的普遍性，有关人类性格形成的规律处于中间位置，有关人类的各种具体的社会行为的规律处于表层。按照这一因果链，一种社会状况向另一种社会状况的变化，最终能够由个体的心理学加以说明。穆勒的这种观点被后人称为社会研究中的心理主义。尽管我们不应把穆勒的这种心理主义误解为人的思想观念决定社会历史发展的观点，但是穆勒把心理联想律视为主轴，过于夸大了心理的因素，一切似乎归根结底都是由心理联想决定的。这也使得他的实证的思想体系陷入内在的自相矛盾的困境中：一方面，他旨在从一切现象中找到具有必然性的因果链；另一方面，处于这一因果链的核心位置上的心理联想不免是偶然和随意的。按照这一理论，不同的社会形态和文化形态归根结底都是由心理联想的差别造成的。这种观点难以令人信服。

穆勒主张人在结合成社会的时候，人依然是人，依然保持个体的人的本性。穆勒的这种观点可以被称为**个体主义的人性论**，这与马克思的有关人的本性乃是社会关系的总和的观点不同。马克思主张社会关系决定人性，而穆勒主张有关社会历史现象的经验规律要借助有关人性的普遍规律来说明。但不要把穆勒的这种观点误解为抽象的人性论。穆勒反对人有任何抽象的一成不变的人性，主张人性是在社会历史中形成的，是受到外界环境的影响的，但他坚持认为，人性的规律相对于社会历史的经验规律而言具有更高的普遍性和稳定性。

为了说明纷繁复杂的社会历史现象，穆勒试图找到那些在一系列的因果链的基底上起根本性作用的规律，由此纲举目张，找到总线索，理出头绪，发现社会历史发展的规律性的东西。在穆勒看来，这是有关人性，特别是有关人的心理活动的心理学的规律。在马克思看来，这是生产力和生产关系相互作用的经济规律。马克思的观点被称为历史唯物主义，穆勒的观点被称为人性论和心理主义。从结论上看，他们是完全对立的，但从方法论的思路来看，他们又有某种相似之处，即都企图找出那条在社会历史现象的基底上起作用的规律。

思考题

1. 穆勒的"道德科学"的含义是什么？
2. 穆勒有关社会研究的问题意识是什么？穆勒凭什么主张能在社会和文化领域中发现规律？
3. 什么是穆勒所说的"具体演绎的方法"？请结合具体的例子加以说明。
4. 什么是穆勒所说的"逆向演绎的方法"？请结合具体的例子加以说明。
5. 穆勒为什么要反对社会研究中的"化学或实验的方法"和"几何或抽象的方法"？
6. 为什么说穆勒在社会研究中持"心理主义"的观点？这与历史唯物主义有何区别和联系？

第八章
实用主义综述

实用主义（pragmatism）可谓美国本土哲学。它在美国居举足轻重地位，可用这样的话来表达：在实用主义产生之前，美国流行的哲学都是从欧洲流传过来的；在实用主义产生之后，从欧洲流传到美国的哲学，为要站稳脚跟，多少要吸取一些实用主义的成分。实用主义基本的哲学理论由**皮尔士**（Charles Sanders Peirce, 1839—1914）在十九世纪八十年代建立，经**詹姆士**（William James, 1842—1910）和**杜威**（John Dewey, 1859—1952）的扩展和推广，在二十世纪初成为美国的显学。尽管自二十世纪中叶起，分析哲学取代了实用主义的位置成为美国的主流哲学，但美国的分析哲学深深打上了实用主义的印记，如以**蒯因**（Willard Orman Quine, 1908—2000）哲学为代表的美国分析哲学可被称为"实用主义的分析哲学"。实用主义已经习惯性地融入美国人的思想方式和行为方式中。

第一节　实用主义的问题意识

实用主义的问题意识主要集中在理论与实践的关系问题上。实用主义者主张，理论与实践是一个相互联系的统一体，**理论的意义、真假和价值要靠实践中的效用来评判**。实用主义者的这一主张是针对早先流行的英国经验论和欧洲大陆的唯理论的观点提出来的，是一种想克服这二者的弊病的尝试。

按照英国经验论的看法，概念是对经验对象的指称，命题是对经验事态的描述，理论是对经验规律的归纳。英国经验论者所说的经验基本上是指感性经验，同时他们又认为经验是事物的表象。这样就产生了一个问题：经验究竟是客观的还是主观的？有些经验论者主张经验是客观的，人的感官如同一张"白板"，反映或摹写客观事实。另一些经验论者则认为经验是主观的，人不仅作为主体组织整理感性材料，即使这些感性材料本身也是人的主体的产物，甚至连外部世界的存在也值得怀疑。

实用主义者主张，经验是在人的实践中产生出来的，人的行动在周遭的环境中产生出经验，因此经验势必具有主客相遇和主客统一的性质；在经验中刻意区分主观性和客观性既无必要也不可能；重要的是依据实践中产生的经验，评估理论的成效和提出解决问题的新方案。

实用主义者还意识到，**英国经验论**者所说的经验是静态的，他们把概念、命题和理论视为对静态的经验中显现的东西的形状的描述和归纳，而实际上经验是动态的，我们的概念、命题和理论应是对动态的经验中显现出的东西的功效和作用的表达。举例来说，"房子"主要不在于它的形状和颜色，而在于它供人居住的功效。物理学中说的"力""能量"等概念，体现在其所产生的作用和**后果**上。说某人是大力士，要看他能举多重；说水有势能，要看它是否能推动水轮的转动等。经验论者只看到语言表达现存的、已有的静态的经验，没有看到语言的**后续作用**，实用主义者意识到要从语言使用的后果来看语言的意义，修补了英国经验主义者在语言意义观上的不足。

唯理论者主张，理论的依据是"自明之理"，一切具有普遍必然性的真的理论必须以自明之理为基础。按照实用主义者的看法，从来不存在这样的自明之理。一切理论都是假设，都要受到实践的检验。没有颠扑不破的永恒真理，只有解决具体环境中的具体问题的具体真理。理论就像工具一样，被用在适合的环境中的适合的对象上才能奏效。不要被理论束缚了，为理论去生活，而要把理论当作谋生的手段，随时准备更换更好的工具去解决生活中的问题。这种实用主义的观点有助于克服欧洲唯理论者的思想禁锢，突破教条主义框架，激发美洲新大陆上的移民的开拓精神。

在当时的美国，除了从欧洲流传过来的近代的经验论和唯理论外，还有那时方兴未艾的**新黑格尔主义**。这种哲学从德国传到英国，与英国的经验主义相结合，产生英国的新黑格尔主义[1]，而这种英国的新黑格尔主义又流传到美国，产生美国的新黑格尔主义的变种[2]。英国的新黑格尔主义强调整体观、过程观、变化观，并把经验论和进化论的一些观点融合进去。

实用主义看到了这种哲学的优点，但也看到了它的严重问题。新黑格尔主义依然继承黑格尔的基本观点，把观念自身[3]的辩证运动视为精神世界和物质世界发展的根本动力。这在实用主义者看来完全是一种臆想出来的神秘主义观点。精神世界和物质世界发展的根本动力不是观念自身的运动，而是人的实践。人在实践中创造了理论，增进了知识，并改造了物质世界，使之更适宜于人的生存。实用主义者用人的实践活动（人处理生活中遇到的问题的行动）这一明白的事实取代了黑格尔主义者的神秘的"绝对观念"的自身运动。主观与客观、精神与物质的整体性和运动发展的过程都通过实践统一起来。由此不难理解，为什么在美国新黑格尔主义者罗伊斯的哲学发展过程中会有一个实用主义的转向，而美国实用主义的主要代表人物杜威的哲学吸纳了很多黑格尔哲学的成分。

---

1 如英国新黑格尔主义者**布拉德雷**（F. H. Bradley, 1846—1924）的哲学。
2 如美国新黑格尔主义者**罗伊斯**（Josiah Royce, 1855—1916）的哲学。
3 在新黑格尔主义者那里，黑格尔的"绝对观念"被更名为"绝对实在""绝对自我"等变体。

实用主义的另一个问题意识是从其内部产生的。实用主义在发展过程中产生**庸俗化**的危机，这部分地归因于某些实用主义哲学家（特别是詹姆士）自己的表述不严谨，如"有用就是真理""真理就是兑现价值"这两个广泛流传的口号极容易遭到庸俗化的曲解。真理与效用相关，这本身没有错。但这里必须注意区分直接的物理上的效用和间接的心理上的效用。"这台蒸汽机车头有二十马力牵引力"，这句话的"真"要体现在它确有与二十匹马一样大的拉力上。这是一种直接的物理上的效用。"这个童话故事对小孩有教育作用"，这是一种间接的心理上的效用。小孩听了这个童话故事后可能会增进同情心和爱憎分明感等，这能体现在他们随后的待人接物的行动上。但是，我们通常是不会把童话故事视为真理的，童话故事本身也没有这种真理诉求。在经济领域中，货币和支票的效用要体现在其兑现价值上。但在现实生活中，假币如在交换中不被发现也能买到商品，空头支票也对受骗者起作用。这样，仅仅从"有用"着眼，真假就难以辨别了。詹姆士有关宗教真理的实用主义论述更增添了这种迷茫性。

实用主义后来意识到这种被庸俗化的倾向，设法纠正它。皮尔士甚至创造了"**实效主义**"（pragmatisicism）这个术语，以便使自己的哲学与那种被庸俗化了的实用主义相区别。如何才能与这种庸俗化的实用主义形态划清界限呢？关键在于克服其自身在使用概念上的不确切。这包括如何区分物理的效用与心理的效用、正面的效用与欺骗的效用、科学理论与童话之类的叙事等。在实用主义的后期发展阶段，随着逻辑经验主义传入美国，语义学、语用学受到高度重视。新一代的实用主义注重语言分析，发生了一个语言学的转向，出现了分析的实用主义或实用主义的分析哲学。毫无疑问，这一转向与实用主义**反庸俗化**的努力相关。

第二节　实用主义的发展概况

实用主义的创始人是皮尔士，他阐发了一种实用主义的科学探究的方法论。皮尔士的著述专业性很强，没有引起人们的广泛关注。后来，詹姆士着力于宣传和推广皮尔士的实用主义思想。他把实用主义运用到心理学和宗教等领域中。他于1898年8月26日在伯克利大学发表的题为《哲学概念和实际结果》的讲演中宣布，实用主义作为一场哲学运动开始了。杜威是实用主义的集大成者。他把实用主义推广到民主政治和教育学等诸多领域中去。杜威也把实用主义称为"**实验主义**"（experimentalism）和"**工具主义**"（instrumentalism），以使其与杜威自己的思想特色相贴近。皮尔士、詹姆士和杜威的实用主义除了在应用领域的关注点不同外，在哲学立场上也有差异。皮尔士的实用主义有实在论的前提，詹姆士的实用主义有浓厚的**主观主义色彩**，杜威的实用主义有自然主义的倾向。以前我们讲到实用主义时习惯于把他们定格为同一类型的主观唯心主义学说，不注意他们之间的差别。实质上，他们之间的共同点是**实用主义的方法论**，而在本体论立场上存在差异，并且发生过争论，这是我在此要着意阐明的问题。

除了以上三位实用主义的大师外，其在英国的代表人物是**席勒**（Ferdinand C. S. Schiller，1864—1937）。在美国，**米德**（George Herbert Mead，1863—1931）把实用主义运用于社会学，从人在社会中的角色、行为出发论证"**自我**""**客我**""**社群**"等有关人和社会的概念。**刘易斯**（Clarence Irving Lewis，1883—1964）致力于发展概念主义的实用主义，强调实际的语境与语义的关系和理论选择的方式。二十世纪下半叶，分析哲学在美国兴起后，**蒯因**、**普特南**（Hilary Putnam，1926—2016）、**罗蒂**（Richard Rorty，1931—2007）等发展了实用主义的分析哲学或"新实用主义"哲学。有关实用主义的分析哲学，我们将在分析哲学部分讨论。下面我们论述皮尔士、詹姆士和杜威这三位实用主义经典人物的观点。

思考题

1. 何为经典实用主义？在皮尔士、詹姆士和杜威之后实用主义有何新的发展？
2. 什么是实用主义的问题意识？请结合实用主义对英国经验论、欧洲大陆唯理论和黑格尔哲学的批判加以论述。

第九章
皮尔士

皮尔士于1837年出生于马萨诸塞州的剑桥。父亲是哈佛大学著名的天文学和数学教授,长兄也是数学教授。在这样的家庭环境中,皮尔士受到良好的科学和哲学方面的教育。他六岁起学化学,十二岁就动手做实验,十三岁开始读康德的《纯粹理性批判》,称之为其"哲学上的母奶"。他就读于哈佛大学和劳伦斯学院,1863年以优秀的成绩完成哈佛大学化学专业的学习。但他并没有如愿全职从事教学工作。从1861年起的三十年时间中,他任职于美国海岸观测所,其间短暂地在哈佛大学(1864—1865,1869—1871)和巴尔的摩的约翰·霍普金斯大学(1879—1884)兼课,讲授逻辑、科学史等课程。可幸的是,这短暂的机缘使他与实用主义的另两位大师级人物产生直接联系:詹姆士曾是皮尔士在哈佛时的同事,而杜威曾是皮尔士在约翰·霍普金斯大学当教师时的学生。

皮尔士在生前只发表过一部名为《光度学研究》(*Photometric Researches*, 1878)的著作和数量不多的论文和书评,但留下大量遗稿,后来被汇编成集出版。我们目前所能见到的最好版本是《皮尔士文集》(*Collected Papers of Charles Sanders Peirce*)(卷一至卷六,查尔斯·哈茨霍恩[Charles Hartshorne]和保罗·韦斯[Paul Weiss]编,剑桥,1931—1935;卷七至卷八,亚瑟·伯克斯[Arthur W. Burks]编,剑桥,1958)。新的《皮尔士著作集》(三十卷)的编辑工作已经于1975年起步,由美国哲学家菲什(M. H. Fisch)和摩尔(E. C. Moore)负责。德国哲学家**阿佩尔**(K.-O. Apel,1922—2017)对皮尔士做过深入的研究。他主编了两卷本的德文版的《皮尔士文集》,并写了导论:

卷一《实用主义的诞生》(Zur Entsehung des Pragmatismus, 法兰克福, 1967); 卷二《从实用主义到实效主义》(Vom Pragmatismus zum Pragmatizismus, 法兰克福, 1970)。阿佩尔有关皮尔士的论著《皮尔士思想之路：美国实用主义导论》(Der Denkweg von Charles S. Peirce. Eine Einführung in den amerikanischen Pragmatismus, 法兰克福, 1975)值得一读，因为他发掘了皮尔士对"哲学改造"[1]的诸多启发意义。

---

[1] 参见阿佩尔:《哲学的改造》, 第三章"从康德到皮尔士：对先验逻辑的指号学改造", 第四章"科学主义还是先验解释学？——论实用主义指号学中指号解释的主体问题", 孙周兴、陆兴华译, 上海：上海译文出版社, 1994年, 第88—155页。

第一节 "实用主义"名称的来历

"**实用主义**"这个术语是皮尔士首先提出和使用的。他在写于1865年的笔记中就已经开始使用这个词了。1872年,他在哈佛大学的"形而上学俱乐部"做的一次报告中,也使用了"实用主义"这个词,并阐明了实用主义的基本思想。但他后来在把这个报告改写为《信念的确定》和《如何使我们的观念清楚明白》这两篇文章时却把"实用主义"这个词删除了。这两篇文章发表于《通识科学月刊》(*Popular Science Monthly*,1877年11月号和1878年1月号)上。见诸公开出版物的"实用主义"这个词出现于詹姆士在1898年发表的题为《哲学的诸概念与实践的诸结果》(*Philosophical Conceptions and Practical Results*)的报告。他在其中讲到"皮尔士原则"和皮尔士的"实践主义和实用主义原则",并说这是他在十九世纪七十年代在哈佛的形而上学俱乐部中听皮尔士阐述的。这一说法应该没有错。

皮尔士在1902年为鲍德温(J. M. Baldwin)的《哲学和心理学辞典》撰写了"实用的和实用主义"(Pragmatic and Pragmatism)的条目,这是他本人在公开出版物上首次使用"实用主义"这个词汇。然而,1905年,他在《一元论者》(*The Monist*)杂志上发表了**《实效主义》**("Pragmaticism")一文,抱怨"实用主义"这个词已被庸俗化了,所以想把他的理论改称为"实效主义",并说这个名称"**丑陋不堪,足以免遭拐骗**"[1]。

由此可见,皮尔士在使用"实用主义"这个词时很纠结。因此,有必要讲清楚这

---

1 *Collected Papers of Charles Sanders Peirce*, Vol. V, edited by Charles Hartshorne and Paul Weiss, Cambridge/Massachusetts: Harvard University Press, 1965, §414.

个词的用法和哲学史上的来历。"实用主义"这个名词出自"实用的"（pragmatic）这个形容词，而"实用的"与"实践的"（practical）部分地是同义的，在日常用法中含有"行为导向的""生活实践相关的""有用的""有效的""务实的""明智的"等含义。皮尔士为何不用"实践的"而要用"实用的"来表达他自己的哲学思想呢？按照他自己的说法，这出自康德对"实践的"（praktisch）和"实用的"（pragmatisch）的区分。

康德在《纯粹理性批判》中写道："凡是通过自由而可能的东西，就都是实践的。但如果我们自由的任性施展的条件是经验性的，那么理性在这方面除了范导性的应用之外就不能有别的应用，并且只能用于造成经验性规律的统一。例如，在明智的教导中，把我们的偏好给我们提出的一切目的统一在一个唯一的目的亦即**幸福**中，并使达到幸福的种种手段协调一致，就构成了理性的全部工作，理性因此缘故只能提供自由行为的**实用**法则，以达到感官向我们推荐的目的，因而不能提供完全先天地规定的纯粹规律。与此相反，纯粹的实践法则，其目的由理性完全先天地给予，不是经验性地有条件的，而是绝对地发布命令的，它们将是纯粹理性的产物。但是，诸如此类的法则就是**道德的**法则；因此，惟有这些法则才属于纯粹理性的实践应用，并允许有一种法规。"[1]

对康德的这段话，须留意以下五点：

（1）不论是"实践的"还是"实用的"，都涉及目的与行为之间的关系。

（2）"实践的"指按照自由意志和理性思考先天地确立的法则去行动，即按照由此确立的道德法则的绝对命令去行动。

（3）"实用的"指在行为的时候关注经验的条件和有效的手段，以便使目的得以成功实现。

（4）由于康德强调道德实践是依据道德律的绝对命令的行动，在康德那里存在"道德"与"幸福"在现世生活中不能统一的问题。

（5）康德有关"实践"与"实用"的区分是针对道德领域而言的，他并没有把它用于科学研究的领域。

---

[1] 康德：《纯粹理性批判》，李秋零译，北京：中国人民大学出版社，2004年，第589页。

/ 第九章 / 皮尔士

皮尔士把康德有关"实用"与"实践"的区分与他自己有关实验学家的思想方式与空想理论家的思想方式的区分联系起来。他认为,实验学家在工作时善于观察,善于把实验的结果与相关理论能否成立联系起来,而空想理论家则从思想到思想,不知道从思想的实际后果检验思想的有效性。他认为前者是一种脚踏实地的思想方式,后者是一种想入非非的思想方式。实用主义就是以实验学家的思想方式为范型的。他写道:

> 这种类型的人自然致力于表述他如此确认的东西,他构架这样的理论,其概念,即词或其他的表达之合理的目的,完全在于它对生活行为所带来的可设想的结果;因而,既然只有来自实验的结果才会对行为产生直接影响,如果我们能精确定义对一个概念的肯定或否定所要求的一切可设想的实验现象,那么我们就能以此给出一个完全的定义,并且**在它之中绝对没有更多的东西**。为了这一学说,他发明**实用主义**这个名词。他的一些朋友希望他称它为**实践主义**或**实践论**——可能是因为实践(πρακτικός)是一个比实用(πραγματικός)更好的希腊词。但是对于像笔者那样了解康德哲学的人来说,以及对于绝大多数从实验学家转向哲学的人来说,康德的术语最明确:**实践**和**实用**之差距犹如对立之两极,前者属于这样的一个思想领域,它与脚踏实地的实验学家的心智格格不入,而后者表达与某种确定的人的目的之关系。现在这一新理论最具标志性的特征正在于认识到理性的认识与理性的目的之间的不可分割的关系;并由此认为把它称为**实用主义**更好。[1]

对上面这段话,也有以下几点需要强调和补充说明:

(1) 皮尔士发明了"实用主义"这个词,用于表述"实验学家"的一种思想特征,即关注理论中的词和表达与实验的结果之间的关系,推而广之,关注其与对生活行为所带来的可设想的结果,把概念的定义与对其肯定或否定的实验结果联系起来。

(2) 皮尔士注意到康德对"实践"与"实用"的区分。在康德那里,"实践"这

---

1 *Collected Papers of Charles Sanders Peirce*, Vol. V, §412.

个概念含有一种通过先天推导得出道德规范的含义，因此他认为这与实验学家有关理论要依据实验结果的思想方式格格不入，而"实用"这个词含有依据经验条件选用适当手段达到目的的含义，因此他选用"实用"这个术语。

（3）然而，"实践"和"实用"在通常的用法中部分地是同义词，而且在涉及理论与行动的关联时，"实践"比"实用"在使用中更流行。皮尔士因注意到康德有关"实践"和"实用"的区分才选用"实用"这个词。皮尔士把"实用"标志为一种以实验学家为范式的科学思想方式，而康德对"实用"和"实践"的区分集中在道德领域。

（4）中国学界由于过去对实用主义的不适当批判，以为马克思主义是专讲"实践"的，而实用主义是专讲"实用"的。如果我们知道了皮尔士选用"实用"这个术语是考虑到康德对"实践"和"实用"的区分的话，就不会那么武断。在马克思主义的"实践"概念中绝没有康德的那层先天推导的意思。实际上，在涉及理论与行动之间关系的问题上，马克思主义与实用主义分享许多共同的观点。

如果真要讲明马克思主义与实用主义在此的差别的话，我觉得主要表现在马克思主义的唯物史观方面。马克思主义认为生产力决定生产关系，而生产关系在一定的条件下产生阶级关系，在资本主义条件下先进的生产力由无产阶级代表，无产阶级推翻资产阶级的斗争将推动历史前进。这种把实践与阶级斗争的历史理论结合起来的观点在实用主义那里是没有的，并招致反对。

第二节　如何澄清概念和确定信念

皮尔士的实用主义思想主要体现在如何澄清概念和确定信念的方法中。皮尔士在《如何使我们的观念清楚明白》中有专门一节阐述"实用主义的准则"（the pragmatic maxim），其结语如下："当我们设想概念的对象的时候，请考虑其对实践会产生什么可设想的结果。如果是这样，那么就可以说：我们有关所有这些结果的概念就是我们的对象的概念的全部。"[1]

1　*Collected Papers of Charles Sanders Peirce*, Vol. V, §402.

第九章 / 皮尔士

皮尔士认为,"这种实验的方法本身无非是古老的逻辑规则'凭着他们的果子就可以认出他们来'的特殊应用"[1]。耶稣的登山宝训中有这么一段话:"凭着他们的果子就可以认出他们来:荆棘里怎能摘到葡萄?蒺藜里怎能摘到无花果呢?"(《马太福音》7:16)皮尔士把这一箴言应用到他通过实践的结果来辨别概念的思想方法中去。

通常,当问这个词是什么意思时,我们的回答是这个词指称的对象是什么;当问这个句子的意思是什么时,我们的回答是这个句子描述的事态是什么。这是一种直陈式的表述方式。皮尔士认为直陈式往往会模糊我们的概念和混乱我们的思想,而正确的途径是从功能方法入手考虑词和句子的含义,即要把"直陈"的句式改写为"**条件—命令**"(conditional-imperative,又译"条件—祈使")的句式,通过相关条件下实施的实验结果来考察其确凿的含义。皮尔士写道:"实用主义是这样的一条原则:每一理论判断,若它以直陈的形式表达,是一种会引起思想混乱的形式;理论判断唯一的意义,若它确实有一种意义的话,就置于其倾向中,即它能使相应的实践准则得以贯彻,能使其转化为条件句来表达,其从句是祈使句。"[2]

让我们通过例子说明这条原则的含义。如果说某物硬,某物软,这本身没有意义,除非给出了试验它们的硬软的方法。我们说,"金刚石是硬的","奶酪是软的",因为我们知道,它们可以转化为**条件—命令**的句式,我们在实践的结果中知道它们的软硬:如果金刚石很硬,那么去用金刚石划玻璃,玻璃就会被割开;如果奶酪是软的,那么去用勺子刮奶酪,很容易刮下奶酪。这是一种通过实践结果来确定概念的意义的思想方法。

对于皮尔士的澄清概念的方法,要结合他的**指号学**(semiotics)来理解。皮尔士认为,任何一个概念,若要澄清其意义,需要考虑三方面的关系:(1)指号,(2)所指的对象,(3)主体的解释。任何文字、符号、图像,只要它有所指,即把自己与所指的对象联系起来,就能成为一个指号。对指号所指的对象要从广义上理解,不仅指具体的对象、个别的对象,而且指抽象的对象、作为类的对象、作为性质的对象。指号的意义不能只从指号所指的对象上看,主体的解释对指号的意义起关键作用。主体把指号与对象联系起来,主体在使用指号的过程中不断赋予它新的含义。

---

1 *Collected Papers of Charles Sanders Peirce*, Vol. V, §465.

2 Ibid., §18.

"对象"对于主体而言，只是一个解释的出发点或理解过程中的一个环节。主体把一个意义的表达投入其"条件—命令"式的实践中，依据实践的结果来理解它的意义或修正早先对它的意义的理解。因此，用文字所表达的任何认知都处于动态的过程中，早先获得的认知都是可以被超越的，都是要依据新的事实和对事实的解释来修正的。皮尔士指号学说的特色在于引入主体解释这一维度，并把这种解释与使用语言的人的实践结合起来，而且他强调这种实践不单指个人的实践，而且指语言共同体的实践，在这种实践中势必存在人与人之间的语言交往。

正如概念的澄清是一个与实践相结合的过程一样，信念的确立也是在实践的过程中实现的。皮尔士认为，怀疑、信念和行动是一个联动的过程。当我们在实践中产生问题的时候，我们怀疑以往的信念。怀疑激发我们思考，为何以往的信念行不通了，为何老的行为方式不行了。而思考的目的则是达到新的信念。思想的活动是由怀疑促发的；一旦信念建立了，思想活动也就暂停了。思想的功能就是去产生信念，而信念则是行动的准备。当我们重新确立信念后，原先那种由怀疑所致的烦躁不安就消退了，我们又树立投入行动的信心。信念告诉我们去怎样做，提供我们行动的规则，养成我们行动的习惯。自然界的惯常性与人的习惯有很大不同。自然界的惯常性是按照规律的周而复始的运动，而人的习惯则是由一再执行的信念和行动所培养的，并非一成不变。信念的好坏要在实践中体现出来。真值是命题的特征。我们相信一个命题是真的，就是相信它能指导我们的行为达到预期的结果。如果我们在信念指导下的行为没有达到预期的结果，则由怀疑所激发的获取新的信念的思想过程又产生了。

第三节　指号学的实在论前提和对命题意义的自我控制

皮尔士提出的"实用主义准则"容易招致误解。皮尔士注意到这一点，因此他写的很多论文是在与这种被误解的"实用主义"做斗争。皮尔士提出的实用主义准则似乎很容易懂，并被人们广泛传布，但皮尔士有关如何谨防实用主义被误解的论述则比较深奥，少有人问津。然而，恰恰是这部分论述最有理论价值，在当代哲学界受到阿佩尔等人的高度重视。

实用主义容易被误解为一种否定客体真实存在、把客体归结为对人的实践后果的主观唯心主义学说,特别是当这种实践后果被理解为心理后果时尤其如此。这部分地是由对皮尔士提出的实用主义准则的片面理解引起的。我们再复述一下这条准则:当我们设想概念的对象的时候,请考虑其对实践会产生什么可设想的结果。如果是这样,那么就可以说:我们有关所有这些结果的概念就是我们的对象的概念的全部。

然而,如果我们仔细阅读皮尔士表述这样准则的上下文以及相关的论文,就可以知道,皮尔士的这条实用主义的准则有一个实在论的前提。这个实在论的前提在《信念的确定》一文中说得非常明确:"如果用最熟悉的语言来表述的话,它的最基本的前提就是:**存在实在的东西,它们的特征是完全独立于我们有关它们的意见的**;这些实在的东西按照固定的规律影响我们的感官;并且,尽管我们的感觉随我们与对象的关系而有所不同,借助知觉的规律我们还是能够通过推理知道事物实际和真正是什么样子的;并且,任何人,如果他有关于事物的充分经验和足够的理智,都将导致得出同一个**真的**结论。"[1]

那么,皮尔士是怎样把这条实用主义的准则与这个实在论的前提融贯起来的呢?这要联系到皮尔士的指号学思想和哲学史上的相关争论。

让我们先看皮尔士的指号学。皮尔士主张,指号学所涉及的三个方面——指号、所指的对象和解释者,必须在原则上是真实存在的;只要其中有某一个方面不是真实存在的,指号学就不能够运作。但是,这并不意味着,解释者用指号所指的对象(即他所理解的对象)总是真实存在。正因为我们不免用指号指称虚假的对象,所以把假当成真的情况时常发生。举例来说,燃素已被现代化学证明为是根本不存在的东西,但是在过去的很长一段时间中,相当多的科学家和普通人相信燃素是存在的。为什么他们认为燃素存在呢?因为燃烧现象是确实存在的,所以他们追问为什么有些材料(如木材、煤炭)能够燃烧,于是他们推论在能够燃烧的材料中存在燃素。这说明,人们是从可见的效果推论不可见的原因,在上述例子中,就是把可见的燃烧效果归因于不可见的燃素这个对象。为什么后来燃素说又被否定了呢?因为更加丰富的信息和更加合理的推断证明燃素说不成立。

---

[1] *Collected Papers of Charles Sanders Peirce*, Vol. V, §384.

常听到这样一种对实用主义进行责难的推论：只有对象真实存在，才会产生效果。而实用主义主张"我们有关所有这些结果的概念就是我们的对象的概念的全部"，他们认为这是否认对象的真实存在。需要注意的是，皮尔士的这一论断是从指号所指的意义上来理解对象的概念的。"我们有关所有这些结果的概念"既是我们肯定相关的指号所指的对象存在的依据，也是我们用以否定其所指的对象存在的依据。皮尔士不否定只有对象真实存在才会产生效果的论点，但认为这是从原则上说的，而不是就每一个别的指号所指的对象而言的。如果根本就没有真实存在的对象，我们就失去了根据结果推断对象存在的理由，也失去了我们检验自己的推断是否正确的基本前提。然而，这并不意味着个别指号所指的对象一定真实存在。"燃素"这个指号不也指称一个对象吗？难道你还要说"燃素"所指的对象一定存在吗？

皮尔士认识到，指号是在一个共同体中被使用和解释的，这个共同体是历史的共同体。共同体中的每一代人都从上一代人那里继承了指号，但又结合自己的实践经验添加新的解释。每一使用指号的人都是有自己的思想的活人，他们在交流中随时翻译和解释指号。因此，指号的意义在改变着，指号所指的对象不可能是固定不变的。皮尔士写道："因而，绝无例外，每一个思想—记号都在另一个与之相随的思想—指号中被翻译或解释，除非所有的思想都达到一个突然的终点而死亡。"[1]

既然指号的意义和所指的对象总是处于历史的变迁之中，那么究竟指号所指的对象是否真实存在呢？皮尔士对这个问题的解答是从两方面考虑的。一方面，原则上不排除任何解释的"**可错性**"，从而任何指号的所指可能并不如其解释的那样存在；另一方面，这种"可错性"恰恰表明存在实在的东西，因为如果根本不存在实在的东西，我们就无法纠正错误。由于存在实在的东西，我们的认识才能克服错误。由于存在实在的东西，我们的知识才会增长，才会随着信息的丰富和推理的严密导致共同认可的东西。皮尔士写道：

> 我们所说的"实在"是什么意思呢？这是一个当我们发现一个不实在的东西、一个虚幻的东西时，才会第一次产生出来的概念，即当我们加以纠正

---

[1] *Collected Papers of Charles Sanders Peirce*, Vol. V, §284.

时才出现的概念。……于是，实在的东西就是信息和推理或迟或早终将导致的东西，因而是独立于你我的种种臆断的东西。因此，这一实在性的概念的起源表明，这个概念本质上包缠共同体的观念，它没有确定的限度，而只有确定的知识增长。[1]

拿化学知识来说，过去人们一度认为存在燃素，随着对氧化等现象的观察，人们认识到燃素说是不正确的。现代的化学理论建立了"分子""原子""电子"等概念，我们现在相信它们所指的对象是存在的。我们为什么相信它们存在呢？因为它们是我们根据已有的对实验效果的观察和推论所得出的到目前为止的最佳结论。有人说眼见为实，它们是通过电子显微镜等仪器被观察到的，但电子显微镜等仪器本身也是通过电子互相作用等物理效应来成像的。科学无止境，我们未来有关微观世界的概念还会有新的变化。然而，不论出现什么样的新概念，科学知识增长的前提是存在实在的东西。由此可见，皮尔士所说的"我们有关所有这些结果的概念就是我们的对象的概念的全部"这句话的前提就是承认实在的东西在原则上必须存在。

皮尔士还从他的指号学的实在论的立场出发，批评了贝克莱的主观唯心主义和康德在自在之物问题上的不可知论的观点。皮尔士主张，指号、所指的对象和解释者都必须在原则上是实在的：指号若不实在，人们就无法借助指号表达自己在不同场合下所意识到的相同或相类似的现象，也无法通过指号彼此交流思想；解释者若不实在，就无法把指号与对象联系起来，也无法把意义赋予指号；对象若不实在，效果就不会有源头，认识的真假就没有依据。

贝克莱主张事物并不真实存在，真实存在的只是各种感觉材料及其组合。按照皮尔士的看法，这种把一切都还原为感觉现象的做法，将使得每个人自己不能借助指号识别相同或相类似的现象及其组合，将不能彼此交流思想，并将不能判别认识的真假。皮尔士主张，感觉表象是实在的东西作用于我们的感官而产生的效果，因此应视之为实在的东西的记号，并且这种实在的东西是可知的。皮尔士在为弗瑞泽（Fraser）编的《贝克莱著作集》写的导言中指出："这种实在论对于自在之物（事物独立于心智

---

[1] *Collected Papers of Charles Sanders Peirce*, Vol. V, §311.

对它认识的一切关系而存在）的观念一开始就命运攸关。然而，这绝不意味着禁止我们，而宁愿说是鼓励我们，把感官的表象视为各种实在的东西的记号。只是，感官所表征的实在的东西不是感觉的不可知的原因，而是一种本体（noumena），或者说，是作为由感觉激起的思想活动的最终产物的理智上可设想的概念。"[1]

皮尔士还批判康德有关自在之物不可知的观点。他认为，从指号学的原理出发，"不可知"的概念是说不通的。"自在之物"作为一个指号，必有所指；既有所指，必有认识其真假对错的可能性；倘若它是根本不可知的，这也就是说它是没有意义的。说某物是未知的，这是可以理解的，因为未知意味着它可知；但说某物是根本不可知的，这就说不通，因为这从原则上失去了用指号指称它的任何凭据。一方面说自在之物作用于我们的感官，另一方面又说我们对它一无所知；一方面说自在之物是一切认识的可能性前提，另一方面又说它根本不可知，这是自相矛盾。皮尔士在《实用主义和实效主义》一文中明确指出："因此，无知和错误只有联系到实在的知识和真理才是可设想的，后者属于认知的性质。相对于每一认知而言，只存在一个未知而可知的实在；……简言之，**可认知性**（在其最广义上）和**存在**不仅在形而上学上是同一个东西，而且是同义词。"[2]

皮尔士的所有这些思想都关涉指号意义的判据问题。他追问什么才是判别命题的意义的最有效的方式。他认为这种方式就是把命题意义置于将来，即通过描述命题实际预言的实验现象来检验命题的意义。认识指导下的实践是指向将来的行为，认识的目的是达到对将要发生的事情的自我控制。实用主义的准则是从实效来判别命题意义的准则，而其实践的目的则是实现对将来的事情的自我控制。因此，皮尔士在《什么是实用主义》一文中的如下一段话可被视为其实用主义思想的结语：

> 每一命题的合理意义在于它的将来。为什么是这样的呢？……这是因为，按照实用主义的看法，命题成为对人类行为可应用的形式，不是处在这些或那些特别的情景中，也不是当一个人实现他的这种或那种特殊的谋划时，而是那种最能直接用于任何情况下和为任何目的的自我控制的形式。这

---

[1] *Collected Papers of Charles Sanders Peirce*, Vol. VIII, §13.

[2] Ibid., Vol. V, §257.

就是为什么实用主义者把命题的意义置于将来；因为将来的行为是服从自我控制的唯一行为。但是，为了使得具有这种意义的命题形式能在每一情况下实现其目的，就必须普遍地描述命题实际预言的一切实验现象。因为实验现象是命题所断言的事实，确定的描述的行为将有确定的实验的结果；而唯有实验结果是能影响人的行为的结果。[1]

思考题

1. 实用主义在发展的过程中有无被庸俗化的倾向？皮尔士和杜威等哲学家是如何设法纠正这种庸俗化倾向的？在何种意义上可以说，实用主义与语言分析哲学的结合标志着克服这种庸俗化倾向的努力？
2. 皮尔士是如何论述"实用主义"概念的由来的？这与康德对"实践"和"实用"的区分有何关联？后来为什么皮尔士又要把"实用主义"（pragmatism）改为"实效主义"（pragmaticism）？
3. 皮尔士有关澄清概念和确定信念的基本思路是什么？皮尔士为什么主张要把有关对象的概念改写为"条件—命令"的句式？
4. 皮尔士所主张的指号学的实在论前提和自我控制的方式对于澄清物理效果和心理效果之间的区别和克服实用主义被主观化和功利化能起什么作用？

---

1 *Collected Papers of Charles Sanders Peirce*, Vol. V, §427.

第十章
詹姆士

威廉·詹姆士对实用主义的推广起了重大作用。他的学术背景是心理学，而且有热烈的宗教情怀，他对人生问题的关心胜过科学。这与皮尔士有很大不同。皮尔士的学术背景是数学、逻辑学和化学。皮尔士以实验学家的思想方式为蓝本阐述实用主义，而詹姆士则把实用主义作为人生的指导原则。

威廉·詹姆士出生于纽约的一个笃信基督教的富裕家庭。他父亲喜欢研究神学，写过许多用先验论哲学论证神学的著作。他的弟弟亨利·詹姆士是位小说家。这样一种家庭背景影响到威廉·詹姆士的写作风格：他写起哲学著作来像小说那样生动，并不时流露出对宗教问题的关切。他最初在纽约上学，后有相当长的时间在欧洲旅行，在巴黎时他曾想当画家，但最终改学医学，1869年在哈佛大学取得医学博士学位。1872年他应聘哈佛大学生理学讲师；1880年成为生理学和哲学教授；1887年起任哈佛大学的心理学和哲学教授，直至1907年退休。詹姆士在年轻时曾患严重抑郁症，他自认为通过阅读励志的小说和受宗教信仰的精神鼓舞而康复。这段人生经历对他把哲学与心理学和宗教结合起来的学术研究道路影响很大。

詹姆士的成名作是《心理学原理》（1890）。这是一部现代心理学的开创性著作，至今仍受称道。他在1897年发表的《信仰意志和通俗哲学论文集》可被视为其实用主义思想代表作《实用主义：某些旧思想方式的一个新名称》（1907）的先导性著作，从中能更清楚地看到他实用主义思想的源头性问题。1902年出版的《宗教经验种种》是他依据1901至1902年在苏格兰爱丁堡大学的讲演整理而成的；他在其中描绘宗教经验,特别是神秘主义的宗教经验的谱系,是宗教心理学和比较宗教学方面首屈一指的精彩著作。《詹姆士著作集》自1975年起由哈佛大学出版社陆续出版。

第一节 "实用"作为真理标准和人生指导原则

尽管詹姆士把实用主义有关确定概念意义和真理准则的思想归于皮尔士,但他的**真理观**与皮尔士有很大不同:后者有实在论的前提,而前者否认这样的前提;后者强调通过对后果的"用于任何情况下和为任何目的的自我控制"来达到对真理的把握,前者强调人生是一次性、不重复的连续过程,真理取决于对个人的实际生活所产生的具体差别。詹姆士以如下方式提出真理问题:"实用主义却照例要问:'假定一个观念或信念是真的,它的真,在我们的实际生活中会引起什么具体的差别呢?真理怎样才能实现?如果一个信念是假的,有什么经验会和由这种假信念而产生的经验有所区别呢?简而言之,从经验上来说,真理的兑现价值究竟是什么呢?'"[1]

虽然詹姆士像皮尔士一样谈到"真观念是我们所能类化,能使之生效,能确定,能核实的;而假的观念就不能"[2],但他强调:"一个观念的'真实性'不是它所固有的、静止的性质。真理是对观念而发生的。它之所以变为真,是被许多事件造成的。它的真实性实际上是个事件或过程,就是它证实它本身的过程,就是它的证实过程,它的有效性就是使之生效的过程。"[3]在这里,实在性的前提不见了,所强调的仅仅是"真理的**兑现价值**"和"使之**生效的过程**"。

皮尔士不否认认识真理和证实真理是一个漫长的直至无限的过程,但他把那些可在任何时间和地点进行重复实验和都能取得同样结果的自然科学的确认真理的方式

---

[1] 威廉·詹姆士:《实用主义》,陈羽纶、孙瑞禾译,北京:商务印书馆,1979年,第102—103页。
[2] 同上书,第103页。
[3] 同上。

作为对认识进行"自我控制"的典范形式。詹姆士则指出，人生与自然现象有重大差别。真正对人生有重大意义的真理，不是自然科学的可重复的真理。"科学中所确立的规律和所确定的事实几乎不能满足人们的内在需要。这种需要产生于我们所不知道的东西，我们在自己身上寻找它们。"[1]

詹姆士认为，比起对科学假说的选择，对**人生道路的选择**的意义更加重要。他认为，实用主义的真理标准主要适用于对人生道路的选择。为了论证这一观点，他在《信仰的意志》中提出了如下三种选择的类型：

（1）有生命力的或无生命力的；

（2）强制性的或无强制性的；

（3）重大的或非重大的。[2]

詹姆士认为，有生命力的选择将对人的成长和生活意义造成不可逆转的影响。它是一种真实的可能性，它开辟人生的道路，并能通过实践后果来检验其成效。他举例说，要么做一个不可知论者，要么做一个基督徒，对像他那样受过教育的美国人而言，这具有现实的可能性，会严重地影响自己今后所走的人生道路。然而，詹姆士指出，帕斯卡把是否信仰上帝当作死后是否进天堂的博弈，并非是一种有生命力的选择，因为他把计算的目标放在死后，已经与我们现实的人生无关了。

詹姆士还认为，有的选择有强制性，有的选择无强制性；有的时候，给你两种选择，你可以什么都不选，而有的时候，你不得不做出选择。服务生问你要咖啡还是要茶，你可以选择什么都不要。但当你面对完全的逻辑选言命题的时候，当你面对机不可失、失不再来的命运攸关的选择的时候，你的选择就是强制性的。在某种情势下，即使你说"不做决定而让问题搁在那里"，这依然是一种决定，并同样要冒失去真理的危险。

詹姆士强调，有关人生道路的选择是重大的选择。假如有人邀请你参加一次北极探险考察，并且这是一次性的机会，你可能历经艰辛满载而归，也可能丧失生命，这使得你面临重大抉择。"相反，如果机会不是唯一的，如果赌注是微不足道的，或者

---

[1] 威廉·詹姆斯：《詹姆斯文选》，万俊人、陈亚军等编译，北京：社会科学文献出版社，2007年，第410页。

[2] 同上书，第438页。

如果一旦后来证明是错的，决定还可以悔改的话，那么选择就是非重大的。"[1]根据这条标准，詹姆士认为，"这种非重大选择在科学生活中俯拾即得"[2]。比如，化学家对一个假设感兴趣，他会花一段时间去证实它，也可能无功而返，这不会对他造成重大损失。

詹姆士根据他所提出的有关选择的三种类型，论证实用主义的真理标准，即只有用在有关人生道路的选择上，才真正用对了地方，因为有关人生道路的选择才是真正有生命力的、不得不做出的重大抉择，而科学上的选择往往是非重大的。皮尔士批评詹姆士把实用主义的准则庸俗化了，詹姆士则认为皮尔士没有看到自然现象与人生现象的重大差别，把实用主义的方法局限于用在微不足道的地方。詹姆士和皮尔士是好朋友，他们共同掀起和发展了实用主义思潮，但他们对彼此的批判一点儿也不含糊。

第二节 哲学的"气质说"和宗教的"慰藉说"

詹姆士把实用主义推广到人生领域。与此相关，他从人生效用的角度论证哲学和宗教的真理性。按照他的看法，有很多不同的哲学理论，也有很多不同的宗教信仰；有关它们，人们若从原理出发，永远不会争论出一个结果；一旦联系到它们对人生的实际效用，难解难分的争论就迎刃而解了。哲学的全部功用应该是找出，如果这个世界公式或那个世界公式是真实的，那么它会在我们的生活上造成什么样的具体差别。对于宗教信仰，也必须从人生效用的角度加以考察。有神论的信仰如果在最广的意义上令人生满意，就应该承认它是真的。詹姆士的实用主义的一个重要特色就是从心理维度论证哲学和宗教对人生的意义。

詹姆士认为，"哲学史在极大程度上是人类几种气质冲突的历史"[3]。不同的哲学理论塑造人的不同的**气质**，而人随自己的气质差异来选择自己偏好的哲学理论。举例来说，"经验主义者"是喜爱各种各样原始事实的人，"理性主义者"是信仰抽象的和永久的原则的人。实际上，事实和原则都是人类生活所需要的，但由于人的气质不同，

---

[1] 威廉·詹姆斯：《詹姆斯文选》，第439页。
[2] 同上。
[3] 威廉·詹姆士：《实用主义》，第7页。

偏好也就不同，而且彼此之间产生许多非常尖锐的嫌恶感。

詹姆士把诸多哲学理论上的差异归为"**柔性**"和"**刚性**"两类心理结构上的差异[1]：

柔性的	刚性的
理性主义的	经验主义的
（根据原则而行）	（根据事实而行）
理智主义的	感觉主义的
唯心主义的	唯物主义的
乐观主义的	悲观主义的
有宗教信仰的	无宗教信仰的
意志自由论的	宿命论的
一元论的	多元论的
武断论的	怀疑论的

詹姆士认为，实用主义是对以上两类哲学理论和两种心理气质的综合，因此实用主义在思想和心理上更加健全。"实用主义，虽然忠于事实，但它并不像普通经验主义那样在工作中带有唯物主义的偏见。而且，只要抽象的理想能帮助你在各项事实中进行工作，能真正把你带到一定的地方，实用主义是绝不反对去实现抽象的［理想］。"[2]

尽管詹姆士把实用主义打扮成一种不偏不倚的中庸哲学，但我觉得他更多的是在反对唯物论并为唯心主义和宗教信仰辩护。他认为唯物主义和无神论不利于人的道德自觉和求善的意志。如果一切事物，包括人在内，都从原始星云或无限的实体而来，那么道德责任、行动自由、个人努力就没有立足之处，自主选择、新奇事物、人生奋斗就无从谈起。如果一切都是由客观规律必然决定的，个人就会变成一个纯粹的木偶。与此相反，唯心论和有神论则给个人带来希望。他一再强调，如果神学的各种观念被证明对于具体的生活确有价值，那么，在实用主义看来，在确有这么多的价值这一意义上，它就是真的了。如果"绝对"这个观念能给某一类人以宗教上的安慰，

---

1 威廉·詹姆士：《实用主义》，第9页。
2 同上书，第40页。

它就肯定不是无用的,它就有那么多的价值。相信"绝对"的人说,他们的信念给予他们安慰。他们在"绝对"中感觉到,有限的恶已经被"控制"住了,自己生活在潜在的永恒中;他们相信至上力量为善的后盾,将最终主持公道,可以毫无罪过地消除恐惧,并放下有限责任所带给我们的烦恼。既然这种宗教信仰能起如此大的心理慰藉作用,那么作为一个好的实用主义者,就应当说"就其达到这种程度而论",这个"绝对"是真的。

詹姆士认为,**宗教**包含两个对人生至关重要的命题:(1)上帝保证人所珍爱的那些理念和价值的永恒性;(2)相信这样的一个上帝的存在将鼓励人按照这样的一些理念和价值改善人生,建立一个更美好的世界。与此相应,人的宗教经验将经历三个阶段:(1)初步感觉到自己的人生对宗教的内在心理需要;(2)随着宗教感的加深,感受到自己的这种内在意识是与宇宙天地间的意识相通的;(3)通过这种"**神人一体**"或"**与绝对合而为一**"的神秘经验来强化和修补自己的宗教意识,激发人生的巨大活力和勇气。[1] 既然宗教对人生有这种活生生的、具有推动力的重要作用,那么即使其信仰对象不能被逻辑和事实证明,也应该承认其为真的。

第三节 彻底的经验主义

对于詹姆士的这种从人的气质和心理慰藉的角度论证哲学真理和宗教真理的做法,人们很容易想到,这是混淆了事情的实际效果与心理效果。一个观念、一种学说会影响人的心理情感和思想,会推动人按照一定的规划行动,而人的行动又会引起物理世界的变化。这是几种不同的作用:(1)心理作用,(2)心—身或思想—行动的作用,(3)物理作用。詹姆士在谈到观念的真理性在于其有效性和生效过程时,似乎有意不区分这三种不同的作用。皮尔士在提出其实用主义准则时就注意到了这个问题,所以强调其实在论的前提。皮尔士还看到了詹姆士的这种混淆,而想与他划清界限。

然而,詹姆士是否因没有注意到心理效果与物理效果的差别而误会了皮尔士的实

---

[1] 参见威廉·詹姆斯:《宗教经验种种》,尚新建译,北京:华夏出版社,2008年,第303—305、373—374页。

用主义真理观呢？事情并非如此。詹姆士的实用主义真理观是以其彻底经验主义的立场为前提的。詹姆士在其生前汇编了一本《彻底经验主义论文集》，在其死后的第二年（1912）发表。这些论文的中心观点就是否认心理和物理、思想和事物之间的对立，主张唯有经验世界存在，论证心理和物理、思想和事物之间的关系只是诸多经验关系中的一种特殊类型。

詹姆士的彻底经验论最初可以追溯到他在1904年发表的一篇名曰《"意识"存在吗？》的论文。在这篇文章中，他写道："我的论点是：如果我们首先假定世界上只有一种原始素材或质料，一切事物都是由这种素材构成，如果我们把这种素材叫作'纯粹经验'，那么我们就不难把认知作用解释成为经验的各个组成部分相互之间可以发生的一种特殊关系。这种关系本身就是纯粹经验的一部分，它的一端变成知识的主体或担负者、知者，另一端变成所知的客体。"[1]

他认为，直到当时为止，哲学家们向来把主体、客体的二元关系当作一种根本关系：一端是主体（认识者），另一端是客体（被认识的事物）。所不同的仅仅是，有的哲学家把主体（心、灵魂）当作实体，有的哲学家把客体（物质、事物）当作实体，有的哲学家则主张精神与物质的二元论。然而，从**彻底经验主义**的角度看，主体和客体、精神和物质都不是原初的；真正原初的是纯粹经验，纯粹经验才是真正的实在。主体和客体、精神和物质不过是我们认知的概念化的结果，是一种形而上学的假设，而不是真正的实在。他写道："一句话，如果我们老老实实看待实在，把实在看待得就像它首先呈现给我们那样，也就是拿它作为我们主要兴趣所依据的，我们的一切行动所归依的这种可感觉的实在来看待，那么，这种可感觉的实在和我们对于这种实在所有的感觉，就在感觉产生的时候，二者是绝对同一的。实在就是统觉本身。"[2]

以往的哲学家追问心与物究竟何者是第一性的，何者是派生的。在詹姆士眼里，他们都找错了方向，因为心与物都已经是概念化的产物了。既然真正的实在被认为是最原初的东西，那么真正的实在就是"直接的生活之流"，就是"感觉的一种原始的混沌"。在他看来，只有新生的婴儿，只有那些刚刚从睡梦中惊醒或处于半昏迷状态

---

[1] 威廉·詹姆士：《彻底的经验主义》，庞景仁译，上海：上海人民出版社，1965年内部发行，1986年再版，第2—3页。
[2] 同上书，第114页。

的人，才能被假定为具有纯粹经验，即一种十足意义上的对于这的纯经验，这个这还没有成为任何确定的什么，而我们后来的反思及其概念性的范畴都是由此产生出来的。

那么心物二分是如何形成的呢？按照詹姆士的看法，是从同一种经验之流中产生出来的。经验的各个部分通过关系而一个接一个地连接在一起，这些关系本身也是经验的组成部分。"心"和"物"不是外在于经验之流的关系，而是内在于经验之流的关系。思想与事物之间的对立不是本体论上的不同性质的实体之间的对立，而仅仅是经验之流内部的一种在关系和机能上的对立。同一段纯粹经验可以既代表一个意识事实，又代表一个物理实在，这取决于其在哪一个经验的结构里。经验的一个已定的未分割部分可以在这种关系中是认识者，在那种关系中是被认识的东西。

由于心理的东西和物理的东西在詹姆士看来都属于经验之流中的东西，因此在评判真理的时候，要求区分心理效果和物理效果就没有必要了；或者，既然承认物理效果对于评判真理的意义，那么也就应该承认心理效果对于评判真理的意义。这是詹姆士把皮尔士的真理准则推广到人生和心理的领域并坚持其有效性的依据，这种依据就是一种彻底经验主义。

当然，我认为詹姆士的辩护是无效的。这是因为，詹姆士混淆了认识论上的原初性与本体论上的原初性。原初的纯粹经验只是一种认识论上的原初性；在一切生物产生之前，即在一切意识经验出现之前，物质世界早就存在了。真正原初的实在应该是物质世界，而不是纯粹经验。

思考题

1. 詹姆士如何论证实用主义的真理标准主要适用于对人生道路的选择？请结合他在《信仰的意志》中提出的"三种选择的类型"加以评述。
2. 詹姆士如何论述哲学与心理气质之间的关系？请结合他的实用主义观点加以评述。
3. 评述詹姆士的彻底经验主义。

第十一章
杜　威

约翰·杜威是实用主义的集大成者。这不仅意味着杜威综合了皮尔士和詹姆士的实用主义，把其推广到诸如教育学、政治学等更多的领域中去，而且还意味着他打下了实用主义的更扎实的哲学基础。杜威的实用主义带有自然主义的色彩。杜威对经验的自然主义理解，较好地解决了实用主义进入人生领域而不陷入主观唯心主义困境的难题，也为他把实用主义推广到教育和民主政治的领域铺平了道路。

皮尔士以化学实验学家的思想方式为蓝本奠定了实用主义的基本原则。詹姆士把实用主义推广到人生领域中去，把心理效果与人生真理联系起来。这自然引起质疑。设想一下化学反应与心理效果之间的差异：一个化学家通过化学反应的效果来验证化学理论的真假，这无疑是正确的做法。但通过心理效果来论证宗教真理，即便众多虔诚的信仰者也觉不安。他们宁愿说，因为所信的是真的，所以才有效果。詹姆士企图通过彻底经验主义来调和心理效果与物理效果的差异，然而这更增添了他的哲学的主观主义色彩。杜威也持经验主义的立场。但是他把经验解释为生物的有机体与周围环境的互动的结果。这种互动就是经验，就是效果；实用主义的真理观要从这种互动中得到理解。

杜威是一位直接参与到中国当代哲学活动中的美国哲学家。他1919至1921年间在中国上海、北京以及十一个省巡回讲学，对实用主义在中国的传播起了重大作用。他1928年访问苏联，考察苏联的教育状况。由于称赞苏联的义务教育制度和某些社会主义理念，他被某些媒体说成是"布尔什维克"。后来他反对斯大林的极权主义和政治迫害，参加"控诉莫斯科对托洛茨基审判的调查委员会",又被认为是反布尔什维克的急先锋。杜威关心民众的利益,弘扬社会平等的价值观,高举起"民众教化"的大旗,试图以教育为切入点改造社会,推进他本人所笃信的民主、自由理念。由此可见,他与以阶级斗争为历史前进动力的"布尔什维克主义"有其共同点和差异。

杜威的主要著作包括《伦理学》（*Ethics*, 1908）、《我们怎样思维》（*How We Think*, 1910）、《实验逻辑论文集》（*Essays in Experimental Logic*, 1916）、《哲学的改造》（*Reconstruction in Philosophy*, 1920）、《人性与行为：社会心理学导论》（*Human Nature and Conduct: An Introduction to Social Psychology*, 1922）、《经验与自然》（*Experience and Nature*, 1925）、《确定性的寻求》（*The Quest for Certainty*, 1929）、《逻辑：探究的理论》（*Logic: The Theory of Inquiry*, 1938）、《人的问题》（*Problems of Men*, 1946）、《认知与所知》（*Knowing and The Known*, 1949, 与本特利［A. F. Bentley］合著），等等。杜威一生给后世留下了五千页文章和一万八千页专著的遗产。1990年, 美国南伊利诺伊大学杜威研究中心经过长期的准备工作, 出版了《杜威全集》, 共三十七卷。《杜威全集》的中译本由复旦大学刘放桐教授任主编, 在华东师范大学出版社出版。

第一节　自然主义的经验论

在杜威的哲学中,"自然主义"与"经验主义"这两个标识可以说是一而二二而一的。在1925年首版的著作《经验与自然》中,杜威干脆就将二者连缀而成为"**自然主义的经验论**"(naturalistic empiricism)。他承认,将"自然主义"与"经验主义"做如此结合,按照以往的哲学观点来看是自相矛盾的,因为"经验"被看作属人的主观的东西,而"自然"被看作外在于人的主体的自在的东西。他之所以用这一术语,正是为了反对这种割裂"自然"与"经验"的旧哲学思维模式。

在杜威看来,达尔文的进化论带来的观念革命,就是将"变化"作为原则引入了生物学,并由此将物种的生成看成自然选择的结果,而不是上帝的完美设计的静态产物。既然依据生物学的观点,生物有机体对于外界的反应都是受到外部环境刺激的产物,那么我们为什么不能够认为我们人类的各种实践活动归根结底也就是对于外部环境刺激的种种反应方式呢?如果这个思路对头的话,那么我们就马上会得到一个严重威胁传统知识论思想根基的推论:人类构建知识的根本目的就不是认识环境,而是**回应环境提出的挑战**。

杜威在达尔文的进化论中看到经验与自然实际上是统一的。有机体为了求得生存,必须适应环境,必须对环境的种种变化做出适当的反应。这时就产生有机体与环境的互动,经验就是在这种互动中产生的。因此,不应把经验看作主体对客体的单纯的主观认识,而应看作主体参与到客体之中去的行动。他写道:"经验变成首先是做(doing)的事情。有机体决不徒然站着,一事不做,像米考伯(Micawber——狄更斯的小说中的人物)一样,等着甚么事情发生。它并不默守、弛懈、等候外界有甚么东西逼到它身上去。它按照自己的机体构造的繁简向着环境动作。结果，环境所产生的变化又反应到这个有机体和它的活动上去。这个生物经历和感受它自己的行动的结果。这个动作和感受（或经历）的密切关系就形成我们所谓经验。"[1]

杜威在《确定性的寻求》中专门写了"智慧的自然化"一章。杜威指出，以往的哲学在有关真实知识的对象问题上各执一端，争论不休。大致地说，有四种类型：

（1）把感觉素材当作确定的东西，认为这是认识的最可靠起点。这是英国经验论的基本观点。

（2）把数理和逻辑的对象当作确定的东西，认为这些理性的原理是认识的可靠起点。这是唯理论的基本观点。

（3）把物理对象当作确定的东西，认为这是精密探究的基础。这是科学哲学中颇为时兴的物理主义的基本观点。

（4）把日常经验的对象作为确定的东西，认为常识是久经考验值得信赖的。这是所谓常识哲学的基本观点。

在杜威看来，这四种观点有一个通病，就是假定真实有效的知识对象乃是一种存在于认识活动之先、独立于认识活动之外的东西。争论之所以产生，是因为它们分割了认识和人的实践活动。"如果我们知道了，认知不是一种外在的旁观者的动作而是参与在自然和社会情景之内的一分子的动作，那么真正的知识对象便是指导之下的行动所产生的后果了。当我们采取了这种观点时，即使我们只把它当作是一种假设，则我们上述的困惑与烦难便都会烟消云散。因为根据这个观点来看，为了要产生不同的后果，就要有不同种类的，具有特效的探究操作的手续，因而便有各种不同的对象。"[2]

在杜威看来，感觉素材、物理对象、数理和逻辑的形式对象、日常所感知和所享有的对象都是在与实践相结合的认识过程中，依据认识的需要，相应于认识的手续而产生的。

当认识需要明确问题和提供线索或证据的素材时，感觉素材就起了为我们明确认识问题提供线索和证据素材的作用。从这个意义上讲，当我们获得可靠的感觉素材

---

[1] 杜威：《哲学的改造》，许崇清译，北京：商务印书馆，1958年（1933年第一版），第46页。

[2] 杜威：《确定性的寻求》，傅统先译，上海：上海人民出版社，2004年，第196—197页。

时，认识的问题才会明确起来，真正的认识才开始起步。

为了使得认识精确化，对未来的现象实现可量化的预言，就必须确定认识对象的那些度量特性，这时物理对象就成了认识中的优先对象。这特别适用于物理学及其相关科学。

我们运用符号发展了我们的操作，把可能的一些操作彼此联系起来：这种操作的结果便产生了数理和逻辑方面的形式对象。就这种认知过程中的形式推理而论，形式的对象是必不可少的；只要它们是适当的形式化操作的后果，它们也就是真正地为我们所认知的了。

最后，当所有的这些认知操作被用于解决我们在生活中遇到的问题时，就势必联系到我们日常所感知和所享有的对象。当这样的对象为应对我们的生存挑战，满足我们的生活需要，发挥适当的作用时，它们就是真正地为我们所认知的。

总之，杜威并不排斥以上四种对象中的任何一种，而是认为它们在认识的自然过程中各有其发挥作用的地方，但不应把它们中的任何一个绝对化，当作绝对确定的东西和真实知识的唯一对象。

杜威的"自然主义的经验主义"与詹姆士的"彻底的经验主义"既有联系又有区别。按照杜威的看法，詹姆士的"经验"是一个具有两套意义的字眼，即包括"所经验的事物"和"能经验的过程"。开垦过的土地、种下的种子、收获的成果以及日夜、春秋、干湿、冷热等变化，这些为人们所观察、所畏惧、所渴望的东西是"所经验的事物"。经验也包括人们种植、收割、希望、计划、欣喜、恐惧等有关活动、观看、思考和感受的方式，这是"能经验的过程"。在经验的统一中，詹姆士不承认在动作与材料、主观与客观之间存在区别，但认为在一个不可分析的整体中包括它们两个方面，即既包含主观的方面，又包含客观的方面。就此而论，杜威表示赞同詹姆士在《彻底经验主义论文集》中所阐发的有关经验是一个"具有两套意义的字眼"的观点。

但紧接着，杜威加了一个注："然而，这并不是意图把本书所做的解释明确地归之于詹姆士。"[1]因为杜威注意到，詹姆士的彻底经验主义偏好所谓"纯粹经验"，试图从活生生的经验整体中分离出某一部分的经验行为方式，留下了孤零零的感觉素材。这

---

[1] 杜威：《经验与自然》，傅统先译，北京：商务印书馆，1960年，第10页。

是一种错误的主观主义心理学方法论的产物。当詹姆士试图用"**意识流**"这个新的心理学术语来替换"具有两套意义"的经验字眼时，他还是默许了"意识"这一领域的自我保持特征。杜威为詹姆士的这一倾向深感惋惜。杜威自然主义的经验主义注重活生生的经验整体，即认为经验与自然是统一的，经验是生物体在应对环境挑战中产生出来的东西。杜威主张应始终尊重"原初经验"的完整性，要将心理分析结果重新还原到自然的经验的整体中去，即还原到的经验的这种统一性中去。

第二节 工具主义

与自然主义的经验论相联系，杜威也把他的实用主义称为**工具主义**。这种工具主义是以进化论的自然主义观点为基础的。他主张，认识无非是为达到一定的目的而锻造的工具或手段。除了有机体在变化的环境中维持和改善自己的生存这一原初的自然目的外，他不再承认任何其他的规范的目的和最高的善。他认为，一切其他的目的都来自这个原初的有机体的生存目的，都是要在认识和生存的过程中加以确认或修正的。

杜威写道："当有机物的结构更加复杂而联系到更加复杂的环境时，有机物便需要有一种特殊的动作来创造各种条件以利于以后采取持续生命过程的动作。这一点既是更加困难了，又是更加必要了。有时在一个关键的地方，一个行动的正误就意味着生死。环境条件愈来愈矛盾紊乱：它们为了生命的利益，要求采取何种行动，也愈不确定。因此，行为就势必要更加犹豫审慎，更加需要瞻望和准备了。"[1]

为了应对这种复杂的形势，杜威提出了**思想的五步说**（探究的五个环节）。在《我们怎样思维》一书中，他对此做了这样的概括：(1) 感觉到的困难；(2) 困难的所在和定义；(3) 对不同解决办法的设想；(4) 运用推理对设想的意义所做的发挥；(5) 进一步的观察和试验，它引导到肯定或否定，即得出可信还是不可信的结论。

在《逻辑：探究的理论》一书中，杜威对此做了更加详细的论证，他把"思想

---

[1] 杜威：《确定性的寻求》，第225—226页。

的五个步骤"表述为"**探究的五个环节**":第一,"探究的先行条件,即不确定的情境"(the Antecedent Conditions of Inquiry: the Indeterminate Situation):在这个环节中,某些不确定的情境激起了我们的疑惑,但是我们还没有将其清楚地表达出来(比如,某人突然觉得某件事情有一点不对劲,但他却说不出是哪里不对劲);第二,"对于一个问题的建构"(Institution of a Problem):在这个环节中,人们努力用语言来捕捉在前一个环节中所感受到的疑虑之所在;第三,"问题解决办法的确定"(the Determination of a Problem-Solution):在这个环节中,人们提出关于解决问题之种种可能性的模糊观念——而这些可能性本身又必然包含着对于某些特定类型的、可被观察到的经验材料的期待;第四,"推理"(Reasoning):在这个环节中,我们将在前一环节中所得到的模糊观念置于观念体系的网络中,以检验其表达是否有意义,并具体规划哪些可观察经验材料的获得会对验证它有帮助;第五,"事实—意义的可操作特性"(the Operational Character of Facts-Meanings):该环节同时也就是验证解决问题之假设的环节。

杜威强调,解决问题的方案必须是可操作的,并且在任何可能的验证活动中,事实因素与意义因素都必须是可操作的。说事实因素必须是可操作的,是因为孤立的事实不构成证据,而旨在构成证据的事实就一定得在语言符号的操作中被观念系统组织起来;而说观念或意义必须是可操作的,则是因为它们必须能够成功指导针对事实的进一步的观察活动,以便在"操作"中体现其价值。

了解皮尔士的"怀疑—信念—行动"的探究理论的人一看就知道,它与杜威的"思想的五步说"或"探究的五个环节说"大同小异。杜威自己也承认,这是对皮尔士观点的一种自由转述。杜威的学生胡适把杜威的这一探究方法概括为"细心搜索事实,大胆提出假设,再细心求证"。有时他也将其概括为"大胆假设,小心求证"。经由胡适的介绍,杜威的这一思想在中国广泛传布。

与皮尔士一样,杜威也结合探究的程序论证信念的真假。在杜威看来,观念、意义、概念、学说和体系不过是人们为了达到预期的目的而设计的工具。如果它们对于一定的环境的主动改造,或对于某种特殊的困苦和纷扰的排除确实起到工具般的作用,那么它们的效能和价值就会系于这个工作的成功与否;如果它们成功了,它们就是可靠的、健全的、有效的、好的、真的。"能起作用的假设是'真'的,所谓'真理'是一个抽象名词,适用于因其作用和效果而得着确证的、现实的、事前预想和心所期愿的诸事件的汇集。"[1]

与皮尔士一样，杜威也注意到"**真理即效用**"的表达容易引起误解。由于实用主义真理观的新奇性和对其解说的缺陷，它常常招致曲解。"效用"被曲解为欺骗性的心理效用，"满足"被曲解为个人利益的满足，从而被人憎恶。杜威写道："例如，当真理被看作一种满足时，常被误认为是情绪的满足，私人的安适，纯个人需要的供应。但这里所谓满足却是观念的和行动的目的和方法所由产生的问题的要求和条件的满足。这个满足包括公众的和客观的条件，它不为乍起的念头或个人的嗜好所左右。又当真理被解释为效用的时候，它常被认为对于纯个人目的的一种效用，或特殊的个人所着意的一种利益。把真理当作满足私人野心和权势的工具的概念非常可厌，可是，批评家们竟把这样的一种臆想归诸健全的人们，真是怪事。其实，所谓真理即效用，就是把思想或学说认为可行的，拿来贡献于经验改造的那种效用。道路的用处不以便利于山贼劫掠的程度来测定，它的用处决定于它是否实际上尽了道路的功能，……观念或假说的效用所以成为那观念或假设所含真理的尺度也是如此。"[2]

皮尔士在论述"真理即效用"时是结合"怀疑—信念—行动"的探究理论和有关澄清概念的"指号学"来谈的，并强调他的探究理论和"指号学"有一个"实在论的前提"。杜威在论述"真理即效用"时也是结合他的"思想的五步说"或"探究的五个环节说"来谈的，并强调其基础是自然主义的经验论。杜威的自然主义的经验论有实在论意味。当然，他不是把"实在"（reality）理解为一个不变的"实体"（substance），而是理解为有机体与周围的自然环境和社会关系的互动，具有一种改造自然和社会以及人本身的思想方式和道德观念的实践意义，用他的术语来说就是"**经验改造**"。

如果说皮尔士的实用主义方法及其真理观主要对应于以"化学实验家"的思想方式为蓝本的科学探索方法，而詹姆士把它推广到心理学和宗教学等涉及人生的领域，那么可以说，杜威在肯定詹姆士的推广工作和赞同"实用主义是一种生活哲学"的同时，也在尽力设法消解包括詹姆士在内的一些哲学家对实用主义思想表述的缺陷所造成的误会，特别是克服其彻底经验主义的主观主义偏向。

---

1 杜威：《哲学的改造》，第84页。
2 同上书，第85页。

第三节　民主与教育

杜威的政治学说、道德学说和教育学说有一个共同的特点，就是把自然、社会和人的精神视为一个连续的人类生活的经验整体，因此在原则上必须运用"探究"态度来处理。他不承认任何先天正当的政治原理和道德规范，主张一切有关人类生活的概念都是在人类应对自然和社会问题的过程中产生出来的，因此也将依照改善人类生活的成效来评价。人是具有学习能力的社会性生物。人不仅要学习如何与自然打交道，还要学习如何与他人打交道；要学会在与他人的交流中达成共识，协调利益，采取共同的行动解决各种社会问题。解决社会问题的方案要拿出来供全社会讨论，而不是由权势阶层和知识精英说了算。全民参与政治讨论本身也是一种培育民众能力的方式，民众能通过观察和体验政治方案的成效来辨别其好坏优劣。一方面公民的素质是民主制度成功的保障，另一方面公民的素质要靠民主的方式来培养。这是杜威有关民主与教育的基本观点。

杜威在《民主与教育》(又译《民本主义与教育》)这本书的一开头就申明："生物与非生物最显然不同的地方是生物能用重新更新来维持自己。"[1]人作为一种高级生物，不但通过生理的新陈代谢，而且通过文化的传承和创新来维持和发展自己。人的生活不仅包括物质方面，而且包括风俗、制度、信仰、成功与失败、娱乐与职业。生活由传递而自新。"**经验**"这个词也含有这样的精义："由自新而继续的原理，可用于生理意义的生活，也可用于经验。就人类而论，他们有了形体生存的自新，后面还跟着信仰、理想、希望、愉快、苦恼、习惯的再造。经验的继续不断，由于社会团体之自新，还是表面的事实。广义的教育，乃是保持社会生活继续不断的方法。"[2]

在杜威看来，"公共"(common)、"共同体"(community)、"交往"(communication)这三个概念是相通的。人类社会是人类公共生活的共同体，要通过交往，沟通彼此的目的、信念、志愿和知识。交往是一种沟通经验的历程，使人彼此参与经验，使得个体化的经验融入公共所有的经验中去。交往能使参与的人的倾向互相改变；各种人类团体都能为改良经验而效力。通过交往，人们形成"**公共的理解**"，这就是社会学家

---

[1] 杜威:《民本主义与教育》，郑恩润译，上海：商务印书馆，1949年，第1页。
[2] 同上书，第2页。

所谓"共同心理",而民主社会的基础就是这种通过交往而形成的政治共识。

由此可见,杜威有关民主与教育的思想以他的自然主义的经验论为基础的。杜威虽对他所身处的资本主义社会颇多批评,但这些批评并不妨碍他在思想根基处拥护西方民主制度,并希望通过他的这种自然主义的经验论来完善西方的民主制度,从而克服西方社会的弊病。熟悉近代以来的西方政治哲学理论的读者一定知道,一般的西方自由主义者往往会通过对于抽象个体之绝对自由的形而上学肯定来为西方民主制度的合法性辩护,可杜威却对此有一些不以为然。他写道:"自由主义在过去曾完成一个解放的任务,但它受绝对主义遗毒的影响是如此之深,致使它发明了一种神话,以把'个人'隔离起来,以对抗所谓'社会'。"[1]

杜威本人的正面见解则是:个体的成长依赖于社会环境这一点是丝毫不可怀疑的,因此我们对于民主制度的拥护绝不与我们对于人之社会性的认识冲突。而在杜威看来,这种制度之所以值得拥护,乃是因为唯有在这种制度中,我们才更有希望以"探究"的态度平等地探讨社会的未来——就像我们在自然科学领域中所做的那样。很显然,在非民主的极权体制内,公众以及知识分子只有接受官方灌输的政治教条的份,却没有反思、怀疑这些教条的制度性保障——此情形非常类似于中世纪的教会组织对于自由的科学研究所采取的那些我们早已耳熟能详的压制措施。同样的道理,也正像无所不在的、僵化的宗教意识形态将不可避免地阻碍科学的发展一样,僵化的政治意识形态,以及极少数人对于政治决策权与发言权的贪婪垄断,必然会阻碍社会的进步与发展。

从这个意义上说,任何一个人,只要他运用科学领域内的探究精神来处理政治事务的话,他就只能在切实维护言论自由的**民主政体**中展开自己的活动。"民主的基础是信仰人性所具有的才能;信仰人类的智慧和力量。这并不是相信这些事本身就已经具备了,而是相信如果给它们一个机会,它们就会成长起来,而且就能够继续不断地产生指导集体行动所必需的知识和智慧。"[2]

杜威认为,教育在根底上对塑造新一代公民的世界观产生着关键作用。从这个角度看,从事教育就是从事政治——只不过其效果要假以时日才可逐渐显露。教育除了

---

1 杜威:《人的问题》,傅统先、邱椿译,上海:上海人民出版社,1985年,第12页。
2 同上书,第45页。

让学生掌握一定的科学知识之外，更要悉心教导学生将科学的探究精神、怀疑精神、批判精神、实验精神运用于生活的各个领域，使学生的大脑不再成为权威教条的容器，并最终通过这种对于政治生活的参与，使得"科学与技术成为民主希望与信仰的奴仆"，使得"科学、教育与民主动机合而为一"。[1]

杜威认为，单纯的政治自由过于狭隘，也无法得到保障，更重要的是让民主思想渗透到人的习性中去，使得民主成为个人和社会的生活方式。在此，公民的素质培养非常重要。"除非民主的思想与行为的习惯变成了人民素质的一部分，否则，政治上的民主是不可靠的。它不能孤立地存在。它要求必须在一切社会关系中都出现民主的方法来支持它。"[2]

杜威主张把实用主义的探究的方法与民主精神结合起来，用到教学实验中去。他认为学习是一辈子的事情，教书与育人相结合，动脑与动手相结合，书本知识要联系实际经验，学校不要脱离社会，提倡团队精神、合作意识，以及教育作为人的自我实现的过程。人类的生存经验是靠教和学来传承和发展的。没有从前人和同时代的别人那里学得的知识，我们难以应付复杂的生存环境。但是要知道，新的问题时时会出现，对此没有任何既成的不变模式去应对。因此，教学的资料要时时更新。要培养学生的好奇心、怀疑精神，以及自己发现问题和提出解决问题方案的态度。要反对教条式的教学方式，要让学生知道解决问题的道路不可能只有一条，正确的答案也不可能总是只有一个，要根据实际的形势和效果来评价其好坏，死背课本来答题不符合科学精神。

要组织学生一起来讨论，一起发现问题和寻找解决问题的方法；让学生分享他们各自的经验和互助的习惯。民主的习惯要从这种团队合作的教学实践中来培养，并且与科学的探索态度结合在一起。只有这样，民主的根基才牢固，民主才不仅仅是一种通过投票表决来选举领导人的政治方式，而且还是一种通过互相沟通找到真正解决社会问题的科学方案和提高全民素质的方式。

杜威本人对他的有关民主与教育的思想非常重视。他晚年在题为《从绝对主义到实验主义》("From Absolutism to Experimentalism")的一篇评论文章中指出，他的哲学

---

[1] 杜威：《人的问题》，第24页。

[2] 同上书，第51页。

思想在《民主与教育》中得到了最充分的阐说。他向哲学评论界推荐了这本书,然而他们对他的教育著作不屑一顾的态度令他失望。[1]

在二十世纪的西方哲学家中,杜威可谓在中国讲学时间最长、思想传播最广、中国人最熟悉的人物。学习哲学的同学们不应像过去那样简单地把杜威视为"良师益友"或"洪水猛兽",而应以实事求是的"探索"的精神对待杜威的思想,善于结合我们的现实生活发现问题和解决问题,这样才能开创哲学和人生的光明未来。

思考题

1. 评述杜威的自然主义的经验主义。
2. 评述杜威的"思想的五步说"或"探究的五个环节说"。
3. 结合杜威的实用主义观点评述他有关民主和教育的思想。
4. 评述皮尔士、詹姆士和杜威在实用主义思想上的联系和区别。

---

[1] 参见 Robert E. Dewey, *The Philosophy of John Dewey*, The Hague: Martinus Nijhoff, 1977, p. 21。

第十二章
分析哲学综述

分析哲学的兴起与二十世纪以来逻辑学和语言学研究方面的重大进展有关。分析哲学家往往也是逻辑学和语言学的专家。分析哲学家普遍重视分析，致力于从小处着手，一步一步解决哲学问题，而不是凭思辨一下子建立宏大的哲学体系。分析哲学家讲的分析主要是语言分析。他们认为，语言分析是解决哲学问题的重要途径，许多看起来深奥的哲学问题实际上是由误解语言而产生的，搞清楚语言与我们的思想、语言与我们的生活形式的关系，有助于澄清传统哲学中有关本体论和认识论的许多难解的问题，并有助于推动科学的发展。

第一节　分析哲学的问题意识

有关什么是分析哲学和分析哲学在哲学史上的地位，分析哲学的创始人之一**罗素**（Bertrand Russell，1872—1970）在他的一本自传中写道："自从我抛弃康德和黑格尔的哲学以来，我一直寻求通过分析去解决哲学问题；并且我仍然相信，唯有凭借分析才能取得进步。"[1]他在《西方哲学史》的最后一章"逻辑分析哲学"中，概述他及其同道重视的分析哲学在整个哲学史上的地位："以上我谈的是现代分析经验主义的梗概；这种经验主义与洛克、贝克莱和休谟的经验主义的不同在于它结合数学，并且发展了一种有力的逻辑技术。从而对某些问题便能得出明确的答案，这种答案与其说有哲学的性质，不如说有科学的性质。现代分析经验主义和体系缔造者的各派哲学比起来，有利条件是能够一次一个地处理问题，而不必一举就创造关于全宇宙的一整套理论。在这点上，它的方法和科学的方法相似。我毫不怀疑，只要可能有哲学知识，哲学知识非靠这样的方法来探求不可；我也毫不怀疑，借这种方法，许多古来的问题是完全可以解决的。"[2]

罗素的这两段话，既是对分析哲学的界定，又道出了分析哲学的问题意识。首先，为什么要抛弃康德和黑格尔的哲学呢？或更广义地说，为什么不满于体系缔造者的各派哲学呢？其次，凭什么说"现代分析经验主义"推进了洛克、贝克莱和休谟的经验主义，以及凭什么说"现代分析经验主义"比起体系缔造者的各派哲学来具有优

---

[1] B. Russell, *My Philosophical Development*, London: George Allen & Unwin, 1959, p. 14.
[2] 罗素：《西方哲学史》（下卷），马元德译，北京：商务印书馆，1976年，第395页。

胜之处？最后，为什么哲学知识需要依靠分析的方法来探求，以及为什么分析的方法能够解决哲学问题？

分析哲学意识到体系缔造者的各派哲学（即分析哲学家眼中的"形而上学"）缺乏牢固的经验基础且逻辑推理混乱。在分析哲学家看来，形而上学的哲学家热衷于建构包罗万象的知识的体系，创立关于全宇宙的一整套理论。在经验知识还不具备的地方，他们就以抽象的思辨取代它。他们甚至认为，完全凭借纯思辨的理智，就能建立一套绝对无误的知识原理。分析哲学家则认为，一旦一个理论体系缺乏经验基础，概念没有被清楚界定，且依靠抽象思辨建立起来，这个体系就是虚无缥缈的空中楼阁，而非可靠的科学。分析哲学家还发现，形而上学思辨的诱惑来源于误解语言；由于误解语言而产生似是而非的概念和误导性的逻辑推理，结果造成一大堆无意义的命题，引起人们思想上的混乱，有害于科学的发展。

罗素称其所代表的新的哲学运动为"**分析的经验主义**"，旨在表明，这一运动具有经验主义的传统，同时又吸纳了现代数学和逻辑分析的技术。现代数学和逻辑分析的技术是其推进了洛克、贝克莱和休谟的经验主义的地方，而经验的基础和借助分析一次一个地处理问题，则是它优胜于康德和黑格尔之类的体系哲学的地方。

至于为什么哲学知识需要依靠分析的方法来探求，以及为什么分析的方法能够解决哲学问题，则要结合分析哲学家所称的"**语言转向**"（the linguistic turn）来谈。罗素在其《我们关于外间世界的知识》一书中视语言转向为"代表着类似伽利略带给物理学的那样一种进步"[1]。

自从康德在《纯粹理性批判》第二版的序言中，把他在哲学上的转向譬喻为"**哥白尼式的革命**"以来，"**转向**"已经成为哲学家喜欢用的一个术语。在对行星运动现象的解释上，哥白尼建立了新的天文学模式，主张地球在运动，而太阳是不动的，这逆转了传统的托勒密的地心说的理论框架。在康德看来，传统的认识论研究我们的意识（感性、知性和理性的活动）如何认识对象，把关注的焦点放在对象上，没有想到在研究这个问题的时候首先考察一下人的认识能力本身。康德主张，人的先天的认识结构决定了人的认识能力的范围和限度。因此，要真正解决认识论上的问题，必须进

---

[1] 罗素：《我们关于外间世界的知识》，陈启伟译，上海：上海译文出版社，1990年，第2页。

行一次研究方向上的彻底转变。

在分析哲学家看来，停留在刻画人的认识的先天形式层次上的认识论研究仍然是不够的，对人的认知范畴的研究必须结合语言分析才能说得清楚。语言转向就是从认识形式的层次深入到语言结构、语义和语用的层次。有关人的认识形式的主客关系、因果关系、时空关系等问题是与语言学上的主谓关系、意指和所指的关系以及对"因为"和"当"等词语的使用相关联的。我们虽然不能说人的语言的语法形式决定了人的认识的形式，但我们至少能够说通过研究这些语法形式，有助于了解人的认识的形式。此外，人的认识活动不是纯粹内在的。人在与外部世界打交道的过程中，在与人的交流中认识客观世界和自己的主观世界，语言是人表达自己的思想和进行交流的媒介，语言具有公共性和主体际的可考察性。因此，通过研究语言，不但有助于了解自己的认识形式，而且也有助于了解使用这一语言的人类群体的认识形式。

分析哲学家在进行分析的时候，总是以语言为入口，通过谈论语言来谈论人的认识与世界的关系，通过分析语言来寻找哲学问题的症结。因此，"语言转向"成为分析哲学的最基本的特征。美国哲学家罗蒂在1967年出版了一本分析哲学的论文集，取名为《语言转向》。罗蒂在为该论文集写的导言的一个注中说：他用作该论文集名称的"语言转向"，据他的考察，是"伯格曼自己新创的术语"[1]。伯格曼是维也纳学派的成员，因而可以说是分析哲学早期的代表人物之一。他在二十世纪五十和六十年代的许多文章中使用了"语言转向"这个词。罗蒂引用伯格曼的话来解说**"语言转向"**的含义：

> 所有的语言哲学家都通过谈及适合的语言谈论世界。这就是语言转向，即基本的方法论上的策略，日常语言的哲学家和理想语言的哲学家都赞同这一点。同样基本的是，他们之间在有关"语言"是什么和什么样的语言才是"适合"的问题上，存在意见分歧。一个哲学家当然可以进行这样的转向，但问题是他为什么应该进行这样的转向。为什么这不仅仅是令人讨厌的兜圈子？我将提出以下三个理由。(1) 词要么日常地（符合常识地）使用，要么哲学地使用。这一区分在方法论上至关紧要。然而，前语言［转向］的哲学

1　R. Rorty, *The Linguistic Turn*, Chicago: University of Chicago Press, 1967, p. 9.

家（the prelinguistic philosophers）不进行这样的区分。他们哲学地使用词。显然，这样的使用是不理智的。这些用法需要给予常识的说明。我们可以为此提供这种方法……（2）前语言［转向］的哲学中的许多悖论、荒唐性和晦涩性来源于不区分言说和关于言说的言说。这样的错误和混乱比人们所设想的更难避免。（3）对于某些东西来说，任何可设想的语言只能显示（show）它们。在此不是说这些东西不能用文字来表达；宁愿说，正确地（和安全地）谈论它们的方式是谈论语言（语言的句法及其解释）。[1]

伯格曼在这里所说的"前语言［转向］的哲学家"是指他所说的语言转向之前的哲学家，或不懂语言分析方法的哲学家。不懂语言分析，造成许多哲学上的混乱，因此需要通过语言分析才能解决或消除哲学问题。在分析哲学家看来，科学的任务是追求真理，哲学的任务是澄清意义。为追求真理，需要通过经验观察和归纳建构科学的理论，并通过科学实验来证实或证伪这样的理论。为澄清意义，需要对这样的理论进行分析。哲学就是一种澄清意义的活动。用维特根斯坦的话来表达："哲学的目的是从逻辑上澄清思想。哲学不是一门学说，而是一项活动。哲学著作从本质上来看是由一些解释构成的。哲学的成果不是一些'哲学命题'，而是命题的澄清。可以说，没有哲学，思想就会模糊不清；哲学应该使思想清晰，并且为思想划定明确的界限。"[2] 用罗素的话来表达："每一哲学问题，当我们给以必要的分析和提炼时，就会发现，它或者实际上根本不是哲学问题，或者在我们使用逻辑一词的意义上说是逻辑问题。"[3] 这与传统哲学的观点有极大的不同。

第二节 分析哲学的两种类型和发展概况

分析哲学的方法大致可以划分为两种类型或两个路向：一种是人工语言的分析

---

1 转引自 R. Rorty, *The Linguistic Turn*, pp. 8–9。
2 维特根斯坦：《逻辑哲学论》，贺绍甲译，北京：商务印书馆，1996年，第48页。
3 罗素：《我们关于外间世界的知识》，第24页。

路向，另一种是日常语言的分析路向。人工语言的分析方法开创于**弗雷格**（Friedrich Ludwig Gottlob Frege，1861—1947）和**罗素**。弗雷格是现代逻辑的创始人。罗素早年潜心研究数学基础问题和数理逻辑，他和**怀特海**（A. N. Whitehead，1861—1947）合著的《数学原理》是现代数论和数理逻辑方面的经典之作。他认为，这种数理逻辑的方法可以并必须被应用到哲学分析中去。日常语言的分析方法开创于**摩尔**（George Edward Moore，1873—1958）。摩尔是罗素在剑桥大学的同事。他在研究古代经典文献方面有专长。他认为，在解读古典文献的时候特别要注意的是古代语言的用法与现代语言的用法的区别，在分析哲学问题的时候同样要注意哲学语言的用法与日常语言的用法的区别，他强调尊重常识和语言的日常用法。

人工语言的分析派主张，既然日常语言是模糊不清的，那么我们就创造出一套理想的人工语言来，即创造出一套数理逻辑化的符号系统来，在这种语言中，每一个符号都有一个确切的含义，每一个句子都按照严格的规则建立起来。有了这种人工构筑起来的理想语言，就不怕日常语言的含混和歧义，就可以把它作为一种标准化的衡量工具，从而防止日常语言所可能引起的对语言的逻辑形式的误解。

日常语言的分析派则持相反的态度，他们认为不可能创造出一套完全能够代替日常语言的人工语言来，人工语言不可能完全精确地翻译日常语言。因为语言并不是人们可以随意创造的，语言跟人们的生活形式密切相关，有多少种生活形式，就有多少种语言形式，甚至语言本身就是生活形式的一部分。生活形式是十分丰富和不断发展的，因此日常语言也是十分丰富和不断发展的，任何人工语言都不能有这样的多样性和丰富性，都不可能跟上生活形式的发展。因此语言分析不是用一种人工语言去校正日常语言，而是在日常语言中，用各种各样的方式，比如指出一个词或一个句子的最初的用法是怎么样的，人们是怎样学习这个词或这个句子的，形而上学的哲学家是怎样曲解它们的用法的等，来帮助人们理解词或句子的正确的用法。

人工语言的分析派一般主张由繁到简的分析，它把复杂的命题化简为简单的命题，把复杂的概念化简为简单的概念；或者反过来，用简单的命题构成复杂的命题，用简单的概念构成复杂的概念。

日常语言的分析派则对此持相反的态度，他们认为并无所谓分析的最终的简单成分可言，一个命题或一个概念在一种上下文中是简单的，在另一种上下文中就可能成为复杂的了。因此他们认为，分析主要不是化简，而是释义，是把一个句子或一个词与其相仿的或相反的句子或词相比较，在这种比较中理解这个句子或这个词的用法和意义。

分析哲学与其说是一个哲学派别，毋宁说是一场哲学运动。它没有明确规定的共同原则和目标，它不是一个单一的、有严密组织的学术团体。通常认为，罗素和摩尔是这场运动最初的倡导者，分析哲学运动起源于他们起来反叛黑格尔主义的体系哲学。

罗素的逻辑原子主义哲学、维特根斯坦的早期哲学、维也纳学派及其代表人物**石里克**和**卡尔纳普**的逻辑实证主义哲学、蒯因的实用主义分析哲学属于人工语言的分析派。摩尔的常识哲学，维特根斯坦的后期哲学，以**赖尔**（Gilbert Ryle，1900—1976）、**奥斯汀**（John Langshaw Austin，1911—1960）、**斯特劳逊**（Peter Frederick Strawson，1919—2006）等为代表的牛津学派的日常语言哲学属于日常语言的分析派。

分析哲学家在本体论上的立场不尽一致。有人持主观经验论的实证主义的立场，有人持实在论的立场，有人持自然主义和实用主义的立场。有人认为本体论的问题是一个可以通过语言分析取消的形而上学的伪问题，有人则同样通过语言分析表明本体论问题的科学含义。总的来说，在人工语言的分析派中，早期的主要倾向是实证主义，而在第二次世界大战后，在分析哲学的中心从欧洲转入美国后，实用主义成为其主要倾向。在日常语言的分析派中，主要的倾向是实在论和自然主义。在二十世纪的最后的二十年中，对分析哲学的批评的声音越来越强烈，其中包含来自分析哲学圈子内的人物，如美国哲学家理查德·罗蒂。他们批评分析哲学已经成为一种脱离普通大众的"烦琐哲学"和"学院哲学"。罗蒂甚至迎合后现代主义的呼声，宣告哲学，特别是分析哲学，已经终结。但时至今日，分析哲学依然是英美哲学课堂上讲授的主要哲学，并且在哲学杂志上，分析哲学的文章依然络绎不绝。分析哲学可能太专业化而偏离大众的兴趣，但分析哲学的方法和对待哲学问题的态度已经牢固地融入英美哲学的传统中去了。

分析哲学从罗素和摩尔起来反对新黑格尔主义的活动算起，至今已有一百多年的历史了。现在回过头来看，其中最有影响的代表人物当数罗素和维特根斯坦。对于这两位大哲学家，我们将分章专门论述。随后，我们介绍维也纳学派的逻辑实证主义、蒯因的实用主义的分析哲学和牛津学派的日常语言哲学。

思考题

1. 什么是分析哲学的问题意识?请结合分析哲学家对黑格尔哲学之类的体系哲学的批评探讨这一问题。
2. 什么是分析哲学家所说的"语言转向"?分析哲学家主张"语言转向"是哲学史上的"哥白尼式的革命",你是否同意这一观点?并表明你赞同或反对这一观点的理由。
3. 什么是人工语言分析的特点?什么是日常语言分析的特点?表明你赞同哪一种分析方法,并说明你赞同的理由。如果你都不赞同,或认为有必要把这二者结合起来,也请论证你自己的观点。

第十三章
罗　素

伯特兰·罗素是一位伟大的逻辑学家和数学家，在现代数理逻辑的建立和按照逻辑主义的方案研究数学的基础问题上做出了重大的贡献。此外，罗素涉猎面广泛，不仅在逻辑、数学以及逻辑哲学和语言哲学的专业领域中，而且在哲学史、政治、伦理、教育、文学、宗教诸领域内均有建树。

罗素一生出版了七十多本书，其中第一本和最后一本都是有关政治的。第一本为《德国的社会民主》（1896），最后一本为《在越南的战争罪行》（1967）。他联合让-保罗·萨特（Jean-Paul Sartre，1905—1980）等著名知识界精英建立了一个国际战犯法庭，传讯约翰逊总统。后来公开的证据表明，该法庭的记录大部分是正确的。罗素始终如一地关心人类的命运，他才华横溢，观念新颖，充满人格魅力，积极地推动时代进步，深受公众爱戴。

罗素从十一岁起就开始对数学的基础问题发生兴趣。他学习了几何学，熟练地掌握了几何定理的推导。但是，他对自己提出了一个问题：为什么要不加证明地接受作为这一切推导的出发点的几何公理？1890年，他去剑桥大学三一学院（Trinity College）学习数学，怀特海是他的老师。他以《论几何学的基础》（1897）这篇论文获得三一学院研究员的职位。

罗素于1903年发表了《数学的原理》（The Principles of Mathematics），借助皮亚诺的符号系统，以纯逻辑的概念和原理定义数学的基本概念和基本原理。这种有关数学和逻辑的关系的观点，即以逻辑为基础论证数学，称为"逻辑主义"（logicism）。罗素的老师怀特海也认识到这项工作的重要性，于是他们合作，详细论证整个纯数学是如何从很少的几条逻辑公理和规则中演绎出来的。其结果便是逻辑和数学史上里程碑式的著作《数学原理》(*Principia Mathematica*, 1910—1913)。

罗素的哲学思想的发展大致可以分为两个阶段：一是早期的康德式和黑格尔式的唯心主义阶段，二是成熟时期的"逻辑原子主义的阶段"。罗素本人这样写道："在我的哲学研究中，有一个主要的分界：在1899—1900年这两年中，我采用了逻辑原子主义哲学和数理逻辑中的皮亚诺技术。这个变革是太大了，简直使我此前所做的研究（除去纯数学的以外）对于我后来所做的一切，全不相干。这两年的改变是一次革命；以后的一些改变则属于演进的性质。"[1]

---

1 罗素：《我的哲学的发展》，温锡增译，北京：商务印书馆，1982年，第7页。

第一节　罗素哲学研究的基本思路

在罗素一生哲学思想的发展中，有变化的方面，也有不变的方面。变化的方面是他在本体论问题上的观点，即在究竟承诺什么东西存在的问题上的观点。不变的方面是他的哲学研究的基本思路，或哲学研究所遵循的原则。对于罗素来说，前者是不重要的，重要的是后者。这是因为前者是哲学所研究的结果，这结果随着研究的进展是可以改变的，而后者则决定了哲学研究本身的特征。

罗素所遵循的哲学研究的原则总共有以下两条：

（1）亲知的原则；

（2）奥康姆剃刀（Ockham's Razor）和逻辑构成的原则。

亲知的原则涉及认识论，奥康姆剃刀和逻辑构成的原则则涉及本体论。

亲知的原则是罗素在认识论问题上的基本思路。罗素主张一切间接的知识必须以直接的知识为基础，亲知的知识（knowledge by acquaintance）是直接的知识。通过摹状的表达式而获得的知识以及通过推论而获得的知识是间接的知识。我们必须先具有亲知的知识，然后才能对之加以摹状。因而，人们通过摹状的表达式而获得的知识已经不是亲知的知识，而是以别人的亲知的知识为根据的。我们的推论必须要有可靠的根据，而这可靠的根据归根结底必须是亲知的知识。由此可见，亲知的知识是一切知识的基础。

那么究竟什么是亲知的知识呢？在这个问题上，罗素的观点并不前后一致。在这里，我们依据的是罗素在《哲学问题》（1912）中所表述的观点。

罗素在《哲学问题》的第五章"亲知的知识和摹状的知识"中谈到以下四类亲知

的知识：

（1）**感觉材料**。罗素认为，当我们站在一张桌子面前，就感知到构成桌子现象的那些感觉材料——桌子的颜色、形状、硬度、平滑性等等。这些都是我看见桌子和摸到桌子时所直接意识到的东西。我们当然有关于颜色、形状、硬度、平滑性的各种各样的理论，如关于颜色的光谱理论。这些理论不是我们直接意识到的东西，它们是人们的理论建构。就我们的知识而言，当我看到桌子的颜色、形状的时候，当我能摸到桌子的硬度和平滑性的时候，我就完完全全地认识到它们，再也没有比它们更加直接的和关于它们本身的知识了。因此，构成桌子现象的感觉材料是我们亲知的东西，而且这些东西是按照它们的本来样子为我所直接认知的。至于作为物体的桌子，罗素认为我们没有关于它的直接的知识。这知识是由对于那些构成桌子现象的感觉材料的认识而来的。我们可能而且可以毫不荒谬地怀疑桌子的存在，但是要怀疑感觉材料则是不可能的。[1]

（2）**对过去经验的记忆**。罗素认为，我们常常记得我们所曾看见过的、听见过的或以别的方式曾达到我们的感官的事物。在这种情况下，我们仍然直接觉察到我们所记忆的一切，尽管它表现出来的是过去而不是现在。这种从记忆而来的直接知识，就是我们关于过去的一切知识的根源。没有它，就不可能有凭借推论得来的关于过去的知识了。[2]

（3）**内知觉**。罗素认为，我们不但察觉到某些事物，而且我们也总是察觉到我们是察觉了它们的。当我看见太阳的时候，我也总是察觉到我看见了太阳。当我想吃东西的时候，我察觉到我想吃东西的欲望。我也可以察觉到自己的喜悦或痛苦。一般来说，我们通过反省能察觉到我们的心理活动。这类认识可以称为自觉，它是我们关于内心事物所具有的一切知识的根源。我们能感知到别人的身体，但不能感知到别人的

---

[1] 罗素承认感觉可能会引起某种错觉。把一根直的杆子放在水缸中，我们觉得我们看见一根曲折的杆子。为此，罗素区分了我们所感知到的感觉材料和我们依据感觉材料所做的判断。罗素认为，错误在于判断而不在于感觉材料本身。提问我们所感知到的感觉材料是否真是如此，还是它仅仅是如此显现的，是没有意义的。感觉材料按其定义就是它对我们的显现。这是一种不可能进一步追究的直接的知识。在以上的例子中，当我们说，我们看到如此这般的曲折现象，这没有错；错在我们说"这是一根曲折的杆子"。

[2] 罗素后来在《心的分析》（1921）中又认为，任何以记忆为基础的信念一定都是推论出来的，而且在相当程度上是不确定的。

心理活动。我们认为别人也有心理活动，是我们根据对自己的心理活动的察觉而推论出来的。[1]

（4）某些共相。罗素认为，我们不仅能直观到殊相，还能直观到某些共相，如"白性"之类的感性的性质，空间、时间关系，相似关系和逻辑方面的某些抽象的东西。罗素之所以主张我们能直观到某些共相，乃出于他对关系直观的考虑。罗素强调，我们不仅能直观到个别的东西，而且能直观到个别的东西与个别的东西之间的关系，如甲物在乙物的上面，一个声响跟着另一个声响，红与绿之间的差别比浅绿与深绿之间的差别更大，圆的一类东西不同于方的一类东西，等等。罗素认为，对这些关系的直观意味着我们能直观到某些共相。"在……之上"是一种共相，我们不是经过推论，而是直接看到某物与某物之间的空间关系。时间上的前后相续关系也是一种共相。当时钟敲响的时候，我们并不是经过推论，而是直接听到一个钟声相续地跟随着另一个钟声。红性、绿性、圆性、方性、类以及类与类之间的差别也是共相。我们不是经过推论，而是直观到红与绿之间的差别比浅绿与深绿之间的差别更大，圆的一类东西不同于方的一类东西。[2]

在以上四类亲知的知识中，前三类是洛克等英国的经验主义者倾向于承认的，第四类则为英国的经验主义者所反对。罗素主张，人们对某些类的共相具有直观的知识，这是他所采取的一种温和的柏拉图主义的共相实在论的立场。由此看来，罗素的哲学立场不过是英国的主观唯心主义经验论和柏拉图的客观唯心主义实在论的混合物。但是，罗素的哲学仍然有其特点和创新之处。罗素哲学的新颖之处在于以下要谈的奥康姆剃刀和逻辑构成的原则。

---

[1] 对于我们是否对"自我"的亲知的知识（直接的知识）的问题，罗素仍然有所怀疑。罗素的看法大致如下：每当我们具有一个意识活动的时候，我们有对当下的自己的意识活动以及对作为这个意识活动的主体的自我的直接意识；但是对那个贯穿于一切意识活动之中的，甚至当我们暂停意识活动的时候（如在睡眠中）都存在的那个统一的自我，罗素倾向于否认对它的亲知，主张这是一种推论出来的知识。

[2] 罗素只认为我们能直观到某些共相，并举例说明了那些他所认为的能够直观到的共相，他并没有给出一条直观到的共相和不能直观到的共相之间的明确的判别准则。罗素一方面说我们能直接察觉到某些共相，另一方面又承认对共相的察觉需要依靠我们的一定的抽象能力。察觉"上下""前后"之类的关系所需的抽象能力要比察觉"白性"之类的感觉材料的性质时所需要的抽象能力更多一些。由此看来，罗素所说的对某些共相的直观是以抽象程度的大小为取舍的。当其抽象程度低于某一限度时，就被罗素认作直观了。参见罗素:《哲学问题》，第十章"论我们关于共相的知识"。

罗素坚持一条重要的程序性原则:"只要可能,就用由已知实体出发的构造来代替对未知实体的推论。"[1]罗素承认这条原则源于"**奥康姆剃刀**"原则——"如无必要,勿增实体"(Entia non sunt multi-plicanda praeter necessitatem)。奥康姆是十四世纪的唯名论经院哲学家。他主张,用假设较多的东西去做假设较少的东西时能够做的事情,是无意义的。"奥康姆剃刀"原则也被称为"简单性原则"或"思维经济原则"。这是说,在具有同等说服力的两个或多个理论中,人们应当选择其中的那个使用了最少的假定、前提、说明原则的理论。从本体论的角度说,应选用承诺最少实体的理论。从语言学的角度说,这是对"最小词汇量"的追求。

在任何一个理论中,都不可避免地要做出某种假定。假定越多的理论自然是越不可靠的理论。怎样才能减少假定呢?罗素认为要尽可能地从亲知的知识出发,用以亲知的知识为根据的逻辑构成来代替不必要的假定。罗素认为,亲知的知识是可靠的,逻辑也是可靠的,用以亲知的知识为根据的逻辑构成来代替不必要的假定就增加了理论的可靠性。因而,追求思维经济的原则与追求确定性的原则是相一致的。

罗素的奥康姆剃刀和逻辑构成的原则来自他在数学基础和数理逻辑方面的研究心得。在数学中,我们遇到很多不同种类的数,如虚数、实数、无理数、有理数、基数等。我们是否应承诺所有这些种类的数的实体(entities)的存在呢?罗素认为没有这样的必要性,因为虚数可以通过实数构造出来,无理数可以通过有理数构造出来,最终算术中的一切种类的数都可以通过有理数构造出来。罗素进一步设想,基数可以通过集与集之间的"等势关系"(类与类之间的一一对应关系)来定义。[2]举例来说,某一个集A由三个元素组成,基数3就是所有与集A等势的集所构成的集。从而,罗素主张,算术以及一切纯数学无非是演绎逻辑的延长。

罗素设想,既然数学中的复杂的数可以用简单的数乃至逻辑的概念构成,在其他的领域中也可以施行这种逻辑构成的方案。罗素沿着认识论和本体论这两条路线思考

---

1 B. Russell, "Logical Atomism", in B. Russell, *Logic and Knowledge*, edited by Robert C. March, London: George Allen & Unwin, first published 1956, fifth impression 1971, p. 326.

2 这一观点首先是由**康托尔**(Georg Cantor, 1845—1918)和**弗雷格**提出来的。按照康托尔的观点,集合A的基数是一切与A等势(一一对应)集合的共同特征,它既不考虑A的元素具有什么性质,也不考虑A的元素的次序关系,所以A的基数就是对A的元素进行属性和次序的双重抽象的结果。

他的逻辑构成的方案。沿着认识论的路线，罗素考虑一切间接的知识是如何从直接的知识中构成出来的，或者说一切摹状的知识是如何从亲知的知识中构成出来的。沿着本体论的路线，罗素考虑如何最少限度地承认共相实体的存在。在世界究竟是物质的还是精神的这一传统哲学的基本问题上，罗素企图以逻辑构成的方法超越它。在《心的分析》中，罗素设想：精神的东西和物质的东西都不是最基本的，最基本的是"中立的素材"，按照心灵与物体包含共同元素的程度的不同，这些元素按照不同的因果规律分别地参加到不同的群中，因而形成心灵与物体的不同。这就是罗素的"**中立一元论**"。

罗素强调逻辑是哲学的本质，这表现在他用逻辑分析和逻辑构成的方法来研究认识论和本体论。罗素在讨论哲学问题的时候，总是结合语言进行的。罗素主张，在讨论什么是实在的、什么是真的时候，就要分析与其相关的语言的句法结构和词的意义，要努力弄清楚它们最少的、真正的组成部分和要素，从而弄明白这些复杂的句子和词汇的含义究竟是什么。分析的方法和构成的方法是相辅相成的。用分析的方法把一个复杂的整体分解为它的简单的成分；用构成的方法从可靠的出发点出发一步步构成越来越复杂的概念和结论。其结果是使一个理论所假定的独立实体在数量上大大减少，从而增加它的明晰性和可靠性。

第二节 逻辑原子主义

本体论研究存在的问题，追问什么东西存在，以及什么东西是最基本的存在。为此，它不是致力于开出一张存在的东西的清单，它也不可能开出这样的清单，因为世界上的东西无穷无尽，而且还在不断产生出来，任何人都无法罗列穷尽一切存在的东西。本体论所关心的是：什么种类的东西是真实的存在，什么种类的东西不是真实的存在？什么种类的东西是最基本的？什么种类的东西是由这些最基本的东西构成的？

本体论属于传统哲学的重要组成部分。罗素并没有回避本体论的问题，也没有视本体论的问题为假问题，这是罗素与其同时代的许多分析哲学家不同的地方。然而，罗素本体论的研究遵循与传统哲学不同的方法，这就是语言分析的方法。罗素是最早注意到语言与本体论的问题密切相关的分析哲学家之一。

在以上"罗素哲学研究的基本思路"一节中，我们已经谈到"奥康姆剃刀"原则："如无必要，勿增实体。"为贯彻这条原则，必须知道哪些是不必要的实体。传统哲学从以下两种角度出发考虑什么是不必要的实体：

（1）从构成要素的角度考虑什么是不必要的实体。让我们举例说明这种思考方式。假如我们要造一幢房子，所用的基本的建筑材料是砖、木材和水泥。对于房子的构件，我们当然还可以区分出墙、地板、屋顶、楼梯等。由于墙、地板、屋顶、楼梯等可由砖、水泥或木材构成，所以我们就不必认定墙、地板、屋顶、楼梯等为构成房屋的基本实体，只要承认砖、木材、水泥为构成房屋的基本实体就够了。这是一条最古老的考虑本体论问题的思路：把世界考虑为一幢巨大的房屋，基本实体类似于建造房屋的砖瓦。世界之组成成分当然非常复杂，哲学家对此的看法不免莫衷一是。于是，自古以来就有关于本体的各种各样的学说，如视世界之构成要素为水、火、气等等。

（2）从理论选择的角度考虑什么是不必要的实体。这一思路是以区分现象和实体为前提的。它主张我们所知觉到的只是现象。实体是现象背后的东西。我们从现象与现象之间的关系中推论出导致这种关系的现象背后的实体。由于我们不能直接知觉到实体，有关这些实体的理论说到底都是假说。于是摆在我们面前的就是有关理论的选择的问题。我们倾向于选择那些更加具有简单性、一致性和普遍有效性的理论。一个理论所假定的实体的数目越少，就越符合简单性的要求。让我们举例说明这个观点。为了说明燃烧现象，燃素理论曾一度流行，认为燃烧是燃素释放的结果，一个物体中的燃素释放完毕了，它就不能再燃烧了。后来科学家提出了燃烧的氧化过程的理论，燃素成了不必要的实体，被清除出去了。

在罗素看来，第二条研究必要实体的思路确实要比第一条深入许多；但在今天，这种研究已经可以从哲学中分离出来而被归入专门的科学领域。罗素对本体论的研究采取了一种语言学转向的态度。传统的本体论的基本问题是：哪些是属于世界中存在的东西？经语言学转向的本体论问题是：哪些是属于充分描述世界的最小的词汇量中的词汇？罗素写道："我称我的学说为逻辑原子论的理由是因为我希望达到的作为分析的某种最后剩余物的原子是逻辑的原子，而不是物理的原子。它们中的某些是我称之为'殊相'的东西——如小块的颜色、声音、瞬间的事物之类的东西——某些是属性、关系等。要点在于我希望达到的是逻辑分析的原子，而不是物理分析的原子。"[1]

本体论研究的语言学转向并不意味着把语言或最小词汇量中的词汇当作世界的本体，而是看到语言和世界之间存在着某种关联性。由于有这种关联性，人们可以借助于语言来研究世界的本体。具体来说，这种关联性是指事实与语句之间存在结构上的一致性。罗素在1918年所做的题为《逻辑原子论哲学》的讲演中讲道："当我们进入我在第七个讲演中所论述的符号论的原理时，我将试图说服你们，在逻辑上正确的符号论中，始终存在着事实和代表事实的符号之间的某种基本的结构同一性，并且符号的复合紧密地相应于符号所代表的事实之间的复合。"[2]

罗素承认，他的这种语言与世界有着相同的结构的想法得益于1914年与维特根斯坦的谈话。维特根斯坦于1921年发表的《逻辑哲学论》以如下方式表述这一观点："在图像和被图示者中必须有某种同一的东西，因此前者才能是后者的图像。""图像为了能以自己的方式——正确地或错误地——图示实在而必须和实在共有的东西，就是它的图示形式。"[3]

需要指出的是，罗素和维特根斯坦所说的语言的结构和世界的结构的一致关系，不是指日常语言的结构与世界的结构的关系，而是指他们所建立的人工语言的结构与世界的结构的关系。这种人工语言的结构具有如下特点：

（1）严格区分指称对象的词和具有逻辑功能的词。命题中指称对象的词与相关的事实的成分一一对应。具有逻辑功能的词，如"或""非""如果""那么"，不是用于指称对象的，而是表达句法中的逻辑功能。

（2）严格确定最简单的词汇。对于每一个简单对象都有一个并只有一个词，而所有非简单的东西将由这些简单词的结合来表示。

（3）严格确定句法。这种人工语言的句法将克服日常语言的主谓结构的句法的缺陷，因为句子不仅用来描述对象的属性，而且用来描述对象与对象之间的关系。因此，除主谓命题的形式外，还必须引进关系命题的形式。

（4）简单的句子与简单的事实相对应，复合的句子与复合的事实相对应。用罗素

---

[1] B. Russell, *Logic and Knowledge*, p. 179.
[2] Ibid., p. 197.
[3] 维特根斯坦：《逻辑哲学论》（2.161, 2.17），第30页。

的专门术语来说,原子命题与原子事实相对应,分子命题与分子事实相对应。

罗素心目中的完善的人工语言,就是他在《数学原理》中所构想的语言,这种语言实际上是以弗雷格所建立的命题逻辑和一阶谓词逻辑为基础的。罗素认为,这种语言会直接显示其命题的逻辑结构,从而显示其相应的事实的逻辑结构。这种语言的语法形式与逻辑形式完全一致,借助于这种人工语言的逻辑分析,可以清除日常语言中由于逻辑形式和语法形式的经常背离而造成的误解。罗素写道:"我现在提请大家考虑逻辑上完善的语言将是什么样子的。在一种逻辑上完善的语言中,命题中的词将同与其相应的事实的成分一一对应,除了那些具有与此不同功能的词,如'或''非''如果''那么'之外。在一种逻辑上完善的语言中,对于每一简单对象都有一个并只有一个相对应的词;每一个非简单的对象将由词的结合来表示,这种结合当然来自表示简单的东西的词,一个词代表一个简单的成分。这样的一种语言将是完全可分析的,人们一眼就可以看出所肯定的或所否定的事实的逻辑结构。在《数学原理》中所建立的语言打算成为这样的一种语言。"[1]

罗素试图从他的世界与语言具有相同的结构的理论中引申出本体论的结论:世界的本体是原子事实。说世界的本体是原子事实,意味着世界不是一个统一体,而是一系列发生的事件,这些发生的事件彼此独立,没有内在联系。原子事实就是其中最基本的事件。

罗素的这一结论是通过以下对语言的逻辑分析达到的:

(1)语言的最基本的单位是原子句子。复合的句子是由原子句子构成的。因此原子句子是句子的基本单位。这里存在一个问题:为什么说是句子而不是词是语言的最基本的单位呢?罗素认为,在考虑什么是语言的最基本单位的问题的时候,必须考虑什么语言成分是能够确定其意义的最基本的单位。在罗素看来,单独的词难以确定其意义,因为它们在不同的语境中有不同的意义。句子(命题)是能够确定其意义的,因为判断一个句子(命题)是否有意义的前提是是否可能确定其真假。一个有可能确定其真假的句子(命题)才是有意义的句子(命题)。原子命题是可以确定其真假的最简单的命题,因为原子命题可以通过与原子事实的对照来确定其真假。一切复合命

---

[1] B. Russell, *Logic and Knowledge*, pp. 197-198.

题的真假是其原子命题组合的逻辑运算的结果。既然原子命题是语言的最基本的单位，那么原子事实就是世界的最基本的单位。

（2）确定关系命题的存在。这意味着打破传统的"事物—属性"或"实体—属性"的形而上学，从而导致打破存在一元论的形而上学。我们的日常语言是主谓结构的语言。这种语言结构会导致这样的一种想法：既然具体的事物具有具体的属性，普遍的事物具有普遍的属性，而语言就是通过主谓结构来表示这种实体—属性关系的，那么最普遍的事物（最基本的实体）将具有最普遍的属性，这种属性就是存在本身。世界将被设想为有一个统一的实体，这个统一的实体就是由主词表达的实体，世界上的万事万物将被设想为这个统一的实体的具体化，或对存在本身的分有。按照罗素的看法，哲学史上诸多种类的形而上学多半是由这种日常语言的语法结构的误导产生的。现在罗素引进关系命题的概念，主张像"上海在北京的南面"这样的句子并不是主谓结构，并不是描述实体的属性，从而打破了"事物—属性"或"实体—属性"的形而上学，使人们联想到诸事物之间的关系不是实体—属性的统一关系。如在以上的句子中，上海和北京是彼此独立的，北京不包含在上海的属性中，上海也不包含在北京的属性中。关系命题暗示着世界的多元性。

在罗素提倡的人工语言中，诸命题之间的关系通过逻辑连接词"或者""并且""非""如果……那么""当且仅当"表达。这种逻辑连接词是表示命题间的关系的逻辑功能的词，它们并不是在描述事实与事实之间的内在关系。事实与事实之间并没有"或者"之类的内在关系。在我们的日常语言中，有"因为……所以"的表达式，人们通过这一表达式可能会产生有关世界诸事物间的普遍的因果关系的想法，会产生有关世界的第一因之类的形而上学的构思。现在罗素用"如果……那么"这一表达式包括和取代了"因为……所以"的表达式，给出了"如果……那么"间的外在关系，即在命题逻辑中，并不考虑命题p和命题q间的内在的因果关系，而只是关心"如果p，那么q"间的逻辑上的真值关系。罗素认为，这可以防止不必要的形而上学的联想，打消世界普遍内在因果联系的一元论的形而上学。

按照罗素的看法，他所提倡的这套人工语言的结构与世界的结构是相一致的。因此，既然原子命题是语言的最基本的单位，那么原子事实就是世界的最基本的单位；

既然命题与命题之间只是通过具有逻辑功能的词连起来，它们所表达的是命题间的形式上的关系，而不是内容上的实质关系，那么原子事实与原子事实之间并没有内在的普遍联系。原子事实与原子事实之间是彼此独立的，原子事实种类繁多，不断发生，因此世界是多元的，而不是一元的。这就是罗素通过语言分析所得出的逻辑原子主义的本体论的结论。

第三节　摹状词理论

我们在论述罗素的逻辑原子主义的认识论的时候，已经谈到罗素区分亲知的知识和摹状的知识，已经初步介绍了罗素关于**摹状词的理论**。在此，我们将其作为逻辑分析的实例把这一理论具体化。

罗素对摹状词的分析基于以下两种基本考虑：(1) **实在感**，(2) **名词指称对象**。这两个要求初看起来互相矛盾。如果坚持实在感，看来就不能坚持名词指称对象；反之，如果坚持名词指称对象，看来就不能坚持实在感的立场。这是因为，某些"名词"，如"哈姆雷特""独角兽""金的山""圆的方""现在的法国国王"，可以在句子中被用作主词指称现实世界中不存在的东西。如果坚持所有的名词都指称对象，那么就得承认被这些名词所称的东西也是对象，它们也是某种存在，尽管在现实世界中不存在，但存在于某个特殊领域中。这就是罗素所不满的**梅农**（A. Meinong，1853—1920）的立场，在罗素看来这种立场缺乏实在感。罗素希望同时坚持实在感的立场和名词指称对象的理论。他所采取的办法是用某种逻辑结构（命题函项）改写句子中的名词，使之不再以名词的形式出现。

罗素在《数理哲学导论》中写道：

> 由于缺乏命题函项的设置，许多逻辑学家被迫得出这样的结论：存在非实在的对象。例如，梅农论证我们能谈论"金的山""圆的方"等等。其理由是：我们以这些东西为主词能做出真的命题，所以它们必定有某种逻辑上的存在，否则它们出现于其中的那些命题就是无意义的。在我看来，在这些

理论中，缺乏那种甚至是抽象的研究也应当保持的实在感。我主张，既然动物学家不能承认独角兽，逻辑学家也同样不能承认它们。逻辑学像动物学一样真诚地关心实在的世界，尽管逻辑具有更加抽象和普遍的特征。[1]

罗素对这个问题的探讨是从摹状词入手的。摹状词可以分为两类，一类是限定的，另一类是非限定的。非限定的摹状词是一种具有"一个如此这般的东西"（a so-and-so）形式的短语，限定的摹状词是一种具有"那个如此这般的东西"（the so-and-so）形式的短语。假如有人问："你遇见了谁？"我回答："我遇见了一个熟人。"在此，"一个熟人"是非限定的摹状词，我有许多熟人，我没有确切地告诉他我究竟遇到了谁。但是如果他问："你刚才在街上遇见的那个人是谁？"我如果不想回避问题的话，就要确定地告诉他我究竟遇见了谁。在这一场合，他使用了限定摹状词，而我的回答很可能是用一个专名来指称一个确定的人，如我回答："我遇见了琼斯。"

由于在日常语言中限定摹状词与专名联系紧密，人们容易把限定摹状词与专名混同起来。罗素认为，专名与摹状词有很大不同，严格意义上的专名的意义就是它所指称的对象，除此之外它没有其他的意义；而摹状词实际上可被改写为一个命题函项，就它本身而言，它不直接命名对象，它的意义必须通过其相关的命题函项才能被确定。罗素还把摹状词称为不完全的符号（incomplete symbol），以区别于完全的符号（严格意义上的专名或逻辑专名）。完全符号的意义就是它的指称物，不完全符号的意义取决于命题函项。

罗素之所以做出这样的区分，是因为他一方面想坚持名词指称对象的理论，另一方面又想克服由"圆的方"之类的摹状词所可能造成的缺乏"实在感"的对象。罗素的做法是限制名词指称对象这一理论的适用范围，即把这里所说的名词限定为完全的符号，即逻辑专名，把除逻辑专名以外的名词都视为不完全的符号，认为它们不直接命名对象，它们的意义通过命题函项才能最终确定。

按照这一思路，一个含有"如此这般的东西"形式的短语的陈述，若加以正确的分析，短语"如此这般的东西"便没有了，取而代之的是经改写的命题函项。例如，

---

[1] B. Russell, *Introduction to Mathematical Philosophy*, London: George Allen & Unwin, 1919, p. 169.

拿"司各脱是《威弗利》的作者"这个陈述来说，它可以被改写为如下的形式："有一个实体C，使得若X是C，'X写了《威弗利》'这个陈述是真的，否则它是假的；而且C是司各脱。"

在此没有直接断定"《威弗利》的作者"这一摹状词的对象的存在，而是把这一摹状词分解为一个命题函项。在这个命题函项中，X不是名词，而是一个具有逻辑功能的词，表达命题函项中的变项；这个变项是可被取代的，若有一个实体C，并且唯有这个实体C，能满足"X写了《威弗利》"这个命题函项，那么这个命题函项是真的，否则便是假的。

对于梅农的难题"圆的方不存在"这句话，可将其改写为："没有一个实体C，使得当X是C时，'X是圆的而且是方的'是真的，否则它就不是真的。"简单地说，就是："并不存在既是方的又是圆的这样的一个实体。"

经过这样的改写，我们就不必煞费苦心地去寻找"圆的方"的对象了。因为"圆的方"这一摹状词在句子中消失了，而它的全部含义又被保留了下来。

罗素还认为，有些专名是"含蓄的摹状词"。拿"哈姆雷特"这个专名来说，我们并没有也不可能亲知哈姆雷特，我们知道哈姆雷特是通过莎士比亚戏剧中的描述。因此，我们听到哈姆雷特这个专名的时候，所联想到的不是一个在真实世界中存在的对象，而是一系列有关这个剧中人物的摹状。对于"哈姆雷特不存在"这个句子，可将其改写为："不存在一个称为哈姆雷特的实体。"

总之，罗素得出这样的结论："凡一个命题的语法主词可被当作不存在的，而且不把该命题变成无意义的，那么这个语法主语毫无疑义不是一个逻辑专名，也就是说，它不是一个直接表示某个对象的逻辑个体常项。在所有这些情况下，有关的命题必须能被这样分析，以至于作为语法主词的符号消失了。"[1]罗素就是以这种通过命题函项改写摹状词的方式来克服据他看来许多哲学家被日常语言的文法所引入的歧途。尽管后来在关于应怎样分析摹状词的问题上，在分析哲学家中还存在许多争论，但罗素对摹状词的分析被普遍认为树立了分析哲学的逻辑分析的典范，在分析哲学的发展史上具有开拓性的重大意义。

---

[1] B. Russell and A. N. Whitehead, *Principia Mathematica*, Vol. I, Cambridge: Cambridge University Press, 1925, p. 66.

罗素是现当代西方哲学史上承上启下的人物。他的哲学一方面保留了西方近代哲学重视认识论和本体论研究的传统，另一方面掀起了语言转向的运动。罗素熟知西方哲学的传统，并且他也遵循这一传统展开认识论和本体论的研究。然而，罗素又勇于创新，他善于把逻辑研究中获得的新的分析方法运用到对传统的哲学问题的分析中去，逻辑分析成了他的"奥康姆剃刀"，罗素的逻辑原子论哲学就是在这种旧的英国经验论的哲学传统和新的逻辑分析方法的碰撞中产生出来的。罗素看到，许多缺乏实在感的、表面上思想深刻实质上荒谬绝伦的哲学理论是由于误解语言的文法形式造成的，罗素企图通过逻辑分析消除这种误解。但是，罗素没有像后来的逻辑实证主义者那样走到宣称一切传统的哲学问题都是无谓的形而上学问题，都可以通过语言批判的方式加以清除的极端立场中去。罗素借用语言分析的方法研究哲学，但不是把哲学还原为语言分析。

罗素是善于不断吸取他那个时代的最新思想成果的哲学家，他不囿于固定的哲学观点和理论体系。他从弗雷格、皮亚诺、维特根斯坦等人那里发掘思想养分，同时充分肯定这些思想是他们首先提出的。其效果是经他的清楚阐述和宣传，别人和他都得到了学术界的承认和赞扬。学习罗素的哲学，所得到的不是一套说教，而是分析的方法和批判的态度，本着这种方法和态度，可以取得罗素所向往的那种像科学事业一样的、一点一滴扎扎实实的进步。

思考题

1. 什么是罗素哲学研究中的"亲知的原则"？
2. 什么是罗素哲学研究中的"奥康姆剃刀"原则？
3. 什么是罗素所说的"逻辑原子主义"？
4. 什么是罗素的"摹状词理论"？他如何通过这一理论来澄清由于误解语言而产生的哲学问题？

第十四章
维特根斯坦

维特根斯坦（Ludwig Wittgenstein, 1889—1951）的哲学可以分为前后两个时期，前期以《逻辑哲学论》为代表，后期以《哲学研究》为代表。这两期哲学有共同点，即都坚持"**语言批判**"的立场：一方面深刻地对语言本身的性质、特点、功能及其与世界和人的生活的关系进行批判的考察，另一方面批判哲学由于误解语言所犯的一系列错误。然而，这两个时期又是很不相同的。从语言观上说，他前期持语言的"**图像论**"，后期持语言的"**游戏论**"。这两种语言观是相对立的，后者可被视为对前者的否定，是维特根斯坦自己对自己的思想的自我批判的结果。

维特根斯坦的前期哲学属**人工语言**的传统，而其后期哲学属**日常语言**的传统。这一转变并不简单地意味着维特根斯坦从喜欢研究人工语言转向喜欢研究日常语言，而是具有更加深刻的含义。当罗素提出日常语言是不精确的，要建立一种人工语言来取代它，或至少把人工语言作为语言分析的理想的蓝本时，维特根斯坦深思这样的一个问题：这种理想语言能够成立的可能性条件是什么？即，如果这种语言要能精确地描述世界，那么它与世界应有什么样的关系？维特根斯坦认为这种理想的语言必须要与世界有相同的结构。这一语言与世界的"**同构论**"是维特根斯坦的《逻辑哲学论》的一个主题。环绕着这一主题，维特根斯坦否定了西方传统哲学中的"**物-属性-本体论**"（Ding-Eigenschaft-Ontologie），取而代之的是一种"**事实本体论**"（Ontologie der Tatsachen）。

后期的维特根斯坦认识到：语言的功用不仅仅是描述世界，语言不是一种单纯的工具，而是人的生活形式的一部分。正因为语言与人的生活形式不可分，而日常语言是在人的生活之中生长起来的，所以人工语言不可能取代日常语言。如果说对语言与世界的关系的追问构成维特根斯坦前期哲学的主线索的话，那么对语言与生活形式的关系的追问则构成维特根斯坦后期哲学的主线索。

维特根斯坦于1889年4月26日诞生于维也纳，是具有犹太血统的奥地利人，后来长期生活和工作在英国，在希特勒并吞奥地利后成为英籍公民。他的父亲是一个富裕的工业家。他起初的兴趣是工程学，在柏林一个工程学校学习了两年之后，于1908年去英国曼彻斯特大学继续学习工程学。他的兴趣从工程学转到数学，又从数学转到数学原理。从1911年秋至1913年秋，维特根斯坦在英国剑桥大学三一学院学习，师从罗素，并与怀特海、摩尔经常交往。罗素谈道，"与维特根斯坦相识，是我一生中最为激动的思想经历之一"[1]。

第一次世界大战爆发后，他作为一名志愿兵参加了奥地利军队，并被训练为一名军官。当1918年10月奥地利军队在南线溃败时，他当了意大利人的俘虏。在维特根斯坦被俘时，他的帆布背包中放着他的《逻辑哲学论》(Logisch-Philosophische Abhandlung)的手稿。他在战俘营里与罗素和其他的一些朋友取得联络，经他们的接洽，该手稿于1921年登载在一家奥地利的期刊《自然哲学年鉴》(Annalen der Naturphilosophie)上，并于1922年在伦敦以摩尔所建议的拉丁语名称"Tractatus Logico-Philosophicus"以书的形式发表。这部书是德英对照，附有罗素写的序言。应该说，罗素是出于一片诚意和独具慧眼看到了这本书的价值，为该书的出版做出了贡献。但维特根斯坦对1922年版的《逻辑哲学论》的译文和罗素的序言都不满意。这种不满意来自译者和罗素没有完全理解该书的思想，但这至少部分应归咎于该书的写作风格——它几乎是用格言的形式写成的，其含义难以确切把握。

维特根斯坦的父亲于1912年逝世。他继承了一笔可观的财产。但是他迅速送掉了它，自己以各种各样的工作来谋生。1919至1920年间，他在维也纳的一所学院里接受过当小学教师的训练。在1920至1926年间，他在奥地利施里堡和塞麦林等地区的几处偏远村庄任教。他还去过靠近维也纳的胡特道夫修道院，与修士们待在一起，做一位花匠的助手。此外，他还作为建筑设计师在维也纳为他的一个姐姐建造一幢住宅。终于在1929年，在他的一些朋友的说服下，他回到了剑桥大学，成为

---

[1] 参见冯·赖特：《维特根斯坦传略》，载冯·赖特：《知识之树》，陈波编选，陈波等译，北京：生活·读书·新知三联书店，1997年，第174页。

三一学院的一名研究员。十年之后,在摩尔退休之后,他被选为哲学教授。但是在他任职之前,第二次世界大战爆发了。维特根斯坦的战时工作是担任伦敦一家医院的护理员,后来又在纽卡斯特的一个医疗实验室里工作。在战争即将结束前,他才回到剑桥。他担任教授的实际时间不长,在1947年底他就辞去教授职位,去过一种隐居生活,并集中全部精力投入到他的哲学研究工作中去。1948年秋,他搬进了都柏林的一家旅馆。从那时起到来年早春,他的工作极富成效。正是在此期间,他完成了《哲学研究》的后半部分的写作。1949年秋天,他被发现患了癌症。但他对哲学求索的热情并没有因此而减退。在他生命的最后两年中,他依然不顾病痛,对摩尔所提出的常识的确定性的问题进行彻底的反思。他的最后七条论确定性的精彩笔记写于1951年4月27日,就在他逝世的前两天,即1951年4月29日。

维特根斯坦最重要的后期著作是《哲学研究》。1936年8月,维特根斯坦对一年前用英语口述的《棕皮书》用德语加以修订,他把这个修订本题为《哲学研究》(Philosophische Untersuchungen)。这一修订不是简单的翻译,而常常是重起炉灶的新尝试。《哲学研究》的第一部分完成于1945年,而第二部分写于1947至1949年间。

维特根斯坦在生前是准备出版这本书的,至少是该书的第一部分,可见于他在1945年为完成该书写的一个序言中的第一句话:"以下发表的思想,是我十六年来进行哲学探讨的记录。"该书于1953年,即在他逝世之后的第二年,以德英对照本的方式首次出版。

德国苏尔坎普(Suhrkamp)出版社于1984年出版了《维特根斯坦文集》(八卷本),其中除以上提到的著作外,还包括《哲学评注》(Philosophische Bemerkungen)(写于1929至1930年,由摩尔保存)、《维特根斯坦和维也纳学派》(该书是由魏斯曼记录的维特根斯坦在1929至1931年间与他本人和石里克的谈话)、《关于心理学的哲学的评注》(Bemerkungen über die Philosophie der Psychologie)(写于1947至1949年,其中有些条目与《哲学研究》第二部分的条目相似)、《混合的评注》(Vermische Bemerkungen)(英译本的书名为《文化和价值》[Culture and Value])等。

除德国苏尔坎普出版社出版的《维特根斯坦文集》(八卷本)外,还有奥地利维也纳出版的《维特根斯坦文稿》(1929—1934),至今已出版了七卷。该文集的特点是尽可能按原样出版维特根斯坦的笔记和文稿,其中包括初稿和修改稿。其中,2000年出版的《大打字稿》[1]令

---

1 L. Wittgenstein, *The Big Typescript*, hrsg. von Michael Nedo, Wien/New York: Springer, 2000.

人关注，它是维特根斯坦在1933年试图对1929年以来所积累的大量笔记进行总汇的产物。它共分十九章，其中第十三章名为"现象学"，有助于澄清维特根斯坦的后期哲学与现象学的关系。此外还有光盘版的《维特根斯坦遗著》(*Wittgenstein's Nachlass: The Bergen Electronic Edition*, 2000)，该光盘版是最全的，收入了迄今所发现的维特根斯坦的全部遗著，包括上述维也纳版。

鉴于维特根斯坦前后期哲学的重大差异及其所产生的不同影响（前期对维也纳学派产生重大影响，后期对牛津学派的日常语言哲学产生重大影响），我们把它们分为两部分来讲。

第一节　维特根斯坦的前期哲学

一、世界、对象、事实与事态

维特根斯坦在《逻辑哲学论》中从语言的角度谈论世界、对象、事实与事态。他写道：

> TLP 1　世界是一切发生的事情。[1]
> TLP 1.1　世界是事实的总体，而不是事物的总体。
> TLP 2.02　对象是简单的。
> TLP 2.021　对象构成世界的实体，因此它们不能是复合的。
> TLP 2.027　固定者、实存者和对象是一个东西。

现在，细心的读者不免要提出这样的一个问题：既然世界是事实的总体，为什么又要说对象构成世界的实体呢？世界的最基本的组成部分究竟是事实还是对象呢？

要解答这一问题，就涉及语言。维特根斯坦所说的对象（Gegenstand）是指语词

---

[1] 转引自 L. Wittgenstein, *Ludwig Wittgenstein Werkausgabe*（Frankfurt am Main: Suhrkamp, 1984）中的 *Tractatus Logico-Philosophicus*，以下简称TLP；由于该书中的每一段话都有编号，所以我们在引证时省略页码而只写编号。中译本参见贺绍甲译《逻辑哲学论》。此句的德文原为"Die Welt ist alles, was der Fall ist"。"Fall"的原意是"情况"。"情况"所强调的不是发生的事物，而是发生的事态。中文把"Fall"译为"发生的事情"时，应该说是考虑到这一点的，我们在理解时要注意不要把"事情"与"事物"相混淆。

的对象，或通过语词所表达的思想的对象。一定的语词的组合构成句子，一定的对象的组合构成事态（Sachverhalt）。维特根斯坦说："事态是对象（事物）的结合。"（TLP 2.01）在这里，事（Sache）和物（Ding）被理解为对象。所以，当维特根斯坦说对象是固定的时候，也指事物是固定的。我们知道，在现实的世界中，任何事物都在时间和空间中发生变化。当维特根斯坦说对象是固定的时候，显然不是在这层意思上说的，否则他就犯了违背常识的明显错误。维特根斯坦把事物当作句子中的语词的对象。让我们考虑以下的句子：

（1）苏格拉底诞生了。
（2）苏格拉底成为哲学家。
（3）苏格拉底喝了毒酒。
（4）苏格拉底死了。

在以上四个句子中，都出现"苏格拉底"这个语词，它所指的对象是同一的、不变的，尽管这四个句子是不同的。这四个句子描述了四种不同的事态，但是它们包含了一个共同的、不变的对象。

在此，我们或许会这样质疑：尽管"苏格拉底"这个词在以上的句子中不变，但是苏格拉底这个人从诞生到老死都在变化。因此，我们不能说苏格拉底这个对象是不变的。

然而，维特根斯坦在此是从语言的角度讨论问题的。从我们理解语词所指的角度看：纵然我们不认识苏格拉底这个人，我们也能理解上述四句话的意义。我们知道"苏格拉底"是一个指人的专名，对于理解上述四句话中的"苏格拉底"所指的对象是什么就够了，即它指某个人。就语言的层面而言，我们理解某个语词，就是理解这个语词的意义，即这个语词对应某个具有一定的形式和内容的对象。这种形式和内容是语词的意义的本质，它是独立于现实世界中发生的事情（事实）的。因此维特根斯坦说："实体是独立于发生的事情而存在的。"（TLP 2.024）"它是形式和内容。"（TLP 2.025）正是在这个意义上，维特根斯坦说："为要认识一个对象，虽然我不必认识它外在的方面，但我必须认识它全部内在的属性。"（TLP 2.01231）当西方的某些哲学家（如现象学家胡塞尔）主张本质是不变的时候，维特根斯坦主张对象是不变的。他们之间的主张具有相同之处，不过维特根斯坦更强调这不变的东西是指语词的对象，即语词所指称的形式和内容。[1] 正因为一定的语词与一定的形式和内容相对应，并且这种对应关系是固定的，所以我们能够在没有看到苏格拉底喝了毒酒的情况下知道"苏格拉底喝了毒酒"这句话的意义。同样，每个人的诞生和死都是具体的和不同的，存在着各种各样不同的哲学家，毒酒也有不同的种类，但我们能够理解这些语词的意义，因为它们各与其一定的不变的规定性相对应。当我们听到一定的语词的时候，我们就把它们与一定的形式和内容联系在一起。如果名称与对象没有固定的联系，我们就无法确定语词的意义。

我们的语言所言说的不只是现实的东西，而且还包括可能的东西。如果我们的语句只是描述发生的事情（事实）的话，那么就不会出现不符合事实的有意义的语句的情况。举例来说，某人控告张三杀了人，而实际上张三没有杀人。我们显然能够理解"张三杀了人"这句话的意义，但这可能是一种诬告，张三实际上没有杀人。因此我们有必要区分实际发生的事情和可能发生的事情。"张三杀了人"是可能的事情，但不是实际发生的事情。正是在这个意义上，维特根斯坦区分**事态**（Sachverhalt）和**事实**（Tatsache）。维特根斯坦说："发生的事情，即事实，是事态的存在。"（TLP 2）事态可以实际上存在，也可以实际上不存在（只是作为一种可能性而存在），实际上存在的事态才是事实。事实和事态之间在其形式和内容方面完全相同，其区别在于一个是发生的，另一个不是发生的，或者说一个是实际上存在的，另一个不是实际上存在的（参见 TLP 1.21）。

现在我们可以明白，维特根斯坦为何区分**现实的世界**（wirkliche Welt）和**所思的世**

---

[1] "对象"这个术语在《逻辑哲学论》中的用法非常独特和微妙。维特根斯坦谈道，"名称在命题中代表对象"（TLP 3.22）。由此我们容易做出这样的推断：既然我们不仅用命题表达想象中的事态，也用命题描述实际发生的事情，而命题是由名称组成的，名称的所指是对象，那么"对象"就可以区分为"可能的对象"与"现实的对象"。然而，翻遍《逻辑哲学论》，找不到这样的说法。"对象"这个术语在该书中具有特定意义。他明确指出："我们不能如同说'这里有些书'那样，说'这里有些对象'。"（TLP 3.22）"这里有些书"描述实际发生的事情（事实）。在此，这些书是实际存在的事物。为什么不能照此说"这里有些对象"呢？因为在维特根斯坦看来，"对象"表示名称所指的变项，也即可以在一定的可能性的值域中变更的东西。他写道："因此变名'x'就是**对象**这个伪概念的专有记号。"（TLP 3.22）这意味着一个对象不是一个确定的a，而是一个变名x所指称的东西。因此，"对象"在《逻辑哲学论》中是专门用于在想象的空间中可以合乎逻辑地加以变更的东西的术语。鉴于维特根斯坦对"对象"这个术语的专门用法，我们需要避免使用"现实的对象"的说法。为了不致引起误解，我觉得对于事实命题中的名称所指称的东西还是使用"实际事物"较为妥当。

界（gedachte Welt）（参见 TLP 2.022）。现实的世界是由事实所构成的。所思的世界是由事态所构成的。当维特根斯坦说"世界是事实的总体"时，他是指现实的世界。所思的世界是可能的世界。这种可能性是指逻辑空间中的可能性。可能的东西并不一定会成为现实的东西，但是不可能的东西绝不会成为现实的东西。举例来说，"苏格拉底是一个医生"在逻辑上是可能的，但不是现实的。因此，它是一个在所思的世界中的事态，而不是一个在现实的世界中的事实。然而，"苏格拉底是医术"在逻辑上是不可能的。再如，某人问及在桌子上的钢笔的尺寸，我不会告诉他钢笔是没有尺寸的。"有尺寸"这个属性是钢笔的一个必然属性，没有尺寸的钢笔是不可想象的。钢笔本身不会具有智、善等属性，因而"钢笔是聪明的或愚蠢的，善良的或邪恶的"之类的句子只能是毫无意义的胡说。视域里的一个斑块虽然不一定是红的，但它必定具有某种颜色；音调必须具有某种高度，触觉的对象必须具有硬度。这些例子有助于我们理解为什么维特根斯坦说："如果我知道一个对象，我也就知道它在事态中出现的所有可能性。（每一个这样的可能性必定已经处在对象的性质之中。）不可能后来发现一种新的可能性。"（TLP 2.0123）

维特根斯坦主张，现实的世界可以分解为复合的事实，复合的事实可分解为简单的事实。简单的事实（或简称"事实"）是现实世界的最基本的组成单位。所思的世界可分解为复合的事态，复合的事态可以分解为简单的事态。简单的事态是所思的世界的基本的组成部分。对于复合的事态，维特根斯坦给予一个专门的名字**事况**（Sachlage）。

《逻辑哲学论》持一种**多元论的世界观**。这种多元论不是对象或事物的多元论，而是**事实的多元论**。维特根斯坦强调对象或事物是不能独立存在的，而只能在一定的联系中存在。比如，一只猫在一张席子上，我们可以设想它在树上或其他什么地方，但它不能单独存在。在这一意义上，事态是可能存在的基本单位，事实是实际存在的基本单位。维特根斯坦还主张，事实与事实之间彼此独立，从某些事实的存在或不存在不能推论出另一种事实的存在或不存在。世界被理解为一个没有内在联系的诸事实的复合。这与黑格尔的世界的整体论的观点完全不同。按照黑格尔的看法，世界中的事物的发生是按照辩证逻辑的规律而发生的。这种辩证逻辑的规律是世界中发生的事情相互联系的内在规律。按照维特根斯坦的观点，则根本不存在这样的内在规律。如果硬要说事实与事实之间存在着逻辑的话，那么这种逻辑就是形式逻辑，更确切地说，是由弗雷格和罗素所发展的命题逻辑和谓词逻辑。它们只表示命题与命题之间的形式联系，而所谓事实与事实之间相互联系的结构与这种命题之间的形式联系的结构相对应。以上是就现实的世界而言的，就所思的世界而言，维特根斯坦同样主张一种事态的多元论。事态之间彼此独立，事态是所思的世界的基本组成单位，并且事态是多元的。

二、语言的图像理论

在《逻辑哲学论》中，维特根斯坦主张，语言与世界之间存在相对应的结构，命题是实在的逻辑的图像。这一关于语言与世界的关系的基本观点常被简称为"**同构论**"和"**图像论**"。

"同构论"和"图像论"是一个问题的两个方面。按照维特根斯坦的看法，正因为语言与世界有着相同的结构，所以语言才能描述世界，语言才能成为世界的图像。反过来，语言与世界除了结构相同之外，并无任何其他的相同之处。说语言是世界的图像，正是从语言与世界有着相同的结构这一点而言的。

维特根斯坦的"同构论"和"图像论"包括宏观和微观两方面的内容：

从宏观的方面来说，维特根斯坦主张世界是事实的总体，语言是命题的总体。说世界是事实的总体，并不是说世界是由相互内在联系的事实组成的整体，而是说世界无非是彼此独立的事实的复合而已。说语言是命题的总体，并不是说语言是由相互内在联系的命题组成的系统，而是说语言无非是彼此独立的基本命题的复合而已。事实与事实之间没有内在的联系，它们只具有"和""否定""如果……那么""当且仅当"之类的外在联系。"和""否定""如果……那么""当且仅当"也是命题之间的连接关系。通过这些连接词，基本命题构成复合命题。这样，命题之间互相联系的结构就与事实之间互相联系的结构相对应，一个复合的命题描述一个复合的事实才成为可能。在这一宏观的意义上，维特根斯坦主张世界的结构与语言的结构相同。

从微观的方面来说，维特根斯坦主张，一个基本命题犹如一个描述简单事实的图像。在图像中，图像的要素代表对象。图像的要素以一定的方式相互关联，它描述以一定的方式相结合的事物间的关系。命题由名词组成，名词如同图像中的要素。名词代表对象，命题则描述事实。维特根斯坦把名词视为不可用定义来做任何进一步分析的初始记号（参见 TLP 3.26）。鉴于名词代表对象，命题描述事实，维特根斯坦区分"意谓"（Bedeutung）和"意义"（Sinn）。他写道："名词意指（bedeutet）对象。对象是它的意谓（Bedeutung）。"（TLP 3.203）"只有命题才有意义，名词只有在句子的关联中才有意谓。"（TLP 3.3）"人们可以不说命题描述这种或那种事态，而直接说命题具有这种或那种意义（Sinn）。"（TLP 4.031）"一个名称代表一个事物，另一个名称代表另一个事物，而且它们是彼此组合起来的；这样它们整个地就像一幅活的画一样表现一个事态。"（TLP 4.0311）

据说，维特根斯坦有一次在一个展示交通事故的橱窗里看到了相撞的汽车和场地的模型，他想到句子与事实的关系也是这样的图示关系。只要图示的一方与被图示的一方具有相同的结构，即只要模型或名词与对象一一对应，模型或名词间的关系与对象间的关系相吻合，就能正确地图示事实。维特根斯坦还曾用留声机唱片上的纹理与乐谱、音乐之间的关系来说明这种图示关系的结构对应和互相转换的可能性。

需要强调的是，维特根斯坦所持的语言的图像理论主张语言是事态或事实的图像，而不是主张语言是对象的图像。换句话说，语言不是对象的图像，而是构成事态或事实的对象的组合的图像。一个对象能被命名，但命名不是描述。所谓描述一个对象，从某种意义上说，其实不是在描述一个对象，而是在描述与该对象相关的诸事态。假定有一个对象"苹果"，与此相关的可能的陈述是：它是红的，它是圆的，它是甜的，它在盘子里，等等。这些与该对象相关的陈述都是在描述事态。由此可以得出这样一个结论：对象只能被命名，不能被描述；我们要么命名一个对象，要么描述与其相关的事态。

我们已经说过，维特根斯坦区分事态和事实，发生的事态才是事实。因此，当一个描述事实的命题是真的时候，它除了要符合与该事实相关的对象与对象间的关系或对象与属性间的关系外，还要正确地断言它的存在或不存在。举例来说，命题A："那个盘子里有一个红苹果。"如果那个盘子里有一个青苹果，该命题是假的；如果那个盘子里没有苹果，该命题也是假的；仅当确实存在那么一个对象，它是苹果，并且是红的，并且在那个盘子里，该命题才是真的。

一个假的命题仍然可以是一个有意义的命题，因为它纵然没有正确地描述一个事实，但它仍然在描述某个可能的事态。一个青苹果在那只盘子里是可能的，纵然在某一场合它没有发生。但是如果说，那只盘子里有数字"1"，则这是一句毫无意义的话。

综上所述，我们可以用以下的表格来表述维特根斯坦关于语言与世界的关系的基本观点：

	名词	基本命题	复合命题	语言的范围
可能的领域	对象	事态	事况	所思的世界
现实的领域	实际事物	简单事实	复合事实	现实的世界

使用表格表达的好处是容易把语言与世界的对应关系显示出来，并把所思的世界与现实的世界的对应关系显示出来，从而展示维特根斯坦的"语言的图像理论"的基本观点。简言之，可能的领域与现实的领域的区别在于前者是逻辑上可能的而后者是实际发生的，而其共同的东西在于它们之间具有相同的结构或形式。这就是维特根斯坦在《逻辑哲学论》中所阐发的"同构论"的核心思想。用他自己的话来说就是："显然，一个所思的世界，无论它与现实的世界有多么大的不同，它都必然与其具有某种共同的东西。这种共同的东西就是它们的形式。"（TLP 2.022）

三、语言的界限和神秘主义

维特根斯坦在《逻辑哲学论》的前言中写道："这本书的全部意义可以用一句话概括：凡是可以说的东西都可以说得清楚；对于不能谈论的东西必须保持沉默。"为此，维特根斯坦为语言划定了界限，在这界限之内的东西是可以说的，在这界限之外的东西是不可以说的，即没有意义的、无谓的。

怎样给语言划一条界限呢？对于这个问题，我们在讲述维特根斯坦的语言的图像理论时已经涉及了。凡是可说的东西仅限于能被图示的东西。换句话说，只有那些能被描述的事态或事实才是可以说的东西。这一要求是非常严格的。它要求命题的结构与实在的结构相对应，其中包括命题中的名词与对象相对应，名词和名词间的关系与对象和对象间的关系相对应。反过来说，凡是不能被图示的东西，就是无意义的或无谓的东西，就是必须对此保持沉默的东西。由此可见，在《逻辑哲学论》中被认为是可说的语言的功能，即符合语言的图像理论要求的功能，仅限于语言的描述的功能。

这一语言的图像理论极大地限制了有意义的命题的范围。说得具体一些，只有那些描述可能发生的事态或已经发生了的事情（事实）的命题，即只有那些具有偶然的真理性的命题（任何事态都可能发生也可能不发生，其发生与否要视具体的条件而定，所以描述它们的命题只能具有偶然的真理性），才是有意义的命题，才属于可说的范围。用维特根斯坦的话来说，"凡能描述的就能发生，并且凡是被因果规律排除在外的东西，也都是不能被描述的"（TLP 6.362）。由此看来，只有经验科学的命题才是有意义的命题。许多我们通常认为有意义的命题，按照这一标准却是无意义的，甚至是无谓的。

维特根斯坦区分**无意义的命题**（sinnlose Sätze）和**无谓的命题**（unsinnige Sätze）。在此，无意义的命题指不是描述事态的、没有关于事实的内容的，但仍然是有用的、必需的"命题"。逻辑的命题在维特根斯坦看来是无意义的命题。因为逻辑的命题要么是重言式的命题，要么是矛盾式的命题。重言式的命题，如 p∨¬p，使得一切可能的世界成为真，从而对事态什么也没有说，什么也没有描述。矛盾式的命题，如¬(p∨¬p)，使得一切可能的世界成为假，从而也与事实完全无关。*逻辑的命题是必然真或必然假的命题，而不是具有偶然的真理性的命题*。如上所述，只有那些具有偶然的真理性的命题才属于可说的范围内的有意义的命题，从而逻辑的命题不属于可说的范围，不是有意义的命题。但是逻辑的命题仍然是有用的、必要的，因为逻辑的分析和演算需要它们。维特根斯坦也把纯数学的命题归于逻辑的命题，因而纯数学的命题按照以上定义也是无意义的命题。

无谓的命题既不是有意义的命题，也不是无意义的命题。从其逻辑结构看，它不是重言式的，也不是矛盾式的。它貌似意指对象和描述事态，然而实际上根本不存在这样的对象和事态。如果说逻辑命题是"退化了的命题"的话，那么"无谓的命题"是"伪命题"（Scheinsätze）。它们是那些引起误解、导致荒唐的命题。在维特根斯坦看来，传统哲学中的大部分命题都是那些无谓的命题。

为了便于理解维特根斯坦有关"无意义的命题"和"无谓的命题"的含义，我们可以把它们与逻辑实证主义的相关说法做一比较。逻辑实证主义区分经验命题和分析命题：经验命题具有经验意义，其标志是可以通过经验观察的方式检验其真假，也即可被经验证实或证伪的命题是具有经验意义的命题；分析命题没有经验意义但具有逻辑意义，其标志是可以通过逻辑分析的方式证明其真或假，也即证明其在逻辑上是否相容或矛盾。对于既不能被经验证实或证伪又不能被逻辑证明或否证的命题，在逻辑实证主义看来是"无意义的伪命题"，形而上学的命题就属于这样的无意义的伪命题，必须加以拒斥。这是逻辑实证主义者提出的"意义标准"和"证实原则"的基本要点。维特根斯坦所说的"有意义的命题"大致相当于逻辑实证主义所说的"经验命题"，维特根斯坦所说的"无意义但有用的命题"大致相当于逻辑实证主义所说的"分析命题"。维特根斯坦所说的"无谓的伪命题"大致相当于逻辑实证主义所说的形而上学之类的"无意义的伪命题"。

当然如果详加考察，这里还存在一些相当微妙的差别。总的来说，维特根斯坦的思考更加深入和全面一些，而逻辑实证主义的说法有些简单化。比如，在逻辑实证主义的理论构架内，难以处理他们自己提出的表示"意义标准"和"证实原则"的命题，因为如果严格按照他们自己提出的标准和原则来处理，这类命题也应被视为"无谓的伪命题"。维特根斯坦在其理论构思中兼顾到了这类问题，这类有关准则的语句在维特根斯坦那里可以被列入"无意义但有用"的语言范围。他所特有的处理办法是区分"说"和"显示"。

按照维特根斯坦的说法，只有"有意义的"命题才是"可说的"命题。这是否意味着他排斥一切"不可说的"命题呢？维特根斯坦没有得出这样的结论。相反，他指出，某些不能说（sagen）出的东西能够被显示（zeigen）出来。能够被显示出来的东西是能够被理解的。显示的作用就是帮助理解，就是澄清那些混乱的思想，就是使人们看清楚什么是句子的正确的逻辑结构，什么是导致人们产生误解的地方。

维特根斯坦谈到**逻辑的结构**不能被说但能被显示。"命题不能表述逻辑形式：逻辑形式反映在命题之中。语言不能表述本身反映在语言中的东西。对于那些在语言中自行表现出来的东西，我们不能用语言来表达它。命题显示（zeigen）实在的逻辑形式。命题展示出（aufweisen）这种逻辑形式。"（TLP 4.121）我们可以用一个比喻说明维特根斯坦的这一思想：假定我有一张贝多芬第九交响曲的唱片，我能描述唱片上深浅程度不同的纹道，但我不能说这些纹道就是这一交响曲。我们有什么办法表示这张唱片是贝多芬第九交响曲的唱片呢？办法是把这乐谱的结构与这张唱片上的纹道的结构对应起来进行显示。我们指给某人看，唱片上的纹道的深浅程度与乐曲的音阶上的高低程度相对应，就显示出了它们的结构的相同。

区分"**说**"和"**显示**"是维特根斯坦的《逻辑哲学论》的核心观点。为此我们有必要更为详细地加以解说。假定有以下两个描述事态的命题：

（1）这个苹果是红的；

（2）这个苹果是圆的。

现在假定某人在分析了这两个命题之后说："这两个命题具有相同的对象和不同的属性。"按照维特根斯坦的看法，这超出了可说的范围，因为它没有描述事态，它包含了像"命题""对象""属性"之类的名词，但是这些名词在现实世界中是没有指谓的，即不存在的。要想表明以上这些命题之间具有相同对象和不同属性的结构，可以通过以下逻辑表达式：

（1）$f(a)$；

（2）$g(a)$。

维特根斯坦写道："因此，一个命题'fa'显示：对象a出现在该命题的意义中；两个命题'fa'和'ga'则显示：二者说的是同一个对象。如果两个命题互相矛盾，则它们的结构显示这一点；如果其中一个从另一个推导出来，也由其结构显示出来。如此等等。"（TLP 4.1211）然后维特根斯坦加了一句结论性的话："能显示出来的东西，不能说出来。"（TLP 4.1212）

罗素对此持有异议："引起犹豫的是这一事实，即归根结底维特根斯坦先生还是在设法说出一大堆不能说的东西，这就使持怀疑态度的读者想到，可能有某种通过语言的等级系统或者其他的出路找到逃遁的办法。"（罗素：《逻辑哲学论》序）分析哲学在往后发展的历史中，越来越强调区分对象语言和元语言。尽管不能用对象语言来"说"对象语言，但是能够用元语言来说对象语言。我觉得维特根斯坦区分"说"和"显示"与罗素所说的区分语言的等级以及区分对象语言和元语言，在精神实质上仍有相通之处。维特根斯坦把可说的语言限制为描述的语言，于是不得不引进"显示"的概念。在维特根斯坦看来，所谓通过元语言"说"出来的东西还是要通过"显示"

才能使人明白。

除了逻辑结构外，维特根斯坦认为涉及价值的伦理、美学和宗教的观念也是不可说只可显示的。像"我们应该做什么""什么是有价值的""什么是美的""什么是我们生活的目的"之类的句子，不是在描述事态，而是在进行估价，指出我们的责任，对行为予以指导。这类句子的逻辑结构与描述事态的命题的逻辑结构完全不同。但是在日常语言的句子中，像"这个苹果是红的"之类的句子与像"这个苹果是好的"之类的句子具有相似的形式，人们容易把后一类进行估价的句子与前一类进行描述事态的句子混淆起来，即把不可说的句子当作可说的句子处理。一旦出现了这样的混淆，就产生"**无谓的命题**"。这是导致形而上学的哲学错误的一个重要原因。

维特根斯坦没有否认存在伦理、美学、宗教的领域，也没有否认价值观念的重要性，只是主张这些领域内的东西是不可以说，只可以显示的；并且在这个意义上认为它们是**神秘的**。"确实存在不可说的东西。它们显示自己，它们是神秘的东西。"（TLP 6.522）维特根斯坦主张，"世界的意义必定在世界之外……如果存在任何有价值的价值，那么它必定处在一切发生的和如此存在的东西之外"（TLP 6.41）。考虑到维特根斯坦把世界定义为"一切发生的事情"，把命题的意义定义为命题所描述的事态，一切发生的和如此存在的东西都是偶然的，世界的意义和价值则被认为是非偶然的东西，那么维特根斯坦主张它们不可能在世界之中，必定处在一切发生的和现存的东西之外，就没有什么奇怪的了。

维特根斯坦所反对的是把那些本来不可说只可显示的东西当作像事态一样的东西说出来，用像描述事态一样的方式表述出来，或者说不注意区分说和显示，不注意划分语言的界限。"哲学的正确的方法其实是这样的：除了可说的东西之外不说任何东西，也就是除了自然科学的命题——也就是与哲学无关的某种东西之外，不再说什么。于是当某人想说某种形而上学的东西时，总是向他指明，在他的命题中他没有赋予某些记号以意谓。尽管这个方法不会令别人满意——他不觉得我们是在教他哲学——但是这却是唯一严格正确的方法。"（TLP 6.53）至于维特根斯坦本人说了一大堆按照他自己的标准来说不可说的东西，他申明："我的命题应当是以如下方法来起阐明作用的：任何理解我的人，当他用这些命题为梯级而超越了它们时，就会终于认识到它们是无意义的。（可以说，在登上高处之后他必须把梯子扔掉。）他必须超越这些

命题，然后他就会正确看待世界。"（TLP 6.54）

在写完《逻辑哲学论》之后，维特根斯坦确实对哲学问题"沉默"了，他到奥地利南部的乡村去当小学教师，去做园丁和建筑师。他重新对哲学问题感兴趣之时，也就是他开始质疑《逻辑哲学论》中的一些重要论点是否正确之时。

第二节　维特根斯坦的后期哲学

一、促成维特根斯坦向后期哲学转变的几个问题

从维特根斯坦的前期哲学到他的后期哲学之间，有一个过渡阶段。这一转变阶段大约发生在1929至1934年间。维特根斯坦原以为，他一劳永逸地解决了他所关心的全部哲学问题，所以他在约十年时间内过着半隐居的生活，践行他所认为的不可说只可显示的人生观和价值理念。据说，导致他重返哲学的一个契机是1928年3月他在维也纳听了布劳维尔关于数学基础的讲演，这重新激起他对数学哲学、逻辑哲学和语言哲学的兴趣。随后，他发觉了他的前期哲学中的一些问题，感到他仍能在哲学上有所作为。

维特根斯坦在写于1945年的《哲学研究》的前言中指出："因为自从我于十六年前重新开始研究哲学以来，我不得不认识到在我写的第一本著作中有严重错误。帮助我认识这些错误的——这种帮助究竟有多大我自己几乎都很难估计——是弗兰克·兰姆赛对我的观点所做的批评。在他逝世前的两年间，我同他进行了无数次的交谈，讨论了这些观点。除了这种总是确凿而有力的批评之外，我甚至更要感谢本校的一位教师P. 斯拉法先生多年来一直不断地对我的思想进行的批评。本书中那些最具成果的观点乃是得益于**这种**刺激。"[1]

维特根斯坦在这里所说的"本校的一位教师"就是指他在英国剑桥大学的同事——意大利经济学家彼罗·斯拉法。维特根斯坦经常与他讨论哲学问题。一天，当

---

[1] 维特根斯坦：《哲学研究》，李步楼译，陈维杭校，北京：商务印书馆，1996年，第2—3页。《哲学研究》在中国已有多个译本，我较为认同李步楼的译本。以下引证大多取自该译本，个别地方做了些修正。

维特根斯坦正在为他的命题与所描述的事实有着同样的逻辑结构的观点做辩护时，斯拉法打了一个那不勒斯式的手势表示轻蔑，问维特根斯坦事实的逻辑结构究竟是什么。按照马尔科姆（Norman Malcolm）的回忆，正是这个问题使维特根斯坦注意到，事实具有一个逻辑结构的信念是站不住脚的。[1] 按照冯·赖特的回忆，维特根斯坦还说过，与斯拉法的讨论使他觉得自己就像所有枝条都被砍光了的树。[2]

对事实具有逻辑结构的看法的怀疑会动摇"语言的图像理论"，因为语言的图像理论是建立在语言与事实具有相同的结构这一信念的基础之上的。语言的句法具有一定的逻辑形式，这是显而易见的。但是，事实有没有这样的逻辑形式呢？谁也看不到事实的逻辑形式。主张事实具有逻辑形式，并认为这种逻辑形式与语言的逻辑形式相同，不过是一个假定而已。后期的维特根斯坦开始重新考虑这样的假定的合理性，因为所谓语言的逻辑形式实际上说的无非是语言的一些句法，而这些句法取决于语言的用法规则；语言的用法规则依存于使用该语言的人类的文化群体的生活形式及其语言使用的习惯，并没有什么统一的语言的逻辑形式，因此根本谈不上事实的逻辑形式与语言的逻辑形式的一致。

除了《逻辑哲学论》一书，维特根斯坦生前所发表的唯一哲学作品是《对逻辑形式的一些评论》（"Some Remarks on Logical Form"，1929）。在这篇评论中，维特根斯坦论证必须放弃基本命题互相独立的设定。在《逻辑哲学论》中，维特根斯坦主张，事态可能发生，也可能不发生，因此描述事态的命题是具有偶然的真理性的命题。由此而来的结论是，与事态相符合的真的基本命题在逻辑上是彼此独立的，从一个基本命题的真或假不能推出另一个基本命题的真或假。换句话说，基本命题与基本命题之间是彼此独立的，即它们的真值不是互相依赖的，也不是相互排斥的。

现在维特根斯坦考虑这样的一种情况：颜色是分布在广延中的，因此当一个斑点是红的时候，这个斑点就不能是绿的，即同一个斑点不能既是红的又是绿的。这就是著名的"**颜色不相容性**"的例子。颜色不相容性的问题对基本命题互相独立的论断提出挑战。当把"这是红的""这是绿的"之类的句子视为基本命题的例子，当这些命题中的"这"指的是同一个对象（同一个斑点）的时候，那么显然就会得出否定基

---

[1] 参见 Norman Malcolm, *Ludwig Wittgenstein: A Memoir*, London: Oxford University Press, 1958, p. 69。
[2] 参见冯·赖特：《知识之树》，第183页。

本命题间彼此相容的结论,从而否定基本命题互相独立的断言。当然,维特根斯坦在《逻辑哲学论》中从来没有给出过基本命题的例子。然而,即使"这是红的"之类的句子不被视为基本命题,但仍然可以设想,类似于颜色不相容性的情况在更为简单的命题间仍然存在。所以,**维特根斯坦在《对逻辑形式的一些评论》一文中明确表示放弃各基本命题彼此独立的主张**。

维特根斯坦在《逻辑哲学论》中也从来没有给出过**简单对象**的例子。施特纽斯(Stenius)在《维特根斯坦的〈逻辑哲学论〉》("Wittgenstein's *Tractatus*",1960)中主张,简单对象包括个体的事物、特殊的属性和关系。这一解释看来符合维特根斯坦当时的思路,罗素也是这样理解"逻辑原子主义"的,但是它没有解决问题,因为人们还要继续问:究竟什么是个体的事物、特殊的属性和关系?马尔科姆曾问维特根斯坦:"当你写《逻辑哲学论》的时候,是否已经决定有什么东西可作为'简单对象'的例子?"维特根斯坦回答:"我那时认为自己是一个逻辑学家,去决定是否这一个东西或那一个东西是简单的东西还是复合的东西的问题,并不关逻辑学家的事情,这纯粹是一个经验的问题。"(参见 Norman Malcolm, *Ludwig Wittgenstein: A Memoir*)尽管这只皮球被踢到了经验科学家那里,但问题依然存在:如果经验科学家对什么是简单对象持不同的看法,究竟应该怎么办?如果永远存在更加简单的对象,或者说对于任何一个已知的简单对象来说,都存在进一步分解它为更加简单的对象的可解性,是否简单对象只是一个无限小的对象的概念(极限概念)?

对于这类问题,维特根斯坦开始从一个全新的视角加以审视。**一种东西是复合的还是简单的,本身并不具有任何绝对的或脱离语境的意义。说它是基本的还是复合而成的,完全取决于它所出现的语境**。就拿象棋棋盘这个例子来说,在一种语境下,我们可以说棋盘是由三十二个白的方块和三十二个黑的方块所组成的。可是,我们难道不也可以说,它是由黑色、白色以及方块图式所组成的吗?[1] 这说明,只有在确定了语境之后,才能谈"基本"和"组合"的问题;**不确定语境,就谈不上"个体"和"对象"之类的原始要素**。

至此,我们已经可以看到,维特根斯坦动摇了《逻辑哲学论》的三大支柱:(1)语言的图像理论,(2)基本命题互相独立的理论,(3)简单对象的理论。维特根斯坦

---

1 参见维特根斯坦:《哲学研究》,第一部分,§47。

的后期哲学在一定意义上是对他的前期哲学的批判。这种批判标志着一种全新的哲学的开始，它在内容和方法上都属二十世纪最富独创性的。

二、语言游戏

维特根斯坦在《哲学研究》中以语言的游戏理论取代了语言的图像理论。他使用的"语言游戏"这个概念大致包含以下四层意思：

（1）语言不是一个统一的系统，语言的形式是多种多样的；
（2）语言没有共同的本质，只有"家族相似"；
（3）语词和语句的意义取决于它们在一定的语境中的用法和规则；
（4）语言具有社会的特征，语言是生活形式的一部分。

（一）语言的形式是多种多样的

维特根斯坦在《逻辑哲学论》中致力于论证一种统一的理想语言所必须具备的条件，主张语言的唯一的功能是描述事态。他在《哲学研究》中则采取了一种与此完全不同的态度：不是去建立一种新的语言，而是观察和描述业已存在的语言。维特根斯坦发现现实生活中的语言是各种各样的，它们并不是一个统一的体系，而是互相交叉的，各自与特定的生活形式或实践的目的联系在一起。它们有关联，但并不统一；它们的功能是多种多样的，在不同的上下文中同一表达形式可以有不同的含义。而且，语言处于生长的过程之中。有些语言游戏产生了，有些语言游戏消亡了；有些语言的用法变旧了，有些语言的用法成为新的时尚。因此，人们永远也不可能指出究竟有多少种语言游戏。维特根斯坦写道：

> 那么，一共有多少种语言呢？比如说，断言、问题和命令？——有无数种：我们称之为"符号""词""语句"的东西有无数种不同的用途。而这种多样性并不是什么固定的、一劳永逸地给定了的东西；可以说新的类型的语言，新的语言游戏，产生了，而另外一些则逐渐变得过时并被遗忘。（我们可以从数学的演变得到有关这一事实的一幅粗略的图画。）[1]

---

1 维特根斯坦：《哲学研究》，§23。

"我们先给事物命名，然后才能谈论它们：才能在谈话时提到它们。"——似乎只要有命名活动，就给定了我们下一步要做的事情。似乎只存在一件事，叫作"谈论一个事物"。然而事实上我们用语言做大量的各种各样事情。请想一想，光是惊呼就有完全不同的功能。

水！

走开！

哎唷！

救命！

好极了！

不！

难道你们仍然想把这些词叫作"对象的名称"吗？[1]

（二）家族相似

以上，维特根斯坦描述了语言的多种多样的功能。语言不仅仅描述事态，而且还包括命令、推测、假定、编故事、讲故事、演戏、唱歌、猜谜、编笑话、讲笑话、解应用算术题、翻译、提问、致谢、诅咒、问候、祈祷等不同的形式和用途。这意味着，语言的图像论不能概括语言的各种各样的用法。那么语言有没有共同的本质呢？按照传统的思维模式，语言既然称为语言，必定存在贯穿于一切语言活动中的、用以跟非语言的活动区分开来的共同的特征。这种共同的特征就被称为语言的本质。维特根斯坦挑战这种传统的思维模式。他认为，这种本质主义的思想并不适用于语言。如果我们仔细观察语言的各种用法和形态的话，我们找不到那种可用以刻画语言的本质的共同特征。实际上，语言的实际用法并不遵循这种本质主义的思路。一个词的用法往往不止一种，而且从古至今词的用法都处于演变的过程之中，因而认为一切名词所指的对象都有共同的本质的思路是不切实际的。

现在的问题是：如果语言没有共同的本质的话，为什么它能被称为语言呢？维特根斯坦认为，比起追问"本质"的思路，观察和描述"**家族相似**"的研究途径更适用于处理语言之类的复杂问题。让我们考虑一下在某一个家族之内看到的那种相似

---

[1] 维特根斯坦：《哲学研究》，§27。

之处。祖父和父亲在体形上相似,但面孔不像;而父亲和儿子在体形上不像,但面孔像。祖父和他的孙子在体形上、面孔上都不像,但讲话的样子像。在这一家族的祖孙三代中有"家族相似",但没有某种共同的特征。

"家族相似"的概念特别明显地表现在游戏中。球类游戏、纸牌游戏、拳击游戏、划船游戏有什么共同的东西呢?因为它们都被称为游戏,所以就假定它们一定有共同的本质,那是没有用处的。维特根斯坦写道:

——请不要说:"一定有某种共同的东西,否则它们就不会都被叫作'游戏'"——请你仔细看看是不是有什么全体所共同的东西。——因为,如果你观察它们,你将看不到什么全体所共同的东西,而只看到相似之处,看到亲缘关系,甚至一整套相似之处和亲缘关系。[1]

我想不出比"家族相似性"更好的表达来刻画这种相似关系:因为一个家族的成员之间的各种各样的相似之处:体形、相貌、眼睛的颜色、步姿、性情等等,也以同样方式互相重叠和交叉。——所以我要说:"游戏"形成一个家族。[2]

在语言的各种活动中不存在全体所共同的东西,而只有互相重叠和交叉的相似关系。由于有这种相似关系,人们仍然可以把这些活动统称为语言,正如把球类游戏、纸牌游戏等统称为游戏一样。维特根斯坦乐于使用"**语言游戏**"这个概念,因为它会使人联想到语言像游戏一样没有共同的本质,只有"家族相似"。尽管语言之全体没有共同的本质,但它仍然如同在纺绳时把一些纤维绕在另一些纤维上一样:绳之为绳并非在于有一根贯穿绳的全长的纤维,而是在于许多纤维互相重叠,语言也是这样。

(三) 用法和规则

我们已经谈到过,早期的维特根斯坦持语言的图像理论。按照这一理论,一个词的意谓(Bedeutung)在于它所代表或指称的对象,一个句子的意义(Sinn)在于它所

---

[1] 维特根斯坦:《哲学研究》,§66。
[2] 同上书,§67。

描述的事态。举例来说,"苹果"这个词代表或指称生长在苹果树上的果子。"红"这个词代表或指称在不同的地方所看到的"红"的颜色。"这个苹果是红的"则描述一种事态,即这个被称为"苹果"的对象具有"红"的属性。如果要知道某个对象或某种属性的意义(意谓),可以通过实指定义来完成:指着某一个苹果说,这是一个苹果;指着一个红颜色的东西说,"红"就是这种颜色。听者把所听到的词与实指的对象或属性联系起来,就知道了该词的意义(意谓)。

后期维特根斯坦发现,语言使用的实际情况远远不止于以上所叙述的那样简单。让我们考虑象棋棋子"马"的情况。这里的"马"的意义是某一个对象吗?有的国际象棋中的马的棋子确实雕刻出马的形状,但是这马的形状并不表示棋子"马"的意义。我们可以不用马的形状来制成一个马的棋子,只要这个棋子按照马的规则走,它就表示马;正如有时在少了一个"马"的棋子的情况下,可以用别的棋子或其他的什么东西来代替它,只要双方认可就行。这说明,一个词的意义除了它所指的对象或属性外,更重要的是要考虑它的**用法的规则**。

再拿"5"这个数字来说,你能给我指出"5"那样的对象吗?根本不存在"5"那样的对象。你可以拿出5个苹果来,但5个苹果不代表"5"。"5"也不是对象的某种属性。这些苹果有红的属性,但没有"5"的属性。

弗雷格和罗素把"数"定义为类的类,"5"虽然不是某类对象的属性,但可以说是一切具有5个成员的类的共同的特征,因为在这些类与类之间存在着其成员的**一一对应**的关系。

维特根斯坦并不想否定弗雷格和罗素关于数的定义,而是提出一个更加基本的问题:类的成员或单元是如何确定的?把某个东西视为个体或单元,完全取决于一定语境下人们的实践的需要和习惯。在5个苹果、5斤苹果、钟敲5声、身高5尺之间,没有任何共同之处,这里的"5"是与其各自相关的度量规则和区分单元的习惯相关联的。

在弗雷格和罗素提出数的定义之前,人们早就在使用数字了。看一个人是否理解一个数字,不是看他是否理解这样那样的数的定义,而是看他是否能正确地使用数字。当我对一个店员说,我要买5个苹果,他从箱子里拿出5个苹果卖给我,这说明他理解"5"这个数字的意义。如果我对一个德国人说,我考试得了5分,他或许会问:你们这里是否5分的成绩最好?——在德国则是1分的成绩最好。——如果在你们那里

5分的成绩最好的话,那么我恭喜你考试取得了好成绩。这表明这个德国人懂得成绩的分数5及其相关的规则的意义。由此可见,**词的意义主要在于词的用法**。维特根斯坦写道:"在我们使用'意义'这个词的各种情况中有数量极大的一类——虽然不是全部——,对之我们可以这样来说明:一个词的意义就是它在语言中的使用。"[1]

(四)生活形式

当我们谈到语言的用法和规则的时候,我们实际上已经涉及**生活形式**。用法和规则出现在生活形式之中,人们在生活形式之中学习语言的用法和了解语言的规则,并在生活形式之中判断是否符合语言的用法和规则的问题。举例来说,要理解"马"这个棋子的意义离不开亲自去下象棋。假如一个初学者学棋,我向他说明了包括"马"这个棋子在内的棋子的走法规则。但他实际上理解与否,还得与他下一盘棋看看。假如与他下的是中国象棋,而他依照国际象棋的规则走"马",我要告诉他中国象棋走"马"的规则与国际象棋走"马"的规则间的差别。假如他不信,可以问问其他下中国象棋的人,乃至翻出一本有关中国象棋规则的书给他看。这说明,语词的意义是与使用语词的相关的活动结合在一起,而且是与这一语言的共同体的生活形式及相关的约定和习惯结合在一起的。

再让我们看一个例子。假如我们来到一个陌生的国度,我们不懂那里的土语。一个部落的酋长对某些部落的成员说了一番话,然后这些部落的成员就去树林中打猎。我们猜想,这位酋长也许对他们发布了去树林打猎的命令。这一猜想是建立在观察语言和行为之间的关系的基础之上的。我们设想,酋长与这些部落的成员之间存在命令和接受命令之间的关系。如果不接受命令,将会承担某种后果。假如某个成员没有到树林中去打猎,而是回家休息去了。这时这个酋长或许会到他家里去指责他为什么不服从命令。命令者与被命令者之间存在着一定的社会等级关系,对命令的理解不仅仅停留在对字面意义的理解上,而且要表现为服从命令的行动。因此,对一种文字的真正的理解,要参与到使用该文字的人的生活形式中去,使自己成为一种语言游戏中的一个角色。

命令和服从命令、欢呼、谴责、问候、致谢等本身就是生活形式的一部分。在

---

[1] 维特根斯坦:《哲学研究》,§43。

此，语言不仅仅是用以表达命令等的工具，而且其本身就构成命令等行为的一个组成部分。语言不仅仅描述人类的交流的行为，而且直接就是人类的交流行为的基本组成部分。

就拿最简单的语言的命名的用法来说，它也离不开相关的生活形式。让我们设想一位师傅和他的徒弟之间的情况。师傅指给徒弟看他使用的各种各样的工具，并且告诉他这些工具的名称，徒弟记住这些名称。在这一简单的语言游戏中，或许可以主张词的意义就是它所指称的东西。但是，这一语言游戏如果仅仅到此为止，还很难知道这位徒弟是否掌握了他的师傅对这些工具的命名。为此还必须有后续的活动。这活动也许是，每当这位师傅喊一把工具的名字，他的徒弟就把它递给他。当他的徒弟递错时，他师傅就会加以质问，告诉他应该递什么。例如，当师傅说锤子时，他徒弟递了一把钳子。师傅说：锤子？这不是锤子而是钳子，那才是锤子。这位徒弟就是在这一包括命名、命令、服从、质问、解释的语言游戏的工作过程中掌握了这些工具的名称。由此可见，命名的语言游戏往往要伴随着命令和服从、质问和解释等语言游戏才能完成。在此，语言的活动都是跟生活形式中的活动交织在一起的。这就是说，**知道一种语言中的词汇不等于学会了该语言，只有当一个人学会了与该语言相关的各种语言游戏时才算学会了该语言**。一个人只有当学会了怎样把这些词汇用于各种目的，如问问题、描述事情、给出指示、发出请求和承担许诺、进行估计、表示谴责或感谢等时，才算学会了这种语言。这些语言游戏乃是人们生活形式的各种表现。维特根斯坦写道：

> 人们很容易想象一种仅仅由战斗中的命令和报告组成的语言。——或者想象一种仅仅由问题和是或否的答复表述所组成的语言。以及无数其他的语言。——想象一种语言就意味着想象一种生活形式。[1]

在另一个地方，维特根斯坦还写道：

> 在这里，"语言游戏"一词的用意在于突出下列这个事实，即语言的**述说**乃是一种活动，或是一种生活形式的一个部分。[2]

---

[1] 维特根斯坦：《哲学研究》，§19。
[2] 同上书，§23。

三、论确定性

维特根斯坦在他生命的最后一年半时间里，写了一部评论摩尔的有关常识问题的手稿。在他死后，此稿以《论确定性》为题出版。此稿一方面可被视为对摩尔的论点的批判，另一方面可被视为对他自己在《哲学研究》中表述的观点的补充。

维特根斯坦对摩尔的批评主要集中在如何论证**常识**在认识和实践中的地位问题，以及有关摩尔的"我确知……为真"这个短语的使用是否合适的问题上。这两个问题是互相关联的。

维特根斯坦通过对摩尔的批评，也表明了他自己关于语言游戏之间是否有关联和如何关联的观点。他提出了"**世界图式**"（Weltbild）概念，主张摩尔所谓的"常识命题"之所以在确定性上有高于其他命题的地位乃至它们在一系列的语言游戏中起到了"世界图式"的功用，是因为它们构成了这些语言游戏的"框架""河床""铰链"，处在基础的地位上，具有指导性的意义。由此可见，诸语言游戏之间不是互相分立的，而是以"世界图式"为指导串联起来的。维特根斯坦的这些论述使我们想起后来**托马斯·库恩**（Thomas Kuhn，1922—1996）所提出的科学研究中的"**范式**"（paradigm）概念和福柯的"**认识型**"（epistemes，又译"知识型"）。应该说，维特根斯坦为他们的这方面的理论开了先河。

为什么摩尔所说的"我有两只手""在我出生之前许多年地球就存在了"之类的命题具有非同一般的确定性呢？难道是因为如摩尔所说的，因为我确知这一点，我也知道其他大多数人也确知这一点吗？在这里，一个命题的确定性的高低似乎取决于某人确知它的程度的高低以及是否有更多的人确知它。常识的命题之所以确定性的程度高，就是人们对它的确知的普遍性的程度高吗？维特根斯坦对这一点提出质疑。在他看来，这主要不是取决于这些命题在认知上的确定性程度以及同意它们的人的普遍性的程度的高低，而是取决于它们在认识和实践过程中的特殊的地位。这种特殊的地位不是来自经验上的确定性，而是来自它们在认识和实践过程中的"逻辑上"的优先性。它们是"继承下来的背景"，是"思想的河床"，是带动其周围的命题一起转动的"轴"。如果动摇了这些命题，那么其他的一系列命题也将随之动摇，我们的整个信念的体系将随之崩溃。确立这样的一些命题，也就是确立一种"世界图式"。

举例来说，当我举起一只手的时候，我不能怀疑这是一只手，其理由不是认知的经验上的，而是逻辑上的。因为倘若我怀疑这是一只手，我也可以怀疑我是否举起一只手，或我是否看见这儿有一只手，或我是否能看，是否有眼睛，乃至我是否存在。所有这些命题都属于同一逻辑层次上的，因此不存在其中一些命题能够成立，另一些命题不能成立的理由。维特根斯坦认为，怀疑预先假定什么是不能怀疑的，怀疑必须要有一个出发点，怀疑到了一定限度以后就不能再怀疑，这就是怀疑的极限点。摩尔所列出的常识命题就起着这种怀疑的出发点和极限点的作用。"谁想怀疑一切，谁也就不能去怀疑。怀疑的游戏本身已经以确定性为前提了。"[1] "这意味着，我们所提出的问题和我们的怀疑，是以某些排除了怀疑的命题为基础的，这如同活动的东西置于铰链上一样。"[2] "这意味着，它属于我们的科学研究的逻辑：确定的东西**在事实上**不被怀疑。"[3]

当然，维特根斯坦在此不是说，我们永远不能怀疑那些起"铰链"作用的命题，而是说在一定的条件下和一定的研究中，我们的提问和怀疑总是以一定的确定性为前提。如果对这些起着"铰链"作用的命题提出怀疑，就意味着思想上的一场"范式转换"的革命的开始。维特根斯坦写道："但情况并非是我们不可能研究一切，所以不得不满足于某些假定。而是说，如果我要使门能转动，就必须固定那铰链。"[4]

摩尔主张，他所确知的命题都是这样的一种命题——这种命题使人难以想象为什么有人竟然会相信相反的东西。例如：摩尔确知自己从没远离过地球，并且也没有人远离过地球。摩尔确知地球在他出生前已经存在很长时间了，这对其他人也是一样。但是，摩尔能够给出论证他的命题的理由吗？难道真的完全不能设想相反的情况吗？对于摩尔和维特根斯坦时代的人来说，远离地球生活的确是难以想象的，这是因为当时的科学技术水平的限度。但是在今天，人类不是已经建立了空间站，并且已经登陆过月球吗？在古代中国，是有人相信嫦娥奔月的故事的；而在今天，中国人普遍把嫦娥奔月当作神话，把美国宇航员登上月球当作事实。这是为什么呢？

用维特根斯坦自己设想的例子来说："一个成年人对一个小孩说，他曾到过月球。那小孩把这告诉我。我对他说：这不过是个玩笑而已，无论怎样那个人也不会到过月

1　L. Wittgenstein, *Über Gewißheit*, in L. Wittgenstein, *Ludwig Wittgenstein Werkausgabe*, Bd. 8, §115.
2　Ibid., §341.
3　Ibid., §342.
4　Ibid., §343.

球,谁也没有到过月球;月球离我们很远,人是不能登上去或飞上去的。——当那个小孩坚持:或许确有某种我所不知道的方法,人可以到那里去,等等。——我该怎样反驳他呢?当某个部落的成年人相信,人们有时到过月球(或许他们的梦向他们表明了这一点),同时他们又承认,人是不能通过通常的手段登上或飞上月球的,我又该怎样反驳他们呢?——但是一个小孩通常不会坚持这样的信仰,他不久就会相信我们认认真真对他所说的东西。"[1]

维特根斯坦还设想:"为什么不可能从小给一个国王灌输这种信念:世界是同他一起开始的?如果摩尔和这个国王见面讨论,摩尔真的能证明他的信念是正确的吗?我并不是说摩尔不能使这个国王改信他的观点,但这是一种特殊的信念转变;这将导致国王以一种不同的方式来看世界。"[2]

这种信念转变是一种"**世界图式**"的转变。为什么我不能想象世界同我一起开始呢?因为在我的世界图式中没有支持这种想法的理由。为什么那个国王能相信这一点呢?因为有人从一开始就给他灌输了这样的信念。为什么古代中国有人相信嫦娥奔月的故事呢?因为在他们的世界图式中有接受这一信念的理由。为什么现在的中国人不相信嫦娥奔月确有其事,但相信美国宇航员在二十世纪七十年代曾登陆月球呢?这是因为包括现代的科学知识在内的许多因素已经改变了中国人的世界图式。

世界图式的改变就像河床的改变一样。河床部分是由坚硬的岩石组成的,它通常是不变的,或只有不能觉察的变化;部分是由沙子组成的,它时而在这里时而在那里被冲刷掉,或者淤积起来。但是河床也是可以移动的:或许发生了一次洪水或一场大地震,河床改道了;或许这是一个积少成多的过程,某一岸边的沙子被越来越多地冲刷掉,最后岩石也松动了,河床也移动了。

思想中的范式也像河床一样。某些思想一直在变化,它们好比河床中的水的运动;某些思想基本不变,它们好比河床。可以想象某些具有经验命题形式的命题固定了下来,它们对于那些易变的经验命题起着河床的作用。但是这种关系会随着时间而变化,在此过程中,某些易变的命题固定了下来,而某些固定的命题成为易变的命题。神话、宗教、科学中的某些命题都可能在一定的时代起着思想的河床的作用。对

---

[1] L. Wittgenstein, *Über Gewißheit*, §106.

[2] Ibid., §92.

于这些命题的怀疑在一定的时代和一定的人群中是难以想象的。对于摩尔来说，葡萄酒就是葡萄酒；但对于一个天主教徒来说，教堂里举行弥撒仪式时，葡萄酒就成了耶稣的血。要让摩尔相信这时的葡萄酒是耶稣的血，除非摩尔变成一个这样的教徒。要让一个天主教徒像摩尔那样认为葡萄酒就是葡萄酒，除非他的信仰体系发生根本性的变化。

维特根斯坦没有具体地阐述人类思想史中的这种"世界图式"转变成"河床移动"的实际过程。但是沿着这条思路考虑，可以发展出库恩那种科学史中的范式革命的概念。

维特根斯坦批评摩尔对"我知道……""我确信……"的使用完全离了谱。摩尔没有像人们日常使用"我知道……""我确信……"那样使用这类词。通常，人们说"我知道"时，他是准备给出具有说服力的理由的。"我知道"与阐明其真实的可能性相关。一个人确信某件事的话，他是能够表明他凭什么确信它的。但是，如果他相信的只是这样一种东西，以至于他可能说出的根据并不比他的断言更确定，那么他就不能说他知道他所相信的东西。[1]

举例来说，我确信某某人刚才在学校里，因为我刚才与他通过电话；某人说他知道天上的两颗星之间的距离，我们或许会假定他对此做过专门的天文学研究或阅读过有关方面的书籍；某警察说他确信某人就是罪犯，因为他知道这罪犯的特征和化验过指纹。

但是摩尔所说的"我知道地球在我出生前已存在许多年""我知道我有两只手"，绝非是"我知道"的日常用法。摩尔不是想表明他有特别的资格，能提供使我们信赖他的理由。摩尔并不比其他的人更多地知道"地球早就存在了""正常的人都有两只手"等。摩尔也不想表明这一点。他所想表明的是，对于有关这些东西的命题，他和其他人一样都是确知的。那么是不是可以说，由于人人都确知这些命题，所以它们才有很高的可信度呢？维特根斯坦否定了这种论证方式，因为在维特根斯坦看来，人人都承认这样的命题，并不是因为人人都有充足的理由主张这样的命题。

"我看见一只猫爬到一棵树上去"与"我知道猫不生长在树上"的区别何在呢？

---

[1] 参见 L. Wittgenstein, *Über Gewißheit*, §243。

前者倒是我亲知的知识，后者却并不是我亲知的知识。对于前者，有人可以质疑我看错了，也许我把一只松鼠爬到树上去，误认作一只猫爬到树上去了。对于后者，为什么难以质疑它呢？因为这牵涉到多少世代以来人们所形成的关于动物和植物的区别的基本看法。许多人并不知道生物学有关为什么叶子是从树上长出来的，而猫不是从树上长出来的专门知识，但是他们还是持这样的看法，这是因为这些看法已经成为人们的世界图式的一部分。如上所述，摩尔提出的所谓"常识命题"，实际上都属于世界图式命题。尽管人们不能说出使人非相信不可的根据、理由或证据来支持摩尔所提出的那些命题，但是人们通常还是承认那些命题，因为它们属于人们的世界图式。

从维特根斯坦的《论确定性》中也可以看出他的后期思想与前期思想的某种关联。在《逻辑哲学论》中，维特根斯坦主张，为能描述世界，语言与世界之间必须要有相同的结构；这种结构本身是语言不能描述的，但它却构成语言之能描述世界的基础。同时，维特根斯坦还假定，一切复合命题是由基本命题组成的，基本命题是不可再分解的最简单的命题，以及世界的实体是那些不变的、最简单的对象，等等。这些主张构成了《逻辑哲学论》中的语言理论的先决条件，因而某些西方哲学家把这种观点称为语言观上的先验论。例如，施太格缪勒指出："所以康德的先验的考察就被对语言的逻辑分析所代替。对于维特根斯坦来说，也有一种经验的形式，它必须先于一切经验内容，因此可以被称为是先验的东西：它就是**现实的内部结构**，它只能在语言中表明，但是不能用语言描述。因此，维特根斯坦的立场可以按照施特纽斯的说法，称作'**先验的语言主义**'。"[1]

在《哲学研究》中我们可以看到，语言的图像理论被打破了，语言被认为与生活形式结合在一起，这也意味着维特根斯坦原先所持的那种"先验的语言主义"被抛弃了。但是在《论确定性》中，他又提出"世界图式"概念，指出某些"常识命题"充当着世界图式的作用，它们是决定思想的河流的流向的河床。在这个意义上，我们可以说，维特根斯坦后期的语言观仍然有某种先验论的色彩。不过，这种先验论是相当软化的，因为维特根斯坦承认，河床可以移动，世界图式可以改变，在一定的条件下人们会以带有一种根本性转变的新的方式看待世界。

---

[1] 施太格缪勒：《当代哲学主流》（上卷），王炳文、燕宏远、张金言等译，北京：商务印书馆，1989年，第548页。

综上所述，维特根斯坦的前后期哲学既有连贯性，又有重大区别。维特根斯坦在《逻辑哲学论》中指出："全部哲学都是一种'语言批判'。"（TLP 4.0031）在《哲学研究》中他又写道："哲学是反对用语言来蛊惑我们的理智的一场战斗。"[1] 从这两个警句中可以看出，前期和后期维特根斯坦都主张哲学的任务是进行语言分析。所不同的是，前期维特根斯坦强调以罗素倡导的人工语言为样板来进行语言分析，后期维特根斯坦强调通过对日常语言的各种用法的考察来进行语言分析。这两种语言分析的目的都在于揭示：哲学由于误解了语言而走入歧途；而"从事哲学工作的目的是什么呢？就是指出把苍蝇引出捕蝇瓶的途径！"[2]

尽管维特根斯坦在其前后期哲学中都主张全部哲学就是**语言批判**，但是其语言批判的方式是很不相同的。按照《逻辑哲学论》，命题可以有一个正确或不正确的形式。罗素所建立的人工语言可被视为命题的正确的逻辑形式的样板。对命题进行语言批判，就是把它的不正确的逻辑形式还原为正确的逻辑形式。按照《哲学研究》，命题本身无所谓正确或不正确的形式，每个句子在其实际使用的语境中按其正常的方式使用，都是无可非议的。

维特根斯坦在《哲学研究》中用大量的篇幅讨论家族相似的问题，这与他**反对"本质主义"**的哲学路线有关。所谓本质主义就是要追问任何东西的本质是什么。把这个问题联系到语言上来考虑，就是设想任何一个普通名词都是用来表达本质的。这种本质主义导致哲学研究中的困惑，这种困惑来自哲学家自己提出的假问题，如同自己在自己的眼前扬起灰尘，再说自己看不清。

维特根斯坦并不反对科学研究中的这种追问本质的方式，因为当人们询问一个自然科学问题（例如，有关氢气的比重）时，科学家是能够明确回答的，他们能按照相关的自然科学的理论和科学实验的数据给出一个清楚的说明，这里并不会出现无人问及时我们知道，而当我们该要给它一种说明时就不再知道的情况。但是，维特根斯坦意识到这种思考问题的方式并不是万能的。在许多情况下，我们并不能像回答有关氢气的比重的问题那样回答别的问题。如前所述，**许多东西之间只有家族相似，而无共同的本质**。如果硬要像回答自然科学问题那样回答这类问题，就得不偿失，甚至走入

1　维特根斯坦：《哲学研究》，§109。

2　同上书，§309。

歧途。所谓科学的方法，如果被滥用，也就变得不科学了。我们通常认为，学习哲学可以帮助我们学会各种各样思考和解决问题的方法。维特根斯坦的功绩在于向我们表明：如果误用在哲学中所学到的十八般武艺，只会把自己打得头破血流，如同苍蝇在捕蝇瓶中飞来飞去，到处碰壁。

思考题

1. 什么是维特根斯坦前期哲学的问题意识？什么是维特根斯坦后期哲学的问题意识？维特根斯坦从前期哲学转向后期哲学的动因是什么？
2. 维特根斯坦如何区分"事实"与"事态"？
3. 维特根斯坦的语言的图像理论的中心思想是什么？
4. 维特根斯坦为什么要为语言划界限？他如何区分"说"和"不可说"的领域？
5. 什么是维特根斯坦的语言游戏理论的基本含义？
6. 维特根斯坦如何通过语言的"家族相似说"来反对本质主义的观点？
7. 维特根斯坦如何论述生活形式和规则在语言中的作用？
8. 评述维特根斯坦有关某些被认为具有确定性的"常识命题"在认识中所起的"世界图式"作用的观点。

第十五章
从逻辑实证主义到
实用主义的分析哲学

回顾百年来分析哲学发展的历史，其中有大师级人物，如罗素和维特根斯坦。但是，分析哲学的巨大影响力是通过许许多多哲学家组成的学派发挥出来的。其中，人工语言的分析哲学主要通过维也纳学派的逻辑实证主义和美国的实用主义的分析哲学推广开来，而日常语言的分析哲学主要通过牛津学派传布开来。维也纳学派的许多逻辑实证主义的代表人物在第二次世界大战期间移居美国，他们带来的逻辑实证主义与美国本土的实用主义相结合，产生实用主义的分析哲学。在这一章中，我们先评述维也纳学派的逻辑实证主义，后以蒯因为重点评述实用主义的分析哲学。

第一节　维也纳学派的逻辑实证主义

维也纳学派的哲学思想有着不同的称呼。它最初常被称为"新实证主义"或"逻辑实证主义"。由于这个学派强调经验证实在科学理论中的作用（这种观点是对以孔德和斯宾塞为代表的第一代实证主义者和以马赫为代表的第二代实证主义者的继承和发展），所以被称为**"新实证主义"**。这种"新实证主义"的新的地方就在于运用了弗雷格和罗素发展的现代逻辑，所以被称为**"逻辑实证主义"**。后来，这个学派的许多成员发现他们原来所坚持的"意义标准"和"证实原则"太狭窄，因此不再强调命题的意义取决于能否被经验证实或否证，但他们仍然坚持，科学理论与其他学说的重要区别在于科学理论的经验基础以及在此基础上的逻辑构成，所以他们后来更加喜欢使用**"逻辑经验主义"**这个名称。

一、维也纳学派的形成过程

维也纳学派的名称来自维也纳大学的一个哲学讨论的俱乐部。早在第一次世界大战之前，就有一些年轻的科学家喜欢在星期四的晚上聚集在维也纳的一个咖啡馆里讨论现代物理学、数学和逻辑的新发展，以及有关科学理论和认识论的问题。他们中的许多人的观点受到马赫的影响。1922年，**石里克**在维也纳大学继任原为马赫特设的归纳科学哲学讲座的教授之职。石里克在来到维也纳之前，已经赢得了科学家兼哲学家的声誉。他在**马克斯·普朗克**（Max Planck，1858—1947）指导下完成了关于光在非同质媒介中折射的博士论文。1918年他出版《普通认识论》，1925年再版。该书着重批判了康德的"先天综合判断"的概念,全面地论述了一种堪与康德的先验论的认识论相抗衡的经验主义的认识论,由此确立了他在哲学界的地位。石里克在科学和哲学这两方面的成就使他成为以上提到的这批年轻人的核心。他们聚集在他周围,形成一个以石里克为首的**维也纳团体**(der Wiener Kreis)。当时的参加者有**卡尔纳普**、**汉恩**(H. Hahn,1879—1934)、**赖特梅斯特**(K. Reidemeister,1893—1971)、**弗朗克**(Ph. Frank,1884—1966)、**纽拉特**、**门格尔**(K. Menger,1902—1985)、**米塞斯**(von Mises,1883—1953)、**魏斯曼**(F. Waismann,1896—1959)、**克拉夫特**(V. Kraft,1880—1975)、**费格尔**(H. Feigl,1902—1988)、**伯格曼**(G. Bergmann,1906—1987)以及**哥德尔**(K. Gödel,1906—1978)等。

1929年,他们在布拉格召开了一次国际会议。在这次会议上,纽拉特、汉恩、卡尔纳普在魏斯曼和费格尔的支持下(当时石里克在美国斯坦福大学、加利福尼亚大学讲学,故未参加)拟定了一份纲领性的文件《科学的世界观:维也纳团体》(*Wissenschaftliche Weltauffassung: der Wiener Kreis*),正式向国际哲学界宣告维也纳团体的历史和基本态度。1930年他们接办了《哲学年鉴》,改其名为《认识》(*Erkenntnis*,1930—1938),以此作为这一运动的核心刊物。此外他们还出版《统一科学》(*Einheitswissenschaft*)和《统一科学国际百科全书》等丛书。那时,在欧洲的其他地方也出现了与维也纳学派观点相近的哲学团体,如以**赖兴巴赫**(H. Reichenbach,1891—1953)和**亨佩尔**(C. G. Hempel,1905—1997)为首的柏林学派、以**塔斯基**(A. Tarski,1901—1983)为首的华沙学派。在英国,**艾耶尔**(A. Ayer,1910—1989)可以说是维也纳学派的逻辑经验主义的传人。他在《语言、真理与逻辑》(*Language, Truth, and Logic*,1936)中对维也纳学派的逻辑经验主义做了系统的介绍,并把它与罗素、摩尔的英国语言分析学派的思想结合起来,使人们注意到这两股思潮之间的互相影响和内在联系。

二、拒斥形而上学

维也纳学派的大多数成员都有数学和自然科学的背景,他们原来不是专门学习哲学的,但是出于对科学的理论问题、数学和逻辑的基础问题以及认识论的问题的爱好，涉猎哲学领域。他们对科学持一种亲和的态度，对形而上学的哲学持一种反感的态度。他们认为，"形而上学"是一种"哲学上的过分的进取心"，这种进取心企图说出世界的本质，企图找出宇宙的目的，企图达到日常世界彼岸的超感觉的世界。他们认为哲学去做这样的努力是徒劳无益的，是不可能取得任何结果的，而只能引起无休无止的争论。哲学应该放弃这种进取心，哲学的任务不是去解决传统的哲学问题，或决定哲学命题的真理，而是去澄清这些问题和命题的意义，因此哲学不是去堆积一系列哲学命题，而是更好地理解各种命题的意义，是在于指出"形而上学的"命题是没有意义的。维也纳学派的主要代表石里克曾把科学定义为"真理的追逐"，把哲学定义为"意义的追逐"。他说："哲学就是那种确定或发现命题**意义**的活动。哲学使命题得到澄清，科学使命题得到证实。科学研究的是命题的真理性，哲学研究的是命题的真正**意义**。"[1]在他们看来，两千多年来，科学取得了扎扎实实的进步，而哲学（指传统哲学，特别是其核心"形而上学"）几乎在原地循环，哲学的落后和科学的进步形成鲜明对照。他们认为造成这种情况的原因有三：

（1）科学的理论是可以公共地检验的，而哲学的理论不能被公共地检验；

（2）科学的语言是清楚明白的，而哲学的语言晦暗不明；

（3）科学的方法确实可靠，而哲学的方法玄虚混乱。

因此他们认为，要推动哲学的发展，就必须发扬科学的这三个方面的优点，排斥哲学的这三个方面的缺点或弊病。要做到这一点，就必须改变原来的那种哲学与科学之间的关系。**哲学不应成为科学的皇后，而应成为科学的奴仆，哲学应为科学服务。**具体地说，哲学家不应去创建一套独立于科学之外或凌驾于科学之上的体系，而应把自己的任务限于对已经建立的理论进行逻辑分析，弄清楚其中哪些概念是没有意义的，研究语言的特性，完善科学的方法。这好比科学家在前面冲锋陷阵，哲学家在后面打扫战场。

三、证实原则和意义标准

维也纳学派强调这种哲学不是一种知识体系，而是一种澄清意义的活动。对于

---

[1] 石里克：《哲学的转变》，载洪谦主编：《逻辑经验主义》（上卷），北京：商务印书馆，1982年，第9页。

前一种哲学，即形而上学，维也纳学派认为必须加以拒斥。拒斥形而上学的关键是在真正的知识体系和虚假的知识体系之间画一条界线。真正的知识体系以经验命题为基础，通过逻辑的复合和推导而构成。虚假的知识体系缺乏经验的基础，是靠思辨的游戏臆想出来的。因而他们提出"**证实原则**"和"**意义标准**"，以此作为拒斥形而上学的手段。

在他们看来，一切命题可以分为两类：一类是分析命题，另一类是综合命题。**分析命题**指谓词的含义包含在主词的含义中的命题，分析这类命题的主词和谓词的含义，看看它们是否在逻辑上自相矛盾，就可以判定它们的真假。对这类命题的分析可以使其逻辑关系明确起来，但并不增加其经验上的知识内容。**综合命题**指谓词的含义超出主词的含义的命题，因此要知道这类命题的真假，不能通过分析其词项的含义来决定。以"这朵花是红的"这一命题为例来说，花的颜色可能是红的，也可能不是红的；"花"这一主词可以跟"红"这一谓词相连，也可以跟"黄"这一谓词相连。这朵花到底是不是红的，靠语义分析和逻辑分析无济于事，而需要通过经验观察。

于是，逻辑实证主义就得出这样的结论：科学上有意义的命题要么是能被经验证实的综合命题，要么是能被逻辑论证的分析命题。当然，假如某个人偶然不知道某个命题的经验证实或逻辑论证的方法，是无关紧要的。但是，如果发现某个命题根本就不存在经验证实或逻辑论证它的条件，就值得警觉了，因为这不是出于个别人的无知；对于个别人的无知，可以通过适当的指导来补救。当一个命题根本不存在经验证实或逻辑论证它的条件时，这不是由于我或任何其他人的能力不够而不能发现其意义，而是根本就没有意义可发现。这样的句子，从其语法形式上看像命题，但不是真正的命题，而是伪命题。形而上学的命题就是这样的伪命题。它们既不能被经验证实，也不能被逻辑论证。它们没有真值条件，也就没有意义。哲学上的无休无止的争论就来源于这种伪命题。这种争论是无谓的，是不会有结果的，这是由它们缺乏经验证实或逻辑论证的条件决定的。

为此，逻辑实证主义者希望建立证实原则，一方面把一切形而上学的命题剔除出去，另一方面保留科学研究中所需要的一切命题。但是，他们这样做的时候，遇到了很大的困难，这表现为要么过严，要么过宽。他们曾设想过很多种不同的办法来贯彻经验证实的原则，其中比较重要的有：

（1）强的可证实性要求，

（2）弱的可证实性要求，

（3）可证伪性要求。

强的可证实性要求表示，一个句子具有经验上的意义，当且仅当它不是分析的，而它又能够，至少在原则上能够被我们用观察证据完全证实。换句话说，句子S有经验意义，当且仅当有可能指出这样一个有穷的观察句集合O_1，O_2，……O_n。如果这些句子是真的，那么S必然也是真的。这里所说的至少在原则上能够用观察证据完全证实，是指并不要求一切句子都被现在的直接的感觉经验证实，对于有些句子，只要在原则上存在由感觉经验证实它们的可能性就够了。如对于"月亮背面有一座环形山"这一命题，在发明能够飞到月亮背面去拍照的火箭之前，也是被认为具有经验意义的。

那么强的可证实性要求是否行得通呢？让我们来看下列命题："一切砒霜都是有毒的""一切人都是会死的""一切物体在加热时都会膨胀"。这些命题是全称命题，要完全证实这些命题，就要排列出观察句O_1，O_2，……O_∞的无限长的系列，并使所有这些观察句子都得到证实。这当然是不可能的。举例来说，当我们证实了一亿个人是会死的，第一亿零一个人是否会死还是没有得到证实，我们就不可能完全证实"一切人都是会死的"这一命题。这也就是说，按照强的可证实性要求，不能证实全称命题。

对此，有的逻辑实证主义者干脆主张，全称命题没有经验意义。但是，全称命题毕竟是科学活动中常用的命题，科学家用全称命题来表述他们所发现的自然规律，如物理定律、化学反应的方程式等，如果禁止使用全称命题，那只能有碍于科学活动的开展。

于是，有的逻辑实证主义者主张用**弱的可证实性要求**来代替强的可证实性要求。在可证实性的弱的意义上，不要求一个命题能被经验完全证实，只要求可以被经验部分地证实。换句话说，一个句子具有经验意义，当且仅当它不是分析的，而它又能够，至少在原则上能够被我们用观察证据确证为是或然真的。

怎样确证一个命题具有或然的真理性呢？一种办法是检验它的例子。如果在这种检验的过程中没有发现否定的例子，而肯定的例子的数目却增长起来，那么这个命题就逐步得到确证，它的或然真的程度就逐步提高。为了满足在弱的意义上的可证实性要求，逻辑实证主义者还设想过另一种办法。这种办法的大意是：如果从句子S与适当的辅助假说的合取句中有可能推导出不能只从辅助假说推导出来的观察句，那么句子S就有经验意义。让我们用一个例子来说明这种办法：

句子S：一切金刚石都比玻璃硬；

辅助假说：如果一切金刚石都比玻璃硬，那么用这块金刚石划这块玻璃，这块玻璃上应该有一条痕纹；

观察句：这块玻璃上有一条痕纹。

这个办法看来很宽容，它不要求一个全称命题被完全证实，只要求它能通过辅助假说转换为一个可被经验观察的句子。这样，表达自然规律的科学命题就不至于被拒斥为缺乏经验意义。

但是这个办法实际上太宽容了。这里的困难在于，不能明确界说哪些辅助假说是正当的，哪些辅助假说是不正当的。这样，人们可以任意添设一些辅助假说，而使得一切句子都成为有意义的。以上办法是艾耶尔提出来的。他在《语言、真理与逻辑》一书的第二版的导言中也承认了这一办法的失败。他说：假如有人主张"绝对是尽善尽美的"，这一句子在我们看来显然没有经验意义，但是他只要选择"如果绝对是尽善尽美的，那么这只苹果是红的"这个句子作为辅助假说，就能演绎出"这只苹果是红的"这个观察句，从而导致要求我们承认"绝对是尽善尽美的"这个本该被拒斥的形而上学命题具有经验意义。[1]

在逻辑实证主义者讨论意义标准和证实原则的过程中，有人提出**可证伪性要求**。可证伪性的大意是，对于一个全称命题，我们虽然不能用归纳的方法完全证实它，但是我们却可以用演绎的方法决定性地证伪它。举例来说，如果我们要证伪"一切天鹅都是白的"这一全称命题，我们可以把这个全称命题改写为"没有非白的天鹅"，当我们在某地看到非白的天鹅时，这一观察句为"有非白的天鹅"，这样我们就可以做出演绎推理：

"没有非白的天鹅"；

---

[1] 参见艾耶尔：《语言、真理与逻辑》，尹大贻译，上海：上海译文出版社，1981年，第9页；亨佩尔：《经验主义的认识意义标准：问题与变化》，载洪谦主编：《逻辑经验主义》（上卷），第109页。

"有非白的天鹅"（真）；

"没有非白的天鹅"（假）；

于是，"一切天鹅都是白的"这一全称命题就被证伪了。

但是，可证伪性要求虽然适用于全称命题，却不适用于存在命题。如对于"有的星球上存在着比人还高级的生命"这样的命题，要"证伪"它必须观察整个宇宙，这当然不可能。而且，很多科学命题既包含存在量词又包含全称量词，如"对于每一种化合物来说都存在某种溶解它的溶剂"。这样的命题，既不能被完全证实，也不能被证伪。

顺便指出，"可证伪性"或"可反驳性"的思想被**波普尔**特别强调，并在他那里得到最充分的阐述。波普尔申明，他提出这一思想的用意不是完善逻辑实证主义的意义标准和证实原则，而是将其作为他的**批判理性主义**思想的一部分，是用来作为科学和非科学的分界标准的。他和逻辑实证主义者的一个重要区别在于，他认为理论是人的理性活动的产物，任何理论（包括科学理论在内）都是人的自由想象的产物，而科学理论与非科学理论的区别仅仅在于它们是否能够被"证伪"或"反驳"。波普尔虽然不承认自己是逻辑实证主义者，但在今天看来，他与维也纳学派的思想还是比较接近的。为科学理论和非科学理论划界与为有意义的命题和没有意义的命题划界在性质上是一样的，只不过一个是在理论体系的层面上，另一个是在句子的层面上。维也纳学派的逻辑实证主义者考虑过采纳"可证伪性要求"，把它作为完善意义标准和证实原则的一种尝试，但他们不久就发现，"可证伪性要求"像"强的可证实性要求"和"弱的可证实性要求"一样，并不能成功地贯彻意义标准和证实原则。[1]

逻辑实证主义者还设想过其他一些办法来补救证实原则，但都没有成功。这些原则要么失之过宽，要么失之过严，要么让形而上学的命题从门缝里钻进来，要么在拒斥形而上学的同时也拒斥了科学。尽管他们后来已经充分意识到不可能获得一条做出这种区分的普遍适用的判据，但他们相信这一基本态度还是合理的。亨佩尔写道："这

---

[1] 参见艾耶尔：《语言、真理与逻辑》，第37页；亨佩尔：《经验主义的认识意义标准：问题与变化》，第107—108页。

个认识上有意义议论的一般概念如何引导人们把思辨形而上学中各种各样的说法，乃至把经验科学内部供奉的某些假说都作为毫无逻辑和经验意义的东西抛弃掉，尽人皆知，无须赘述。我想，经验主义的意义判据的一般意向基本上是合理的；尽管用法上往往过分简单化，它的批判的应用整个说来还是有启发作用的，也是有益的。然而，我却不大相信，这个笼统的观念有可能改述成一条准确的普遍的判据，（a）在有纯逻辑意义的陈述与有经验意义的陈述之间，（b）在确有认识意义的句子与确无此种意义的句子之间，划定截然分明的界限。"[1]

实际上，获取意义标准的困难还不仅仅在于能否找到一条普遍有效的证实原则，而且还在于以下两个相关联的问题：

（1）意义标准本身并不能被经验证实或被逻辑论证。这就是说，按照意义标准本身的要求来检查意义标准，意义标准本身是无意义的。那么用本身是无意义的标准怎么能够决定其他的命题有无意义呢？逻辑实证主义者不得不承认意义标准只是他们依据其基本信念（意向）所确立的规则。但是，既然你们可以依据自己的信念（意向）确立某种规则，为什么不能允许别人也依据自己的信念（意向）确立别的规则呢？

（2）承认意义标准是一种规则，意味着在我们的语言中除了分析命题和综合命题外，至少还有这样的一些句子，它们虽然没有经验意义和逻辑意义，但是我们还必须承认它们有某种其他的意义，即不能把除了具有经验意义和逻辑意义的句子外的一切其他的句子都视为无意义的。**如何引进规则和看待规则的意义问题，成为逻辑实证主义必须处理的一个关键问题。**

在有关规则有无意义的问题上，逻辑实证主义者之间存在不同的看法。有人采取维特根斯坦在《逻辑哲学论》中的看法，即把规则当作用以翻过墙去的"**梯子**"，否定规则有任何经验意义。有人认为，鉴于规则决定系统，一种规则的意义与一个系统的意义是联系在一起的。我们选择采用某一系统，是有某种经验上的理由的，在这个意义上我们可以承认规则的经验意义。对规则问题的讨论，引导逻辑实证主义者在语言分析中走出句子的层面，走向语言系统的层面。

---

[1] 亨佩尔：《经验主义的认识意义标准：问题与变化》，第102—103页。

第二节　蒯因的实用主义的分析哲学

美国实用主义的分析哲学的代表人物是**威拉德·蒯因**（一译奎因）。他在美国获得哲学博士学位后游学欧洲，结识维也纳学派的几乎所有成员，深受卡尔纳普、纽拉特等的逻辑实证主义思想的影响，但他同时也喜欢杜威的实用主义思想，在他那里完成逻辑实证主义的分析哲学向实用主义的分析哲学的过渡。

蒯因最著名的一篇论文是《经验论的两个教条》（"Two Dogmas of Empiricism"，1950）。它被某些哲学史家评论为分析哲学史上划时代的重要论文。在这篇论文发表之前，逻辑实证主义在分析哲学运动中占主导地位，在这篇论文发表之后，逻辑实证主义偃旗息鼓，**实用主义的分析哲学**登堂入室。蒯因自己对此这样表达："我将要论证：这两个教条都是没有根据的。正像我们将要见到的，抛弃它们的一个后果是模糊了思辨形而上学与自然科学之间的假定分界线。另一个后果就是转向实用主义。"[1]

蒯因也用"**自然化的认识论**"和"**整体主义的经验论**"来描述他自己的哲学的特点，但这两点是可以被容纳到实用主义的基本主张中去的，特别是可以被容纳到实用主义的主要代表人物杜威的思想体系中去的。蒯因应邀于1968年在哥伦比亚大学作为杜威讲座教授所做的讲演中明确宣布："在哲学上我与杜威联系在一起，这是经由在他一生的最后三十年中居支配地位的自然主义。与杜威一样，我主张知识、心和意义是这个世界的一部分，它们不得不与这个世界打交道，它们应该以激发自然科学的同样的经验的态度加以研究。这里没有先天哲学（a prior philosophy）的地位。"[2]

蒯因是一位多产的作家，重要的论著有：《从逻辑的观点看》（From a Logical Point of View，1953）、《语词和对象》（Word and Object，1960）、《悖论方法与其他论文》（The Ways of Paradox and Other Essays，1966）、《本体论的相对性及其他论文》（Ontological Relativity and Other Essays，1969）。

一、实用主义的整体论的经验论

蒯因对逻辑实证主义的分析哲学的改造主要表现为他吸取了实用主义的整体论的

---

[1] 蒯因：《从逻辑的观点看》，江天骥译，上海：上海译文出版社，1987年，第19页。

[2] W. V. Quine, *Ontological Relativity and Other Essays*, New York/London: Columbia University Press, 1969, p. 26.

经验论的思想。其基本思想表现在如下一段话中：

> 我们所谓的知识信念的整体，从地理和历史的最偶然的事件到原子物理学，甚至纯数学和逻辑的最深刻的规则，是一个人工的织造物。它只是沿着边缘同经验紧密接触。或者换一个比喻说，整个科学是一个力场，它的边界条件就是经验。在场的周围同经验的冲突引起内部的再调整。对我们的某些陈述必须重新分配真值，一些陈述的再评价使其他陈述的再评价成为必要，因为它们在逻辑上是互相联系的，而逻辑规则也不过是系统的某些更深层次的（further）陈述，场的某些更深层次的（further）因素。当一个陈述做出再评价后，我们就得再评价其他的某些陈述，它们可能是与前一个陈述在逻辑上相关，或可能是有关逻辑联系本身的陈述。但边界条件即经验是在如此不充分的情况下决定整个的场，以致当我们面对任何单一的相反经验时，在选择对那些陈述做出再评价时有很大的选择余地。除非间接地通过考虑影响作为一个整体的场的平衡问题，没有任何特殊的经验是与场内的任何特殊的陈述联系在一起的。[1]

蒯因的实用主义的整体论的经验论有如下要点：（1）具有经验意义的单位是整个科学，整体内的各个陈述在逻辑上是相互联系的。（2）理论是在经验证据不充分的情况下建立起来的，任何一个经验陈述都不足以决定性地证实或证伪整个理论；在面对相反的经验时，整体内部的任何陈述都可以被修正，甚至逻辑—数学规律也不例外。（3）在理论的评价和选择上不存在唯一确定的真理标准，它们是受是否方便和有用这样一些实用主义考虑支配的。

我们知道，在近代西方知识论的发展史上，人们通常把指称经验对象或经验内容的词项当作经验意义的基本单位，如"房子"这个词指称房子这个经验对象，"红"这个词指称红的经验内容。弗雷格主张把句子（命题）作为意义的单位，因为只有句子可以确定其真假，这样就开始出现把句子的意义与句子的真值相联系起来的思想。罗素和早期维特根斯坦所持的逻辑原子主义（世界是事实的总体，而不是事物的

---

[1] 蒯因：《从逻辑的观点看》，第40页。译文对照原文后有所改动。

总体）是对弗雷格的这一观点的发挥。蒯因的整体论则把经验意义的单位进一步从句子上升为理论。按照蒯因的看法，我们的信念或知识作为一个整体面对经验法庭的检验，因为整体内的各个陈述在逻辑上相互关联。没有所谓纯粹的描述感性材料的句子，即使在一个理论体系最外围的"观察句"也受到理论意义的渗透。举例来说，一位物理学家看到了一个X光仪器，并写下有关这个X光仪器的观察句。但一个外行人所看到的只是由玻璃、金属丝、螺丝钉、按钮等组成的东西，对于这个X光仪器及其测试的结果是一窍不通的。对于一位物理学家及其同行来说，它是一个观察句，对于外行人来说，它不是符合他们观察内容的东西。可以设想，对于一个原始部落的成员来说，甚至玻璃、金属丝、螺丝钉、按钮等也不是他们所能理解的观察语句中的概念，因为这些概念中已经渗透了近代文化和科技的理论色彩。一定的观察句总是对已经具备了一定的理论或理论的预备知识的人来讲才能成立或可接受。这说明，观察句不是单纯地由物理事件及其引发的感性刺激决定的，而不免包含使用该语句的语言共同体中的人的理论知识的影响。

为什么任何一个经验陈述都不足以决定性地证实或证伪整个科学理论呢？这是因为科学理论并不是经验语句的逻辑的复合，不是像罗素和早期维特根斯坦所认为的那样，是由描述"原子事实"的"原子命题"经逻辑连接词的连接而组成的"分子命题"，而且科学理论也不能被还原为这种原子命题。*科学理论总是包含一组假设和这样那样的解释性前提。*如果科学理论确实完全是通过对经验事实的归纳和演绎而建立起来的话，那么确实可以通过一个或一组观察句决定性地检验其真伪。然而，科学理论不像在经验观察的基础上用归纳的方法得出"所有的天鹅都是白的"，或通过一个反例证伪"所有的天鹅都是白的"那样简单。蒯因指出，*我们是在"贫乏的"感觉刺激的基础上输出我们关于世界的"汹涌的"理论的。*在有限的经验观察的基础上，我们并不是只建立一个理论，而往往是一组相互竞争的理论。我们的理论是被经验不充分地决定的，其中包括许多假设和约定的因素。*由于这些假说和约定是互相交织在一起的，当反证的证据出现时，这并不意味着整个理论必须被抛弃，而往往意味着要对理论中的假设或约定做出适当的调整。*理论中的哪些假设或约定需要修改，具有很大的选择余地，这并不是某些观察句唯一地决定某些理论假设。理论中没有哪一个组成部分是免于修改的，甚至处于理论的深层次的数学和逻辑也不例外。例如在现代物理学中，有人指出把修正逻辑的排中律作为简化量子力学的方法。

二、"翻译的不确定性"和"本体论的相对性"

"翻译的不确定性"和"本体论的相对性"是蒯因的实用主义的分析哲学所导致的两个结论。

"翻译的不确定性"的论题如下：可以用种种不同的方式编纂把一种语言翻译成另一种语言的指导手册。所有这些指导手册都跟有关的语言行为的倾向总体融洽一致，但是这些指导手册互相之间却不一致。[1]

为什么会出现这样的情况呢？这是因为，按照蒯因的看法，语言的意义是以行为刺激为基础的，直接与行为刺激相关联的只是很少一部分"场合句"，其他的"固定句"或不同程度的理论语句都是以多少带有想象的方式建立起来的。一方面我们不想超出行为证据去追索意义和指称，另一方面意义和指称又不可能基于行为得到充分确定。这种"贫乏的输入和汹涌的输出"之间的矛盾关系决定了翻译的不确定性。蒯因承认："一个句子与非言语刺激的直接关联越固定，它在不同翻译手册中的译文彼此就越少严重的歧异。"[2] 但是，后面的句子彼此之间却不具有任何似乎合理的等价关系。在不同的语言中包含理论意义的句子以很不相同的方式超越了现存的证据，使得它们彼此之间不相容。

这并不是说，在与刺激条件直接相关联的场合句中不会有翻译方面的分歧，毋宁说这种分歧的根源正是在"刺激意义"这一概念中。这里已经预示了**"指称的不确定性"**和**"意义的不确定性"**。让我们从蒯因所设想的原始翻译谈起：一位语言学家来到一个原始部落中。一只兔子急跑而过，一位土人说"Gavagai"。这位语言学家记下"兔子"（或：噢一只兔子）这个句子作为尝试性翻译，以待在更多情形中加以检验。当然，这位语言学家有可能猜错。要确定他的尝试性翻译是否正确，办法之一就是在下一次兔子出现时说"Gavagai"，并观察土人的反应。这里的重要环节是观察土人的同意或反对的反应。现在我们姑且假定这位语言学家已经掌握了土人表示同意或反对的方式。即便是这样，我们也只能说，这些公共可感知的刺激条件和土人的语言倾向使得这位语言学家做出"Gavagai是兔子"的合理的猜测。但是，这些只能保

---

1 参见 W. V. Quine, *Word and Object*, Cambridge/Massachusetts: MIT Press, p. 27。
2 Ibid.

证"Gavagai"和"兔子"具有大致相同的刺激意义,而不能断定它们具有完全相同的刺激意义。我们可以设想存在这样一种可能性:该土著部落也称他们身上披的兔皮衣服、头上戴的兔皮帽为"Gavagai"。这时,这位语言学家会犹豫,"Gavagai"究竟是指兔子还是指兔子的一部分(它的皮),抑或二者都指。这就是"刺激意义"所包含的指称的不确定性。当然,在土著部落的语言中,不仅包括像"Gavagai"那样的与外界的刺激条件密切相关的句子和词汇,而且还包括离刺激条件较远的、多多少少带有理论色彩的句子和词汇。怎样找出土语中的带有理论色彩的词汇与语言学家的母语中的对应词汇,构成翻译的最大难点。语言学家为了编制一本翻译手册,就要使用分析性假设(analytical hypotheses),把听到的话语拆散成可重复出现的、方便简短的部分,然后排列成一个土语词汇表。他尝试性地将土语的各个部分与其母语中的词汇与短语匹配。此外,他还必须尝试性地分析土语的语法结构,找出哪些是表示语言功能的词,什么是表示肯定、否定、疑问、询问、推测、假设等的方式。在上面所举的"Gavagai"的例子中,我们能够断定该土人也像我们一样有"部分""整体""个体""状态""时间"之类的抽象概念吗?这是值得怀疑的。要不然,他们应该明确区分兔子的皮和一只完整的兔子。如果他们没有这些具有理论色彩的概念,那么在他们的"Gavagai"中,"兔子""兔子的部分""兔子的状态""兔子的时间段"之间就不会有明确的区分。这也意味着理论对指称的渗透。我们通过分析性假设在制定翻译手册中加给土人的东西,很可能差不多和我们从土人那里发现的东西一样多。

现在,由于这些分析性假设虽说都是建立在外界的刺激条件的基础上的,但通过这些分析性假设而得到的翻译并不是一种,而是许多种。这也就是说,可以制定许多种不同的翻译手册,并且对这些翻译的检验归根结底还要以外界的刺激和说话者的行为反应为基准,所以会出现这样的情况:所有这些翻译的指导手册都跟有关的语言行为的倾向总体融洽一致,但是这些指导手册互相之间却不一致。这就是蒯因所说的"翻译的不确定性"。

显然,"翻译的不确定性"与"理论的不确定性"具有类似之处。在科学理论中存在这样的情况:有两种或两种以上的不同科学理论,它们在说明和预测经验现象时具有同样的成效,如光的波动说和光的粒子说。现在,蒯因把科学理论中的这一观点推广到语言理论中去。在他看来,科学理论的形成在性质上与语言的形成是一样的。

科学的语言可被视为我们的广义上的语言的一个分支，它们都是建立在行为主义的刺激和反应的模式上的，都表现出我们的认识中的不确定性的特征。

现在我们来谈蒯因的**本体论的相对性**的观点。本体论是讨论存在问题的学说。用蒯因的表达来说，本体论的问题是："何物存在？"（What is there？）在西方哲学史上，人们就本体论问题讨论了两千多年，至今仍然争论不休，没有取得任何进展的迹象。这是为什么呢？蒯因不像卡尔纳普等逻辑实证主义者那样，把这个问题归为没有意义的问题。他认为，这个问题是有意义的，科学中也要讨论何物存在的问题。但他认为，逻辑实证主义有关本体论问题主要是语言问题的这一看法是对的。他也认为，人们在本体论的问题上争论不休主要是语义不清造成的。为了使本体论讨论走向一条有助于问题得到解决的道路，必须澄清本体论问题的语义。蒯因写道：

> 退回到语义学水准上的另一个理由是，要找出可以进行辩论的共同基础。本体论的分歧必然包括概念结构上的基本分歧。……在我们关于本体论的基本争论能够进而翻译为关于语词和怎样使用语词的语义学争论的范围内，这个争论也许不会那么快地因窃取论点的谬误而归于失败。[1]

蒯因的这条解决问题的思路就是他所说的"语义上溯"的思路，即使讨论进入到一个范围，在这个范围内，双方对于对象和与对象相关的术语都更容易趋于一致。那么，在有关本体论的问题上，怎样才能使讨论进入这样的一个范围中去呢？蒯因把何物存在的问题区分为以下两个问题：

我们承诺何物存在？

我们知道何物存在？

或者把它们表述为：

我们说什么东西存在？

我们确定什么东西存在？

在蒯因看来，前一个问题是一个语言构架或理论构架问题，后一个问题是在语言

---

[1] 蒯因：《从逻辑的观点看》，第15页。

构架或理论构架已经确定了的情况下的证实、求证的问题。科学家探究月球上是否存在水；数学家探究是否存在大于1000000的素数。哲学家争论是否存在物质，是否存在数。逻辑实证主义者主张，月球上是否存在水，可以用经验证实的方法解决；是否存在大于1000000的素数，可以用数学证明的方法解决；但是是否存在物质和数则是一个不能用经验证实和逻辑（及数学）的分析解决的问题，因而是一个没有意义的问题。

蒯因认为，这个问题没有这样简单。当科学家探究月球上是否存在水的时候，他们已对"什么是水"达成了统一的看法，并已经在语义上承诺了水的存在。当数学家探究是否存在大于1000000的素数时，他们也对"什么是素数"达成了统一的看法，并在语义上承诺了素数的存在。当然，可能有这样的持现象主义观点的物理学家和持唯名论观点的数学家，他们虽然在口头上这样说，但在内心中（良心上）还是不愿承认物质的存在和数的存在。但是，蒯因强调，在此他是就语言本身讨论问题，即只从所说出的话的语义上进行判断。而且，经验的证实和数学的证明是以对相关的对象的存在的承诺为前提的。如果这些对象根本不存在，那么去证实或证明它们的存在还有什么意义呢？

在蒯因看来，问题的核心首先在于从语义上弄清楚是否做出了对某种对象的承诺，其次在于探讨这些承诺是否合理，是否有利于科学研究的进行。对于第一点，蒯因提出了"**本体论的承诺的标准**"："存在就是成为一个约束变项的值。"（To be is to be the value of a bound）对于后一点，蒯因提出"**本体论的相对性**"的主张。

在什么情况下，我们在语言上做出了某物存在的承诺呢？按照蒯因的看法，这不是在我们使用一个名词的时候。自从柏拉图以来，在西方哲学中就流行这样一种看法，即一旦我们使用了一个名词，那么我们就承诺了这个名词所指的对象的存在。即使这个对象不在现实的时空世界中存在，它也必定作为一个理念或观念的东西存在。对于柏拉图这样的客观唯心主义者来说，它是作为一种客观理念而存在的；对于某些经验主义者来说，它是作为一个心中的观念而存在的。主张凡是谈及一个名词时就承诺了它所指称的对象存在的哲学家，常常会使用一种非常难以反驳的窃取论证。比如，我说："飞马不存在。"这位哲学家就问："你所说的飞马指什么？"我回答："无所指。"他说："既然无所指，那么你怎么知道它是飞马？"于是，我在他的追问下不得不承认,"飞马"作为观念的东西已在我心中存在,或"飞马"以某种其他的方式存在。这样,我就陷入了混乱。蒯因指出:"这个纠缠不清的学说可以起个绰号名曰'柏拉图的胡须';从历史上看,它一直是难解决的,常常把奥康姆剃刀的锋刃弄钝了。"[1]

不过,蒯因认为,罗素的摹状词理论已使奥康姆剃刀重新锋利起来。按照这一理论,"飞马不存在"等于说:"不存在一个X,使得X是马,并且是会飞的。"这样就把"飞马"所指的对象问题取消了。

蒯因还认为,一切专名都可以用摹状词的方式来取代。在英语中,"飞马"(Pegasus)是一个专名,不像中译文中那样看起来是一个摹状词。按照蒯因,"Pegasus"这个专名可以用摹状词"是飞马这样一个东西"来代替。对于"苏格拉底"这样的专名,也可以用"那个称之为苏格拉底的X"之类的方式来取代。通过这样的改写,我们就能在语义上明确起来,使用名词并不意味着必有名词所指称的对象的存在。

但是蒯因认为,在我们的语言中确有一些表达式,当我们使用这些表达式的时候,我们就做出了其相关的对象的存在的承诺。如果我们否认做出这样的承诺,必将导致自相矛盾。"**约束变项**"就是这样的表达式。这就是说,如果我们使用变项,我们就必须以这个变项与之发生关系的值域为基础。谁要运用数字变项,谁因此也就把数字包括在他的本体论内;谁要使用谓词变项,谁因此也就承认性质和关系的存在。蒯因写道:"我们的整个本体论,不管它可能是什么样的本体论,都在'有个东西''无一东西''一切东西'这些量化变项涉及的范围之内;当且仅当为了使我们的一个断定是真的,我们必须把所谓被假定的东西看作是在我们的变项所涉及的东西范围之内,才能确信一个特殊的本体论的假设。"[2]

按照蒯因的观点,当我们说"有些狗是白的"时,我们并不承诺"狗性"和"白性"是实体,但我们承诺至少一只白狗的存在。这是因为"'有些狗是白的'是说有些是狗的东西也是白的,要使这个陈述为真,'有些东西'这个约束变项所涉及的事物必须包括有些白狗,但无须包括狗性或白性。但是,当我们说有些动物学的种是杂

---

[1] 蒯因:《从逻辑的观点看》,第2页。
[2] 同上书,第12—13页。

交的，我们就做出承诺，承认那几个种本身是存在物"[1]。

在这里，值和**值域**的关系是关键。说某某是属于这个值域的，就等于承诺了某某相对于这个值域是存在的，正是在这个意义上，蒯因提出了本体论的承诺的标准：存在就是成为一个约束变项的值。

从蒯因的这一本体论的承诺的标准中已经可以看出他的**本体论的相对性**的主张了。何物存在的问题是相对于其所属的约束变项的值域的。只有首先确定了约束变项的值域，才能确定某某东西是否存在。如果不用数理逻辑的表达方式，而用我们日常熟悉的话语来讲，这就是：一旦我们规定了类，也就划定了类的成员的范围。这样我们就承诺了该类的成员的存在。如果我们一方面规定了某个类，另一方面又否定该类的成员的存在，那么必然导致语义上的自相矛盾。但是，我们并不因此就承诺这个类本身的存在。这个类本身是通过某种假设的方法引进的。然而，当我们已经规定这个类的更上一级的类的时候，那么我们根据这上一级的类，就承诺了这个类的存在。这就是为什么当我们说"有些狗是白的"时，我们并不承诺"狗性"和"白性"的存在，但我们承诺至少一只白狗的存在；而当我们说"有些动物学的种是杂交的"时，尽管杂交种是抽象概念，但我们承诺至少有一个杂交种存在的道理。这也就是说，尽管我们可以相对于一个背景理论来谈论其下一级理论的本体论，承认其值域中的共相的存在，但这背景理论中的本体论本身仍然是不确定的。蒯因写道："这样谈论下一级的理论和它们的本体论是有意义的，但这只是相对于其背景理论而言的，而这背景理论带有它自己最初被采纳的，并归根结底是不可测知的本体论。"[2]

蒯因的翻译的不确定性的观点也已经包含了本体论的相对性的观点。语言的行为—反应的模式决定了原始翻译中的指称的不确定性或无法探明性，再加上外语和母语中的其他对应关系都是通过分析性假说被引入的，这就导致不能保证在一个外语句和其翻译中包含同样的本体论，承诺同样的对象的存在。**承诺何物存在都是相对于各自的语言框架而言的**。母语和外语语言框架不同，它们的本体论的承诺也就不同。

蒯因在写作论文时喜欢使用一些非常激烈的言辞，它们起到修辞上的效果，激起人们的注意，引发广泛的争论，但也容易造成一些误解。光从这些言辞看，蒯因持一

---

[1] 蒯因：《从逻辑的观点看》，第13页。

[2] W. V. Quine, *Ontological Relativity and Other Essays*, p. 51.

种极端的相对论和整体论的观点。但是从其整个论述看，他的观点并不极端，而是持一种温和的相对论和整体论的立场：理论不是完全没有经验的根源，理论归根结底也是建立在相对独立的观察句的基础上的，尽管观察句不是完全确定的，并多少受到了理论的渗透。行为的刺激—反应模式虽然不提供确定的基础，但毕竟是指称和意义的根源，实用的原则也为理论的选择提供了一个标准。

蒯因认为本体论的问题之所以成为争论的焦点和不解之症结，不是源于是否承认世界和人的存在的在先性问题，而是源于一个语义上对存在的承诺问题。他提出"本体论的相对性"和"本体论的承诺的标准"，是为了使本体论的讨论进入一个双方在对象和与对象相关的术语上都更容易趋于一致的范围中去，避免无谓的争论，使问题更容易得到解决。正如对于一个科学家来说，只有明确了什么是水，探究月球上是否有水才有意义；对于一个数学家来说，只有明确了什么是素数，探究是否有大于1000000的素数才有意义。对于哲学家来说，只有相对于一个背景理论，才能明确地说承诺了什么对象的存在。蒯因的本体论的相对性及其承诺的标准是与其自然主义的科学理论的观点相一致的。

蒯因在整个二十世纪后半叶活跃在美国哲学舞台上，是那个时代的哲学界的中心人物。蒯因对经验论的两个教条等论点的批判暴露了前期分析哲学中的严重问题；蒯因自己所提出的解决方案虽然受到广泛关注，但也招致很多质疑。蒯因以后的分析哲学家要走的道路相当艰难。他们看来没有像蒯因那样幸运，能使专业性很强的分析哲学继续引起公众的兴趣。他们承续了蒯因批判的破坏性威力，从而不得不在"分析哲学已死"，乃至"哲学已死"的阴影中艰苦挣扎。这就是蒯因的哲学遗产。

思考题

1. 维也纳学派为什么要拒斥形而上学？
2. 什么是维也纳学派所提出的意义标准和证实原则？
3. 蒯因是如何批判经验论的两个教条的？
4. 评述蒯因有关"翻译的不确定性"和"本体论的承诺"的观点。

第十六章
牛津学派的日常语言哲学

分析哲学有两个传统，一个是弗雷格和罗素开创的人工语言的分析传统，另一个是摩尔开创的日常语言的分析传统，它与后期维特根斯坦哲学相呼应。日常语言哲学的中心本来是在英国的剑桥大学，因为摩尔是剑桥大学的教授，维特根斯坦后来也在剑桥大学教书，他的后期哲学通过在剑桥大学的授课及其流传出去的笔记而发挥影响。但在第二次世界大战结束后，日常语言哲学的中心移到了牛津大学，在那里出现了一批杰出的日常语言哲学家，如**赖尔、奥斯汀、厄姆森**（J. O. Urmson, 1915—2012）、**斯特劳逊**等。

牛津学派像后期维特根斯坦一样，主张语言的功用是多种多样的，语言不仅能用作描述，而且还有其他无数种用途。但是，很多人把那些不具有描述功用的句子也当作描述性的句子。**奥斯汀**认为，这是一种普通到足以获取一个名称的谬见，他把它称为"描述-谬见"。[1] 奥斯汀提出了一种语言的**"执行式"**（performarory utterances）用法。他说：假如我无意踩了别人一脚，我对他说，"对不起"。"对不起"这句话是在"描述"道歉的行为还是在"执行"道歉的行为呢？当然这是在"执行"道歉的行为。又如，当某人在法庭上作证时说："我起誓，我说的都是真的。"这是在"描述"起誓的活动呢？还是在"执行"起誓的活动呢？奥斯汀认为这当然是在"执行"起誓的活动。这就是

---

[1] 参见 J. L. Austin, "Other Minds", reprinted in Antony Flew ed., *Logic and Language (Second Series)*, Oxford: Basil Balckwell, 1955, p. 146。

语言的"执行式"的用法。

尽管牛津学派的许多论点在维特根斯坦的后期哲学中都出现过,但维特根斯坦谈得相当简略。他所使用的方法是设计一个一个的场景,让人们在这些场景中自己去领略这些论点,而在牛津学派的著作中,这些论点则以较为通俗和易于理解的方式发挥影响。尽管如此,我们不能断定牛津学派和后期维特根斯坦持相同的观点,而至多只能视之为诸多诠释可能性中的一种。下面我们以赖尔、厄姆森和斯特劳逊为代表,介绍牛津学派的日常语言哲学。

第一节　赖尔论范畴错误

　　赖尔1945年起任牛津大学的惠恩夫赖特（Waynflete）形而上学讲座教授，并长期担任《心灵》（Mind）杂志的编辑（1948—1971）。该杂志堪称代表英国哲学的一面旗帜。他的最重要的著作是发表于1949年的《心的概念》（The Concept of Mind）。

　　在后期维特根斯坦谈到"语言游戏"的地方，赖尔谈到"范畴"。维特根斯坦认为，混淆了不同的语言游戏，会造成对语言的误解，从而产生虚假的哲学问题。赖尔认为，混淆了语言的不同的范畴，会造成做出心物二元论之类的虚假的哲学判断。什么是赖尔所说的**范畴错误**呢？让我们用以下例子说明：

　　（1）一只苹果正挂在树上；

　　（2）苹果服从万有引力定律；

　　（3）我剪断它的柄；

　　（4）苹果因为万有引力定律掉到地上；

　　（5）苹果掉到地上因为它的柄被剪断了。

　　赖尔认为句子（1）（3）（5）属于"**范畴陈述**"（categorical statement），句子（2）属于"**假设陈述**"（hypothetical statement）。"范畴陈述"报道所发生的事情，对此能提问在什么时间和什么地点发生了什么事情。"假设陈述"的意义在于它是一条推论规则，能用来预测所要发生的事情。句子（2）所断定的是，如果因为某种原因苹果没有被挂住，那么它将按照万有引力定律掉下来。句子（4）既不属于"范畴陈述"，也不属于"假设陈述"，而属于"**半假设陈述**"或"**混范畴陈述**"。因为就它报道苹果掉下来而言，它属于"范畴陈述"；就它用推论规则来解释这一事件而言，它属于"假设陈述"；它掺杂于这二者之间，兼有这二者的成分。

赖尔强调特别，要注意句子（4）跟句子（5）的区别。在句子（4）和句子（5）中都有"因为"这两个字，但是这两个"因为"在各自的句子中所起的逻辑上的作用是不同的。在句子（5）中，苹果掉下来是按照"原因"来解释的；在句子（4）中，苹果掉下来是按照规律来解释的。他认为，凡要称之为"原因"的，必须是发生的事情。如台球滚动的原因是另一个球撞击它，闪电是房屋着火的原因，剪断苹果柄是苹果下落的原因。但是万有引力定律并不是一个事件，它并不发生。以万有引力定律来解释苹果下落就是根据规律来解释它。

赖尔认为，如果把以上这些不同类型的陈述在逻辑范畴上混淆起来，就犯了"范畴错误"，而哲学上的一些似是而非的问题，如笛卡尔的心物二元论，就与这种范畴错误有关。让我们来考虑这样一些句子："他因为生气做了这件事""他出于狡诈做这件事""他的行为是由于妒忌产生的"。在这些句子中，精神过程被解释为物理行动的原因。物理行动是公开的、占据空间的，能为人们所观察的；而精神过程是隐蔽的，不占据空间的，只能为亲自体验它的人所觉察的。所谓精神、实体、心灵对人的物理的身体的作用正是通过这种方式被理解的。笛卡尔的二元论正是建立在这样的一种思考模式上。

赖尔认为，这是一种由于混淆范畴而导致的错误解释。他以"他的行动是由爱虚荣促成的"这句话为例分析这样的范畴错误。从表面上看，"促成"这个词表示一种因果关系，虚荣心是引起物理行动的原因，如同割断苹果柄是引起苹果下落的原因一样。因此，这个陈述被看成是一个包含着两个范畴陈述的陈述：一个报道精神事件，即所谓爱虚荣的意识；另一个报道由这种意识引起的行动。然而，这种理解是一种错误。实际上，这个陈述不是范畴陈述，正如"苹果掉下来是由于万有引力定律"不是范畴陈述一样。说他的行动是由虚荣心促成的，就是通过指出一种性格，即爱虚荣，来解释它。说某人是爱虚荣的，不是说他常常感受到一种被称为"虚荣感"的感觉，而是说他常常可以被指望像爱虚荣的人那样去行动。因此，这个陈述像"苹果掉下来是由于万有引力定律"一样是"半假设陈述"，即就它提到一个行动而言它是"范畴陈述"，就它根据爱虚荣这一推论规则来推论行动而言它是"假设陈述"。

因而，赖尔得出这样一个结论：爱虚荣并不是像笛卡尔的理论所认为的那样是一个内在的现象，也不是一个外在的现象。这是因为，将其作为一条推论规则来理解，则无所谓外在内在，正如万有引力定律无所谓外在内在一样。对于一个人是否爱虚荣，他自己可以获得这一知识。别人也可以获得这一知识，因为这样的知识都是通过观察行为来获得的。他自己和别人对于识别他是否爱虚荣有着同样的能力，他自己并无特权。如果他有这种特权，即他经常经验到爱虚荣的特殊的感觉的话，那么"爱虚荣的人将首先而不是最后认识到他是爱虚荣的"[1]。赖尔认为，"爱虚荣"不是心理现象，正如"协作精神"（又译"球队精神"）不是球队的心理现象一样。"协作精神"是对球队风格的评价，是一种推论规则，根据这条规则，可以预测这个球队将如何来赛球，将表现出何种协作的风格。赖尔由此得出结论，笛卡尔的身体中的幽灵可以被当作有关人的行为的推论规则而被排除掉。

我觉得赖尔的分析不够全面。赖尔的分析在他自己所选择的例子中看上去振振有词，但换一些例子就可能显得有问题，因为当我们谈心身关系时，主要是讲心理动机与身体行动的关系。用心理动机去说明人的行为与用万有引力定律去说明苹果掉到地上，二者有很大差别。心理动机是可以被人自己意识到的，而且动机在先，行动在后。举例来说，"我恨他，所以我打了他"。"我恨他"是我自己可以意识到的，是导致我的行为的动机。这与推论规则不同。推论规则与行为之间没有时间上的先后，而动机与行为之间有时间上的先后关系。我们不能说定律本身是在时间中发生的活动，而只能说定律所支配的事件是在时间中发生的活动。现在，赖尔把动机之类的心理活动说成是"推论规则""行为倾向"，不也等于是混淆了范畴吗？

第二节　厄姆森对价值的分析

牛津大学哲学家**厄姆森**于1950年在《心灵》杂志上发表了一篇名为《论分等》（"On Grading"）[2]的论文。该文在分析哲学圈内产生很大影响，被视为将分析哲学方法用于伦理研究的一个范例，是继摩尔之后揭示**"自然主义谬误"**的一篇杰作。

---

[1] G. Ryle, *The Concept of Mind*, London: Hutchinson, 1949, p. 87.

[2] J. Q. Urmson, "On Grading", *Mind* (April 1950): 145−169; reprinted in Antony Flew ed., *Logic and Language (Second Series)*.

厄姆森区分了两类句子：一类是涉及评估的句子，如"这是好的""这是坏的""这是一流的""这是平庸的"；另一类是涉及自然现象的句子，如"这是红的""这是圆的""这重一斤"。这两类句子表面上语法形式相同，似乎都在用谓词刻画主词所指的对象的属性。厄姆森认为，这两类句子实际上存在重大差别：前者是评估性的句子，后者是描述性的句子；前者评估事物的价值，后者描述事物的属性。就伦理学而言，把对伦理价值的评估混同于对自然现象的描述，就犯下了摩尔所称的"自然主义谬误"。

厄姆森对具有评估功能的句子的分析，从简单平常的评估苹果的工作开始。让我们设想在一个苹果分销工厂内挑拣两类苹果，一类为优等，另一类为次等，即只用"好"和"坏"两个标签来给苹果分等。一只苹果被评估为好的或坏的，依据的是苹果的各种自然属性。好的苹果必须要达到一定的体积、成熟的程度，没有污损和没有畸形等。如果我们用A、B、C来表示这些属性，那么好的苹果就是符合A、B、C标准的苹果。

现在的问题是，好的苹果是否可以被还原为具有A、B、C自然属性的苹果呢？厄姆森认为不能。尽管从苹果本身看，一只被放入贴有"好"的标签的箱子的苹果在自然属性上并没有多出什么东西，"好"这个词似乎就是"这是A、B、C"的简称。由此看来，价值评估中的"好"的概念可被描述为一定组合的自然属性。厄姆森认为，这就是伦理学中"自然主义"的基本主张，而他要揭示伦理学中的"自然主义"为什么是谬误的。[1]

厄姆森认为，价值评估与对自然属性的经验描述是不同种类的活动。价值评估是把一类东西放在另一类东西之上或之下的一种活动，即分等的活动。说某类东西在另一类东西之上，是说依据某项标准（如果没被提到，那么就是被预设的），它是更值得推荐的。使用"这是好的"这一句子，是在进行分等。分等不是命名，也不是描述；分等有其特定的意义。就对苹果的分等而言，这意味着好的苹果可以出售得贵一些，次等苹果售价低或不允许被出售。句子"这是好的"的使用是由标准来支撑或论证的，但不能被还原为这些标准。句子"这是好的"可以说在某些方面与句子"我批

---

[1] 参见 Antony Flew ed., *Logic and Language (Second Series)*, pp. 169, 175–176。

准"或"我推荐"相类似。说"我批准"或"我推荐"不是在描述我正在做的事情。它本身就是在做某件事情,即批准或推荐。这也同样适用于说"这是好的"。我说"这是一位好学生",是我在推荐这位学生;我给出的评估等级是我的推荐的理由。说出一个价值评估的句子,不是在描述被评估的对象,而是在进行"分等"或"推荐"。[1]

从某种角度看,厄姆森的分析很清楚,很有说服力。就其有助于论证伦理学中的自然主义谬误而言,我觉得他的分析是有说服力的。但如果我们深入了解伦理学的根本问题,就会发现事情没有这么简单。伦理学的对象是人。就价值评估而言,它是对人进行评估。厄姆森所举的例子是对物的评估。一个"好人"与一个"好的苹果"实难相提并论。人是发展中的人、成长中的人、充满各种可能性的人。"好人"归根结底不是依据一组规则或标准对人的评价,而是人自己做出来和实现出来的。在此意义上,任何固有的属性和既成的规定性都不能成为评判人的价值的根本标准。这意味着,这不仅仅是规范和价值评估的关系问题,而且是先有人的自在自为的生存后有规范和价值评估。

第三节 斯特劳逊论"描述的形而上学"

斯特劳逊是牛津学派的日常语言哲学家中最年轻的一位。他的思想的发展标志着日常语言学派的一种转向,主要表现在对形而上学的态度,即对体系哲学的态度问题上。如果说在人工语言学派的阵营中,蒯因是明确表示在科学理论和形而上学的学说之间没有根本性区分的代表人物的话,那么斯特劳逊则是日常语言学派中明确表述历史上的种种形而上学的体系对人类知识的发展起过积极作用的代表人物。斯特劳逊把他的这一工作称为"**描述的形而上学**"(descriptive metaphysics),因为这一工作的目的在于描述我们关于世界的思想的实际结构,而不在于试图构造一个更好的结构。"描述的形而上学"可谓斯特劳逊的哲学思想的标志性术语。

在早期的分析哲学家看来,形而上学是一种在建构知识的体系方面脱离了经验基

---

[1] 参见 Antony Flew ed., *Logic and Language (Second Series)*, pp. 173–174。

础的过分的进取心:"基本上每一个新的体系都是整个从头开始,每一个思想家都追求他自己的坚实基础,而不愿意随着前人亦步亦趋。"[1] 形而上学的哲学家超越经验的基础而虚构概念的体系,这使得他们的哲学论述都成为"无意义的语词排列"[2]。

斯特劳逊认为,以上看法从一个极端走向了另一个极端,就其反对脱离经验基础建构知识的体系而言是对的,但不能由此对形而上学采取一概拒斥的态度,要承认历史上的许多形而上学起过积极作用,并且至今仍然有必要研究形而上学。在斯特劳逊看来,形而上学无非是有关我们的整个知识的最基本的概念体系或概念纲要(conceptual scheme)。我们的知识是要使用概念的。概念与概念之间互相有无联系呢?如果有的话,把它们互相联系的方式和关系揭示出来就是形而上学的一项任务。早期的分析哲学家主张,建立概念体系是科学家的工作。哲学家的任务是分析概念,澄清语词的意义和句子的逻辑结构。斯特劳逊认为这样的研究范围太狭窄了。我们不仅要询问我们实际上是如何使用这个或那个语词和句子的,而且还要寻找语词与语词之间以及句子与句子之间的相互联系的普遍规则和基本特征。各种科学理论都有其特殊的概念和对象领域,而哲学要找到它们之间的共同的东西和揭示出我们的思想结构的最一般的特征。

斯特劳逊区分了"描述的形而上学"和"修正的形而上学"。描述的形而上学满足于描述我们关于世界的思想的实际的结构。修正的形而上学则想要建立一种更好的结构。尽管斯特劳逊把自己的研究划定为描述的形而上学,但是他并不排斥修正的形而上学。他写道:"修正的形而上学的作品依然具有持久的吸引力,而不只是思想史上的一个关键插曲而已。由于它们有精致的表述、它们的各执一端的观点间的张力,它们中的最好的部分是内在地值得赞扬的,并继续具有哲学的功效。"[3] 修正的形而上学之所以必要,是因为形而上学好比"向导",描述的形而上学是在我们通用的概念框架和习惯的思想方式的指导下前进,但当前进道路上出现前所未有的问题时,当以前的向导无能为力时,我们不得不转变指导思想:"当那一个唯一稳当向导不能带领他到达到他所希望到达的如此远的地方去的时候,他就必须放弃这个向导。"[4]

---

[1] 石里克:《哲学的转变》,第5—6页。

[2] 同上书,第8页。

[3] P. F. Strawson, *Individuals: An Essay in Descriptive Metaphysics*, London: Methuen, 1959, p. 9.

[4] Ibid., pp. 9–10.

当把形而上学视为一个概念体系的时候，人们自然会想到一个问题：这些概念之间的关系如何？自从形而上学在古希腊诞生之日起，这个问题就已经被提出来了。简单地说，这就是一般和个别或共相和殊相的关系问题。柏拉图主张共相（一般）是基本的，殊相分有共相。亚里士多德主张个别的东西（个体）是基本的，一般存在于个别之中。后来的英国经验主义哲学家虽也主张殊相是基本的，但是他们把殊相视为具体观念，视为感觉经验。斯特劳逊同意亚里士多德的观点，认为作为个体的人、马之类在时空中的存在物是基本的。他在《个体：论描述的形而上学》(Individuals: An Essay in Descriptive Metaphysics) 这本书中论证，为什么说个体的人、马、汽车、房子等是基本的，而不是像近代英国经验主义者那样主张红、甜、痛之类的感觉经验是基本的，以及不是如柏拉图主义者那样把数、德性之类的一般的东西视为基本的。

对此，斯特劳逊以认识论和逻辑上的先后顺序来加以论证。从认识论上的要求来说，考虑到我们的感知方式的时空性特点和观察手段的有限性，那些基本的东西必须具有足够的差异性（diversity）、丰富性（richness）、稳定性（stability）和延续性（endurance），只有这样，它们才是我们拥有的观察手段所能通达的。从逻辑上的要求来说，我们只有首先拥有了某些不太复杂的概念，我们才能拥有另一些更为复杂的概念。举例来说，我们只有拥有"工人""工具"或"工厂"的概念，我们才能拥有"罢工"或"倒闭"的概念。从形而上学的要求来说，我们的概念体系要满足统一性和普遍性的要求。客观的时空的框架是一个统一的、普遍的框架。这个客观的时空的框架不是单独存在的，而是与在四维时空框架内能够定位的东西结合在一起的。只有有了这个客观的时空框架和在时空中可以定位的存在物，人们才能达到主体际一致的认识，才能把每个人的报告和故事统一到单一的世界图景中去。

综合考虑以上条件，斯特劳逊得出这样一个结论："在我们所认可的对象范畴中，唯有那些（在该表达的广义上）是或拥有物质形体（material bodies）的对象，才能满足这些要求。物质形体构成那个框架。因此，一旦给出了我们所拥有的概念体系的某种普遍的特征，并且一旦确定了那些有效的主要范畴的特征，那么是或拥有物质形体的东西必定是基本的殊相。"[1]

1　P. F. Strawson, *Individuals: An Essay in Descriptive Metaphysics*, p. 39.

斯特劳逊的《个体：论描述的形而上学》一书从常识出发，从分析日常语言出发，但不限于常识和日常语言。他旨在找出我们平常不容易发现的日常语言中的概念之间的逻辑上的互相联系，论证一切复杂的概念都是建立在物质的个体和个人的基础之上的。他通过揭示常识和日常语言中隐而不显的概念间的深层的结构关系，把一个形而上学的体系（一个实际构成我们的认识活动和思想方法的概念体系）展示在我们面前。分析哲学到了斯特劳逊那里，"刺猬"又变成了"大象"，关注的焦点从细小的语句分析转到语言的整体间的关联。这就是斯特劳逊所说的"描述的形而上学"。

思考题

1. 赖尔如何通过范畴分析批评笛卡尔的心物二元论？
2. 厄姆森如何分析"价值"概念？
3. 斯特劳逊如何论述"描述的形而上学"与"修正的形而上学"？

第十七章
诠释学、现象学、存在主义相互关系综述

本章综述诠释学、现象学、存在主义的互相关系，主要是考虑到这三者之间有交叠重合之处，并有思想发展上的内在联系。某些大名鼎鼎的存在主义的代表人物同时也是诠释学和现象学的代表人物。当然，它们之间还是有区别的。这三个不同的名称表示它们不同的旨趣。诠释学主要关心的是对意义的理解和诠释；现象学主要关心的是认识的明证性基础和意向活动在知识的构成中的作用；存在主义主要关心的是人的存在的意义问题。当存在主义在二十世纪三十年代至六十年代兴盛的时候，诠释学和现象学主要是作为服务于存在主义的方法论和认识论被理解的。存在主义运用诠释学和现象学阐发有关人的存在的意义。存在主义是一种主张把人的存在作为一切理论和实践问题研究的出发点的思想运动，其影响超出哲学界，波及文学艺术和社会政治领域。如果说诠释学和现象学是限制在学术圈里面的一种高深的学问的话，那么存在主义则走出校门，走上街头，与普通市民的心声结合起来，成为二十世纪中叶的一场蔚为壮观的大众运动。

诠释学有着源远流长的发展历程。它脱胎于古代圣经学、历史学、文学的研究，在近代才有哲学诠释学出现。不同流派的诠释学有着不同的哲学基础，但其在方法论上有较为明显的继承关系和融贯性可言。**现象学**虽说产生于二十世纪初布伦塔诺和胡塞尔等哲学家的方法论研究，但也有自己漫长的思想史源头可循。现象学继承了从休谟到康德的近代经验主义和理性主义的传统。现象学讲的直觉（直观）方法虽说与十九世纪生命哲学中的直觉方法存在一定的关系，但它不能被认为是非理性的方法。现象学大师胡塞尔把本质直

觉（直观）的现象学方法视为一条通向严格科学的途径。就其重视生命、生活、个体存在而论，**存在主义**与生命哲学的主张很相近。但是，相对于生命哲学，存在主义与诠释学和现象学的方法有密切的结合。有些存在主义哲学家在发展他们有关存在的学说时，除了应用原有的诠释学和现象学的方法之外，还发展了他们自己的诠释学和现象学，因此从诠释学和现象学的角度看，他们也被认为是诠释学家和现象学家。

如今，存在主义的热潮已经过去，诠释学和现象学依然还在发展。因此，我在这一综述中，从问题意识的角度看诠释学、现象学和存在主义是如何走到一起来又为何分道扬镳的。为此，我将介绍诠释学、现象学和存在主义的基本观点、思想渊源和发展过程，并着重论述诠释学和现象学的方法是如何与存在主义的哲学立场相结合的，以及分析这里所存在的问题。在这一综述之后，我将以狄尔泰为代表介绍诠释学的方法，以胡塞尔为代表介绍现象学的方法，以海德格尔为代表讲述他的存在哲学，以萨特为代表讲述他的存在主义思想。

第一节 诠释学的渊源

存在主义、现象学和诠释学三者中，诠释学是最古老的，所以我们从诠释学谈起。诠释学亦称"解释学"，指一门有关解释的学科。从词源上看，**诠释学**（hermeneutics）源于"**赫尔墨斯**"（Hermes）。赫尔墨斯是希腊神话中的信使，他传达宙斯的旨意和为诸神传送信息。信使的工作如何成为诠释的工作呢？可以这样设想，当赫尔墨斯传递话语时，若遇到含义不甚清楚的地方，听者会问：这是什么意思？这该做如何理解？赫尔墨斯不免要承担起解释的工作。把信使的工作推而广之，就意味着：一方传递到另一方的文本，古代流传到现代的文本，通过诠释帮助理解。诠释学成了一门沟通作者和读者之间理解的学问。

诠释学在西方有希腊和希伯来两个源头。诠释学在希腊来源于对希腊古典的解释。希腊的神话、荷马的史诗、城邦的礼法、寺庙的神谕等，都需要加以解释才能被理解。尘世的人该怎样去理解希腊诸神的活动和话语呢？该怎样去理解诗歌所蕴含的意义和所激励的情志呢？为什么要执行或修正城邦的礼法呢？寺庙的神谕向人暗示了什么呢？古代学者早已在做诠释的工作。流传至今的希腊古典文献大都是原典和注疏的汇编，对历代思想家的注疏不仅有助于我们理解原文，而且还清理和发展了其中的思想。尽管这种注疏活动早已有之，但并不等于说诠释学作为一门学科已经在古希腊诞生。那时，对诠释的某些理论研究主要出现在诗学、修辞学和法学中。诗学要讨论字面意义与象征意义的关系，修辞学要讨论语言的表达方式和表达力的问题，法学要讨论如何才能依据法律条文和结合案例做出令人信服的、合情合理的、审慎的判决。这些都涉及对文本的意义解释。

诠释学在希伯来文化中主要起源于对《圣经》的解释。摩西五经是《希伯来圣经》中最主要的经典。摩西五经中记述了摩西律法的神的来源和神与人立约的过程。摩西五经被运用于希伯来人的生活中，从而产生一个问题：该怎样结合人世间现实的语境来理解和执行这些神的诫命和律法？对此，历代犹太的经师加以解释，形成许多口传的文献。在罗马帝国统治时期，犹太人面临罗马的法律和犹太的律法的关系问题。一方面犹太人不得不遵守罗马的法律，另一方面犹太人依然想保留和传承他们的文化传统，在他们自己的宗教和道德生活等领域内继续执行摩西律法。于是，犹太的经师想到整理和汇编他们流传下来的释经文献，以便以这些文献为依据，诠释摩西五经中的律法，在新情况下有所变通地执行经书中规定的律法。这些释经文献的汇编总称为**塔木德**（Talmud）。在这里虽然没有诠释学的专论，但包含大量对他们的法律条文、道德规范、传统习俗、祭祀礼仪的诠释文献，从这些诠释的实际工作中能看到诠释的基本方法和准则。

基督教的《圣经》产生之后，产生了《新约》与《旧约》的关系问题。基督教的圣经学家需要对此加以解说。基督教为了突出耶稣及其传布的福音的地位，主张以《新约》来解《旧约》，把《旧约》视为对《新约》的预表，把《新约》视为《旧约》的归宿，把耶稣的话语和事迹视为《圣经》中所记载的一切启示的高峰和终极。于是，基督教解经学家刻意寻找《旧约》中的一些话语，表明它们预告耶稣作为上帝的儿子将降生人间和拯救人类。《旧约》的《诗篇》和《先知书》中的一些话语本来就具有象征意义，但究竟怎样解释并无定论。经这些基督教的圣经学家的解释，好似它们都在预表《新约》福音书中所说的一些事情。显然，在今天看来，这种预表解经法的任意性很大，神秘味道很浓，但就诠释学的发展史而论，它开辟了一种新的诠释的路向。此前，诠释学主要关注的是过去的事情：诠释旨在表明什么是作者的原意，什么是过去那个时代的处境和文本原初的意义。但预表解经法使诠释指向未来，指向在历史中的展开，强调经文的原意只有在历史的展开中才能被真正理解。于是，意义与历史展开的关系问题被引入诠释。

如果要概括的话，我们可以说欧洲古代和中世纪的诠释学方法主要是"**字面解释**"（literal interpretation）和"**寓意解释**"（allegorical interpretation）。字面解释着重于解释文本的字面的意义，解说语词的词源、词义的演化过程、文本在当时用法中的特定含义及后来的延伸意义。此外，字面解释还注意澄清各种语言形式，如"直陈式""疑问式""感叹式""反讽""反诘""明喻""暗喻""单关""双关"等。字面解释涉及许多文字学和修辞学的知识和技巧，并援引历史和地理的知识。

"寓意解释"则是对文本公开意义背后的隐含意义的解释。寓意解释法主张，在所叙述的一件事情的背后往往隐含着另一件事情，按照字面的解释根本不能领会它们，需要通过寓意解释，才能让人领悟其深层的含义。在古代和中世纪的诠释学中，寓意解释主要是围绕神与人之间的关系展开的。文本中谈到神的事情的时候，可能象征人世间的事情，并暗示对人的道德教诲；文本中谈到自然和人世间的事情的时候，可能暗含神的意图和神所透露出来的先兆。在希腊文化传统中，早就有对希腊神话的寓意解释。希腊的诸神具有与人相同的各种性格，主管自然和人世间的各类事情，如农神意味着时间和主管庄稼的收成，诸神之间的纷争和胜败暗示人世间的命运。斯多亚学派把对希腊神话的诠释与对人的道德教化联系起来，主张在保持对神的权威的敬畏态度中，提升人的道德情操和勇于担当的使命感。在犹太—基督教的传统中，寓意解释法强调，神往往透过经文的字面意义启示神圣的奥秘。《圣经》中的故事、先知的话语、《诗篇》和《雅歌》中的诗句、《启示录》中的异象和数字等，都隐含特殊的意义。亚历山大学派的**菲洛**（Philo，约公元前20—公元50）通常被认为是"寓意解释之父"。他认为，字面与寓意的关系好比肉体与灵魂的关系，经文的字面意义好比肉体，隐藏在这些文字之中的看不见的意义好比灵魂，解读《圣经》不时要揭示其中灵性的深意，寓意解释法能启发人通过可见的东西看到不可见的东西，向灵魂敞开神圣的奥秘。[1]在菲洛之后，**奥利金**（Origen，约185—254）从"预象"或"**预表**"角度发展了寓意解释法，即上面所提到的《旧约》成为《新约》的"预表"。

诠释学到了近代才成为一门具有普遍性的学科。在古代和中世纪，诠释的工作分别与特殊的学科相关，如对诗的诠释、对《圣经》的诠释、对法律的诠释等。在所有这些分门别类的诠释中，有没有普遍适用的诠释的原则和技巧呢？能否建立起一门**通用的诠释学**呢？这也就是说，能否把诠释学作为一门独立的学科建立起来？按照狄尔泰的看法，沃尔夫学派的**迈依尔**（Meier，1718—1777）在其1757年发表的《普遍解

---

[1] 参见让·格朗丹：《哲学诠释学导论》，何卫平译，北京：商务印书馆，2009年，第45页。

释技术试探》中迈出了这一步。他尝试制定出在对符号的任何解释中都可观察到的规则，但由于缺乏必备的哲学素养没能实现这一目标。真正奠定具有普遍意义的诠释学基础的人物则是**施莱尔马赫**（Friedrich Schleiermacher，1768—1834）。"一种富有成效的诠释学只能产生于这样一个把语文学解释技巧与真正的哲学能力相结合的头脑中。施莱尔马赫就是具有这样一个头脑的人。"[1]

狄尔泰这里所说的哲学能力是指近代哲学的能力。近代哲学是主体性的哲学，这种哲学把人置于意义的中心。如果要问文本的意义来自何处，近代的主体性哲学不再把文字所描述的对象和神的旨意作为诠释的中心，而是把人的主体作为一切意义的枢纽。意义来自人的主体，是人的主体生产和再生产的文本的意义。意义以人为中心，离开了人的主体就不能生成和理解意义。施莱尔马赫的贡献在于对康德的主体性哲学的发挥。康德主张：在提出关于事物本质的问题之前，首先要考察我们的认识可能性的条件是什么；只有当我们把自己的认识的能力、认识的方式和认识的有效性的范围弄清楚之后，我们才谈得上对事物本质的把握。施莱尔马赫接着康德追问有效诠释的可能性条件是什么。在他看来，如果不深入到文本创作者的主体的心理活动中去，就不能真正理解文本的意义。施莱尔马赫所说的心理活动的涵盖面要比康德的认知活动的涵盖面更加广阔，它包括对情感、欲望、目的、动机的体认。在施莱尔马赫看来，离开了这种内在的体认，单凭对外在对象的认知是不能阐明生活的意义的。

施莱尔马赫主张诠释学必须包括语法解释和心理解释两个部分，但后者比前者更重要。语法解释类似于上述提到的字面解释，通过考察文本的语言用法解释文本的意义。这种方法只能解释文本的通常意义，不能解释作者的独创的意义。任何伟大的作品都是独具魅力的创造性作品，要理解这样的作品的意义就要深入到作者的心境中去。但是，诠释者不是作者，如何才能进入到作者的心境中去呢？施莱尔马赫提出了模仿作者的体验和再造作者的体验的途径，即尽可能逼真地设想作者当时面临的情景、性格和思想方式，把自己移入作者的内心世界中，从而赢得共通感。语法解释与心理解释的关系如同翻译一篇外文文学作品时的两种境界：语法解释停留在分析外文的语法，寻找适当的本国语言的表达法的层次上；心理解释则是译者进入作者的内心

---

[1] 参见狄尔泰：《诠释学的起源》，载洪汉鼎主编：《理解与解释：诠释学经典文选》，北京：东方出版社，2001年，第86页。

中去，产生共鸣，达到得心应手地翻译的境界。

虽然施莱尔马赫强调心理解释，但他并不反对语法解释。他认为这二者是相辅相成的，这二者的关系是一般与特殊的关系。一个作者在进行创作时，他是基于共同体的共同的语言的。由于语法的结构和语词的基本意义具有较为稳定的延续性，作者的特殊的发挥才会被当时和后来的读者所理解。由于诠释涉及这种特殊与一般的关系，诠释的过程不免是一个循环的过程：从对语言的一般意义的理解进入对特定文本的特定意义的理解，从一般人的生活方式和心理活动方式进入特定作者的特定的处境和心态，然后再从这种特定的状况和特定的意义进入普遍的形态和普遍的意义；反之亦然。施莱尔马赫甚至认为，借助诠释，我们能达到比作者本人更好地理解自己的作品的目的，这是因为作者在进行创造时也许没有充分意识到他自己所使用的概念的思想史渊源和语言上的传承关系，以及他的作品的时代意义和历史意义。一个诠释者如果有足够的历史知识和语言学知识，他就可能弥补作者在创作时没有意识到的东西。施莱尔马赫的这一灵感很可能来自康德在《纯粹理性批判》中的一个见解："我只是提请注意，无论是在日常生活中还是在著作中，通过比较一位作者关于自己的对象所表达的思想，甚至比他理解自己还更好地理解他，这根本不是什么非同寻常的事情，因为他并没有充分地规定自己的概念，从而有时所言所思有悖于他自己的意图。"[1]

第二节 诠释学与现象学的交汇

施莱尔马赫的诠释学思想经狄尔泰的介绍在二十世纪初产生重大影响。至于**狄尔泰**本人对诠释学的贡献则表现为，他把生命和对生命的体认作为诠释的根基，并且尝试克服历史主义思潮所带来的相对主义问题。在二十世纪初，实证主义思潮泛滥。实证主义主张科学要以经验事实为依据。任何科学，不论是自然科学还是社会科学，如果得不到经验证实，就不能被称为科学。在狄尔泰看来，语文学、历史学、法学、社会学、政治学等人文社会学科虽然涉及经验事实，但主要关注的是意义和价值

---

[1] 康德：《纯粹理性批判》，第283页。

的问题。对于意义和价值的研究不同于对自然现象间的规律的研究，前者有其独特的方法。这方法就是诠释学。他提出与"**自然科学**"相对峙的"**精神科学**"的概念。精神科学有其自主性。精神科学的要旨是对生命意义的理解。因此，对于语文学、历史学、法学等精神科学来说，实证主义的方法是不适用的，诠释学才是与其相适应的科学方法。

然而，狄尔泰在这里遇到一个问题：诠释学既然想成为"精神科学"的"科学"方法，何以克服历史主义和相对主义，如何才能让诠释不成为任意的诠释，而具有科学所要求的那种在认识上可判别的准则呢？十九世纪初在德国流行**历史主义思潮**。**兰克**（L. v. Ranke，1795—1886）和**德罗伊森**（J. G. Droysen，1808—1884）是其代表人物。狄尔泰本人听过兰克等人的课。他一方面认识到历史主义有其合理的地方，另一方面又反思历史主义的问题。历史主义主张，一切属于人类精神文化的东西都处于历史流变的过程之中，人是历史的主体，人创造自己的价值观念和塑造自己的文化类型，每一时代都有每一时代的时代精神，每种文化类型都有自己的价值评判的标准。这听起来没有错，但却导致这样一个结论：历史之流中的一切都是相对的，精神文化没有普遍统一的评判标准。狄尔泰从历史主义那里找到了一种区分精神科学与自然科学的方式。生命具有历史性，历史性体现为生命意义的展开，精神科学就其主旨而论是对生命意义的阐释，因此精神科学确实不同于自然科学。但是历史主义还断言，一切意义和价值都是相对的。这种相对主义能与科学相容吗？历史学、语文学、法学等人文学科还谈得上属于科学吗？"精神科学"这个名称能够成立吗？狄尔泰主张诠释学的精神科学的方法论，如果对意义的诠释只能是相对于每一时代、每一文化类型和每一主体的相对的诠释的话，那还有什么科学的普遍性和可检验标准可言呢？

为了解决这个问题，狄尔泰的生命意义的诠释学与胡塞尔的现象学走到一起了。科学为什么牢靠呢？因为科学以事实为基础，依据事实建立理论，依据事实检验理论。在狄尔泰看来，自然科学所说的事实是向外的感性经验所感知到的有关客观事物的事实。但外在事实不是事实的全部，还有内在事实，即"**意识事实**"。人的喜怒哀乐是人能够直接体验到的。人有美好生活的愿望，并能在实际生活中体验到什么是美好或苦难的生活滋味。这种生活体验虽然是内在的，但像自然科学中的外在事实一样具有确切的事实性，可以作为精神科学中诠释意义的判据。狄尔泰写道："只有在内在经验中，在意识事实（Bewußtseinstatsache）中，我才能为我的思想找到牢固的抛锚地，并且我敢说，没有读者能在证明中离开这一点。一切科学都是经验的科学，但是一切经验都将追溯到产生它们的意识的条件，即我们的本性的整体中去，并在那里找到它们确确实实的有效性。"[1]

胡塞尔主张现象学是严格的科学。现象学以"**纯粹现象**"为严格科学的"**阿基米德点**"。所谓"纯粹现象"就是向意识所直接显现的现象，即"直接给予"。"纯粹现象"是直接的经验。按照胡塞尔的看法，我们能直接意识到我们自己的意识活动和意识内容以及它们之间的互相关联。见与所见、听与所听、爱与所爱、思与所思总是关联在一起的。这就是意识的意向性的结构。这些直接的给予是一切知识的阿基米德点；有了这样的基点，科学知识才有牢靠的基础。狄尔泰没有谈知识的"阿基米德点"，但是谈到思想的牢固的"**抛锚地**"。他认为胡塞尔所说的"纯粹现象"就是他所说的"意识事实"，有了这样的"抛锚地"才能克服相对主义。狄尔泰在读到胡塞尔的《逻辑研究》之后发现，现象学对意识现象的描述和对意向结构的分析工作与他正在研究的"描述的和分类的心理学"有共通之处，有助于克服历史主义思潮所带来的相对主义的问题。为此，他于1905年邀请胡塞尔到柏林来讨论相关的问题。

对此，胡塞尔留下这样的回忆："当我亲耳听到狄尔泰本人的如下判断时吃惊不小：现象学，特别是《逻辑研究》第二册中有关现象学的描述分析的部分与他的《描述的和分类的心理学的观念》在本质上相谐和，并可被视为作为一种理想展现出来的、在方法论上完全成熟的心理学的最初根基。由于有这一关联，狄尔泰始终非常重视我们从完全不同的出发点展开的研究，并且在他晚年又满腔热情地重新拾起他一度中断的有关精神科学理论的研究。这一结果就是他有关这一论题的最后和最精美的作品《历史世界的构造》。它（于1910年）发表在《柏林科学院的论文汇编》上，可惜他在这一工作中与世长辞。我本人随着越来越进一步完善现象学的方法和取得对精神生活进行现象学分析的进展，也愈益认识到，狄尔泰的这一当初使我很惊讶的有关现象学与描述—分类的心理学有着内在统一性的论断，在事实上是合理的。他的作品包

---

[1] Dilthey, *Gesammelte Schriften*, Bd. 1, S. XVII.德文版《狄尔泰全集》自1914年起出版，第一至第十二卷最初在莱比锡，随后在斯图加特的B. G. Teubner出版社和哥廷根的Vandenhoeck & Ruprecht出版社出版，从第十三卷起由哥廷根的Vandenhoeck & Ruprecht出版社出版，迄今已经出版了二十六卷。以下简称GS。

含着现象学的天才预见和初步认识。这些作品绝非过时了，即使在今天人们仍然能从中获得极其丰富的、有价值的具体启示，能激发人们在方法论上取得进展的和完全从另外的问题出发进行建构的现象学的工作。"[1]

尽管狄尔泰和胡塞尔都认识到他们之间存在某些具有"内在统一性"的地方，但他们的分歧依然是重大的。胡塞尔认为，狄尔泰依然没有能够克服相对主义，因为狄尔泰所说的"意识事实"依然是经验心理学中的心理经验，依然是相对于经验的人所形成的思想习惯和偏好。为了克服经验心理学所带来的相对主义，必须进行现象学的还原，即必须去除一切预先假定和先入之见，把历史上所形成的一切观点存而不论，把带有前见的经验的心理现象还原到没有前见的、纯粹的、直接给予的意识现象。胡塞尔主张，现象学的心理学不是经验的心理学，而是先验的心理学，即经过现象学还原之后的心理学。只有在现象学意义上的心理体验才是真正的"意识事实"，才是可靠的思想的抛锚地。

狄尔泰并不完全接受胡塞尔的这种批评。狄尔泰继续坚持人的生活和思想的历史性和经验性。在狄尔泰看来，历史主义依然有其合理的地方。人总是生活在经验的世界之中，人割不断自己的历史，人在文化传统中形成自己的思想，任何理解都有前理解，因此要找到不带任何前见的纯粹现象是不可能的，绝对确定的基点是没有的。那么，狄尔泰如何克服历史主义所导致的相对主义呢？在狄尔泰看来，尽管没有绝对确定的支撑点，但有相对确定的支撑点，在历史的长河中有相对安全的抛锚地。意识事实不能提供绝对可靠的阿基米德点，但能提供理解生命意义的较为安全的通道。我能体验到自己的喜怒哀乐，这是由我的内省所提供的意识事实，并且我也立基于这样的意识事实通过移情作用理解别人的情感。但我的内省依然是发生在时间和空间之中的，我对它的观察和描述依然是经验性和历史性的。

为此，狄尔泰提出这样一个问题："我为我侄子的死感到悲痛。在此经验中，我仍然处于空间和时间中。现在，我通过内省把这种经验作为观察的对象。我可以把一门科学建立于其上吗？"[2] 狄尔泰对这个问题的回答是部分肯定和部分否定。先说部分肯

---

[1] E. Husserl, *Phänomenologische Psychologie*, in E. Husserl, *Husserliana*, Bd. IX, The Hague: Martinus Nijhoff, 1962, S. 34–35.

[2] Dilthey, GS, Bd. 6, S. 317.

定的方面：我体验到我为我侄子的死而感到的悲痛。这样的体验是直接、亲历、逼真的。这是我据以理解和诠释生命意义的相对来说最可靠的支撑点，舍此我找不到更加安全的通道。再说部分否定的方面：这是绝对确定和可靠的支撑点和安全通道吗？当然不是。狄尔泰从观察和语言两个方面考察这个问题。狄尔泰认为，观察本身是由我所提出的问题决定的。我可以从亲友的角度进行观察：我感到悲痛是因为我失去了一个亲戚。我可以从辈分的角度进行观察：伤心莫过于白发人送黑发人。我可以从普遍生命的角度进行观察：我珍爱生命，我为失去一个生命而痛心。狄尔泰还认为，用于描述心理体验的语词也是相对于各种各样的语言的用法的，它们在很多方面是受到语境限定的，是会产生理解上的歧义的。

由此可见，不存在绝对牢固的阿基米德点和绝对可靠的安全通道。那么，是不是又要回到历史主义思潮所持的相对主义的立场上去呢？狄尔泰不想走回头路。他提出了既把体验作为出发点又结合**生命结构关联的整体主义思路**。精神科学的出发点是体验。体验总是处于生命的结构关联体之中。"价值和目的等历史范畴产生于体验。体验的主体，当其检查过去时，就已经在理解的过程中看到了意义，已经将关联体的范畴形式与自身联系在一起。"[1]但在精神科学中把体验作为出发点与自然科学中基础主义的途径不同。自然科学把经验事实作为基础，通过逻辑与数学建立一层层的奠基与被奠基的关系。这条路线不适用于人类的生命现象。意识事实是在心理结构脉络中的事实，而心理活动又发生于生活结构的关联中。理解生命的意义不是逻辑奠基与推导的过程，而是一种"诠释学的循环"。人类的心理结构关联和生活结构关联是相对稳定的，虽在不同的历史阶段和社会处境中存在一些差异性，但它们之间有连贯性和谱系性，所以我们能够依托自己的生命体验去理解他人的生命体验。狄尔泰在其晚期著作《精神科学中的历史世界的构造》中还专门研究了世界观的谱系。人类的世界观尽管形形色色，但仍然有谱系可循，仍然存在理解和沟通的可能性。个体、共同体和文化是历史生命的共同承载者。由于历史生命的贯通，通过"诠释学循环"迂回曲折地摸索前进，人类能够逐步增进理解，从而在照亮整体生命的意义中也照亮自己独特的视角中的观察。尽管一个人的内省式的自我知识的方法具有狭隘性，但是通过把他所体验到的意识事实与他自己的心理结构和生活结构相关联，再通过他的行动和言谈与他

---

[1] Dilthey, GS, Bd. 7, S. 255.

人的生活相关联，一个人便能在这一迂回的过程中更加清楚地认识自己和他人。狄尔泰总结道："简言之，只有通过理解过程，生命的深渊才会被照亮。只有通过把我们所实际体验到的东西投注于我们自己的生命和他人的生命的每一表达之中，我们才能理解自己和他人。所以，体验、表达和理解之间的关系，反映着一种特殊的程序；只是由于它的存在，人类才作为精神科学的对象展现在我们面前。精神科学植根于生活、表达和理解的关系之中。"[1]

第三节　存在主义的兴起及其基本特征

存在主义兴起于第一次世界大战后的德国，全盛于第二次世界大战时的法国。在战后的五十和六十年代，其影响波及北美和整个西方文化世界。在六十年代之后，存在主义作为一场哲学运动已经式微，其风头被结构主义和后现代主义取代。为什么存在主义在世界大战期间特别兴盛呢？这可能与战争年代强大的国家机器对个人的压抑有关。在为了赢得战争的名义下，个人自由受到严厉限制，个人被强迫成为服从于战争的国家机器和政党组织的一个部件。人随时面临死亡的危险，焦虑、恐惧充斥于每个人心头。人们深刻地体会到所发生的各种暴行的极其荒唐性，不禁思考什么才是人的存在的真正意义。

在这样一种危机时刻，存在主义发问：哲学究竟为了什么？在存在主义看来，传统哲学的特点是把哲学当作一种高深的理性思辨，认为哲学的任务是思考世界的基本要素、根本原理、总体结构和发展方式等理论问题。存在主义认为，当一个人被挂在悬崖边上时，他首先想到的是生死存亡。这时来不及去思考有关概念定义和逻辑体系的理论问题，而是尽快找到解救的途径。正如佛陀讲到的，对于一个被箭射中的人，当务之急是拔箭疗伤，而不是去研究箭的构造等理论问题。在存在主义看来，哲学的核心问题是人的存在问题，一切有关世界和社会的理解问题都应着眼于人的生存。

那么什么是人的存在呢？存在主义把人的存在视为一种实现可能性的过程。这表

---

[1] Dilthey, GS, Bd. 7, S. 87.

现为萨特的名言"**存在先于本质**"。存在主义否定有什么事前决定、一成不变的人的存在蓝图。人的存在不像物的存在那样是由其固有的属性（本质）所决定的，而是一个自己所选择的行动的实现过程。人面对可能性、面对所发生的事件，以自己的选择和行动，自己造就了自己的本质。人是成其为什么样的人，而不是原本命中注定是什么样的人。

为了对人的存在进行研究，应该从何着手和采用什么样的方法呢？存在主义主张**从人的主体意识出发研究人的存在**。因此，在一定意义上可以说，存在主义是一种意识哲学。但这种意识哲学与笛卡尔主义的意识哲学正好相反。笛卡尔的意识哲学是理性主义的意识哲学。笛卡尔通过"我思故我在"企图达到理性的概念推导的明证性的起点。存在主义所关注的则是人的一些主观的情绪，如焦虑、绝望、内疚等，它们在哲学中被认为是非理性的意识。当人处于生存危机、异化和死亡的临界状况时，这些情绪尤为明显。存在主义者企图通过对这些情绪的描述和分析揭示人的存在的真实处境，阐发他们所理解的存在的意义。

存在主义反对传统形而上学的那种从本质出发推导出存在的思路，强调人的存在相对于本质的首要性，因为一切有关本质的知识来源于人的认知，而人的认知以人的存在为前提。人的存在靠人的行动开启。**人在自己的行为抉择中开启自己的存在之路**。人的存在的意义只能从人自己的生存活动、生存境遇和生存过程中来体悟。存在主义召唤人把自己视为生存的主体，把自己的存在握在自己手中，在自由选择的行动中创造自己的存在，走完自己的人生道路，承担自由的重负，对自己的抉择和行为负责。存在主义反对把哲学当作一种旁观的理论思辨，主张哲学应激发每个人成为自己的生存活动的行动者。存在主义曾一度引发西方世界的文化热，在各类受压抑、失望和无助的社会阶层中引起强烈反响，吸引知识青年的眼球，成为一种时髦。尽管存在主义在激发人们关注当下荒唐的生活状况和激起人们通过自己的行动来赢得生活意义方面有其积极作用，但因其在个人活动与社会结构、个人自由选择与历史发展规律的关系方面的观点处理不当，就其实际社会效果而言，它充其量只是一种发出抗议呼声和宣泄不满情绪的方式，不能真正有效地解决人生和社会问题。

为了对人的主体意识进行研究，存在主义乐意采用现象学的描述方法。在他们看来，这种方法有助于描述人的主观情绪，描述人的生存状态。存在主义关注人的意向性，认为现象学对意向性的研究有助于认识人的主体意识，有助于显现人区别于物的那种面对可能性时的选择的自由。就这一点而论，存在主义与胡塞尔的现象学有某些方法论上的继承关系。然而，各位存在主义哲学家所理解的现象学是有所不同的，他们在发展他们的存在主义思想时也发展了他们自己的现象学。在此意义上，萨特有萨特的现象学，**梅洛-庞蒂**（Maurice Merleau-Ponty，1908—1961）有梅洛-庞蒂的现象学。

为阐发人的生存意义，存在主义喜欢采用诠释学的方法。存在主义主张，对人的主体意识的描述要与对人的生存论研究结合起来。在这方面，存在主义从海德格尔的生存论分析方面获得启发。存在主义强调把个人的具体存在作为一切哲学研究的出发点。人的具体存在无非是指每一个人此时此刻此地的在世的存在。这种存在是在具体条件下的与其他人相遇的存在，是面临挑战和做出回应的存在。这种具体存在是每个人亲知的，是对存在发问的起点和通达存在本身的必由之路。

由于存在主义强调研究人的具体存在，强调人的存在要处处面对偶然性和荒谬性，要经历各种各样的危机和充满焦虑、忧郁、痛苦的情感。存在主义把其源头追溯到丹麦神学家**祁克果**、俄罗斯小说家**陀思妥耶夫斯基**（Fyodor Dostoevsky，1821—1881）和德国哲学家**尼采**。其中，祁克果对海德格尔和萨特产生过重要影响，常被当作存在主义的鼻祖来研究。

存在主义不是一种学院派哲学，没有统一的纲领和师承关系。存在主义的影响与其说发生在校园之内，不如说发生在校园之外。存在主义是一场哲学家、文学家、社会评论家和街头巷尾的大众参与的五光十色的思想运动。那些被归入存在主义者的思想家在思想观点和思想体系方面有很大差异，甚至某些被当作存在主义者的代表人物，如**海德格尔**和**雅斯贝尔斯**（Karl Theodor Jaspers，1883—1969），其本人并不承认自己是存在主义者，至多承认其思想是一种"存在哲学"。存在主义有无神论和有神论之分。有的存在主义者持较为明显的悲观主义态度，认为唯有依靠神灵才能把人从荒唐处境中解救出来；有的则较为乐观，寄希望于发挥人的主观能动性克服存在危机。在政治立场上，有的持亲纳粹的态度，如海德格尔；有的参与反纳粹的地下抵抗组织和发表在一定范围内支持共产党的言论，如萨特和梅洛-庞蒂。

第四节　存在主义、诠释学和现象学的交汇

有关存在主义、诠释学和现象学的交汇，我想最好从**海德格尔**早期弗莱堡时期（1919—1923）的思想说起。海德格尔在那时把现象学和诠释学结合在一起探讨存在论（本体论）的问题。海德格尔在1923年夏季学期开了一个名为"存在论（实际性的诠释学）"的讲座，其中第二部分的标题为"实际性的诠释学的现象学道路"。在这一讲座中，海德格尔简要地介绍存在论、诠释学和现象学的历史，提出他自己对这些论题的看法，主张诠释学和现象学的哲学基础是存在论，现象学只有以此在为基础才能找到明证性的开端，诠释学只有立基于此在的在世的活动才能阐明存在的意义。这一讲座是海德格尔早期思想的雏形。他自己指出，《存在论：实际性的诠释学》构成了《存在与时间》的"第一个笔记"。[1] 在这一讲座中，海德格尔的话语相比于《存在与时间》较为平直易懂，向我们表明他的哲学，至少是以《存在与时间》为代表的早期哲学，就是通过实际性的诠释学的现象学道路来研究存在的。

为了阐明海德格尔的"**存在论：实际性的诠释学**"，我们沿着海德格尔讲座的次序，先从"**存在论**"（本体论）说起。现在大家都知道，海德格尔主张，"存在论"应该研究存在（Sein）本身，而传统的存在论研究的是存在者，因而走到歧途上去了。在这一讲座中，海德格尔非常明确地把这种传统的存在论与"现代的存在论"联系起来，并把它与"**对象论**"和"**现象学**"联系起来。海德格尔说道：

> "存在论"这个词的现代用法等同于"对象论"（Gegenstandstheorie），而且首先是一种形式上的对象论；在这个方面，它与传统的存在论（"形而上学"）一致。然而，现代的存在论不是一门孤立的学科，而是以一种特别紧密的方式与狭义的现象学所理解的东西相关。正是在现象学中，一个恰当的研究观念才得以形成。自然存在论、文化存在论、各种实质存在论（materiale Ontologie），它们构成了这样一些学科：在这些学科中，这些区域的对象内容根据其所含事情的范畴性质展现出来，那么这样提供的东西可被用作研究构

---

[1] 转引自海德格尔：《存在论：实际性的解释学》，何卫平译，北京：人民出版社，2009年，第119页。

成问题——研究意识与这种或那种对象之间的结构和发生关联的问题——的指导性线索。[1]

对于这段话，我想当时听海德格尔讲座的学生显然是知道针对**布伦塔诺**（F. Brentano, 1838—1917）、梅农、胡塞尔和狄尔泰的。布伦塔诺讨论了"存在"在亚里士多德那里的多种含义，指出其中一种重要含义指"对象"。布伦塔诺的学生梅农发挥了他老师的观点，从语言和心理活动的角度考察存在。梅农主张，"存在者"（beings）是相关于语言所指的对象的，而对象是通过意识内容来呈现的。有些对象是不存在的，如"金山"，但它们仍然是语词所指的对象，仍然可以通过意识内容呈现。因此，他提出"对象论"，并主张"对象论是超越存在与非存在的本体论"（Object Theory — Ontology beyond Being and Non-Being）。梅农的这种对象论，引发关于语词的所指与存在关系问题的争论，导致罗素建立摹状词理论对此进行逻辑和语言分析（参见本书第十三章有关"罗素"的章节）。胡塞尔在《逻辑研究》中也使用"对象论"这一概念，后来又改用本体论。胡塞尔在1913年发表的《纯粹现象学通论》（《大观念》第一卷）的第十节中加了一个注，指出在《逻辑研究》中，"我［胡塞尔］未贸然用那个在哲学史上颇有争议的'本体论'（存在论）一词，而是将此研究（该书第一版第222页上前引部分）作为'对象本身的先天理论'的一个部分，这个词组被梅农缩约为'对象理论'。然而时代改变了，我认为现在相应地恢复旧的'本体论'一词更为正确"[2]。

胡塞尔为什么在《逻辑研究》中要使用"对象论"的概念，后来在《大观念》中又要恢复旧的"本体论"一词呢？因为"本体论"这个概念容易引起争论，它的词源意义是"存在"，而逻辑的对象是否存在是一个有争议的问题。胡塞尔在《大观念》阶段已经明确采取先验唯心主义的现象学观点，主张通过现象学还原把外部世界的存在问题悬置起来后研究各类存有者的本质规定性问题，主张一切存有者无非是**先验自**

---

[1] M. Heidegger, *Ontologie (Hermeneutik der Faktizität)*, in M. Heidegger, *Gesamtausgabe*（以下简称GA）, Bd. 63, Frankfurt am Main: Vittorio Klostermann, 1988, S. 2; 中译文参见海德格尔：《存在论：实际性的解释学》，第2页。

[2] E. Husserl, *Ideen zu einer reinen Phänomenologie und phänomenologischen Philosophie, Erstes Buch: Allgemeine Einführung in die reine Phänomenologie, Husserliana*, Bd. III（以下简称*Husserliana*, Bd. III）, The Hague: Martinus Nijhoff, 1976, S. 28; 中译文参见胡塞尔：《纯粹现象学通论》，李幼蒸译，北京：商务印书馆，1995年，第64页。

我（transzendentale Ich）的意识活动的相关项，因此他觉得没有必要再顾忌"本体论"这个概念的歧义了。他有关本体论的观点与布伦塔诺相一致：本体论就是对象论，是超越存在和非存在问题的。

胡塞尔所说的**本体论是对存有者进行分类的理论**。胡塞尔的本体论与传统的本体论的区别在于，传统的本体论直接按照存有者本身的规定性对存有者进行分类，胡塞尔则看到所谓存有者无非是意向活动的相关项，即意识的对象。**意识总是有关某物的意识**（Bewußtsein von etwas）。这些某物就是意识的对象。意识的对象是意向活动的相关项，在一定意义上可以说是由意向活动构成的。当然，意识不是凭空构成某物，意识构成实在对象和非实在对象的方式是有所不同的，这里存在奠基与被奠基的关系。现象学的本体论就是依据直接向意识所显现的东西研究意识如何构成对象，并依照对象的本质的规定性进行分类，由此区分出各类实质本体论和形式本体论。**实质本体论**也被称为**区域本体论**，它包含上述海德格尔所提到的"自然存在论""文化存在论"。**形式本体论**包括逻辑和数学等对象。狄尔泰区分自然科学和精神科学，其思路也是对象论，即区分自然的对象（如一块岩石）和文化的对象（如一本书）。

海德格尔认为，按照"对象论"来理解"存在论"，存在如下双重缺陷：

（1）对象论只关注对象的性质和对象的分类问题，不关注对象的源发问题。对象论探讨各类自然科学和文化科学的对象的特性和分类的问题，把对象的存在问题理解为各种对象的对象性（基本规定性）问题，这样有关生存的问题反倒不被放在存在论的探讨范围内。这也就是说，对象论关心的是"存在者"而不是"存在本身"。对象论按照对象的领域来理解世界，而不是通过此在和此在的可能性来理解世界。这样，作为世界的"自然"就失去了历史性和时间性的意义，"身体"同样如此。

（2）对象论把本体论限制在狭隘范围内，阻碍人们去追问存在本身的问题，阻碍我们从此在（Dasein）出发研究哲学。它不知道存在不等于对象，不懂得存在本身只有摆脱了对象才得以彰显其源起的含义。它不懂得真正的存在论是研究存在本身的，哲学从根本上说是从此在出发和为此在的。

由此，海德格尔提出了他自己的存在论，即从此在出发研究存在本身的存在论。这种存在论不同于传统的研究存在者（存有者）及其分类的本体论，也不同于现代的研究对象及其分类的本体论。在这里，我们感到有一个语言上的问题。尽管"本体论"

和"存在论"被用于翻译西方语言中的同一个词"ontology",但用到海德格尔那里译为"存在论"很恰当,而在胡塞尔那里译为"存在论"会令人感到实在不妥帖,因为胡塞尔的现象学的本体论(研究意识的对象及其分类的学说)是把存在悬置起来的。与此相关,"现象"在海德格尔那里产生出与胡塞尔那里不同的意义。在胡塞尔那里,现象学的"现象"指意识现象;在海德格尔那里,现象学的"现象"指存在本身的显现,存在的显现不是通过意识现象而是通过此在的"实际性"彰显出来的。从此在的"实际性"出发解释存在的意义,就成为海德格尔那里的一条通达本体论的实际性的诠释学的现象学道路。

为什么"**实际性**"(Faktizität)与现象学有关呢?因为现象学的一条基本原则是"**面向事情本身**"(zur Sache selbst)。它的含义接近于中文成语"实事求是"。"面向事情本身"就是要尊重事实,以事实为依据。从认识论上说,任何间接认识都要以直接认识为依据;从论辩来讲,推理要立足于事实。这犹如法庭上的审判和申辩要以事实为证据。现象学是一门讲究明证性的学问。"面向事情本身"或"回到事情本身"的口号意味着思辨的推论要回归或立基于事实性的证据。

什么是"事实性"呢?这在哲学上存在争论。英国经验论者只承认感性经验(观察事实)是可靠的科学研究的证据。胡塞尔扩大了"事实性"的范围。在他看来,我们自己的意识活动和意识活动指向意识对象的方式是自身显现的,而且只有首先弄清楚了我们的意识行为是如何在综合感性材料的过程中构成感性对象的,有关观察事实的感性经验的明证性才能被一步步揭示出来。如上所述,狄尔泰提出"**意识事实**"这个概念,主张对生命的体验是一种"内在经验",具有明证性,能为生命意义的解释找到一个抛锚地。他讲的事实性也是指意识现象。现在,海德格尔提出"**实际性的诠释学**"(Hermeneutik der Faktizität),他讲的事实性定格为"此在"。海德格尔意识到,他所讲的事实性与狄尔泰和胡塞尔的不同,所以专门用了一个拉丁语源的词"Faktizität"来表达实际性,以示与狄尔泰和胡塞尔所讲的**事实性**(Tatsächlichkeit)的区别。实际上,这两个词在普通用法中是相同的,只不过一个是日耳曼词源,另一个是拉丁词源。中译文为示区别,把"Faktizität"译为"实际性"。由此可见,围绕"事情本身""事实性""实际性"的问题,狄尔泰、胡塞尔和海德格尔各自的哲学思路在现象学主题上交汇在一起,但三人在理解什么是现象学的问题上依然有所区别。

狄尔泰、胡塞尔和海德格尔都谈论现象学。胡塞尔的现象学可谓先验意识的现象学，狄尔泰的现象学可谓生命哲学的现象学，海德格尔的现象学可谓存在哲学的现象学。他们之间的差异集中体现在对"事实性"或"实际性"的理解上。在海德格尔看来，胡塞尔和狄尔泰在考虑"事实性"的时候，是从对象性的思路出发的：事实是主体所直观到的对象。因此，他们从主体与客体、内在与外在的二分法的思维模式出发。然而，主体与客体、内在与外在的关系是如何被建立起来的呢？在意识之内是解决不了这个问题的。只有澄清了此在的生存方式，才能澄清意识是如何指向对象和构成对象的。因此，在海德格尔那里，此在的生存方式优先于意识活动的方式。从现象学追求的明证性的角度来说，此在的生存方式的明证性是意识现象的明证性的基础。因此，海德格尔强调，"实际性是用来表示'我们的''本己的'此在的存在特征的"[1]。这种存在特征是就存在方式而言的，它不是指被直观到的对象或被直观到的作为本质的规定性的对象，不是作为知识的对象，而是此在在其最本己的存在方式中的自身在场。对于此在的"实际性"，海德格尔不是从现存的、已有的特征方面加以刻画，而是从生成的角度加以刻画的，强调它在存在方式上是"敞开的"，是"当下的可能性"，是自己的"实际的生活"，是对"可能的觉醒（Wachensein）之路的指示"。[2]

由于海德格尔把"**实际性**"理解为"**本己的**"（eigenen）或"**本真的**"（authentischen）此在的存在特征，就产生了他的"实际性的诠释学的现象学道路"。在这里，现象学与诠释学的关系是打通的。在海德格尔看来，"**诠释学**"应用来表达"进入、介入、走向、询问和说明实际性的连贯的方式"[3]，那么诠释学也就应该成为显示此在的本己的或本真的存在方式的一条道路。按照胡塞尔的看法，**现象学**的通达事情本身的道路是"现象学的还原"，通过"中止判断"清除一切不合理的先入之见，直面事物的自身给予，如实地描述现象。在海德格尔看来，如果观察者自身不本真，处在一种非本真的生存状态中，把自己混同为"常人"，人云亦云，甚至见利忘义，党同伐异，他就无法清除偏见，如实地看待和描述事情本身。此在自身是否本真，取决于此在的生存方式和生存状态。因此，海德格尔认为诠释学的主要任务是诠释此在的生存方式

---

[1] M. Heidegger, GA, Bd. 63, S. 7.

[2] Ibid.

[3] Ibid., S. 9.

和生存特征，使得此在从非本真的生存方式回归本真的生存方式。海德格尔写道："诠释学具有这样的任务：使每个本己的此在就其存在特征来理解这个此在本身，来传达这个方面的信息，来探究此在自身的异化（Selbstentfremdung）。在诠释学中，构建起一种此在自为地理解自己和成为自己的可能性。"[1]

按照海德格尔的看法，人是被抛到这个世界上来的，人常常处于沉沦状态中，人在现实环境中常常失去此在的本己性，发生异化。由此，海德格尔提出"**常人**"的概念。常人就是沉沦的人，常人随大流，常人把自己当作物一般必然的东西，看不到自身存在的可能性。然而，本己的此在的实际性不是体现在既成性上，而是体现在可能性上，体现在自己的筹划和实现自己的过程中。海德格尔选用拉丁词源的"**生存**"（Existenz）来表达这一思想。按照他的解说，"Ex"加"istenz"意味着"站出来"，意味着"从中绽放出来而实现自己"。由此，海德格尔建立了他的存在哲学的思想，后来掀起的"**存在主义**"（existentialism）就从这一核心观点中发展出来。

由于此在的事实性中包含沉沦的面向，此在的本真性往往被遮蔽，而且这种遮蔽由来已久，人们往往把掩盖当作事情本身了，**诠释学就包含解蔽的工作**。海德格尔写道："为此有必要揭开遮蔽事情的历史，哲学问题的传统必须一直回溯到事情的源头，传统必须被拆解（abgebaut），只有这样，事情的本源状态才是可能的，这种回溯重新使得哲学处于紧要关头。"[2]

现在，我们可以把胡塞尔的现象学与海德格尔的作为实际性诠释学的现象学的区别总结如下：胡塞尔的现象学要求面向事情本身，要求研究者不带先入之见地、如其所是地、原原本本地观看和描述事情本身。但是海德格尔质疑：一个人如果昏睡了，何以看清事物？而且，人的这种昏睡属于人的生存状态的一个面向，人沉沦已久，只有把人**唤醒**，使其回归此在的本真状态，才能使其看清事情本身。因此，海德格尔主张："诠释学研究的主题乃是每一本己的此在，并且旨在通过诠释性地探问它的存在特征，使之从根本上觉醒。"[3] 在此，海德格尔把存在哲学与现象学和诠释学结合在一起。

---

1 M. Heidegger, GA, Bd. 63, S. 15.

2 Ibid., S. 75.

3 Ibid., S. 16.

第五节　意义、影响和遗留问题

生命哲学和存在哲学曾经是穿越十九和二十世纪的两场轰轰烈烈的哲学运动，如今它们都已经偃旗息鼓了。诠释学和现象学作为方法论，依然在社会科学和人文科学中得到广泛应用。狄尔泰和海德格尔的以生命、生存为根基综合诠释学和现象学的尝试有何意义呢？我觉得从思想史的角度看，它至少具有如下三个方面的意义。

（1）把诠释学与现象学结合起来确实有助于克服相对主义。诠释学遭遇的问题是如何才能防止任意诠释。这需要以事实为依据。现象学的口号是"面向事情本身"。现象学就是一门寻求明证性的学问。在狄尔泰的时代，精神科学陷入相对主义的危机。狄尔泰意识到，精神科学要成为一门自主的科学，除了要看清精神科学自身的特点和依照这种特点建立起自己的方法论外，还需要完善这种方法论。精神科学的特点是精神现象的历史性和对其意义的阐明。因此，精神科学不能照搬自然科学的实证方法，而要建立适合于自己的诠释学的方法。但是若缺乏明证的依据，诠释就会成为任意的诠释而陷入相对主义的泥潭。为了使得诠释学具有牢靠的认知基础，狄尔泰寻求以生命体验的意识事实为抛锚点，把诠释学与现象学结合起来。海德格尔以此在为出发点开辟"实际性的诠释学的现象学道路"，其目的也是为了克服相对主义。海德格尔强调实际性，也就是强调面向事情本身。在海德格尔看来，最具有实际性的就是此在本身，因为此在是一切存有者中唯一本己的存在，从此在出发才能依据实际性探明存在之真理。近来，有些诠释学家主张，由于在作者与读者之间、在古代与现代之间、在不同的文化区域之间存在"间距作用"，"事实"或"实际性"无从把握，误解是不可避免的，因此他们认为误解具有正当性，诠释不需依据事实或实际性。在我看来，正因为间距作用的存在，正因为在理解中往往会发生误解，所以要通过诠释寻求正解。如果只有误解没有正解，人们何必要相信你的诠释呢？诠释学难道不就成了哄骗的技巧或作弄人的游戏吗？为增进读者对文本的理解，需要有根有据、"靠谱"的诠释，而不是胡编乱造的诠释。面对当时甚嚣尘上的相对主义风气，狄尔泰和海德格尔寻求将诠释学与现象学相结合，以使诠释具有令人信服的可靠基础，这不仅不是过时了，而且更加值得回味和重新开发。

（2）当我们要诠释一个作品和一个事件的意义的时候，我们会面临各种各样的价值规范和理论系统。这些价值规范和理论系统对于诠释或许有参考价值，但是一旦我们忘记了对这些价值规范和理论系统本身的审视，一旦我们盲目地依据这样或那样的价值规范和理论系统，我们的诠释势必五花八门，自相矛盾。要知道，价值规范归根结底是人依据切身的经验制定的，理论是灰色的，而生命之树是长青的，生命—生存是一切意义的活生生的源头。近来有"人死了"之类的哲学口号，主张不仅上帝死了，人也死了。"上帝死了"意味着不再有上帝那样的为人类制定价值规范的最高存在者了。"人死了"意味着人不是制定价值规范的主体。在我看来，"人死了"的说法至多在修辞的意义上对批判近代主体哲学过分夸大意识的作用有某些意义，但如果以此否定人的生存活动，否定人对生命—生存的体验是一切意义的活生生的来源，如果把"结构""权力""无意识的冲力"放在决定一切的位置上，那么我们不禁要问：如果真的"人死了"，何来认识"结构""权力""无意识的冲力"？说"人死了"的人，自己是否死了？他能说出这样的话，反倒证明他必须活着。"无意识的冲力决定一切"本身就是一个有意识的判断。

（3）从狄尔泰的以"意识事实"为出发点的综合现象学与诠释学的路向到海德格尔的以"此在的实际性"为出发点的综合现象学与诠释学的路向，标志着从意识哲学到存在哲学的过渡。虽然狄尔泰的"生命哲学"与海德格尔的"存在哲学"分享许多共同点，生命和生存本是关联的，但这二者之间存在重大差异：狄尔泰的"生命哲学"强调生命是知、情、意的统一体，依然偏重于生命的主体意识的一面，因而依然保留在"意识哲学"的窠臼内；海德格尔的"存在哲学"则强调生存活动对于生存体验的优先地位，强调存在是意识的基础，强调此在是认识存在意义的能在，因而从"意识哲学"转向"存在哲学"。就现象学而论，胡塞尔的先验现象学是典型的意识哲学，因为这种现象学主张把有关外部世界的存在问题悬置之后考察纯粹的意识现象。狄尔泰提出"意识事实"的概念，也意味着他认为意识现象是意义诠释的事实性基础。尽管狄尔泰已经认识到对生命体验的意识现象是与生存活动相关联的，但他没有决然抛弃"意识事实"的概念。海德格尔把意义诠释的出发点移至此在的"实际性"，即此在的在世的生存活动，在此在的最基本的"操心"或"操劳"的活动中沟通主观意识和客观世界两个方面。这意味着他改造了胡塞尔的作为"意识哲学"的现象学，转向他自己的作为"存在哲学"的"实际性的诠释学的现象学道路"。

海德格尔的这一转向在哲学的发展史上具有重大意义，但其自身也遗留一些问题，从而导致现象学和诠释学的新尝试。

首先，海德格尔对于此在的解释仍然不够具体。海德格尔把"忧""畏""操心"等作为此在在世活动的基本方式。说它们是"基本方式"，其意在表明它们是在从古至今所有的生活形态中都能发现的具有普遍意义的方式。我们姑且不争论是否如此，但它们过于"抽象"，我们真正关心的是在历史中具体发生的生活形态的类型和它们具体演变的规律。在这方面，胡塞尔后期哲学对生活世界的论述要比海德格尔显得具体和更具有现实意义。胡塞尔对日常的生活世界、科学的世界和文化的世界的相互关系的论述开辟了一条生活世界的现象学的道路。后来，**阿尔弗雷德·舒茨**（Alfred Schutz，1899—1959）以此为基础发展现象学的社会理论，而**欧文·戈夫曼**（Erving Goffman，1922—1982）的"拟剧论"与**哈罗德·加芬克尔**（Harold Garfinkel，1917—2011）的"常人方法学"可谓生活世界的现象学在社会科学方法论中的具体发挥。**哈贝马斯**（Jürgen Habermas，1929—   ）则把生活世界的现象学吸纳到他的交往行为理论中去。在此意义上，现象学依然活跃在当代的哲学舞台上。从历史发展的过程看，胡塞尔的生活世界的现象学是对海德格尔的以此在为根基的基本存在论的回应，因此海德格尔的贡献依然值得称道和不可磨灭。

其次，此在如何能够通过诠释阐明真正的生存意义呢？或者，此在如何能够解除障蔽，明见存在的真理呢？海德格尔回答这一问题的前提是此在必须成为本己的能在。然而，海德格尔在开辟"实际性的诠释学的现象学道路"时已经注意到，此在的现存状况往往是"被抛的"、"堕落"（"沉沦"）的状况；要使得此在转为本己（本真）的此在，要依靠"存在"本身的照明，由此才能从沉沦中"觉醒"，才能去伪存真，明见生存的真正意义。但是这样一来，从此在出发的"基本存在论"就会倒转过来，变成从"存在"出发到"此在"了。由此产生新的问题：从存在本身出发何以可能呢？存在如何透露自身的意义和如何进行照明呢？无论是通过存在的**本然事件**（Ereignis）还是通过对存在的诗意的诠释，都有点神秘主义的味道。这里带来的问题是：究竟应该从"人道"的角度还是从"天道"的角度看待存在？如果从"天道"的角度看待存在，就会导致一种神秘主义的神学，导致"最后的上帝"。如果从人道的角度看待存在，就会导致从人在世的实践活动的方式和人类的社会历史过程认识和诠释存在的意义,但这与基督教的神学信仰有所背离。当代的某些基督教的神学流派从海德格尔那里获得灵感,并也像海德格尔一样,将存在主义的人生哲学引向存在主义的神学。

在海德格尔的后继者中,有企图调和这两种倾向的哲学家。**伽达默尔**（Hans-Georg Gadamer,1900—2002）可谓其中的佼佼者。伽达默尔企图用"传统"这个概念把"天道"与"人道"结合起来,用**效应史**（Wirkungsgeschichte）解决"真理"与"意义"的贯通问题。按照伽达默尔的看法,在文化传统中包含"神圣"和"世俗"两个方面,西方的诠释学从其起源讲着重于诠释《圣经》和希腊、罗马的古典作品,特别关心神圣的真理与人的此在的关系。只是随着十七和十八世纪的《圣经》批判运动,特别是经历了施莱尔马赫和狄尔泰的转向主体意识的诠释学后,诠释学才与神学脱离关系,才从领悟"神意""天道"的使命中解脱出来,获得自己真正的本质。这是诠释学的"古今之争"。伽达默尔不否认现代诠释学的这一转向的重要意义。但他认为,现代人文主义作品中的"人道"并非只有世俗的面向而没有超越的面向,现代人对存在本身的意义或世界的终极意义的追问与古代人对"神意"或"天道"的倾心是相通的。他赞同海德格尔的观点:每个人的生存境遇中的此在是与存在本身相贯通的。而且,他还着力发挥海德格尔的另一个观点:虽说每个此在都处在自己的**境域**（Horizont）中,都生活在特定的文化区域中,在此意义上世界和文化是多元的,但严格地说,只存在一个唯一的世界（ein einzige Welt）、一个唯一的存在（ein einziges Sein）,这个世界和存在具有历史性和开放性,因此古今之间和不同文化之间的理解在原则上是可能的。古典的传统必然影响当今人的理解,文化和语言都有传承关系,是连续不断的效应的历史。人活在传统中,在传统观念和此在的生存状况的整合中理解生活的意义。当海德格尔寄希望于通过存在的**本然事件**和奥秘的诗意来阐发存在本身的照明时,伽达默尔则强调在传统中寻求意义。在伽达默尔那里,传统被理解为包含真理和价值旨趣的人类文化实践的历史,存在本身的意义要在人类文化传统的效应史中来理解。

"理解（verstehen）首先指互相理解（sich miteinander verstehen）。"[1]这是伽达默尔诠

---

1 伽达默尔:《真理与方法》（上卷）,洪汉鼎译,上海:上海译文出版社,1999年,第233页。

释学的名言。这句话旨在强调，理解是对话双方相互作用的结果。在此，对话双方可从广义上理解，包含文本与读者之间的对话、古今对话、不同文化之间的对话。与施莱尔马赫和狄尔泰不同，伽达默尔不把理解当作以自己的体验为基础，设身处地地去模仿文本作者的原初体验。伽达默尔质疑模仿原初体验的可能性。在他看来，既然传统是效应史，由于间距作用的存在，现代人与古代人不仅生存环境不同，而且语言也在使用的过程中发生很大的变化，这些变化是一代又一代人对意义的理解的沉淀、创新和相互作用的结果。在此，甚至误解也会产生重大的历史影响，成为效应史的不可分割的一部分。把自己的理解与他人的理解分开，尝试去琢磨他人的理解，只是理解过程中的一个环节。真实发生的理解，是效应史中的理解。"历史意识本身只是类似于某种对某个持续发生作用的传统进行叠加的过程（Überlagerung），因此它把彼此相区别的东西同时又结合起来，以便在它如此取得的历史视域的统一体中与自己本身再度相统一。"[1]由于这种效应的叠加，理解与其说是追溯原初的体验，不如说是**视域融合**（Horizontverschmelzung）的作用。伽达默尔不再像狄尔泰那样把"意识事实"作为意义诠释的明证性基础，而是从效果看意义，诠释学的循环就成为沿着传统看文本在人类的对话和实践中叠加效应的过程。从狄尔泰开始的把诠释学与现象学的"面向事情本身"的原则相结合的路向又转变为一种类似于黑格尔的整体论的真理观。伽达默尔的遵循效应史的诠释学是否代表诠释学的正确方向呢？这当然是值得商榷和进一步探讨的问题。不过有一点可以肯定，伽达默尔的诠释学是狄尔泰和海德格尔的以生命、生存为根基综合诠释学和现象学的尝试的效应史的一部分。

思考题

1. 评述现象学、诠释学、存在主义各自的基本特征和相互关系。
2. 评述诠释学的渊源。
3. 评述海德格尔的实际性的诠释学的基本思路及其与胡塞尔的现象学的关系。

---

1 伽达默尔：《真理与方法》（上卷），第393—394页。

第十八章
狄尔泰

我们在梳理近一百五十年来西方哲学发展的线索的时候，很难绕过**狄尔泰**。他是一位从十九世纪的唯意志主义、历史主义和生命哲学转向二十世纪的现象学和存在主义哲学的承上启下的哲学家。他的哲学充分揭示了十九世纪各种哲学倾向中的弊端，而他自己提出的克服这些弊端的新的哲学构想虽然还不成系统、不够完整，甚至还有自相矛盾之处，但他的这些创意构成了二十世纪新的哲学尝试的出发点。

第一节　生平著述与问题意识

狄尔泰于1833年11月19日出生于莱茵河畔的比布里希村（Biebrich am Rhein）。他的前辈中有很多人从事法律或牧灵工作。他的父亲曾任拿梭的宫廷牧师。按照他的父母的期望，他于1852年在海德堡大学注册学习神学。那时正值1848年革命失败后保守势力反攻倒算的时期。1853年，他的老师**费舍**（Kuno Fischer，1824—1907）因在神学上具有泛神论的自由主义思想而被免职。狄尔泰因而转往柏林大学。在柏林大学期间，狄尔泰开始觉得神学过于狭隘，从而对历史和哲学表现出极大兴趣。他聆听了历史学家兰克、哲学家**特伦德伦堡**（Trendelenburg，1802—1872）、语言学家**伯克**（Boeckh，1785—1867）的课。正是在兰克等人那里，狄尔泰受到十九世纪德国历史主义思想的影响。

1856年夏天，他遵循他父亲的意愿在威斯巴登（Wiesbaden）通过第一个神学考试，并于同年底在柏林通过国家设立的中小学教职考试。随后，他去柏林的一所著名的中学任职授课。但时间不长，1857年底他就离开该校，全心全意地从事于大学学习。

1860年，狄尔泰写了一篇关于**施莱尔马赫**的诠释学的论文——《在与旧的新教诠释学争论中的施莱尔马赫的诠释学系统》（"Das hermenentische System Schleiermachers in der Anseinandersetzung mit der älteren protestantischen Hermeneutik"），该文不但获了奖，也赢得了施莱尔马赫家族的信赖，随即他便受邀完成施莱尔马赫书信集的出版工作，并受命写作施莱尔马赫传。

1864年狄尔泰在特伦德伦堡指导下完成博士论文《施莱尔马赫伦理学原理》（"Die principiis ethices Schleiermacheri"），获博士学位；并于同年以论文《伦理意识分析探索》

("Versuch einer Analyse des moralischen Bewußtseins")（in Dilthey, GS, Bd. 6, S. 1–55）获得在大学的执教资格。1867年狄尔泰应邀任巴塞尔（Kiel）大学哲学教授。1868年秋他去基尔大学任哲学教授，1871年秋转往布雷斯劳（Breslau）大学任哲学教授。1883年狄尔泰应召去著名的柏林大学接替**洛采**（H. Lotze，1817—1881）的哲学教授席位。在那里他一直执教到1908年春季学期。

狄尔泰的著作很多，其中最早使其扬名的著作是《施莱尔马赫生平》（*Leben Schleiermachers*）。该书第一卷发表于1867年和1870年，收录于《狄尔泰全集》第十三卷第一和第二分册。该传记的特点是把施莱尔马赫的思想发展和历史地位与他所处的时代的精神风貌联系起来。狄尔泰写道："我以伟大的德国精神运动为背景展开叙述，这场运动以莱辛和康德为开端，以歌德、黑格尔和施莱尔马赫之死宣告终结。只有在这样的条件、关联和特征之中才能理解施莱尔马赫的历史地位。"[1]

狄尔泰正面阐述自己哲学思想的最重要著作是《精神科学导论》（*Einleitung in Die Geisteswissenschaften*）。该书在1883年出版了第一卷《试论社会及其历史研究的基础》，他宣告的题为《试论精神科学的认识论和方法论基础》的第二卷在他的有生之年从未出版。但狄尔泰在1883年后发表了一系列有关认识论、心理学和诠释学的论文，它们可被视为狄尔泰尝试完成这第二卷的准备性著作。

狄尔泰的著作可分为两类，一类是有关传记、文学评论、美学和教育学的著作，另一类是较有系统的哲学著作。第一类著作在文艺理论、史学和教育界产生重大影响。在第一类著作中，除以上提到的有关施莱尔马赫的传记外，有关莱辛、歌德、荷尔德林等人的传记也脍炙人口。在第二类著作中，除《精神科学导论》外，还有他死后出版的《精神科学中历史世界的构造》（*Der Aufban der geschichtlichen Welt in den Geisteswissenschaften*）。从1905至1909年，狄尔泰向普鲁士科学院宣读了三篇关于精神科学基础的论文（"Studien zu Grundlegung der Geisteswissenschaften"）。这些论文以及相关的课堂讲稿构成上述这本著作的主干部分。该书对了解狄尔泰的认识论，特别是对了解作为该认识论基础的"描述的心理学"很重要。

狄尔泰的许多重要著作要么只出版了第一卷，要么还处于残篇状态，因而他以

1　Dilthey, GS, Bd. 8/I, S. XXXVI.

"半本书"作家或"无头无四肢的雕像"艺术家闻名。这一情况除与他兴趣广泛、工作繁忙有关外，更重要的原因在于他思想中的张力，他意识到他的哲学构想中存在某些矛盾，他终其一生都在寻求克服这些矛盾的道路。

狄尔泰死于1911年10月1日。他的全集据我所知已经出版了二十六卷，至今仍有遗稿在编辑出版之中。

狄尔泰的问题意识集中表现在他对十九世纪欧洲哲学中的三种主要倾向及其功成之处和留下的弊端的分析中：

首先是思辨的形而上学。这种思辨的体系哲学在黑格尔那里发展到登峰造极的地步。它的弊端表现为用一种思辨的哲学方法取代了各个不同领域中特殊学科的特殊方法，把各具特色的特殊学科强行纳入形而上学的体系中，以一般性抹杀个体性，以哲学思辨替代科学研究。

其次是实证哲学。以孔德、斯宾塞、穆勒为代表的实证主义起来反对这种思辨的形而上学。他们强调科学是建立在经验观察的基础上的，通过归纳建立普遍性的命题，找出现象间的规律，从而能对同类现象的再次出现做出预言，并对所建立的普遍命题是否有效进行证实。他们主张，这种在自然科学中取得成功的方法应推广到其他学科的研究中去，任何学科要想赢得科学的地位，必须应用这种实证的方法。它的弊端表现为无视人文科学与自然科学的差异，看不到历史、文学等学科的价值导向作用。

最后，以兰克和德罗伊森为代表的历史主义学派一方面反对思辨的形而上学，另一方面又反对实证主义。他们主张人文现象在本质上不同于自然现象。人具有历史性、社会性和独特的个性。自然现象是永远重复的，人的历史现象是不重复的。自然现象有普遍的规律性可循，而人文现象没有普遍的规律性可循。每一个时代都有每一个时代的时代精神；每一个社团都有自己的文化背景和社会关系；每一个作家都有自己独特的生活体验和思想情感；每一件艺术作品都是独一无二的。思辨的形而上学把丰富多彩的人文现象抽象化为一般概念，扼杀了人文现象的个性，而实证主义则把活生生的人物化为自然之物。

狄尔泰深受历史主义的影响，但他也充分意识到历史主义会陷入相对主义的泥潭。为了克服相对主义的弊端，他主张在人的意识的内知觉中寻找人文现象的确定性。人的意识包括感知、情感、意志诸方面。实证主义只以感觉经验为基础研究科学，狄尔泰认为这样的做法太片面了。人的全面的经验应包括人的各种体验。人通过对自己的内在意识的反省，通过自己的内知觉，是可以把握包括知、情、意在内的各种体验的。

狄尔泰一方面相信内知觉具有确定性，内知觉提供了以人文现象为研究对象的"精神科学"的牢靠的认识论依据。另一方面，狄尔泰又秉承了历史主义学派所持的人文现象的历史性和社会性的观点，主张以人类交往、文化、历史的**生活共同体**（Lebensgemeinschaft）为基础研究人文现象。这里存在一个至关重要的问题：人的内在体验与人的生活共同体的关系如何？如果说人的内在体验是依赖于人的生活共同体的，而人文现象的意义又都是相对于具有历史性和社会性的人的生活共同体的话，那么历史主义学派的相对主义的观点似乎依然成立，狄尔泰也就无法在每个人的意识的内知觉中找到人文现象的确定性的基础。相反，如果断定人的内知觉具有确定性，而人文现象的意义又是相对于人的生活共同体的文化背景和时代精神的，那么以人的内在体验为基础确定历史等科学的确定性似乎又存在问题。狄尔泰对这二者的关系的解答还不够明晰和令人满意。

胡塞尔正是抓住了狄尔泰动摇于笛卡尔主义与历史主义之间这一点，批评狄尔泰的"精神科学"依然缺乏科学的严格性。而他自己的所谓"严格科学"是建立在把笛卡尔的"我思故我在"的哲学路线推向极端的先验唯心主义现象学的基础上的。然而，在胡塞尔的现象学中依然存在着一个类似于狄尔泰的问题，即"先验意识"与"生活世界"的关系问题。海德格尔哲学致力于阐明人的存在与人的包括知、情、意在内的整个体验的关系，可以说这是寻求对狄尔泰的哲学中包含的问题的一个解答。正是在这个意义上，我们可以说狄尔泰是推动德国哲学从十九世纪的语境转向二十世纪的语境的关键人物。

第二节　精神科学的自主性

"**精神科学**"（Geisteswissenschaften）这个概念表现出狄尔泰哲学思想的特色。要把这一点说清楚，最好是把它与穆勒、历史主义学派、黑格尔主义、康德及新康德主义的观点相比较。

狄尔泰在《精神科学导论》中谈到他是参考了英国实证主义哲学家穆勒的相关用法才选择"精神科学"这个用语的："包含在'科学'这个概念中的东西，可以被分为两类：一类用'自然科学'这个名称来表示，另一类说来也怪，至今还没有一个普遍认可的称呼。我跟随这样一些思想家的做法，他们用'精神科学'这一术语称呼这全部知识的第二类。一方面是因为这一表达已经通过特别是穆勒的《逻辑体系》德译本的广泛流传成为习惯并被普遍理解，另一方面是因为在我们所能选择的各种术语中，它是相比较而言最为妥当的。"[1]

我们知道，穆勒在《逻辑体系》中把与自然科学相区别的另一类科学称为"**道德科学**"（the moral sciences）。[2] 希尔（J. Schiel）在把穆勒的《逻辑体系》翻译成德文时用"精神科学"（Geisteswissenschaften）来翻译"道德科学"。在穆勒那里，"道德科学"包括社会科学、政治科学、民俗学、有关人性和人的性格形成的科学、有关心理规律的科学等。从广义上被理解的"道德科学"这个概念可能来源于柏拉图对知识的划分。他把知识分为"辩证法""物理知识"和"道德学说"三大类。受柏拉图的影响，在英国哲学传统中，"道德科学"成为一个与"自然科学"相配对的术语。英国哲学家洛克、穆勒、怀特海都使用这一广义上的"道德科学"的概念。在德国的哲学传统中，"自然"这个概念主要是与"精神"相配对的，所以"精神科学"这个概念容易被人接受和理解。

狄尔泰与穆勒的"精神科学"（"道德科学"）概念有相似之处，他们都不是用它来指一种自成体系的哲学，他们不想用一种新构造出来的形而上学去代替那些业已存在的有关人的心理、社会和历史的各门特殊学科。他们称这些学科为"精神科学"或"道德科学"，是因为这些学科具有某种共性，即都涉及人的精神活动和社会行为，并且他们都指望用科学的方法来研究它们。

然而，在什么是科学方法的问题上，狄尔泰与穆勒的分歧表现出来。在穆勒看来，"道德科学"并没有自己独特的方法，在"自然科学"中获得广泛成功的方法，

---

[1] Dilthey, GS, Bd. 1, S. 5.
[2] 参见 J. S. Mill, SL, p. 545。

即经验实证的方法,原则上也完全适用于"道德科学"。只不过"道德科学"的研究对象(人的心理现象和社会现象)更加复杂,"道德科学"无法做到像"自然科学"的推导和预言那样精确,但其近似的真理性已经能满足人类实践的需要。

狄尔泰在谈到他与穆勒的科学观的区别的时候曾做如下简要概括:"经验而不是经验主义。"[1] 狄尔泰和穆勒都主张科学要从经验出发,要有经验的依据。但是狄尔泰认为,穆勒的"经验"概念太狭隘。穆勒只承认外在的感性经验,不承认体认和内知觉的经验。狄尔泰认为,经验应该包括这二者,而且体认和内知觉的经验比起外在的感性经验来说具有优先性。因为体认和内知觉的经验是人对其生活中的知、情、意的总体性的直接知觉,具有完整性和生动性。外知觉只表现出人所面对的外部世界,而内知觉则表现出人的全部生活。

在《精神科学导论》中,狄尔泰还把内在经验或体验作为区分"精神科学"和"自然科学"的重要标志。"自然科学"的认识论基础是外知觉或感性经验,"自然科学"正是建立在对外在的事件的经验观察和经验证实的基础上的。"精神科学"的认识论基础是**体验**(Erlebnis)。正是通过内在经验或体验,各门"精神科学"才获得它们的内在的关联性和统一性,才能作为一种自主的科学屹立在"自然科学"之旁。

"精神科学"与"自然科学"的区分还在于,"精神科学"不只是由描述性的经验陈述和概括性的理论命题组成的,而且还包括价值判断和伦理规范。为了了解价值判断和伦理规范,用"自然科学"的那种经验观察、逻辑的归纳和演绎的方法是不够的,还必须理解其意义。一个人为什么要这样行动呢?他这样做的价值何在?他是按照什么样的伦理规范来指导他的行为和进行评价的?对于这些问题,我们必须从包括知、情、意在内的我们自己的体验出发,同时要设法体认别人的体验,这就要设法了解各自的处境、文化传统和社会的风俗习惯等,要设法了解有关的行为主体的动机、情感和思考方式等。这样解释就成为促进理解的重要方法。

狄尔泰在其著名的《描述的和分类的心理学的观念》("Ideen über eine beschreibende Psychologie",1894)[2] 一文中以**说明**(Erklären)和**理解**(Verstehen)之间的区别来刻画"自然科学"和"精神科学"在任务和方法论上的差异:我们说明自然,但是我们

---

[1] Dilthey, GS, Bd. 18, S. 193.

[2] 该文收录于 Dithey, GS, Bd. 5, S. 139-240。

理解心灵的生活。[1]他的基本思想是：自然作为一个外在的、陌生的世界处于我们的对立面。自然现象是重复发生的，处于因果的关联中。我们通过我们的感官感知在自然界所发生的事件，我们通过归纳、假设、逻辑推导和求证，试图找到它们的普遍的规律性，并用某种数学公式表述它们，从而能对它们的再次发生做出预言。"自然科学"所做的这一系列工作就是对自然现象的"**说明**"。我们的精神活动是我们能直接体验到的活动，我们的文化世界是我们自己创造的世界。我们的行为和作品包含意义和价值。文化的世界处在意义的关联中。因此，"精神科学"的任务就是去"**理解**"我们的心灵的生活及其文化作品。

狄尔泰的"精神科学"概念容易使人联想到黑格尔的"精神哲学"概念，而且某些黑格尔主义者还在黑格尔的"精神哲学"的意义上使用"精神科学"这一名称，即在他们那里"精神哲学"与"精神科学"是同义词。狄尔泰的"精神科学"与黑格尔的"精神哲学"及黑格尔主义者的"精神科学"有什么区别呢？黑格尔按照他的概念运动正、反、合的辩证法构造了一套精神哲学的形而上学框架，它包括主观的精神哲学（人类学、现象学、心理学）、客观的精神哲学（法哲学、伦理哲学和政治哲学）、绝对精神的哲学（艺术、宗教、哲学）。

狄尔泰不是像黑格尔那样在各种具体的人文和社会学科之外建立一套哲学体系，然后把这些具体的学科强行纳入到这套体系中去，而只是试图为这些具体学科奠定认识论和方法论的基础。这些具体学科原封不动地还在那里，也没有一种外来的框架去套它们。狄尔泰只是想在这些具体的学科之中找到那些业已存在的认识论和方法论上的共性，狄尔泰是去揭示和梳理那些人文和社会研究者已经在自觉或不自觉地使用的方法和认识论的途径，而不是把这些认识方式和方法强加给他们，更不是为他们提供形而上学的概念框架。

由于存在这一差别，我们只要稍加留意就可以发现，狄尔泰所使用的"精神科学"概念为复数（Geisteswissenschaften），而黑格尔主义者所使用的"精神科学"为单数（Wissenschaft des Geistes 或 Geisteswissenschaft）。对于一个黑格尔主义者来说，"精神科学"意味着"精神哲学"，因此只能有一门哲学的精神科学。

---

[1] Dilthey, GS, Bd. 5, S. 144.

黑格尔的这种形而上学遭到德国历史主义学派的批判。历史主义学派反对黑格尔从概念的辩证运动出发解释历史的做法，主张认识必须以经验为出发点，历史研究必须以原始的历史资料为依据。他们还主张，必须从历史的视角出发考察人的整个精神生活，每一个历史时代都有其独特的时代精神，都有其特殊的看问题的视角。早年的狄尔泰曾加入历史主义学派的行列，为这一学派对历史意识的解放而欢欣鼓舞。但是，狄尔泰不久就意识到，在历史主义学派中还缺失了某种重要的东西。在一切都是视角问题和一切都是相对的真理之中，还有没有普遍性和确定性可言呢？在黑格尔的形而上学体系崩溃之后，文学、历史、政治学、法学、教育学等学科之间还有没有统一性可言呢？狄尔泰正是在这一思想史发展的关键时期提出他自己的"精神科学"的概念的。他企图重建精神科学的自主性，而这一重建是对历史学派批判黑格尔的再批判。

为科学奠定认识论和方法论的基础，是康德哲学特别是**新康德主义**哲学的重要议题。狄尔泰很崇敬康德。他在1867年任巴塞尔大学教授的就职讲演中甚至宣称，康德已经一劳永逸地规定了哲学的基本问题。[1]然而狄尔泰之所以崇敬康德，并不是因为康德哲学中的先验唯心主义成分，而是因为康德在认识论和方法论上的贡献。

狄尔泰从事哲学活动的年代，也是新康德主义在德国兴盛的年代。新康德主义学派主要分为马堡学派和西南学派两支。其中**马堡学派**的领袖如**柯亨**（Hermann Cohen，1842—1918）和**纳托普**（Paul Natorp，1854—1924）批驳以穆勒为代表的经验主义和实证主义观点。他们认为，认识不仅仅是经验的观察和证实，以及逻辑的归纳和演绎，认识必定要运用概念，而一些基本的概念（范畴）制约人的认识，它们是人的认识的可能性条件。因此，康德的先验学说可为科学提供非实证的但却极严格的认识论基础，即使在自然科学蓬勃发展的势头中也不失其重要地位。那么什么是这种认识论的基础呢？这在马堡学派看来就是康德的《纯粹理性批判》。康德在《纯粹理性批判》中阐明的"时间""空间""因果关系"等先验范畴是科学的认识论的基础。

新康德主义的**西南学派**也想为科学阐明认识论的基础。不过，他们更为关心的不是自然科学，而是文学、艺术、历史等学科。西南学派的代表人物**李凯尔特**（Heinrich

---

[1] Dilthey, GS, Bd. 5, S. 12.

Rickert，1863—1936）使用"**文化科学**"（Kulturwissenschaften）这个术语来概称它们。他们认为，文化科学中突出的问题是人生的意义和价值。康德的《纯粹理性批判》能为自然科学提供认识论的基础，但还不能为文化科学提供认识论的基础。要完成这一任务，必须开发人的心智活动的不同的理性层面，这是康德在《实践理性批判》《判断力批判》等著作中从事的工作。

狄尔泰的"**精神科学**"的构想与新康德主义有相似之处。狄尔泰的《精神科学导论》最初是作为一项有关"历史理性批判"的研究工作而展开的。[1] 显然，这有延续康德思路的意味。狄尔泰像新康德主义者一样批评穆勒的认识论思路太狭隘，主张人的认识活动不是单纯的反映，而是要运用概念的。人在运用逻辑形式进行推理之前，首先要运用概念进行判断，并且逻辑的推理也不是纯形式的归纳和演绎的推理，而是要用因果关系等范畴的。狄尔泰主张穆勒的逻辑和方法论要与康德的范畴学说结合起来。他写道："从批判的立场出发得出的结论是，逻辑必须包括康德称之为先验感性论和分析论的那种研究。"[2] 但是，这不是无条件地意味着回到康德的《纯粹理性批判》的立场上去。他申明，认识论研究的出发点不是一个抽象的认识主体，而是一个具有思想、情感和意志的活生生的人，这样的人是生活在一定的社会历史条件下，是受一定的历史观和文化的影响的。狄尔泰写道："但就精神科学而言，还必须指出，心理的和心理物理的事实之构成理论的基础，不是只就个人而言的，而且还是就文化系统以及外在的社会组织而言的，并且还必须立足于每一阶段中的历史观和分析。因而，只有那种对它们如何给予我们的方式以及对它们所具有的自明性加以研究的认识论才能真正奠定精神科学的方法论基础。"[3]

狄尔泰与康德的差别主要表现在他对康德的先验唯心主义观点的批判上。康德试图揭示那些用以解释我们的经验和制约我们的思想的基本概念，即所谓"范畴"，并断言这些范畴是先于我们的经验和思想的。狄尔泰赞成康德的前半个论断，但反对康德的后半个论断。他认为，我们在观察事物和进行思想的时候确实要运用范畴，但是范畴不能超出经验。范畴归根结底要以经验为前提，经验决定了范畴的特性。不是我

---

[1] 参见 Dilthey, "An den Grafen Paul Yorck von Wartenburg", in Dilthey, GS, Bd. 1, S. IX。
[2] Ibid., S. 117.
[3] Ibid., S. 119.

们的经验去适应范畴，而是范畴必须适应经验。范畴来自经验。在此，"经验"不应从康德的狭义的定义上去理解，即把经验仅仅规定为感性的经验，而应从广义上去理解，即从人的历史生活中所获得的一切体验。因此，当把认识论的任务理解为探寻构成人的认识的基础范畴的时候，我们就必须研究人的生活。人和人的精神生活不能仅仅被归约为自然的存在物，而必须从其历史的存在出发进行解释。因而，"精神科学"与"自然科学"有着完全不同的认识途径和研究方法。

综上所述，我们不难发现，狄尔泰是在意识到十九世纪实证主义、历史主义、新康德主义等诸种哲学流派的缺陷之后提出他的"精神科学"的概念的。"精神科学"这个概念本身并不是狄尔泰提出的，穆勒的"道德科学"、黑格尔主义的单数意义上的"精神科学"、新康德主义的"文化科学"都属于这一论域。但是，狄尔泰在有关"精神科学"的基础、任务和方法论上有其独到的见解。他主张，"精神科学"的基础是经验，但这一经验是从广义上理解的经验，即既包括外在的感性经验，又包括内在的体验。"精神科学"的任务不像自然科学那样是"说明"，而是"理解"，即理解人的精神生活及其社会活动和文化作品的价值和意义，"精神科学"不是单纯去阐明我们所观察到的现象是什么和有什么规律，而且还有教育人的使命。"精神科学"的方法不但是阐明人如何运用概念进行思考，如何运用逻辑的方法进行推理，而且还要阐明这些概念和方法如何从我们的生活经验中成长和发展起来，阐明它们的社会、历史和文化的特征，从而使人们对不同历史时代和文化环境中精神活动的作品有深入的理解。这一方法就是狄尔泰津津乐道的"诠释学"方法。

第三节　诠释学方法

"**诠释学**"（Hermeneutik）这个词来源于希腊词"hermeneuein"，意为"解释""注释"。诠释学研究解释的技艺，是一种有关如何通过解释增进理解的学说。狄尔泰在《诠释学的起源》一文中简明扼要地论述了诠释学的来龙去脉，并交代了他自己的诠释学观点与其先驱者之间的差别。狄尔泰指出，诠释学是一门古老的学问。在欧洲，它起源于对古希腊的经典和《希伯来圣经》的解释。那时人们相信，在《荷马史诗》和《圣经》等著作中，包含着隐秘的真理内容和深奥的意义，它们是用隐喻等方式表述的，诠释学的任务就是把这些寓于形象之中的精神内涵揭示出来，使读者能够明白。这里涉及许多解读文本的语言学、修辞学的技巧，也涉及神学家的信仰，哲学家、文学家、艺术家的洞见，以及人们的理解方式。

文艺复兴以来，诠释学迈入一个新阶段。由于语言、生活环境和民族性的不同，此时期不同于古希腊、古罗马社会和中世纪社会。这时，诠释学注意到要考虑不同历史时期、不同民族文化间的差异以及如何沟通的问题。并且，那时诠释学家开始考虑阐明对神学的和人文的经典加以正确诠释的普遍适用的规则。施莱尔马赫在近代诠释学理论发展方面做出决定性贡献。他认为文本是人的精神产品，是人的心灵生活的表达形式。因此，要理解文本，就要深入到不同历史时代的作者的心灵生活中去。为了做到这一点，就要设法**重新体验**（nacherleben）作者的生活和思想活动。因而，"理解"就等同于重新体验和进入文本产生的那个历史时代的作者的生活和意境。诠释学就成为帮助读者去设身处地**体认**（einfühlen）作者的生活和意境的一门技艺。

但这里产生一个问题：作者和读者处于不同的时代和社会，读者如何能够进入作者的生活和意境呢？施莱尔马赫把对这一问题的解答与他从康德那里继承下来的先验主义的思想结合起来。他不仅像康德那样主张人类具有普遍相同的意识结构，而且还认为人类具有超越于个人的相同的精神生活。例如，他主张人类有着对上帝的绝对的依赖感，而这种依赖感构成一切宗教的精神生活的基础。这种共同的意识结构和精神生活确保了人类归根结底能够互相理解和体认各自的理念和情感。

十九世纪下半叶掀起的历史主义质疑人类有这样普遍相同的意识结构和精神生活。他们主张每一历史时代都有每一历史时代的时代精神，不同文化背景中的人的思维方式和生活取向是不同的。因此，他们批评施莱尔马赫诠释学中的先验主义观点，主张摒弃这一形而上学的残余。然而历史主义面临新的困境：诠释失去了确定性。如果一切都是相对的，那么我们如何可能跨越不同历史时代和文化背景去体认文本背后的精神生活呢？在正确的理解和误解之间还有什么差别呢？诠释学还有什么必要呢？

狄尔泰正是在面临这一情形时提出了他自己的诠释学构想。为克服历史主义的相对主义，他主张参考施莱尔马赫有关人性的普遍性的某些观点。但这并不意味着退回到施莱尔马赫的先验主义的立场上去，而是用心理学和生命哲学去解释那些所谓的先验框架的由来，从而解释普遍的人性基础与个性差别的关系。

狄尔泰写道："普遍有效解释的可能性可以从理解的本性中推出。在这种理解中，阐释者的个性和他的作者的个性不是作为两个不可比较的事实相对而存在的；两者都是在普遍的人性基础上形成的，并且这种普遍的人性使得人们彼此间讲话和理解的共同性有可能。这里施莱尔马赫的形式表述可以从心理学得到进一步解释，所有个性差别最终都不是由个人彼此间质的差别所决定，而是由人们心理过程的程度差别制约。不过，解释者通过把他自己的生命性仿佛试验性置于历史背景之中，从而可能由此暂时强调和加强某一心理过程，让另一心理过程退后，并从中在自身中引起一种对陌生生命的模仿。"[1]

狄尔泰把"对文字所固定的生命表达的理解的技艺学（Kunstlehre）"称为"**诠释学**"。[2] 狄尔泰的这一"诠释学"定义的关键是**生命表达**（Lebensäußerungen）。**文本**（Texte）表达生命。人的生命通过人的表情、行为乃至社会组织和社会活动表达出来，然后文字再把它们固定下来。不仅书写的文本是被理解的对象，而且人的表情、行为乃至社会组织和社会活动也是被理解的对象。实际上，我们是通过与文本相关的人的表情、行为和各种各样的社会现实来理解文本的。

狄尔泰认为，所有这一切都是生命的表达形式，具有统一性，而且每一人对自己的生命表达具有内在的体认，具有一种直接自明的理解，因而就可以通过观察他人的表情和行为，以及借助**移情作用**（Einfühlung）去理解他人的生命表达；我们也可以试验性地把自己设想为处于某一历史背景中，按照那个时代的人的风俗习惯、行为方式和价值观念来体验那个时代的人的心境，从而就能理解那个时代的作品的意义。在这里，狄尔泰把他自己倡导的生命哲学作为普遍有效解释的可能性基础。

如果说在施莱尔马赫那里，普遍有效解释的可能性在于人的统一的先验意识结构，那么在狄尔泰那里，普遍有效解释的可能性在于人在历史的进程中虽表现形态各异但在本质上是一以贯之的生命。虽说诠释学从来都有某种哲学的基础，但到了狄尔泰那里，诠释学越来越自觉地成为一种哲学的诠释学。

---

[1] 狄尔泰：《诠释学的起源》，第90页。
[2] 参见Dilthey, GS, Bd. 5, S. 332。

狄尔泰的诠释学是环绕着"体验""表达"和"理解"进行的。体验构成理解的基础，而理解则是对表达的理解。理解靠体验获得确定性。体验是一种内知觉。"在体验中我的觉察和我所觉察的内容合而为一。"[1]这是因为，在体验中，体验的行为和所体验的内容之间的对立消解了。体验自己为自己赢得确定性，因为当我有一种体验的时候，提问我是否有这种体验是无意义的，例如，当我感到痛苦的时候，我的痛苦体验是直接的现实，具有直接的自明性，我们不可能对它加以质疑。

狄尔泰认为，外感知没有这样的确定性。例如，当我看一棵橡树的时候，我可以怀疑我所看到的是否是橡树，因为我可能看错，但我不能怀疑我的看，因为当我看的时候，我体验到我的看。狄尔泰认为，我的感情、我的动机、我的意愿，以及我的各种意识行为都是我直接知觉的；我直接知觉到它们，我也直接理解它们；我的体验是我的理解的基础，也是一切解释的确定性的基础。

体验是私有的，每个人只直接察知其自己的体验。然而，我们要解释的是别人的文本，这里就遇到了一个解释的普遍有效性的难题。我以上已经谈到，狄尔泰企图在生命的统一性中找到克服这个难题的解答。历史主义学派批评施莱尔马赫的先验主义立场，他们强调人们在不同时代和不同社会中的世界观是不同的。为此，狄尔泰研究这些不同的**世界观**（Weltanschauungen）的相互关系，认为它们既然都是生命的表达，那么它们之间就有相关联系，就形成一定的**谱系**。

狄尔泰试图通过建立一种世界观的**类型学**（Typologie）消解解释的普遍有效性的要求和世界观的多样性之间的冲突。狄尔泰认为，尽管存在各种各样的世界观，但它们具有共同的特征。世界观都来自生活环境和生活经验，人的心灵上的结构关联是它们的心理学的基础。世界观是由一组人们信以为真或知道确实如此的有关世界的基本观点组成的。狄尔泰也把人们有关世界的基本观点称为**世界图式**（Weltbild）。世界图式形成人们对生活进行估价的基础，从世界图式中产生一定的理念和规范，指导人们的行为。

狄尔泰把世界观划分为三个类型：宗教的、艺术的和形而上学的。宗教的世界观的核心在于把某种神秘的、超越我们的认知能力和控制能力的东西当作我们生活的主

---

[1] Dilthey, GS, Bd. 7, S. 27.

宰力量。在艺术的特别是以史诗等方式表述的世界观中，生活经验以艺术想象和诗性想象的方式被加工、塑造和升华。形而上学的世界观则试图提供一种有关人生意义的普遍有效的知识，为此形而上学家从这种或那种基本原理或实在出发建立他们的知识体系。

狄尔泰在形而上学的世界观中又区分了三种类型。第一种是**自然主义**的世界观，唯物主义是其中的典型，主张只有通过我们的感官被我们认识的自然之物才是实在的。第二种是"**自由的唯心主义**"（Idealismus der Freiheit），柏拉图、亚里士多德、康德和费希特属于此列，其要点为强调心灵在认识一切现象和处理一切情况的行为中的自主性。第三种为**客观的唯心主义**，斯宾诺莎、黑格尔是其代表，试图以某种世界原理为基础消解生命中的一切对立和纷争，使之和谐起来。

狄尔泰认为，所有这些世界观都企图给出世界和人生的意义，然而它们充其量只从各自的某一侧面反映出在历史的过程中展开的生命的某种价值取向。要理解这些世界观，必须结合思想史来考察，只有弄清楚了它们的来源和继承关系，才能明白它们的真正意义。这里涉及"**诠释学循环**"的论题：要理解局部，就要理解整体；而要理解整体，又必须从局部着手。要理解某一个阶段的思想，就要理解整个思想史发展的过程；而要理解整个思想史发展的过程，就要理解每一阶段的思想。在狄尔泰看来，正因为整个思想史都是人类生命意义表达的历史，所以它们才有局部与整体、阶段与全过程的关系可言；如果这里根本就没有统一性可言，那么"诠释学循环"就无用武之地，就是一种根本不能成立的方法。

理解的对象不仅包括人的思想和行为，而且还包括人的艺术作品，以及宗教、国家等各种社会组织形态。对于后者，狄尔泰模仿**黑格尔**的"**精神的客观化**"的用语，把它们称为"**生命的客观化**"（Objektivation des Lebens）。狄尔泰认为，要理解它们，不能使用描述和说明物理世界中的东西的概念，而必须使用从生命本身中获得的概念，如"意义""价值""动机""力量""结构""发展"等。

狄尔泰还从中引申出"**历史目的论**"的概念。生命是发展的，生命在历史中展开。生命具有目的性，其最根本的目的性是走向自己的完满。尽管生命在展开过程中呈现无限的多样性，但是在这些多样性中存在着内在的合目的性，揭示这种内在的合目的性还能起到伦理教育的目的。狄尔泰写道："教育学的基本原理就在于这一断言：

心灵生活具有一种内在的合目的性，即实现它自己的完满（Vollkommenheit）。"[1]

顺便说一下，狄尔泰经常谈到，理解的对象是"**心灵生活的表达**"（Ausdruck eines Seelenlebens）。有人批评狄尔泰的这一说法。他们认为，表达涉及表达的意义和对象两个方面。例如，"茶杯"这一表达一方面指称某一对象，另一方面指意义，如含有"饮茶、喝水的容器"之类的意义。狄尔泰没有区分表达的这两个层面。表达含有的意义似乎还勉强可以与心灵生活相联系，表达所指称的对象，特别是物理对象，则显然与心灵生活不相干。我觉得这一批评有些过分。诚然，狄尔泰没有像弗雷格、胡塞尔以及后来的英美分析哲学那样明确区分表达的意义和所指，但是他在此关心的是对生命意义的理解。他已经明确区分了理解与说明。他认为精神科学的任务是理解，而理解主要是理解生命的意义。这就不能停留在物理对象的层面上研究对象，而是要透过它们，在对象与人的行为的关系中揭示心灵生活的意义。

第四节　描述心理学和心灵生活的结构关联

我前面谈到过，狄尔泰在哲学史的重大贡献在于从认识论和方法论的角度区分精神科学和自然科学。他在《描述的和分类的心理学的观念》一文中，提出了著名的划分精神科学与自然科学的标准：精神科学与自然科学的对立表现为"理解"与"说明"的对立。精神科学致力于理解，而自然科学致力于说明。诠释学是一种促进和沟通理解的方法。但理解要有经验的基础，诠释学要有认识论的依据。要不然，就不能区分理解与误解，诠释学就失去了解释的普遍有效的可能性。

一、意识事实

什么是理解的经验基础和诠释学的认识论依据呢？按照狄尔泰的看法，是"**体验**"。狄尔泰把"体验"称为"**意识事实**"，这是"因为在意识事实存在的断言中所

---

[1] Dilthey, GS, Bd. 9, S. 185.

包含的无非就是在我的意识中经历的体验"[1]。体验自己证明自己的存在。一方面说我体验，另一方面说我的体验不存在，这是自相矛盾的。体验是在意识中经历的，并且体验是原初直接给予的，因而体验是"意识事实"。

狄尔泰使用"意识事实"这一术语，目的在于与自然科学相对照，从而肯定精神科学的科学性。实证主义者声称，自然科学之所以为科学，是因为它们是以事实为依据的，而事实就是被经验证明为确实存在的东西。心理学、社会学等学科想成为科学，就必须以事实为根据，就必须要求经验的证实。狄尔泰批评实证主义的经验概念太狭隘。**经验应包括感性经验和体验两个部分。**我们通过感官认识外部世界，我们通过感性经验证实我们有关外部世界中所发生的事情的论断是否为事实。然而，所发生的事情并不仅仅局限于外部世界，我们的意识活动及其**表象**（Vorstellung）也是所发生的事情。在它们发生的同时，我们也就体验到它们。这时体验与所体验者合而为一，是一个统一体。

狄尔泰主张，每一体验都包含内容（表象），内容可被定义为在体验中与行为相区分开来的一个部分。不论内容关涉的对象是否存在，**内容本身是我直接经验的一个部分，内容总是与行为相关联的**。内容所关涉的对象可能不存在，我可能看错，我可能把一棵树误以为一个人，但是就我所看到的内容而言（尽管我根据这内容做出了错误的判断），它是直接被我体验到的，它是为我而存在的，它也是意识事实。

简而言之，**体验是意识事实，体验包括两个部分：体验的行为和所体验的内容。在此行为和内容都是意识事实。**但是，根据这内容所做出的判断是否正确，内容所关涉的对象是否存在的问题不是意识事实。描述的心理学阶段只描述意识事实，有关外部世界的对象是否存在，以及对它们的判断是否是事实的问题，不属于描述心理学的探讨范围。

狄尔泰还主张，我们不是通过另一体验来证实前一体验的存在，而是体验自己显现自己，自己证明自己的存在。因而体验作为意识事实，比起外部的经验事实来具有优先性：有关外部世界的事实是通过感性经验来证实的，而感性经验是首先要被体验

---

1 Dilthey, "Die Tatsachen des Bewußtseins" ("Breslaner Ausarbeitung"), in Dilthey, *Texte zur Kritik der historischen Vernunft*, Göttingen: Sammlung Vanden hoeck, 1983, S. 97.

到的，感性经验通过体验证明自己的存在。意识事实是我们的认识的出发点，我们根据意识事实构成我们有关对象或客体的观念。正是在这个意义上，狄尔泰写道："而且，一切完全认真的和富有成效的哲学都以这样一种观点为开端：一切对象，包括人本身在内，都处于与我的关系中，对我来说都是作为我的意识事实而在那里的；一切客体都是依据意识事实而被构成出来的。"[1]

二、描述的心理学和说明的心理学

由于体验是直接显现和直接被认知的，所以我们在表达体验时只需要加以描述，不需要进行假设。狄尔泰把用描述的方法研究体验，对体验加以分类，从而认识意识结构的学科称为"描述的心理学"。在此我们要注意区分"**描述的心理学**"和"**说明的心理学**"。以实验的方法研究外在的刺激与心理反应之间的关系，研究记忆、联想及其他的心理过程，把心理的规律当作一种类似于物理的规律，以与研究物理科学相类似的方法对心理活动的规律加以归纳、假设、推论和实验的证明，是"说明的心理学"的课题。[2]

狄尔泰一点儿也不想否认这种由观察和实验建立起来的心理规律的有效性，但是他认为这种心理规律不能取代由描述的方法表达的意识结构。前者是站在外面研究心理现象，即立足于对刺激和反应的行为的观察和归纳来研究心理规律。后者是从内部直接体认心理的事件及其结构：当在这种结构关系中一种心理事件产生另一种心理事件的时候，我们不仅体验到这些事件，而且"体验到这一连串的产生本身"[3]。我们是在一种亲知的、生动的状态中获知这样的关系的。通过外部观察而建立的这种关系，把心揭示为一种遵循规律的心理过程的系统，而从内部体认到的这种关系，把心揭示为其各个部分内在地协调一致的活生生的整体。这种内在地协调一致的结构关系是心灵生活的独立无二的特征。"它是只能被体验和描述，不能被定义的。"[4]

1　Dilthey, *Texte zur Kritik der historischen Vernunft*, S. 93.
2　参见Dilthey, GS, Bd. 7, S. 324。
3　Ibid., S. 328.
4　Ibid., S. 16.

三、心理结构及其结构关联性

描述的心理学的任务主要在于描述心理结构和**心理的结构关联**（psychische Strukturzusammenhang）。狄尔泰认为，人的心理活动具有一种基本的结构和三种基本的结构关联。狄尔泰的这一学说有从胡塞尔的现象学中吸取的东西，也有他自己的观点，后者主要表现在有关心理结构关联的学说中。

狄尔泰认为，*每一时刻的心理活动都包含行为*（Akt）*和内容*（Inhalt）*两个方面*：看就有所看，听就有所听，思就有所思。这两个方面总是结合在一起的。这一意识行为和意识内容之间的相关联系的结构被狄尔泰称为心理的基本结构。这也就是布伦塔诺和胡塞尔所说的心理现象的意向性结构。在这个基本观点上，狄尔泰与胡塞尔之间没有分歧，甚至意识的"行为"和"内容"这两个术语也是狄尔泰从胡塞尔那里吸纳过来的。

但是，如果进一步追究，就会发现他们之间的一些差别。首先是有关**自我意识**的问题。按照**胡塞尔**在《纯粹现象学和现象学哲学的观念》中的观点，每当我们意识到某物的时候，我们也就附带地意识到意识行为和作为意识行为执行者的我，尽管在此某物是我关注的焦点，自我和意识行为不是我关注的焦点。[1] 按照**狄尔泰**的观点，当我们具有对某物的意识的时候，有时附带地意识到自我，有时没有附带地意识到自我。在希望、欲望或意志的行为中，自我确实是被附带地意识到的，此时我不仅意识到所想做的事情，而且还意识到那个想做这件事情的自我；此时附带地意识到在希望的我、在期待的我、在决策的我、在爱或恨的我。但是在某些特殊体验中，自我意识不在场。例如，"某人观看哈姆雷特戏剧，与舞台上的角色同悲痛，此时他自己的自我消失了。在全心全意投入完成一件工作的时候，我简直忘记了自己"[2]。在另一处，狄尔泰还谈道："我知觉我自己状态的这种内部经验也永远不可能使我意识到我自身的个体性。只有通过我自己与他人相比较，我才能经验到我自己的个体性，我才意识到我自

---

[1] 胡塞尔有关自我的学说在《逻辑研究》中和在《纯粹现象学和现象学哲学的观念》中有所不同。在后一本书中，胡塞尔写道："但是只就直接的、可明证论断的本质特性及其与纯粹意识被共同给予而言，我们将把纯粹自我当作一种现象学的材料，而一切超出此界限的与自我有关的理论都应加以排除。"他还特意加了一个注指明："在《逻辑研究》中有关纯粹自我的问题上我采取了一种怀疑主义的立场，这一立场随着我的研究的进展不能加以坚持了。"引自胡塞尔：《纯粹现象学通论》，第152页。

[2] Dilthey, GS, Bd. 7, S. 21.

己此在中不同于他人的东西。"[1]

由此可见，在自我意识这个重要问题上，狄尔泰与后期的胡塞尔存在分歧。这时，胡塞尔在意识的意向性结构中充分肯定了自我这一环节，从而意向性结构可以说是一个稳定的三元组合：

自我——意识行为——意识内容

在狄尔泰那里，心理的结构有时是二元的，有时是三元的，因为自我意识在场或不在场，要随意识行为指向意识内容的性质和方式而定。从这里也可以看到，狄尔泰否定了笛卡尔的"我思故我在"的论断，因为在狄尔泰看来，"我思时我在"并非总是自明的。

狄尔泰提供的论证是否驳倒了胡塞尔有关自我意识的学说呢？这是一个相当复杂的问题，因为胡塞尔区分了"**纯粹的自我**"和"**人格的自我**"。只有通过我自己与他人相比较，我才能经验到我自己的个体性的我，在胡塞尔看来这是"人格的我"，而不是"纯粹的自我"。人格的我是在与他人的交往中形成的，我在社会生活中形成与他人不同的个性。但是当我思时，我所附带地意识到的我，只是作为思的行为的执行者的我，此时并没有对作为前一意识行为的执行者的我与作为后一意识行为执行者的我是否同一的问题做出断言。举例来说，此时没有对在移情作用下以为自己是哈姆雷特的我与在清晰地意识到自己是在看戏的我是否是同一个我的问题做出断言。对于胡塞尔来讲，在此刻自明的只是那个作为思的行为的执行者的我，至于在一系列思的行为中的我是否是同一个我，或者说是否是那个作为一系列思的行为的统调者的我，在胡塞尔看来，这并非是自明的。这是因为，当胡塞尔说"我思故我在"的时候，他所断定的存在的我是在现象学意义上严格加以限定的。要之，当胡塞尔谈自我意识的自明性时，他严格要求现象学的还原，而狄尔泰并不认为需要这样的现象学还原。胡塞尔关注的是先验的自我，狄尔泰关注的是经验的自我。在狄尔泰看来，每一个人都是历史的和社会的人，因此自我的存在是不能脱离历史、社会和自然的存在的。

尽管胡塞尔与狄尔泰有关自我意识的学说在哲学立场上存在如此严重的分歧，但这并不影响他们分享某些共同的观点。我以上已经谈到，狄尔泰和胡塞尔都主张，当意识行为意识到一个对象的时候，意识行为也附带地意识到自己。狄尔泰谈到，这好比当意识之光照亮对象的时候同时也照亮自身。不过，此时对象是意识行为所针对

---

[1] 狄尔泰：《诠释学的起源》，第75页。

的，意识行为的"目光"注视对象，而不注视自身。意识内容出现在（摆在）意识的目光面前（vorgestellt），意识行为不是出现在（摆在）意识的目光面前。此时意识行为是被体认到（gewahrt）、体验到（erlebt）、内觉到（innegeworden），但不是作为一个对象被感知到的。狄尔泰不否认意识行为也能作为一种表象出现在我们面前，成为我们所把握的意识内容，例如当我们在反省中关注它的时候，当我们记忆它的时候，但是此时我们是在第二个行为中把握它，而不是在当下体验它，我们在第二个行为中把第一个行为当作内容来对待。为此，狄尔泰区分**体验**（Erleben）或**内觉**（Innewerden）与**内感知**（innere Wahrnehmung）。前者是在意识行为活动的当下自己体验到或内悟到自己。后者虽然也发生在意识之内，但是不是在当下，而是在随后一个把前一个意识行为当作对象来感知的行为中。狄尔泰写道："体验不是作为一种被感知到的东西或一种被表象的东西（ein Vorgestelltes）出现在我面前的，它不是被给予我们的，而是……通过我们对它的内觉而为我们所存在的，我在它属于我的意义上直接拥有它。只有在思想中，它才成为对象性的东西。"[1]

熟悉胡塞尔现象学的读者不难发现，狄尔泰以上论述与胡塞尔在《逻辑研究》中的有关论述很相似。胡塞尔明确区分对对象的感知和对行为的体验。认识对象的方式主要是感知（Wahrnehmung），或者说是以感知为基础的；对行为的认识是通过体验达到的，或者说是以体验为基础的。对对象的认识，不论是对实在的对象还是对观念的对象的认识，有一个共同的特点，即它们都是被意向行为指向或针对的。但是我们在认识一个对象的时候，我们不仅感知到对象，而且还体认到意识行为。因而，对对象的认识和对意识行为的认识是两种不同方式的认识。当然意识行为也能被当作一种对象来加以认识，但是这不是在当下，而是在后来的反省的行为中，并且它必须以当下的体验为基础，只有首先体验到它，然后才能记住它，并把它当作一种对象来感知和思考。

狄尔泰在描述了心理的基本结构之后，进一步描述"**心理的结构关联**"。他是在"**生活的结构关联**"（Strukturzusammenhang des Lebens）这一总的标题下考察心理的结构关联的。在这一点上，狄尔泰与胡塞尔的重大差别显示出来。胡塞尔主张在纯粹意识范围内考察意识结构及其结构关联，并把悬置外部世界的存在判断作为区分他的先验现象学与布伦塔诺和狄尔泰等人的经验的描述心理学的重要标志。狄尔泰虽然在探讨

---

[1] Dilthey, GS, Bd. 6, S. 313.

意识的基本结构的时候主张，意识行为和意识内容是意识事实，而意识内容关涉的对象是否存在的问题不属意识事实的范围。"意识事实"这一概念有点儿像胡塞尔说所的"纯粹现象"，但他在探讨心理的结构关联的时候，明确地越出了意识的内在范围。在他看来，人的心理结构关联是与人的行动相结合的，是人的生活的一部分。脱离人的生活就无法描述人的心理结构关联。把心理结构关联放在总的生活结构关联中考察，在狄尔泰看来是理所当然的事情。

四、三种心理结构关联的方式

狄尔泰大致区分了三种心理结构关联的方式：
（1）共存的方式；
（2）相续的方式；
（3）目的论的整合的方式。

"共存的方式"指"认知""情感""意志"这三种心理活动以某种组合的方式的共存。狄尔泰主张，人的心理活动经常以共存的方式发生。当一个人认知某物的时候，常常伴随意志和情感。例如，一个人观察星象，怀着一个发现一颗新的小行星的目的，或带着某种欣赏和愉快的心情。狄尔泰主张，在这三种活动中，有的时候以认知的活动为主，有的时候以意志的活动为主，有的时候以情感的活动为主。狄尔泰不像胡塞尔那样主张情感活动必定以认知活动为基础。按照胡塞尔的看法，人没有无缘无故的高兴和忧愁，我们总是因什么而高兴或忧愁，所以认知是情感的基础。狄尔泰谈到人有时完全沉浸在喜乐的心情中，"仿佛一切生命关系、一切对象、一切我们之外的个体都充满欢乐，都是为了被欣赏而存在和延续"[1]。在这种情况下，情感压倒了一切，情感并不以认知为基础。狄尔泰在《描述的和分类的心理学的观念》一文中主张，在认知、情感、意志这三种意识活动中，没有一种能单独存在，它们或者作为一个三元的共存关联而存在，或者至少作为一个二元的共存关联而存在。在后来的一些文章中，他对这一论断表示出一定的怀疑。由联想产生观念是否在任何情况下都依赖于意志呢？是否存在单纯的（不伴随意志和认识活动的）情感呢？在他看来，这些依

---

[1] Dilthey, GS, Bd. 7, S. 48.

然是值得讨论的问题。

第二种心理结构关联表现为心理活动的一种**相续的方式**。情感可能引起意志,意志可以引起认知,认知可能引起情感或意志。例如,我感受到疾病的痛苦,我立志做一个医生,我学习医学知识,我为能使病人康复而高兴。这种相续方式不仅表现在意志、情感、认知这三类心理活动之间,而且也表现在同一类心理活动中较为特殊的诸活动之间。拿认知类的心理活动来说,感知、记忆、判断、推论形成一个相续的认知的心理过程。拿意志类的心理活动来说,意图、选择、决心、手段的选用等构成同一个意志类心理活动的诸环节。这些环节是相续地发生的,但是这个过程是统一的。

狄尔泰谈到,即使这些环节在时间上有中断,中间穿插着别的一些活动,但是这整个过程仍然可被视为一种以相续的方式发生的心理结构关联。他写道:"在从事一项认知活动时,我可能因一个新闻消息、一个来访者或身体的不舒适而中断该过程;我可能过了很长时间又拾起中断的认知工作。然而,这些长期分割开来的认知经验又作为我的认知关联的诸部分而联结起来。"[1] 每一特殊的认知过程是以先前的认知过程为基础的,并构成一个日益增长的知识系统中的一个台阶。同样,一个愿望、一项计划也是与另外的愿望和计划相关联的,它们在一个相续的关联过程中日益整合为一种人生蓝图。

狄尔泰把第三种心理结构关联称为"**生命的目的论的统一的结构关联**"。人的认知、意志和情感的心理活动统一在人的总的生命活动中。人的生命是朝向一个目标的,是具有价值的。整个知识的系统是为生命的目的服务的。我们是为了人类生存的目的而认识世界和认识我们自己,我们的喜怒哀乐来源于我们的生活,我们的最根本的意志是人类生存的意志。在生命的目的论中,我们可以发现知、情、意的统一性,可以发现精神科学的统一性,可以发现一切知识结构关联的统一性,可以发现人类历史和文化的统一性。

这样,狄尔泰归根结底把他的精神科学、诠释学和描述的心理学建立在他的生命哲学的基础之上。为了防止别人误解他的生命的目的论,他特别强调,这并不意味着存在一个固定不变的生命目的,并不是说生命的目的是由上帝制定,或由人的本性决定的,是对所有的人都相同的。"这一结构关联并不制定出确定的目的;它仅仅包含对目的之追求。"[2] 然而,尽管这种对目的的追求的内容或理念是随着每一个人的性格和气

---

[1] Dilthey, GS, Bd. 7, S. 36.

[2] Ibid., S. 329—330.

质的不同而有所不同的，但是在历史的过程中，在世界观的谱系中透显出一种合目的性的追求，显露生命的意义、价值的展开和实现的方向。于是我们看到，狄尔泰一方面主张诠释要立足于体验的直观，另一方面又主张体验的直观要依从生命统一的历史目的论的诠释。

第五节　结构关联中的思想游弋

现在我们可以总结一下狄尔泰哲学思想的基本思路。狄尔泰致力于研究"知识的结构关联"（Strukturzusammenhang des Wissens）、"心理的结构关联"（psychische Strukturzusammenhang）、"生活的结构关联"（Strukturzusammenhang des Lebens）之间的相互关系。在"知识的结构关联"中，狄尔泰区分了"自然科学"与"精神科学"。他认为，自然科学的任务在于说明自然，精神科学的任务在于理解心灵的生活。对自然的说明必须立足于对自然现象的观察，因而实证的方法是自然科学研究的基本方法。要理解人的心灵生活，需要通过诠释，而诠释的基础在于体验。于是，知识的结构关联问题就与心理的结构关联问题联系起来。由于对自然现象的观察是通过我们的感官实现的，我们的感性经验（外在经验）是有关自然科学的知识结构关联的基础。而对人的心灵生活的理解的基础是体验（内在经验），体验是精神科学的知识结构关联的基础。

现在，要弄清楚外在经验与内在经验的关系，要弄清楚外在经验和内在经验各自的特点是什么，就必须研究心理的结构关联，而研究心理的结构关联是"描述的心理学"的任务。狄尔泰描述了一种基本的心理结构和三种心理的结构关联。他注意到，人的心理活动不是自我封闭的，而是与人的生活联系在一起的。意识行为指向外部世界，人的知、情、意的意识行为与人在社会生活中的行为结合在一起。人的生活的蓝图和生活的目的论把人的心理结构关联与人的生活结构关联结合在一起。人的生命（生活）是人的感性经验和内在体验的统一体，是心理和物理的统一体，是人的思想和行动的统一体，是人的个体性与社会性的统一体，是人的现实性和历史性的统一体。精神科学的研究对象主要就是人的生活及其结构关联。

我们在这里不免发现狄尔泰思想中的一个循环，狄尔泰的哲学运思确确实实是在他所坚持的两条看似矛盾的基本原理之间游弋：

（1）人是历史的和社会的人，精神科学和人的世界观是在社会历史的条件下形成和发展的。

（2）诠释的普遍有效的可能性在于以体验为根据的意识事实。

这第一条原理是狄尔泰从历史主义学派那里继承下来的。狄尔泰认为这条原理本身没有错，问题是如何能够避免由这第一条原理可能引申出来的相对主义和怀疑论的结论。狄尔泰的补救办法是援引"意识事实"，即援引第二条原理，设法使诠释的普遍有效的可能性得到保证。然而，当狄尔泰对意识事实、对体验进行考察时，他又注意到意识事实（体验）处在心理结构的关联中，是与人的生活相关联的，而人生活在历史和社会的世界中，在社会历史的条件下形成的世界观又势必对人的体验（意识事实）产生影响。这样，狄尔泰又回到了他的第一条原理。

狄尔泰虽然做了种种努力企图克服历史主义所导致的相对主义和克服在有关意识的学说上的先验论和自我封闭的倾向，但他的阐述依然不够令人信服，依然有陷入循环论证之嫌。如何解决这个问题？这为胡塞尔和海德格尔等哲学家留下了严峻的课题。这推动了生命哲学向现象学和存在哲学方向的发展。这也导致二十世纪社会科学和人文科学研究的"实践转向"。

二十世纪后期哲学的发展，特别是胡塞尔后期的"生活世界"学说和维特根斯坦有关"语言游戏"和"生活形式"的学说，开辟了哲学对这一问题探讨的新视野。这使得人们有充分理由质疑"意识事实"之类的说法是否能够成立，并使得人们明白"意识"为什么不能离开"实践"加以阐明。当然，对于这个问题的探讨，是狄尔泰首先发起的。胡塞尔晚年的"生活世界"学说可被视为对狄尔泰有关意识与生命（生活）相关联的学说的推进。维特根斯坦则以语言与生活不可分的关系阐明了这一道理。

思考题

1. 什么是狄尔泰的问题意识和解题方案？
2. 狄尔泰如何论证精神科学的自主性？
3. 什么是狄尔泰的诠释学？
4. 狄尔泰如何通过心灵生活的结构关联沟通诠释学中的内在体验与人类生活的关系？

第十九章
胡塞尔

现象学是当代西方的一个重要的哲学思潮。**埃德蒙德·胡塞尔**是现象学的奠基人。现象学对于二十世纪的德国哲学和法国哲学产生了重大影响。**马克斯·舍勒**（Max Scheler, 1874—1928）的《伦理学中的形式主义和实质性价值伦理学》（1913）、海德格尔的《存在与时间》（1927）、萨特的《存在与虚无》（1943）、梅洛-庞蒂的《知觉现象学》（1945）在某种意义上都堪称现象学领域的经典著作，形成欧陆的主流哲学。现象学也流传到英美，在那里有一批介绍和研究现象学的学者，如施皮格伯格写了《现象学运动》一书，全面论述了现象学的发展历程。英美哲学虽以分析哲学为主，但现象学讨论的问题也为相当多的分析哲学家关注，如塞尔继承了维特根斯坦后期哲学的研究路向，以语言分析的方法研究意向性问题。

我们在这一讲中只介绍胡塞尔的现象学。除了课时安排方面的原因外，还考虑到现象学的基本学说是由胡塞尔建立的，而现象学运动中的其他哲学家的理论可以用"现象学"这一名称来表示，也可以用其他名称如"存在哲学"等来表示。它们之所以被称为"现象学"，是因为这些哲学多少运用了现象学的方法，多少偏重于意识分析。

第一节　生平著述与问题意识

一、生平著述

现象学大师胡塞尔生于当时属于奥匈帝国的摩拉维亚的一座小城——普罗斯理兹，是犹太血统的德国人。他于1876至1878年在莱比锡大学学习物理学、天文学和数学，间或也去听冯特的哲学讲座。接着他去柏林，在弗里德里希·威廉大学继续学习。1881年他去维也纳大学，在那里以有关微积分的变分的论文获得博士学位。在1884至1886年间他专心倾听布伦塔诺的有关心理学和哲学的讲课。在布伦塔诺的影响下，他决心献身于哲学。他自己谈道："我是听了布伦塔诺的讲演之后才决心选择哲学为自己的终生事业的，这是因为他的讲演使我树立了这样一种信念：哲学也是一项严肃的工作，它也能以最严格的科学精神来对待，并且必须以这种精神来对待。"[1]

在布伦塔诺的建议下，他去了哈勒大学。在那里，他以题为《关于数的概念——心理学的分析》的论文获取大学开课资格。1900至1901年他发表两卷本的巨著《逻辑研究》。基于这本书，他应邀成为哥廷根大学的副教授。1906年四十七岁时，他被提升为正教授。

当胡塞尔在哥廷根任教时，在他周围形成了一个由他的学生和朋友组成的现象学学派。与此同时，在慕尼黑也形成了一个相类似的现象学学派。1913年他联合**盖格尔**（Moritz Geiger，1880—1937）、**普凡德尔**（Alexander Pfänder，1870—1941）、**赖那赫**（Adolf Reinach，1883—1917）和**舍勒**创办《哲学和现象学研究年鉴》。在这份年鉴上发

---

[1] 参见 H. Spiegelberg, *The Phenomenological Movement*, The Hague: Martinus Nijhoff, 1971, p. 77。

表过舍勒、海德格尔等人的重要哲学著作。胡塞尔本人在这上面发表了《纯粹现象学和现象学哲学的观念》（以下简称《大观念》I），《大观念》的第二和第三卷在胡塞尔生前没有发表。随着《大观念》I 的发表，胡塞尔转向明显的先验的主观唯心论。哥廷根现象学学派和慕尼黑现象学学派中的大多数人不愿接受胡塞尔的唯心论，他们宁愿采取胡塞尔在《逻辑研究》中所持的实在论的态度。

胡塞尔有生之年发表的著作并不多。1928年，经海德格尔整理发表了胡塞尔的《内在的时间意识的现象学的讲演》，1929年发表《形式的和先验的逻辑》，这一年胡塞尔应邀去法国巴黎做题为"先验现象学导论"的报告（简称"巴黎讲演"），这份报告在1931年以法文的形式发表。报告的德文原文以及以此为诱因写下的《笛卡尔的沉思》的遗稿在《胡塞尔全集》第一卷（1950）中出版。1933年希特勒上台，胡塞尔因为是犹太人而被下令禁止在德国发表任何学术著作和参加任何公开的学术活动。但他仍不顾年老体弱和政治风险去维也纳和布拉格做哲学讲演。在这两个讲演的思想基础上，胡塞尔写了《欧洲科学的危机和先验现象学》（*Die Krisis der europäischen Wissenschaften und die transzendentale Phänomenologie*）[1] 一书（以下简称《危机》）。该书

---

[1] 该书有两个中译本，一个是张庆熊译的《欧洲科学的危机和超验现象学》（胡塞尔生前发表的部分）（上海：上海译文出版社，1988年），另一个是王炳文译的《欧洲科学的危机与超越论的现象学》（包括胡塞尔相关遗稿的全本）（北京：商务印书馆，2008年）。读者看到这些书名时可能要问，为什么同一本书会有不同的译名。这里的差别主要涉及"transzendental"这个词，出现了"先验的""超验的""超越论的"三种不同译法。从词源上看，形容词"transzendental"源于"transzendent"（超越的），其名词为"Transzendenz"（超越或超越者）。在西方的中世纪神学和哲学中，"Transzendenz"指超越于尘世的"上帝"和"天国"、超越于现象界的本体界。后来康德使用从"transzendent"脱胎出来的"transzendental"表示对经验认识的可能性条件的研究。该词在康德著作的中译本中通常译为"先验的"。王炳文把"transzendental"译为"超越论的"，从词源及其演变的角度看有一定的可取之处。我当时在翻译"transzendental"时也考虑到它的词源以及康德和胡塞尔从认识论角度出发的用法，所以把它译为"超验的"；但后来感到，既然胡塞尔和康德使用的是同一个词"transzendental"，并且他们的思想又有关联性，在中文中出现不同的译名反而会增添混乱，所以沿用国内学界流行已久的"先验的"这个译名。与此相关，"a priori"（通译"先天的"）在中译中也容易引起混淆。"a priori"的含义为"从原理出发的""从前提出发的""从原因出发进行推论的"。它与"a posteriori"（通译"后天的"）形成对照。后者指"从经验出发的""依据事实的""从结果来看的"。有人主张把"a priori"改译为"先验的"。我觉得这一译法也不一定好，因为"a priori"和"a posteriori"谈论的是推论方式而不是哲学立场。一位经验论的哲学家在进行论证时也可以从前提或原因出发进行推论，但他依然可以坚持认为对该前提或原因的认识归根结底来源于经验。当然，把"a priori"译为"先天的"不是没有问题，比如非专业的读者可能会望文生义，把它理解为"先天性疾病"中的"先天"。但我想，译名总会有这样那样的缺陷，既然在学界将"a priori"译作"先天的"已经流行很长时间了，我就沿用通常的译法。

的第一、第二部分于1936年在南斯拉夫的一本哲学杂志上发表。在这本书中，胡塞尔又发展了一种被称为"目的论的历史的解释方法"的新的现象学方法，并对"生活世界"的问题做了深入的探讨。

从1916年起直到1928年退休止，胡塞尔在德国的弗莱堡大学任教。海德格尔是他在该大学的哲学教职的继承人。1938年4月27日，他与世长辞。

胡塞尔死后留下大量的遗稿，其中包括还没交付出版的著作的手稿、在大学讲课的讲稿和各种有关哲学问题的随笔和札记。从1890至1938年，他总写下四万五千页有关现象学的基本问题和用现象学的观点对具体问题进行分析的速记稿。根据这些遗稿，《胡塞尔全集》1950年开始出版，至今已出版了四十余卷。

二、问题意识

胡塞尔为自己提出的根本任务是使哲学成为一门严格的科学。如何才能找到一种可靠的方法以此建立作为严格科学的哲学，这是他终生思考的问题，也是他终生奋斗的目标。在胡塞尔看来，这种方法就是现象学的方法，而现象学就是一门作为严格科学的哲学。但胡塞尔并非没有觉察到其中还存在许多没有解决的问题，他始终作为一个哲学的探索者而奋斗不息。

胡塞尔的兴趣开始时集中在**数学和逻辑的基础问题**上，他试图用心理规律来解释数学的和逻辑的规律。但不久后他发现，这将导致怀疑论和相对主义。于是他起来批判心理主义，他认识到数学和逻辑的规律不能被归结为心理规律，前者是一种对每个人都有效的普遍必然的规律，后者是经验的规律，没有普遍必然的有效性。

在逻辑和数学史上，对这个问题有两种处理方式：一种是实在论（或称"柏拉图主义"）的立场，主张逻辑和数学的观念及其规律具有实在性，人只是发现它们，而不是创造它们；人的心理活动只能影响到对它们认识的意义，但不能影响对象本身；正如物理对象及其规律的存在不依赖于人的意识活动一样，逻辑和数学的对象及其规律的存在也不依赖于人的意识活动。另一种则是可化约为重言式的纯分析命题的立场，即认为逻辑和数学的对象及其规律本身不提供任何新知识，它们的真理性取决于逻辑上的同一律。柏拉图主义的数学理论和现代逻辑的创建者弗雷格采取前一立场，而以休谟为代表的英国经验论和二十世纪初的逻辑实证主义采取后一立场。

胡塞尔在写《逻辑研究》第一卷时，接受弗雷格的提议，严格区分概念的意义和对象，严厉批判心理主义。这容易给人造成一种印象，即他那时采取了类似弗雷格的柏拉图主义立场。然而，胡塞尔心中依然萦绕这样的问题：一方面逻辑和数的观念及其推导的规则确是被人构成的，它们并不先天地存在于"天上"或"精神世界"中的某个地方，另一方面它们确实具有不同于心理规律的"自在性"或"客观性"，这究竟是如何可能的呢？换句话来表达：**主观的意识活动如何能够构成具有客观性的逻辑和数学的观念和规律呢？**

如何解决这个问题呢？胡塞尔认为，有必要先把观念的对象和物质的对象是否在意识之外存在的问题放一放，从直接向每个人显现的东西出发，看看有关它们的实在性和客观性的看法是如何形成的。胡塞尔对这个问题的思考，导致他强烈主张在研究认识论的基本问题时采取"**现象学还原**"（又称"先验还原"）的方法，他的哲学进入一个先验唯心主义的阶段，以《大观念》为代表。

胡塞尔的现象学方法可被概括为"现象学还原"和"本质直观"（又称"本质还原"）的方法。胡塞尔的先验还原的基本思路如下：为了使哲学成为一门严格的科学，必须为认识找到一个可靠的起点。这个可靠的起点应该是直接给予的现象，也即"纯粹现象"。胡塞尔不像经验论者那样主张只有感觉现象才是认识的可靠起点。他把"直接给予的现象"的范围扩展至包括外感知和内感知的整个意识现象的领域，但同时又把它收窄到"不含任何假定"的意识现象。为了通向"不含任何假定"的意识现象，他主张把任何预先假定悬置起来，特别是在研究认识论的基本问题时要把有关外部世界存在（包括物理的外部世界的存在和观念或精神实体的外部世界的存在）的假定悬置起来。现象学还原并不意味着否定外部世界的存在，而是一种澄清认识论的基本问题的必要步骤。以数学和逻辑的问题为例，现象学还原的方法旨在澄清我们究竟是凭什么主张数、逻辑等观念及其规律具有超越于每个人自己的经验主体的普遍有效性或"客观自在性"的。

胡塞尔所说的"**本质直观**"不是指像X光透视机透视人的骨骼和内部器官一样一下子看到本质，而是指在纯粹现象中，以具体的例子为基础，通过具有明证性的步骤，发现事物的基本规定性，从而把握本质。纯粹现象不是抽象的东西，而是向我们呈现出来的具体现象。本质直观是在丰富的事例和关系中把握本质。本质直观所把握的不是现实的事物的类和规律，而是作为可能性的事物的区域范畴和逻辑、数等形式范畴。因此，本质直观不是一种经验概括，而是一种有关可能性的认识。

胡塞尔认为，通过现象学还原和本质直观，我们可以进入到先验意识的领域中去，可以构成作为可能性的事物的区域范畴和数、逻辑等形式范畴，从而使得"本质科学"与"经验科学"严格区分开来，克服心理主义的嫌疑，澄清逻辑、数的客观有效性的问题。

然而，胡塞尔在对一系列的有关事物的区域的本质和数等形式的本质展开构成研究的时候发现，构成的活动不能单靠意识活动来完成，而必须结合人在生活世界中的实践活动，如对"空间物"的构成需要结合人的身体的活动，对几何等数学中的观念和原理的构成需要结合人的丈量物体的活动。这就产生了这样的一个问题：胡塞尔在《大观念》I中所强调的把外部世界的存在悬置起来的现象学还原与在《危机》中阐述的生活世界的理论是否相矛盾？由此引发的问题是作为可能性的先验的观念和原理是否一定要与外部世界存在的问题脱钩，是否可被视为一种在生活世界中产生同时又作为规范调节生活世界中的经验认识和指导我们的实践的观念和原理？对于这后一个问题，胡塞尔本人没有来得及充分说明就过世了。

简而言之，胡塞尔的哲学思想经历了从心理主义到批判心理主义的阶段，又经历了从严格限于纯粹意识的先验唯心主义的本质观到结合生活世界的本质构成学说的阶段。下面我们将按照这一过程叙说胡塞尔的思想。

第二节　对心理主义的批判

在上一节中我们谈到，胡塞尔的哲学探索始于对逻辑和数学的基础问题的追问。早期的胡塞尔对此持一种心理主义的观点，认为数是心理的表象。当问数存在于何处，他的回答是数存在于人的心理表象中。当某人思考数的时候，数就在他的心理的表象中产生出来了；当某人在这方面的思想活动停止的时候，数也就消失了。但是，这种认为数依存于人的心理活动的观点会遇到一个极大的难题：人的心理活动是千差万别和不断变化的，为什么数学的规律具有普遍的有效性？

胡塞尔在《逻辑研究》第一卷中对心理主义展开了批判。胡塞尔在此所说的**心理主义**是指十九世纪末所盛行起来的一种哲学思潮。它的主要观点是把逻辑当作一种思维艺术，把逻辑规律归结为经验的心理活动的规律，把真理说成是相对于这些规律而言，因而只有相对的真理，没有绝对的真理。心理主义的主要代表人物是穆勒、冯特、**西格瓦德**（C. Sigwart, 1830—1904）和**里普斯**（T. Lipps, 1851—1914）。胡塞尔早年关心逻辑的基础问题。他在开课资格论文《关于数的概念——心理学的分析》和《算术哲学》中拥护心理主义的观点。他在《逻辑研究》第一卷中的对心理主义的批判，实际上也是对他自己早期思想的批判。

胡塞尔认为心理主义的根本错误是混淆了自然规律和逻辑规律，自然规律是关于现实的事件之间的联系的规律，而逻辑规律是关于观念之间的联系的规律。现实的事件处于现实的时空世界之中，是随时间、地点而变化的；观念不处于现实的时空世界之中，是不随时间、地点而变化的。自然规律是从重复发生的事件之中通过归纳得出的，而通过归纳得出的结论充其量也只有或然的真理性；逻辑规律不是从个别的事件之中通过归纳得出的，逻辑规律具有必然的真理性。自然规律是用来预言在时空中发生的现实的事件的，自然规律是关于现实的事件之间的因果关系的规律；逻辑规律不是用来预言在时空中发生的事件的，逻辑规律不是关于因果关系的规律，而是关于前提和结论之间的必然关系的规律。

综上所述，胡塞尔认为自然规律是经验的概括，而逻辑规律是先天的原理。当先天的原理和经验的概括发生冲突时，先天的原理始终是胜利者，因为必然真理是不会被或然的陈述所驳倒的。心理主义主张逻辑的规律从属于心理的规律，这样就把先天的原理跟经验的概括混淆起来了。心理主义企图从只具有偶然的真理性的关于心理过程的经验概括中推导出具有必然的真理性的逻辑规律，这是十分荒唐的。

胡塞尔认为，心理主义犯这种错误的原因是把心理活动本身和心理活动所涉及的内容混淆起来了。比如说，计数是一种心理活动，计数所涉及的对象，如"$2+2=4$"，是心理活动所涉及的内容。心理活动是历时空的活动，是现实的活动，而像"$2+2=4$"这样的心理活动所涉及的内容不是现实的东西，而是观念的东西。心理活动可能会犯错误，可能有人把"$2+2$"误算成"3"，但是"$2+2=4$"是观念间的一种必然的联系，绝不会因为人的心理活动而变动。心理主义者正是看到了思维活动中总要涉及观念、判断和逻辑推论的式子等，因而产生了一种错觉，把心理活动本身和心理活动所涉及的内容混淆起来，并由此错误地把逻辑规律归结为心理活动的规律。

胡塞尔断定**心理主义必然导致怀疑论和相对主义**。他认为，如果说逻辑是一种思维的艺术，逻辑规律是可以通过心理分析获得的思维的经验的规律，那么每个人的心理活动是有差异的，每个人的思维的结果就会不同，并且没有一个统一的标准。这样就会得出与古希腊普罗泰戈拉一样的结论："人是万物的尺度。"这样真理就因人而异，对于一个人来说是真的判断，对于另一个人来说就可能成为假的判断。胡塞尔认为，把"对于"这个词用在逻辑真理上是荒谬的，逻辑真理不是"对于"某个东西而言的，而是必然地、普遍地真的。

在今天，计算机被广泛使用，人们比较容易识别心理主义的错误。心理规律好比计算机硬件的物理的、机械的规律，逻辑规律好比计算机软件的规律，把心理规律同逻辑规律混淆起来，好比把存在于计算机硬件中的规律与存在于计算机软件中的规律混淆起来一样。人们很容易理解这是两种完全不同的规律。

当然，存在于计算机的软件中的规律不同于逻辑的规律，计算机的运算活动不等同于人的实际的思维活动。人能理解他的计算对象，而计算机却不能理解它的运算对象。究竟应该怎样理解逻辑规律？逻辑规律的本体论的基础究竟是什么？这仍然是悬而未决的问题。胡塞尔对心理主义的批判，只是指出心理主义的论点是站不住脚的，胡塞尔自己是怎样理解逻辑规律的呢？胡塞尔在《逻辑研究》中承认，逻辑规律是"客观的""自在的"规律。胡塞尔的这一立场容易给人造成一种他持柏拉图式的实在论立场的印象。胡塞尔对心理主义批判的功绩被称颂为"拯救了共相的客观性"。然而胡塞尔本人并非对这种柏拉图式的实在论立场的正确性深信不疑，实际上胡塞尔在那时处在动摇和徘徊之中。

1913年，他发表《大观念》I，明确抛弃了这种柏拉图式的实在论的观点，转向康德式的先验主观唯心论。尽管他仍然坚持逻辑规律是"客观的""自在的"，但他在先验主观唯心论的框架内对"客观"和"自在"做了重新解释。当时的哥廷根现象学学派和慕尼黑现象学学派中的大多数人对胡塞尔的这种唯心论表示不理解，他们认为胡塞尔"堕落"为主观唯心主义者，而他们自己仍然坚持实在论的立场。

第三节 意向性理论

胡塞尔对数与意识的关系的看法涉及他的**意向性理论**。随着他转向先验唯心主义，他的意向性学说也经历了一个发展过程。其中，有些观点没有变化，在《逻辑研究》中的论述和在《大观念》I 中的论述基本相同，至多详略有所不同，而有些观点则发生重大变化。我们先谈胡塞尔在《逻辑研究》中的意向性理论（包括《大观念》I 中类似的观点），后谈《大观念》I 中特有的那些观点，并指出它们与前期观点不同的地方。

一、《逻辑研究》中的意向性理论

（一）表达的物质外壳和表达的意义

在《逻辑研究》中，胡塞尔对意向性问题的探讨是从表达入手的。胡塞尔认为表达是有意义的记号。表达的物质外壳是字符或语音，表达的内容是意义。表达的意义是我们通过赋予意义的行为加到表达的物质外壳中去的东西。当我们说一句话或写下一个句子的时候，我们就把意义加到表达的物质外壳中去。当我们看见一行字或听到一句话的时候，我们又把意义在意识中再现出来。离开了人的意义意向的行为，任何记号都不可能成为有意义的语言。

（二）对象化的活动的三个环节

胡塞尔认为，当我们表达一个意义的时候，我们的意向活动包括三个环节：（1）意向行为，（2）意义（意向内容），（3）对象。"每个表达不仅意味着什么，而且涉及某种东西；它不仅有意义，而且与某个对象发生关系。"[1] "表达通过意义表示（指称）对象。"[2] 在此对象可以是实在的对象，也可以是观念的对象、想象的对象。把表达的意义（意向内容）与对象区分开来十分重要，这不仅是因为有时对象相同而意义不同，如"依恩纳的战胜者"和"滑铁卢的战败者"具有不同的意义，但同指一个对象，即

---

[1] E. Husserl, *Logische Untersuchungen, Zweiter Teil: Unersuchungen zur Phänomenologie und Theorie der Erkenntnis*, Halle: Niemeyer, 1901, S. 46.

[2] Ibid., S. 49.

拿破仑；有时则意义相同，对象不同，如张三的父亲和李四的父亲是两个不同的人，但"父亲"的意义在此是相同的。更重要的是，胡塞尔注意到，我们通常做出一个表达的时候，我们的意向行为是通过意义（意向内容）指向对象的。当我们说张三打李四的时候，我们不是说张三的意义（作为意向内容的张三）打李四的意义（作为意向内容的李四），而是说实际的张三（作为对象的张三）打实际的李四（作为对象的李四）。

从语言学的角度来看，表达借助于意义与对象相关联：

表达——意义——▶对象

从意识的角度看，意向行为通过意向内容指向对象：

意向行为——意向内容——▶对象

（三）一切意向的活动以对象化的活动为基础

存在各种各样的意向活动，有的意向活动指向对象，有的意向活动并不直接指向对象，如某些情感的意识活动并不是对象化的意识活动。举例来说，高兴是一种情感的意识活动，但高兴并不直接指向对象；忧愁也是一种情感的意向活动，但也不直接指向对象。胡塞尔承认存在非对象化的意向活动，但他强调，一切意向活动都是以对象化的意向活动为基础的。胡塞尔认为没有无缘无故的高兴和忧愁，我们总是因什么而高兴或忧愁。例如，我因看见朋友而高兴，我因听到坏的消息而忧愁，这里看见朋友和听到坏的消息是对象化的意向活动，所以说非对象化的情感的意向活动是以对象化的意向活动为基础的。意向活动大致可以分为情感的意向活动和理智的意向活动这两类，胡塞尔的以上结论也意味着理智的意向活动是情感的意向活动的基础。

（四）意义赋予和意义充足

当我们听到一个表达，例如"房子"，这声音引起我们的意识行为，这时在我们的意识中可能浮现起抽象的房子的表象（单纯的房子的意义），也可能浮现起具体的房子的表象（如平房、高楼大厦等等）。胡塞尔认为，造成这种差别的原因在于我们的意识行为不同，前者只有意义赋予或意义意向的行为，后者除此之外还有意义充实的行为。意义充实的行为使认识的对象形象化地呈现出来。如果没有意义充实的行为的话，通过意义意向我们只能获得抽象的意识内容。

（五）对象化的行为的质料和性质

对象化的行为（objektivierende Akte）是通过意向内容指向对象的行为。什么样的对象被指向，什么样的意向内容在意识中显现出来，取决于对象化的行为的质料（Materie）。例如：我可以看一幢房子，也可以看一朵花，这决定了对象的不同；我可以从某一个角度看它们，我在看它们的时候注意的重点可以是不同的，这时虽然对象本身没有改变，但是向我们显现的有关对象的意向内容就不同了。胡塞尔常用等边三角形和等角三角形的例子来说明这一点。假定这两者是同一个三角形，当我注意其边时，它是等边三角形，当我注意其角时，它是等角三角形。对象化的行为的质料不仅决定所指向的对象，而且决定所显现的规定性。

当对象甚至意义（意向的内容）完全相同的时候，我们的对象化的行为与它们相关联的方式是可以不同的。我们可以做出一个直陈式的判断："这是一朵花。"我们可以提问："这是不是一朵花？"我们可以怀疑这是一朵花，我们可以希望有这样的一朵花，如此等等。对相同的内容可以断言、提问、怀疑、希望等，这表明我们在行为的质料相同的情况下可以有不相同的行为的性质（Qualität）。

反过来，当行为的性质相同时，行为的质料可以是不同的。"这是一朵花"和"这是一棵树"这两个语句是同一种类的语句，即它们都是直陈式的判断，在此共同的东西是行为的性质。但是这两个语句的内容是不同的，它们说出了不同的东西。这种差别是由行为的质料决定的。胡塞尔认为，行为的性质和行为的质料是互为依存的，性质要以质料来补充，质料要以性质来补充，它们虽有差别，但不可分离。这两者合起来构成对象化的行为的本质（Wesen）。

（六）单束放射式的和多束放射式的行为

胡塞尔认为，一个意向的行为可以单束放射式地指向对象，也可以多束放射式地指向对象。让我们看以下两个表达：

（1）苏格拉底。

（2）苏格拉底喝毒酒死了。

第一个表达是一个人名，当我们听到"苏格拉底"时，我们的意向行为指向古希腊的某位哲学家，这犹如用手指指着一个东西一样。这时指向对象的方式是单束的。第二个表达是一个句子（一个综合命题），当我们理解这一句子的时候，我们的意向行为不仅指向苏格拉底，而且还指向毒酒、死等。这里有好几个表象彼此发生关系。这时指向对象的方式是多束的和综合的。

当单束放射式地指向对象的时候，我们有单一的意向内容；当多束放射式地、综合地指向对象的时候，我们有几个部分相互联合起来的意向内容。单束放射式地或多束放射式地指向对象，属于行为在质料方面的差别，因为它们造成了意向内容方面的不同。

（七）带存在信念的和不带存在信念的行为

胡塞尔区分带存在信念的和不带存在信念的意向行为。我们还是以例子来说明这二者之间的差别。例如有人对我说，他的别墅在市郊。如果他不说谎的话，他说这句话的时候是带有存在信念的，即置定在市郊存在他的别墅。我理解这句话的时候也认为他的别墅是存在的。但是假如他说："我希望在市郊有我的别墅。"那么他就没有置定他的别墅在市郊存在。这也就是说，他在说这句话的时候不带有这样的存在信念。

有时同一句子从不同的人的口里说出来，有的带有存在信念，有的不带存在信念。如一位笃信基督教的人说："上帝因为人类造巴比伦塔而惩罚人类，使人类各民族间的语言彼此不同。"这时他置定巴比伦塔在那个时候存在过。但是对于一位不信基督教的故事的讲解者来说，他说这句话时并不置定巴比伦塔真实存在。胡塞尔认为，一个意向的行为带不带存在的信念，属于该行为性质方面的差别。因为当表达的意义（或意向的内容）相同时，有时可以带有存在的信念，有时可以不带有存在的信念。

（八）对对象的知觉和对行为的体验

胡塞尔认为，对对象的认识和对意识行为的认识是两种不同方式的认识。认识对象的方式主要是知觉（Wahrnehmung），或者说是以知觉为基础的。我们可以看到东西、听到声音等等，"看""听"等是知觉行为，我们也可以在对事物的知觉的基础上通过推理认识事物间的一般性的规律。对对象的认识，不论是对实在的对象还是对观念的对象的认识，有一个共同的特点，即它们都是被意向行为指向或针对的。但是我们在认识一个对象的时候，我们不仅意识到认识的对象，而且也意识到认识的行为。例如，当我看一朵花的时候，我不仅意识到一朵花，而且意识到对花的看。当我听音乐的时候，我不仅意识到音乐声，而且还意识到听。这时看和听的行为虽然没有被指向，但是它们都被体验（erlebt）或被体认（gewahrt）到了。

胡塞尔认为，当我们看一个对象的时候，我们关注的焦点是对象，但与此同时我们附带地体认到我们对它的看。但当我们把关注的焦点放到我们的"看"上的时候，我们是通过一种反省（reflexive）的行为实现的，此刻关注的焦点已经是看的行为本身了。这种反省行为的基础是此前的体验行为，是把此前在看对象的时候附带地体验到的对对象的"看"当作反省的对象。

（九）知觉和感性材料

胡塞尔主张存在着纯粹的感觉，即知觉的判断行为还没有参与进来时的感觉。这种纯粹的感觉虽然很稀少，但还是有的，如有时我突然看到了什么，但一刹那间还不明白这是什么东西，而只有对一些颜色和形状的感觉。这种感觉本身是被动的，它可以引起有意图的认识活动。在知觉行为中包含统觉和判断的意向行为，它通过把意义赋予感性材料而指向对象。这也就是说，这种意向行为一方面组织、整理、解释感性材料，另一方面使它们作为意向的内容向我们呈现出来。胡塞尔说："人们可以这样理解，同一意向的行为相对于意向的对象而言起表象的作用（是进行知觉、想象、反映的意向），相对于属于实有行为的感觉而言起把握、解释、统觉的作用。"[1]

二、《大观念》中的意向性学说

胡塞尔在《大观念》中有关意向性的学说有一些新的内容，它们相对于《逻辑研究》有的能够兼容，有的难以兼容。胡塞尔有关流动着的意识场的学说，在我看来能与其前期的观点相兼容。这部分学说主要是胡塞尔在《内在时间意识的讲座》（1905）和《物和空间的讲座》（1907）中结合对时间、空间和物的意识的分析提出来的，并在《大观念》中系统阐述。胡塞尔有关意向行为（noesis）和意向相关项（noema）的学说，前后经历了很大变化，大致有狭义和广义两种说法。按照狭义的说法，意向相关项就是指意向内容，它不包括对象本身；意向行为通过意向内容指向对象，因此是与其前期的说法相兼容的。按照广义的说法，意向相关项本身有一个结构，包括意向内容和对象；意向相关项不再是实有的（reell）东西，即不再是内在于意识的内时间中的东西，而是非实有的东西，即可以是实在的（real）东西，也可以是观念的（ideal）东西。这部分学说，在我看来，难以与《逻辑研究》相兼容，《大观念》中的先验唯心主义思想也主要表现在这部分学说中。

---

[1] E. Husserl, *Logische Untersuchungen, Zweiter Teil*, S. 364.

(一)流动着的意识场

胡塞尔强调,意识活动是在时间中进行的,当意向行为指向一个对象的时候,它也潜在地指向这个对象周围的东西。正如实在的事物处于空间的场中,意向内容也处于它的内时间场中。例如我看一本书,我现在的意向是某句话中的某个词的意义,我过去的意向是前一个词的意义,我将来的意向是后一个词的意义。只有当这些意向活动逐步在时间中完成后,我才能理解这句话乃至整本书的意义。又如我观察某一物体,我现在的注意目标是它的正面,我过去的注意目标是它的某一侧面,我将来的注意目标是它的另一个侧面,我还将观察它与其他事物的关系,等等。

这表明,当意向行为指向某一对象或对象的某一方面的时候,它还附带地指向它周围的东西。这使得在每一个意向内容的周围形成一个由过去和将来的意向内容组成的周围域或**晕圈**,其中当前的意向内容是最明亮的内核,过去的意向内容在逐渐暗沉下去,将来的意向内容在逐步明亮起来。这一有关意识活动从潜在到现实和意向内容的周围域或晕圈的理论在胡塞尔有关时间和事物的构成学说中起重要作用。

(二)意向内容的结构

在《大观念》中,胡塞尔主张不仅意向活动有一个结构,而且意向内容也有一个结构。意向活动的结构是:意向行为——意向相关项。意向相关项的结构是:(1)意向相关项中的"对象本身"(意向内容间的一致性的极),(2)意向相关项中的内核(在呈现出如何的规定性方面的意向内容),(3)意向相关项的晕圈(被意向行为附带以为的、规定性尚未明确显示出来的东西)。

有关意向相关项的晕圈,我们在前面已经讨论过了。意向内容的**内核**相当于《逻辑研究》中所说的意义,即我们实际所感知、所以为的意识表象。意向内容的"**对象本身**"是指被进行综合的意识行为所发现的、在一系列相关的意向内容间的**一致性的极**。由于这个一致性的极,我们认为这一系列意向内容有一个共同的承担者。胡塞尔也把这个共同的承担者称为"X",我们之所以认为认识的对象是实际存在的,就是因为这个"X"的缘故。胡塞尔自己是这样表述的:

> 同样,相分隔的行为,如两个知觉或一个知觉和一个记忆,可以联合成一个统一体。对于这样的联合我们是并不陌生的。借助于它,我们发现一会

儿表现出这样的规定性、一会儿又表现出那样的规定性的那些初看起来分开的内核是同一个东西，或者说是同一个"对象"。因此在每一个意向内容中存在着一个作为一致性的极的、纯粹的、对象性的东西。同时我们看到，应该区分意向相关项方面的两种对象的概念：这种纯粹的一致性的极，即意向相关项中的"对象本身"，在它的如何的规定性方面的对象，此外还要加上那些被附带以为的、规定性尚不确定的东西。[1]

（三）意向相关项不在内时间中

在《逻辑研究》中胡塞尔主张，意向的行为和意向的内容在内时间中存在，即都是实有的（reell）。在《大观念》中胡塞尔主张，意向行为是在内时间中存在的，但是意向相关项不是在内时间中存在的。为什么胡塞尔改变了他的原初的立场呢？这是因为胡塞尔把意向内容间的不变的极（意向内容的"对象本身"）纳入了意向相关项。这时胡塞尔区分完整的（广义的）意向相关项和不完整的（狭义的）意向相关项。完整的意向相关项等于意向内容的内核（意义）加上意向内容间的不变的极（"X"）。不完整的（狭义的）意向相关项仅指意向内容的内核（意义）。

在《逻辑研究》中胡塞尔主张，意向行为是通过意向内容指向对象的，这对象可以是观念的（超时空的），也可以是实在的（在时空中存在的）。意向行为和（狭义的）意向相关项属于现象学的研究范围，对象的领域不属于现象学的研究范围。在《大观念》中，胡塞尔主张完整的意向相关项不是实有的，而可以是实在的或观念的。换句话说，实在的东西和观念的东西是被意向行为所构成的意向相关项。

现在我们可以用图式来表示胡塞尔的这两种立场：

《逻辑研究》中的立场

意向行为——意向内容（意义）——▶对象

内时间的（实有的）　　观念的或实在的

现象学的研究范围　　不是现象学的研究范围

---

[1] E. Husserl, *Husserliana*, Bd. III, S. 303.

《大观念》中的立场

意向行为──→意向相关项（"内核"＋"极"）

内时间的（实有的）　　观念的或实在的

现象学的研究范围

（四）作为同一个客观实在的东西的事物是主体际地被给予和被视为同一的

按照《大观念》，实在的事物无非是一个连贯的、统一的知觉经验过程的对象性环节。不过，光凭某一个人的意识活动还不能构成实在的事物，对实在的事物的构成实际上是一种主体际的置定。例如我们观察某一物体，我们看它的正面、侧面、反面等等，我们发现这些知觉的表象是互相连贯和统一的。对此，不仅我的知觉表象具有连贯统一性，而且其他人的知觉表象也是如此。只要我们还想去观察，我们就还能发现这种连贯统一性。这意味着，实在的东西是一种能被任何认识的主体继续进行观察、继续被感知的可能性。由于对实在的事物的观察是一个无限的过程，因此当我们说实在的事物是感知的复合的时候，这样的复合必定是不完全的。但是由于这种继续进行观察和感知的可能性的存在，人们就构成了有关实在的事物的观念，或者说，就置定了实在的事物是实际存在的。胡塞尔强调："这种构成最初涉及本质上可能的个人的意识，然后也涉及一个可能的集体的意识，即涉及许许多多互相进行交流的意识的自我和意识之流。对于这些主体来说，作为同一个客观实在的东西的事物是主体际地被给予和被视为同一的。"[1]

我们可以用以下图式来表示胡塞尔的观点：

集体的意向行为──主体际的认定──→实在的对象

（五）先验唯心主义的立场

胡塞尔在《大观念》中采取了公开的先验唯心主义立场。他写道："另一方面整个时空的世界，包括作为实体的东西的人和人的自我，按照其意义来说只是一种意向的存在。这也就是说，这个世界对于意识来说只有第二性的、相对的存在意义。它是意识在其经验中所置定的存在。这样的存在在原则上只是作为在众多的可感知的和可规定的意识表象中具有一致性的东西。除此之外一无所有。"[2]

1　E. Husserl, *Husserliana*, Bd. III, S. 310–311.

2　Ibid., S. 106.

这里说的**先验唯心主义**的立场就是一种从认识论出发的立场，即不是一开始就断定外部世界中的客体存在或不存在，而是从主体的意识出发，以意识所显现的内容为根据判断何为客观实在的事物。用胡塞尔自己的话来讲，就是先把外部世界的存在问题放在括号之中存而不论，完全以向意识所显现的现象为依据对存在问题做出判断。在《大观念》中，他按照这条思路得出如下结论：世界的实在性无非表现为在众多的可感知的和可规定的意识表象中具有一致性的东西，即主体际地被给予和被视为同一的东西，因而是集体的意识的主观际的置定。这里有两点值得申明一下：

（1）胡塞尔在此并没有断定根本不存在客观实在的东西，也没有把客观实在的东西归结为意识内容。要不然，他不会说，一棵实在的树可以被烧掉，但是这棵树的意义和意识内容不会被烧掉。相反，他明确主张，他的这种观点不是贝克莱式的主观唯心主义："如果人们在读完这段论述后反对说，这会意味着把整个世界变为一种主观的虚幻，并陷入一种贝克莱式的唯心主义，对此我们只能回答说，他并没有领悟这些陈述的意义。"[1]

（2）胡塞尔在此确实持一种唯心主义的立场，这是他自己所声称的"先验唯心主义"。这种唯心主义是在认识论的意义上首先确立意识是第一性的，而客观世界对于意识来说只具有第二性的、相对的存在意义。这不是说客观世界本身就是意识所派生的东西，而是说只有首先确立意识的存在，才谈得上去认识一切其他的东西。尽管这种先验唯心主义的立场相对于贝克莱式的主观唯心主义的立场是比较弱化的，但在我看来依然难以成立。对于唯物主义来说，因为事物是客观存在的，所以事物在意识中所显现的表象具有连贯统一性，不同的主体对于同一事物才有一致的认识。对于胡塞尔这样的唯心论者来说，因为在意识中所显现的关于事物的表象具有连贯统一性，所以人们认定事物是客观存在的。从表面上看，胡塞尔坚持没有意识就根本不知道什么是客观世界，好似具有认识论上的理由。但从深层次的角度看，任何意识都是在世的意识，认识之可能性的必要条件是存在客观世界，认识论不能脱离本体论。因此，从根本上说，客观世界的存在是第一性的，意识是第二性的。

---

[1] E. Husserl, *Husserliana*, Bd. III, S. 120.

第四节　现象学的方法

现象学的方法是用来为解决现象学的问题服务的。在胡塞尔看来，现象学的问题主要有两类：本体论的问题和形而上学的问题。相应地，现象学的方法主要也有两种：本质还原的方法和先验还原的方法。

"**本体论**"和"**形而上学**"这两个概念在胡塞尔那里有特殊的用法。"**本体论**"指先天观念的整个系统，它包括"形式的本体论"和"实质的本体论"等。**形式的本体论**研究形式的范畴和规律（如形式逻辑和纯数学的范畴和规律）。**实质的本体论**研究存有的分类（从最上层的存有的区域，如自然、人、历史，到最下层的事物的种属和类型）及其范畴。在胡塞尔那里，"观念"（Idee）、"本质"（Wesen）、"本相"（eidos）基本上是一个意思。"范畴"（Kategorie）、"种属"（Spezies）、"类型"（Gattung）、"规律"、"结构"等是"本质"的相关概念。因此我们也可以说，本体论是一种研究本质、本质的规律和结构的科学。现象学的本质还原的方法就是用来发现本质、本质的规律和结构的方法。

在胡塞尔那里，"**形而上学**"指有关最终和最高问题的科学，其中特别涉及意识和存有者的关系问题、主体和对象的关系问题。先验还原的方法是为解决这些问题服务的。

胡塞尔在其晚年的最后一本著作《欧洲科学的危机和先验现象学》中较为详细地探讨了**生活世界**的问题。他认为，生活世界是一切科学形成的基础，**生活世界的本体论是一切其他本体论**（形式的本体论和实质的本体论）的基础。生活世界的问题是跟人的实践问题，人生的意义、目的、动机问题，以及历史问题联系在一起的。**生活世界的本体论**是指有关生活世界的本质的结构和规律的科学。因此在研究生活世界的本体论的时候，同样要应用本质还原的方法。

现象学方法的一个"特色"是，它被认为是一种不以任何假设为前提的、达到必真的真理的方法。现象学的中止判断被认为是保证做到这一点的一种手段。在现象学的本质还原和先验还原中都要运用现象学的中止判断，不过对它的要求有所不同，前者只要求部分的中止判断，后者则要求普遍的、彻底的中止判断。

从现象学的任务来看，现象学的方法只包括本质直观的方法和先验还原的方法。而且先验还原的方法是跟胡塞尔的特殊的先验唯心主义的学说联系在一起的，它并不被所有的现象学家所接受。现象学的中止判断是现象学的本质还原和先验还原的方法的必要的环节或必备条件。严格地说，它们是跟现象学的本质还原和先验还原分不开的。

一、现象学的中止判断

"**中止判断**"（epoché）这个术语是胡塞尔从古希腊怀疑论哲学家那里借用来的。它原初表示对一切被给予的东西打上可疑的记号。胡塞尔的中止判断主要限于对被给予的东西是否存在的问题暂时不表态，把间接的知识放在一边，首先集中注意直接的知识。它的功用主要有两点：

（1）用于帮助寻找可靠的开端。中止判断把一切间接的知识放在一边，这起到一种筛选的作用，这样剩下来的就可能是直接的知识。

（2）用于防止转移论题，用于防止在反省问题的过程中重新运用间接的知识，用于防止循环论证。我们在思考问题的过程中，总是喜欢把某些看法当作不言自喻的东西，并用作根据。甚至当我们想证明这种看法本身时，我们也会不知不觉地把这种看法援引为根据。例如，哲学的一个基本问题是意识与意识的对象的关系问题。但我们在企图解决这个问题的过程中，经常会不知不觉地运用"意识的对象是存在的""人是存在的""世界也是存在的"这样的假定，从而转移了论题，使这个问题无从解决。中止判断提醒我们在解决问题的全过程中不要运用这样的假定，尤其强调不要做出有关存在的假定。

胡塞尔时常用"**加括号**"这个概念来表示中止判断。在计算一道数学题的时候，我们可以把这道数学题的某一部分放在括号里，暂时不解它们，先解其他的部分，待解完其他的部分后再来解它们。这并不影响对整道数学题的解答，而且这往往是一种必要的途径。在反省哲学问题的时候，我们也可以采用这种方法。当然这种方法的使用范围是有限度的，在很多技术实践的领域中我们不能采用这种方法。如在化学实验中，化学反应的程序的先后往往起决定性的作用。

二、本质还原的方法

本质还原的方法又名**本质直观**的方法，是胡塞尔在研究逻辑基础的过程中发展起来的一种方法。他最早在《逻辑研究》一书中谈及这种方法，在《大观念》I的第一章"事实与本质"中较为详细地论述了这种方法。可以说，本质直观的方法是胡塞尔批判心理主义后产生的第一个结果。既然逻辑的规律不再被当作心理的、经验的规律，那么这些规律就不可能是通过经验的概括的方式获得的，因为通过经验的概括所得到的东西只能是经验的东西。胡塞尔不像逻辑实证主义者那样认为逻辑规律是纯粹形式的约定，而主张逻辑规律是非经验的、先天的规律，那么如何用一种非经验的、先天的方法认识这些规律的问题就自然而然地被提出来了。胡塞尔认为，最基本的逻辑规律不可能是通过推论得出来的，因为推论总要依据前提，而最基本的逻辑规律是一切推论的前提。

胡塞尔主张，最基本的逻辑规律是直接地被直观到的。直接地被直观到的东西不以任何其他东西为前提。胡塞尔这一看法的新异之处在于，他不仅主张个别的东西可以被直观，而且主张像逻辑规律那样的本质的东西也是可以被直观的。后来，胡塞尔把直观的范围进一步扩大，主张一切本质的东西都可以被直观到。本质直观的方法就是以获得非经验的、无预先假定的本质和本质的规律为目标的一种认识方法。

本质直观的方法的基本原则是："**面向事物本身**。"在这里，事物不应被理解为物理的事物，而应作"直接的给予"或"纯粹现象"解。胡塞尔在《大观念》I中表述了这条"**一切原则的原则**"："每一种原初地给予的直观都是认识的正当的源泉，一切在直觉中原初地（在某种程度上可以说，在活生生的呈现中）提供给我们的东西，都应干脆地接受为自身呈现的东西，而这仅仅是就在它自身呈现的范围内而言的。"[1]

为了确保"面向事物本身"，为了能够获得直接的给予，即为了正确地贯彻这条"一切原则的原则"，必须遵循一定的程序。这种程序包括两个步骤：中止判断的步骤和在对个别东西的直观的基础上使其共相清楚地呈现在我们意识面前的步骤。

胡塞尔认为，要直观本质，需要首先执行现象学的中止判断。这是因为：

（1）事物向我们显现的只是它们是什么的一方面，有关它们的存在并没有向我们显现。我们看到事物是如此这般的，我们并没有看到事物的存在。有关事物的存在是我们加上去的一种信念。我们可以设想事物并不是自在地存在的，事物是由意识构成

---

[1] E. Husserl, *Husserliana*, Bd. III, S. 51.

的。为了不做出任何预先假定，我们需要把有关认识的对象（事物）存在的信念悬置起来。

（2）"本质"这一概念具有多重含义。其中一个含义是相对于现象（表象、假象）而言的本质。它表示隐蔽着的实在的东西。现象学的"本质"的含义与此完全不同。**本质就是现象，本质就是事物向我们显现出来的有关它是什么的方面**。从这个意义上讲，也有个别的本质，即个别的事物所显现出来的它是什么这一方面。不过在一般情况下，现象学所研究的本质是普遍的本质，即**共相**，它表示一类事物向我们显现出来的、存在于它们之中的**共同的规定性**。这种规定性刻画了这类事物是什么的特性。

（3）现象学所讲的本质是确真的（apodiktisch）本质。认识这种本质不依赖于我们对个别事物的经验。如果我们断定，个别事物是存在的，对本质的认识是在对个别存在的事物的经验的基础上的一种概括的话，那么这样得出来的本质是经验的概括，只具有偶然的真理性，而不是胡塞尔的现象学所要求的那种确真的本质。[1]

综上所述，胡塞尔所说的本质还原是在现象学的中止判断的框架中进行的，现象学的中止判断为直观本质创造必要的条件。通过中止判断，我们的目光集中于什么是事物向我们直接显现的方面，这也就是说，我们达到纯粹现象。在这一基础上，就可以执行本质还原的第二个步骤，即在对个别东西的直观的基础上使共相清楚地呈现在我们的意识面前。这一步骤是本质还原的正面步骤。

正如把握经验的共相是以殊相为出发点的，本质还原也以殊相为出发点。在本质的还原中，人们把现实的或想象的个别对象当作例子，并且在**自由想象的变更**中进一步产生对于把握共相所必要的多种多样的例子。例子只是作为无数可能的变项中的一个变项被使用。在产生这些变项以后，须把这些变项当作一个整体来注视。在这个整体中我们看到，一切变项是相互有关的。它们相对于某些规定性而言具有一致性，相对于另一些规定性而言又具有区别性。在这一基础上，我们可以把所有在这些变项中不变地保留下来的规定性揭示出来。它们是这些变项所共同具有的必然的东西。这样的规定性之总和就是这些变项的本质。

让我们举例说明这一步骤。如果我们想要把握物质的东西的本质，我们可以从一

---

[1] 参见 E. Husserl, *Husserliana*, Bd. III, S. 285。

个现实的或想象的物质东西出发，如我们可以从摆在我们面前的一张书桌出发。我们在自由想象的变更中任意改变这个作为出发点的例子。我们可以把它改变为房子、高山、星辰等等。我们可以在它的一切规定性方面改变它，直到我们发现它不再是物质的东西为止。我们发现不具有广延性的东西，如观念不是物质的东西。我们把所有这些被判别为物质的东西的例子的变项当作一个整体来注视，我们发现在这些变项中所共同具有的规定性是它们在时间中具有一定的持续性，在空间中具有一定的广延性。于是，这二者合起来就构成物质的东西的本质。

在以上所叙述的本质直观的方法中，显然留下了一些需要进一步论证的问题。

我们在自由想象的变更中，不断改变例子的某一方面的规定性，我们不断地问自己，这个经改变了规定性的例子是否属于另一类东西，是否已经失去了原来的身份。这也就是说，这种方法是以我们知道这一类东西的"**边界**"为前提的。在边界这一边的东西属于这一类东西，在边界那一边的东西不属于这一类东西。边界定在什么地方，对于确定某一类东西的本质起决定性的作用，因为本质就是边界之内的这一类东西所共同具有的规定性。现在的问题是，这种边界是如何被确定的呢？我们是如何知道某一类东西的边界的呢？一种可能的答复是：本质提供了确定边界的规则，我们根据这些规则知道边界定在哪里。但这将导致循环论证：我们通过知道边界来确定本质，我们又通过知道本质来确定边界。对这种反驳的反驳是：本质直观的程序不是一种论证的程序，而是一种"看"的程序。本质作为某一类东西的必然的规定性之总和已经存在在那里了。看到某一类东西的"边界"等于看到某一类东西之为某一类东西的必然的规定性，即本质的规定性。由于这样的"边界"具有明显性，本质直观的程序要从看清这样的"边界"入手。然而，实际上，我们发现，很多类型的东西之间的边界是不清楚的。

本质还原要求把对个别东西的存在的信念悬置起来，但不要求把对意识的存在的信念悬置起来。本质的还原是在意识活动中进行的，把对意识的存在的信念悬置起来之后，就根本不可能进行本质的还原。这样，要论证本质直观的方法的合理性，必须证明意识的存在是一种不同于个别东西的存在的存在。意识的存在具有自明性，而个别东西的存在缺乏自明性。关于这个问题，运用本质直观的方法是不能解决的，它是先验还原的方法的对象。

三、先验还原的方法

（一）什么叫先验还原

我们已经提到过，先验还原被用以解决形而上学的问题，即存在之为存在的问题，有关存在本身的最一般的规定性的问题。按照胡塞尔的观点，世界的本源是先验的主体。世界（这里指意识的意向对象的总和）是由先验的主体构成的。先验还原把那种有关世界是自在地、客观地存的观点还原为世界是有关先验主体而存在的观点。先验还原是一条通向先验主观性的道路。

胡塞尔认为，人们通常持一种**自然的心态**。在这种自然的心态中，人们把世界看成各种各样的被经验到的和没有被经验到的东西的总和。这些东西不依赖于我们的意识客观地、自在地存在于那里。我们人本身也是这些东西中的一个东西。我们的意识本身是一种物质的东西的（人的身体的，特别是脑的）机能的表现。认识是一种自然的事实，是一种进行认识的有机生物的体验。心理规律是自然规律中的一种规律，是可以用经验的方法来进行研究的。世界提供给我们经验，我们根据这些经验对世界做判断。我们在经验的基础上进行概括、推论，构筑理论，并对世界做出预言。如果我们的预言被证实，我们就相信我们的理论是有效的；反之则对我们的理论进行修正或重新构造。显然，胡塞尔所说的自然的心态是指人们通常所持的和大多数自然科学家所采取的客观态度。

胡塞尔认为，这种心态的一个根本的缺点是不考虑认识如何可能的问题。既然我们关于世界的一切看法和知识都是通过认识获得的，那么在有关认识的可能性问题被解决之前，就不能把这些看法和知识当作不言而喻的。持自然心态的人不对认识的可能性进行反省，而把他们自己关于世界的这些看法当作不言而喻的事实。

胡塞尔认为，与自然的心态相对的是一种哲学的心态。哲学的心态反省认识的可能性的问题。按照胡塞尔的观点，**认识的可能性问题**包括如下三个方面：

（1）意识之外是否存在独立于意识的、作为自在之物的对象？

（2）意识如何能越出自己达到对象？何从知道由认识所描述的事物的状态与事物本身的状态相符合，或认识与认识的对象如何能取得一致？

（3）认识的主体在认识对象的过程中究竟起了什么作用？

胡塞尔认为，要解答这三个问题，不能预先假定在意识之外存在自在之物，以及意识能超越自己达到自在之物。这样的做法是把悬而未决的问题事先当作前提进行肯定了。为防止这种自然心态的习以为常的做法，必须执行普遍的、彻底的中止判断。这种中止判断不仅要求把有关一切作为认识对象的东西的存在信念悬置起来，而且要求把有关认识的主体在世界中存在的信念悬置起来。如果认定认识的主体意识是在世界中存在的，世界是认识的基地，这将导致对世界的存在的认定，并将最终导致对世界中的一切其他东西的存在的认定，因为世界无非是一切事物的总和，进行认识的某个主体无非是这些事物中的一个事物。彻底的中止判断把一种对认识的可能性不做反省的自然态度还原为一种对认识的可能性进行反省的、不做任何预先假定的、审慎的哲学的态度。

现在让我们考察一下"**先验**"这个概念在历史上的用法。在**中世纪经院哲学**的用法中，"**先验**"被用于刻画那些具有普遍意义的范畴的特性。这些范畴超越于一切具体种类的存在物的规定性，达到有关存在之为存在（存有之一般）的普遍的规定性。这些被称为"先验"的范畴包括"事物""存有者""真理""善""一与多"等。**康德**给予"**先验**"这个词以新的含义。他认为，在研究存有者及其规定性之前，必须研究认识如何可能的问题。"先验"表示不是研究认识的对象，而是研究对对象的**认识方式**，并且这种研究必须以一种不依赖于经验的、先天的方式进行。"先验的"不是表示超越于经验的，而是表示使经验的认识成为可能的。**胡塞尔**在康德的意义上使用"先验"这个词，称他的现象学为先验的现象学，因为这种现象学把研究认识的可能性问题放在首要地位。它着重研究意识的对象是如何向意向的意识显现的，意向的意识是如何构成意识的对象的。与康德的不同之处在于，胡塞尔对认识如何可能的问题的研究是在现象学的中止判断的框架中进行的，他对认识方式的研究是在意向性理论的基础上展开的。

（二）经由笛卡尔式的"怀疑途径"达到先验自我和先验意识

在研究认识论的时候，胡塞尔主张把不清楚的、有疑问的关于外部世界的存在的信念和关于经验的自我的存在的信念放在括号里，存而不论，避免在研究认识论的基本问题时做出预先假定；然后以本身清楚的、没有疑问的东西为基础，建立起一个可靠的认识体系。纯粹的意识是本身清楚的、没有疑问的东西。胡塞尔是不对纯粹的意识做中止判断的。为什么纯粹的意识可以被当作认识的绝对清楚的、可靠的起点呢？胡塞尔认为笛卡尔的怀疑的途径有助于获得这一结论。

在胡塞尔看来，笛卡尔的怀疑方法有很多可取之处。笛卡尔从"我在怀疑"这一点推出"我在思想"，以及推出作为"在思想的我"的存在，从而找到一个认识论的可靠的开端，这是天才的发现。但是胡塞尔不愿接受笛卡尔的心物二元论。笛卡尔从"我思"推出的"我在"虽然不是作为肉体的我的我在，但是这种作为非物质的心灵的我是与作为物质东西的肉体的我处于相互关系之中的。这两种在本体上完全不同的东西如何能够相互作用呢？这种心物二元论将引起很多麻烦，而且笛卡尔通过成问题的上帝存在的本体论论证方式"证明"上帝的存在，然后借助上帝的力量（上帝不会欺骗我们）证明我们关于外部世界（物质世界）的存在的信念。对此胡塞尔是不满意的。胡塞尔的立场是，在理性能够办到的事情的范围之内，不用请上帝来帮忙。胡塞尔试图从内在性出发，完全借助于理性的力量来解决认识论的基本问题。

胡塞尔认为，通过笛卡尔的怀疑的途径所得出的不应是笛卡尔意义上的、还没有完全摆脱经验特性的"我"和"我的思"，而应是**先验自我**和**先验意识**，即经过彻底的现象学的中止判断而剩余下来的纯粹的自我和纯粹的意识。经过笛卡尔的途径和彻底的中止判断，我们达到一个纯粹意识的领域，这种纯粹意识具有以上所说到过的意向行为（noesis）和意向相关项（noema）的相关联系的意向性的结构。在这里，**先验自我**是作为意识活动的执行者而存在的，意识内容是意识活动的相关项。"**先验自我**"这个术语来自康德，指一系列意识活动和意识内容得以统一的中心；有了先验自我这个**统调者**，丰富多样的意识之流才可能获得统一。胡塞尔继承了康德对这个术语的用法，但胡塞尔强调，"先验自我"不是一种"**设准**"，而是通过先验还原向我们清楚明白地**呈现**出来的东西。

（三）先验还原和现象学构成的思想脉络

胡塞尔的整个思路是，首先肯定意识的活动、意向性的结构、作为意识活动的执行者的自我的自明性，然后说明意识活动是如何进行构成的。具体地说，如果我在某一时刻进行思考，尔后我通过反省就可以绝对清楚地知道那时进行思考的那个行为者的存在；同样地，我通过反省还可以绝对清楚地知道那时的判断行为、回忆行为、爱的行为、恨的行为等等的存在。胡塞尔认为，通过对这些行为的反省，我们可以发现，这些行为是与自我相关联的，并且是指向对象的。在此，作为这些行为的执行者的自我以及这些行为的指向对象的意向性结构都是自身呈现的和绝对自明的，但是有关意向活动所指向的对象是否存在及其意义的问题仍然不清楚。这需要通过先验还原达到纯粹意识，然后在纯粹意识的基础之上构成有关存在物的观念。

举例来说，如果我看到远处有一棵树，在这所有的环节中，可疑的一面包括：究竟远处被我所看到的是不是一棵树，因为我可能看错；究竟作为意识之外的、独立于意识的物质对象的树是存在的还是不存在的，因为我所看到的只是树而不是树的存在；等等。不可疑的一面包括：我的看的行为，我以为我看到了一棵树，我的看的行为是指向"一棵树"这个对象的，以及我在这里是作为看的执行者而存在的。

胡塞尔把纯粹意识领域之内的问题称为**内在性**的问题，把认识的对象是否客观地存在的问题称为**超越性**的问题。他主张现象学的构成研究首先要在纯粹意识的内在领域展开，因为只有在把超越性的问题悬置起来以后才能安全可靠地研究有关一切存在物的观念的构成问题。这就是说，胡塞尔的构成的路线图是先内在后外在，先主观意识后客观世界。后来，人们把以这种方式从事的哲学研究称为**"意识哲学"**，胡塞尔被认为是意识哲学的典型代表人物。

胡塞尔对时间的构成就是按照这条思路进行的。他区分"内在时间"和"客观时间"，主张先构成"内在时间"，然后在"内在时间"的基础上构成"客观时间"。**"内在时间"**在胡塞尔那里指只在意识之内并只能由意识直接体验到的时间。他认为这种内在时间相比于外在的客观时间具有优先性，因为它是原初的时间。**内在的时间意识**由原初印象（Urimpression）、持留记忆（Retention）和连带展望（Protention）[1]组成。原初印象总是与持留记忆和连带展望紧密关联，它们形成一个刚刚的过去、登场的当下和即将的到来的三维的流动场，是**"活生生的当下"**（lebendige Gegenwart）。内在的时间意识是我们的原初的时间意识。客观的可度量的时间观念依赖于这种原初的时间意识才能被构造出来。

胡塞尔认为，我们有关外部世界中存在物的观念也是由意识活动构成的。当我们观察某一物体，如观察一张书桌的时候，我们只观察到它的一面，如它的前面部分；

---

[1] "原初印象""持留记忆"和"连带展望"这三个概念也被翻译为"原印象""滞留"和"前摄"。我觉得自己的译法更能突出其意识层面上的意义，而"滞留"和"前摄"的概念容易让人产生物理层面上的联想。

我们只要想观察，我们还可以观察到它的其他部分，如我们围绕这样书桌走一圈，我们可以观察到它的前后左右这些部分；但是无论如何，物总是在一定的侧面中呈现给我们，我们已经看到的部分不等于物的全体部分。这也就是说，作为一个整体的物超越于我们对它一切已有的知觉内容；只要我们继续进一步观察它，我们又会获得更多的知觉内容。这意味着一个物只要继续存在，其显现是无穷尽的一个个侧面。而且，我们对物的知觉有被动的一面。一个在我眼前的物，我一张开眼睛就会看见它；即使我不想看它，它也会引起我的感觉。根据上述理由，胡塞尔认为物不等于感觉的复合，外部世界的存在物超越于我们的意识而客观存在。这是胡塞尔不同于贝克莱的地方。

有关这一点，我们还需辨别得更加清楚一些。经常有人把胡塞尔有关存在物的构成学说混淆为贝克莱的存在物就是感觉的复合的学说。造成这种混淆的一个原因是把胡塞尔所说的"构成"（constitution）理解为"创造"（creation），把胡塞尔的"意识活动构成存在物的观念"的观点理解为"意识活动创造存在物"的观点。这显然是一种误解。要之，当胡塞尔谈论物的**构成**的时候，他是在谈论**物的观念的构成**，其中包括物的客观存在的观念的构成，即我们是凭着什么样的意识内容和依据什么样的理由构成有关物的观念的。如上所述，胡塞尔依据意识对物体的感知具有"侧显性""无穷尽性""被动性"等特征，由此推断物体在外部世界的客观性存在。由此可见，胡塞尔不是说意识活动创造了存在物，而是说它构成了存在物的观念。如果联系到康德的话，那就是说胡塞尔不像康德那样先验地设定物自体的存在，而是通过他的先验现象学的方法构成康德有关物自体的观念。在此我们需要注意，胡塞尔研究构成的思路是先内在后外在。这意味着胡塞尔依然走的是一条从意识出发进行构成的意识哲学的路线。胡塞尔在《大观念》中明确把他的这条哲学路线称为"先验唯心主义"。他的"先验还原"就是为通向纯粹意识而设计的方法论途径，是为现象学的构成服务的。

第五节　生活世界

胡塞尔在晚年很重视对**生活世界**的研究。这与胡塞尔研究现象学的还原和现象学的构成有关。胡塞尔的先验唯心主义的**意识哲学**受到海德格尔的**存在哲学**的批评。海德格尔指出，人有关存在物的观念是与人的生存活动联系在一起而形成的。举例来说，某人从路边捡起一根树枝当作拐杖使用，那么这根"树枝"就成了他的"拐杖"。这意味着，一样东西是什么，取决于与其相关的在世的生存活动，而在世的生存活动已经意味着肯定外部世界的存在。若像胡塞尔那样把外部世界的存在悬置起来存而不论，意识活动怎么能够构成有关存在物的观念呢？胡塞尔晚年注意到海德格尔的批评，承认人的具体的生存活动在构成人有关具体的存在物的观念方面发挥着重要作用，但他认为海德格尔的从"此在"出发的构成思路是一种"**人类学**"（Anthropologie）[1]的思路，它无助于建构涉及所有存在者区域的普全性的本体论学说，这一点在涉及数学和逻辑基础的形式本体论时尤为明显。这可以从他阅读海德格尔的《存在与时间》和《康德与形而上学疑难》的边注中看出来。[2]其中有一条边注如下："海德格尔把构造性－现象学对存在者与普全者的所有区域、对世界全部区域的澄清变调为或变韵为人类学的东西；整个问题域都是改写，与本我相应的是此在等。在这里一切都变得非常不明白，并且在哲学上丧失其价值。"[3]

胡塞尔对海德格尔批评的回应包含两个要点：

（1）就对具体的存在物的观念的构成而言，胡塞尔认为海德格尔有关联系生存境域进行研究的论述有可取之处。海德格尔谈的此在的自我是一种"**人格自我**"（personal Ich）。每个人的生活环境、教养、习惯是不同的，因而形成不同的性格和思想方式，并结合自己的生活方式和生存需求使用概念和看待事物。海德格尔在《存在与时间》等中谈到的基本存在论就是沿着这条思路谈论观念的构成的。现象学不否定"人格自我"，但现象学还需要考虑"人格自我"与"先验自我"的关系。"人格自我"和"人类学的思考方式"有其在具体的生活领域中的用武之地，这需要肯定，但哲学

---

[1] 就当时的德国哲学的背景而言，胡塞尔在此使用"人类学"这个概念容易让人联想到康德区分"先验哲学"与"实用人类学"。在康德那里，"先验哲学"在认知理性和实践理性的建构中具有普遍意义，而"实用人类学"偏向于经验方面对人的研究，要在先验哲学指导下才能获得普全的意义。

[2] 参见胡塞尔：《关于海德格尔〈存在与时间〉和〈康德与形而上学疑难〉的胡塞尔的边注》，肖德生译，载中山大学现象学文献与研究中心编：《中国现象学与哲学评论（第二十六辑）》，上海：上海译文出版社，2020年，第43—45页。

[3] 同上书，第44—45页。

还需要走向追求普遍意义的研究。

（2）就追求普遍意义的本体论体系的构成而言，胡塞尔认为海德格尔的人类学的路线走不通，因为这将导致一种**相对主义**的观点：存在物的意义及其真理都是相对于人类特定的历史条件和生存状况而言的，因而没有什么具有普遍意义的观念和真理。胡塞尔主张，为建立适用于所有存有者的区域的形式本体论和实质本体论，必须克服这种"人类学"的相对主义观点，超越"此在"的自我，走向"先验的"自我。为了追求"哲学作为严格科学"的普遍科学的目标，胡塞尔坚持他的先验唯心主义的构成思路。他认为，具有普遍意义的逻辑和数学的形式真理是对应于具有普遍意义的先验自我而言的真理，具有普遍意义的对一切存有者进行分类的本质真理必须被联系到一个具有普遍意义的先验主体。概而言之，**具有普遍意义的本体论体系必须由先验主体统一构成**。

结合这两个要点，胡塞尔重新审视现象学的还原和构成的方案。他觉得需要考虑从具体到普遍的不同层次。从现象学还原方面看，他认为他以前主张的"笛卡尔式怀疑的现象学还原"的途径太简略，让人一下子进入纯粹意识的领域，容易让人忽略人的具体的意识活动总是与人在生活世界中的活动联系在一起的，因而需要"经由生活世界的现象学还原"的途径来补充，使之更加周全和丰满。从现象学构成的方面看，要区分人的日常生活中的观念的构成活动、职业生活中的观念的构成活动和科学研究中的观念的构成活动。与此相关，胡塞尔把生活世界大致分为三类：

（1）日常的生活世界，

（2）职业的生活世界，

（3）科学的生活世界。

日常的生活世界指人的衣食住行和直接交流思想情感的生活世界。在这里所发生的事情以及人的动机、行为和结果具有明见性；它们是前概念的、在活生生的经验中直观地给予的。在这里，人们处于一种**人格主义**的态度中，人们容易相互沟通和理解。胡塞尔写道："当我们在一起生活，面对面地谈话，互相握手致意，在爱和恨中，在思考和活动中，在辩论中互相联系在一起的时候，我们就经常处在那种人格主义的态度中；同样地，当我们把我们周围的东西看作我们的周围环境，而不是像在自然科学中一样看作'客观的'自然时，我们也就处在这种人格主义的态度中。"[1]

职业的生活世界指人通过其职业的生活方式所形成的世界。人的不同的职业兴趣会造成人们的视野不同，人们各自的职业活动的地平圈是人们各自特殊的生活世界。胡塞尔写道："我们意识到生活世界是我们的地平圈，我们总为着一定的目标而生活，不管这目标是短暂易变的，还是始终如一的。一个指导我们的生活实践的终生志愿或是通过我们自己的选择，或是通过我们所受过的教育形成。一旦有了固定的目标，我们就构成了一个规定边际的'世界'——地平圈。干一项职业的人往往对本职业以外的事情不加关心，视其职业界为世界、为自己的现实性和可能性，即只注意自己的世界中所存在的东西，只关心在那里为实在的（相对于他们的目标来说是正确的、真的）或不实在的（不正确的、错的、虚假的）东西。"[2]

科学的生活世界指通过人的科学活动的生活方式所形成的世界。胡塞尔写道："科学的世界——系统的理论——以及其中包含的以科学真理形式存在的世界（以自然科学的形式、以普遍理论的形式存在的世界，在命题、在形式命题中被当作基础的它的自然），如同其他的一切目的世界一样，本身也属于生活世界。这如同人、人的群体、人的目的（个人的和群体的目的）及其相应的工作的作品都属于生活世界一样。"[3]这里所说的科学不仅指自然科学，还包括哲学、政治、经济、文学等社会科学和人文科学，其要义是以普遍化的方式建立的系统化的理论。胡塞尔强调，这种系统化理论研究的最高层次是哲学的本体论体系，而先验现象学致力于建构与先验主体相关联的实质本体论和形式本体论的普全性的体系。

这三类生活世界看起来很不相同，但它们都属于生活世界。日常的生活世界起着某种奠基性和整合性的作用。职业的生活世界具有特殊性。不同的职业造成不同的职业的兴趣、眼光、表达问题的方式和评判事情的准则。但是，不同职业的人都有基本相同的日常的生活世界。人的某些基本需求是相同的。人总离不开衣食住行，科学家也要过日常生活。在日常生活中人们有许多共同语言，在日常生活中人们最容易交流

---

1 E. Husserl, *Ideen zu einer reinen Phänomenologie und phänomenologischen Philosophie, Zweites Buch*: *Phänomenologische Untersuchungen zur Konstitution, Husserliana*, Bd. IV, The Hague: Martinus Nijhoff, 1952, S. 183.

2 E. Husserl, *Die Krisis der europäischen Wissenschaften und die transzendentale Phänomenologie, Husserliana*, Bd. VI（以下简称*Husserliana*, Bd. VI）, The Hague: Martinus Nijhoff, 1954, S. 459.

3 Ibid., S. 460.

各自的价值观念。科学家的工作也是一种职业。为什么要单独列出科学的生活世界，而不把科学的生活世界归入科学家的职业的生活世界呢？这是为了强调科学活动所构成的世界。这是一个以科学的术语在系统的理论中所表述的世界，是一个以科学的思想方式所理解的自然。科学的世界是人类科学研究工作的对象和作品。日常的世界、职业的世界、科学的世界都是人的生活活动的相关项，因此都属于生活世界。正因为它们都属于生活世界，都与人的主体相关，它们之间才是可以沟通的。

　　胡塞尔区分这三类生活世界，是为了建立"**生活世界的本体论**"。生活世界不仅涉及人的日常生活、职业生活和科学研究活动的生活，而且还涉及它们的相关项，即涉及各种各样的存有者，涉及对存有者的划分，涉及对精神与物质的划分，涉及对自然的看法。这里特别需要注意的是，原来被理解为自在的自然界也成了生活世界的相关项。自然界成了以自然科学的形式、以普遍理论的形式存在的世界，自在的自然成为在命题、公式中被当作科学活动相关项的自然。生活世界的本体论把传统的本体论的对存有者进行分类的问题追溯到对生活世界进行分类的问题，这有助于我们理解各种各样有关存有者的概念的意义是怎样随着人的生活活动而开启出来的。

　　胡塞尔按照明见性的原则建立生活世界的本体论。胡塞尔主张，**明见性**不仅在于客体本身的简明性、显而易见性，而且在于主体的认识能力、主体所积累的知识、主体与客体之间是否存在直接的关系、主体活动的周围环境和背景知识，这包含在一个共同体形成的共识中，其中的一些被视为当然的、起着指导性作用的共识就是所谓的"先天的"知识。胡塞尔认为，日常的生活世界的明见性程度高于职业的生活世界和科学的生活世界的明见性程度。在日常的生活世界中，主体与客体处于直接的关系中，我们直接看到山和河，居住在房子里，喝水吃饭，面对面交谈。我们的某些劳动也具有直接明见性，我们能直接经验到如何通过我们的劳动产生劳动的成果。但是，随着科学技术的发展，分工越来越细，职业越来越专门，由此产生不同的专业知识，隔行如隔山。特别是理论科学的知识更远离人的直接经验。科学理论中的概念所指的东西（科学世界中的存有者）是科学的理论活动的观念化的结果，它们不再是可直接经验到的东西。近代的科学都具有一个理论—逻辑的下层结构，这个结构在原则上是不可知觉的，在原则上是不可经验到它本身的存在的。但是胡塞尔看到，理论科学依然是"一种特殊的实践的构成物,即理论—逻辑的构成物"[1],并因而可以在生活世界中找到它本身的具体性。"客观理论在其逻辑意义上植根于并奠基于生活世界之中,在生活世界之中具有属于它的原初的明见性。"[2]

胡塞尔以历史的眼光看待生活世界本体论的问题。明见性的问题是与历史性的问题连在一起的。我们的生活方式是在历史的过程中形成和发展的,我们的知识是历史地传承下来的,我们的文化共同体的背景知识和共识是历史地积淀而成的。我们有关什么存在、什么不存在的看法,我们如何对存有者进行分类,依赖于我们的文化历史的传统。胡塞尔写道:"每一种人类文明总是在本质上相应于作为它的生活环境的、有其自己的生存方式的文化世界;这样的文化世界在每一个历史阶段和文明中都有其相应的特征,并因而都有其传统。因此,我们处在历史的地平圈中,其中所有的东西都是历史的,不管我们对确定的东西知道得多少。"[3]这表明,本体论也是具有历史性的,在不同的历史阶段和文化形态中有着不同的本体论,本体论随着人类文化形态和生存方式的转变而转变。于是,胡塞尔把本体论视为人类的共同体在其生活活动中所构成的产物。本体论涉及有关各种存有者及其关系的概念系统(语言系统)。这种概念系统(语言系统)不是本来就有的,而是构成的。这种构成不是某一个哲学家的工作,而是人类的共同体在生活活动中构成的。有不同的生活活动的形态,就有不同的本体论的形态。有关存有者及其关系的概念系统是随着生活形态的演变而演变的。哲学家可以梳理这样的概念系统,但哲学家不能强迫人们接受他所制作的本体论的系统,因为这样的语言系统本身是人类生活活动的一部分,是活的东西,是集体构成的产物。

从胡塞尔研究生活世界原初的目的来看,他是指望使得现象学还原和构成的途径显得更加全面和丰满。他认为,对生活世界的考察能为通向作为普遍科学的先验现象学铺设道路,因为在与生活世界相关的各种具体科学的研究中包含着一种追求普遍科学的倾向,尽管这种倾向不甚明显,但通过对从古希腊到近代的科学和哲学的发展过程的考察可以发现,其中包含这种**历史目的论**,通过这种历史目的论的解释能够明了

---

[1] E. Husserl, *Husserliana*, Bd. VI, S. 132.

[2] Ibid.

[3] Ibid., S. 378.

他的"先验现象学"正代表了欧洲的科学和哲学的历史发展方向。他写道:"我们将打破外部的哲学史的'历史事实'的硬壳,提问、展示和检验它们的内在意义和深藏的目的论。"[1] "一种新的哲学的实践的可能性将连同它的新的任务、它的普遍逼真的基础,通过它的活动而显示自己。但是这种探索也将表明,一切过去的哲学是内在地趋向这种新的哲学的意义的,尽管它们本身并未意识到这一点。"[2]

胡塞尔有关生活世界的论述主要出现在他的最后一本著作《欧洲科学的危机和先验现象学》中。这是一本未完成稿,他生前只发表了其中的第一和第二部分,内容多得多的第三部分还处于初稿状态,由断断续续的札记组成。这里确实存在一些不连贯的地方。胡塞尔原本希望把生活世界的本体论作为通向现象学的先验还原和先验构成的一条途径。但是,他的有关生活世界的论述是否与他的先验唯心主义的意识哲学的立场相矛盾呢?人们不免要问:既然日常的生活世界具有原初的明见性,既然一切科学理论的建构都与生活世界中的实践活动相关,既然从古希腊到近代的一切科学理论都是在历史的过程中建构起来的,而且这种建构都离不开生活世界中的实践的动机,那么又为什么还要经过生活世界的途径还原到先验自我的纯粹意识中去呢?在《危机》中,胡塞尔对此的解释是追求普遍科学的必要性,并通过历史的目的论为普遍科学的理念辩护。以**德里达**(Jacques Derrida,1930—2004)为代表的解构主义和后现代主义的哲学家质疑这种普遍科学的理念,并把胡塞尔的先验现象学的构成思路和历史目的论当作"逻各斯中心主义"的典型而抛弃。**哈贝马斯**等肯定理性和现代性的积极意义的哲学家则肯定胡塞尔研究生活世界的意义,认为西方思想传统中追求普遍科学的理念本身没有错,但先验主义的思想方法需要经过"交往行为理性"的改造,以主体交往的方式在多元性中寻求共识,在历史实践的过程中建构普遍的知识和行为的规范。

胡塞尔本人没有来得及讲清楚他晚年在《危机》中阐发的生活世界的学说与其早先的先验现象学理论的关系就过世了。对于胡塞尔思想中的前后不一致的问题,我们不必感到奇怪,因为胡塞尔是一个勇于自我批评的哲学家。胡塞尔一生最大的愿望是建立一种作为严格的科学的哲学,然而这一愿望毕竟没有实现。胡塞尔所留下的是一

---

[1] E. Husserl, *Husserliana*, Bd. VI, S. 16.
[2] Ibid., S. 16–17.

大堆问题。胡塞尔认识到自己是一个永远的哲学的"探索者"和"初学者"。胡塞尔哲学的重大意义充分体现在他为往后的哲学探讨提供绕不开的问题意识和思想遗产。

思考题

1. 什么是胡塞尔的现象学的问题意识？
2. 胡塞尔如何批评逻辑和数学研究中的心理主义？
3. 什么是胡塞尔的意向性理论？其在《逻辑研究》和《大观念》I中有何不同？
4. 什么是现象学方法？"本质还原"和"先验还原"各自的目标和互相间的关系如何？
5. 什么是胡塞尔的"生活世界"学说？这一学说给胡塞尔的先验现象学带来什么样的新问题？

第二十章
海德格尔

马丁·海德格尔是当代最重要的哲学家之一。他批评西方两千四百年来的本体论哲学传统，指出这种本体论是"存有者"（Seiende）的本体论，而不是"存有"（Sein）的本体论。他通过改造胡塞尔的现象学，完成从意识哲学到生存哲学的过渡。如果说胡塞尔的现象学致力于描述现象间的基本的规定性（基本属性），从而达到认识本质的目的的话，那么海德格尔的生存哲学则致力于揭示此在（Dasein）的基本结构，阐明一切本质之意义来源的生存论基础。

第一节　生平和问题意识

一、生　平

马丁·海德格尔于1889年9月26日生于德国巴登邦的梅斯基尔希（Meßkirch）。这是德国南部的乡村小镇。他父系的祖先都是小农和小手工业者。他的父亲弗里希·海德格尔是个箍桶匠，并兼任该镇的一个天主教堂的司事。他的母亲也是天主教徒。他早年的学业与天主教密切相关。1903年，他十四岁那年去康斯坦茨的一所天主教寄宿中学读书。三年后，1906年秋，他由康斯坦茨转到弗莱堡的大主教圣·乔治中学寄宿，在那里的贝托尔德文科中学学习。该校中学校长在对他的毕业评语中写道："有天赋，很勤奋，品行端正。……矢志神职，选择坚定，且有做僧侣的倾向，极有可能申请加入耶稣会。"[1]

1909年9月30日，海德格尔在惕西斯（福拉尔贝格山）的弗尔德教堂加入耶稣会见习生的行列。两周后，他由于心脏病发作，被解除了见习生的资格。但海德格尔并没有因此放弃神学学习，他又去申请当弗莱堡神学寄宿学院的候补生。1909年冬季学期，他开始了在那里的神学学习。三个学期之后，他的心脏病又复发了。他按神学院寄宿舍的医生的建议，于1911年2月离开神学院，回到家乡休养了一个学期。他的上司得到的印象是："这位天才的神学学生的身体健康状况太不稳定，难以适应以后服务教会的

---

[1]　转引自吕迪格尔·萨弗兰斯基：《来自德国的大师——海德格尔和他的时代》，靳希平译，北京：商务印书馆，2007年，第25页。

艰辛工作。"[1]

由于两次心脏病发作，海德格尔放弃了神学学习。1911年冬季学期，海德格尔在弗莱堡大学自然科学系的数学、物理和化学系注册，但他的主要兴趣是哲学。海德格尔对哲学的兴趣早在1907年已经开始。那年，他的中学时代的一位神学教师孔拉德·格勒贝尔送给他一本书——布伦塔诺写的《论亚里士多德关于"存在"概念的多义性》。如果说这本书与神学相关的话，那么它的问题是：当一个神学家论证上帝存在的时候，我们必须首先弄清楚他究竟是在什么意义上论证上帝存在的。是作为概念的上帝的存在？是作为心理表象的上帝的存在？是外在世界中的上帝的存在？布伦塔诺通过意向性分析澄清"存在"概念的意义。正是这本书导致海德格尔终身对追问存在的意义问题感兴趣，并把这种追问与现象学的方法联系起来。

海德格尔经由布伦塔诺接触到胡塞尔的《逻辑研究》。他在《关于思想之事》中这样回忆："胡塞尔的这部著作对我的触动如此之大，以至于此后许多年中我经常不断地反复阅读它。"[2]1913年7月，海德格尔在哲学系通过博士考试，他的博士论文的题目是《心理主义中的判断理论》。1916年，海德格尔的大学教职论文《邓·司各脱的范畴和意义学说》获得通过。

1917至1918年，海德格尔服兵役。他曾被派往德国西部的色当附近的阿登的军事气象站工作。这个气象站的任务是为海战提供天气趋势预报，以便为使用毒气提供支持。

1919年起海德格尔成为胡塞尔的助教，在胡塞尔指导下边学边教现象学，他自己开设的课程多半是有关亚里士多德的。1923年，在胡塞尔等人的强烈推荐下，海德格尔去马堡大学任教。1927年2月，他在胡塞尔主编的《现象学年鉴》上发表他的成名著作《存在与时间》。半年后，他被授予正教授职称。1928年11月，胡塞尔退休。海德格尔辞去马堡的教席，回到弗莱堡大学继承胡塞尔的哲学讲座。

1933年，就在纳粹上台的那年，海德格尔加入纳粹党，当上了弗莱堡大学的校长。他就职讲演的题目是《德国大学的自我宣言》。海德格尔在这篇讲演中把他自己的"存在哲学"与他所理解的纳粹精神融合在一起："整个民族都变得本真本己了。他们站起来了，提出了令人不安的存在问题：为什么总是有这有那，而不是无呢？自然、

---

1 转引自吕迪格尔·萨弗兰斯基：《来自德国的大师——海德格尔和他的时代》，第58页。
2 转引自同上书，第39页。

历史、语言、民族、习俗、国家；诗歌、思想、信仰、疾病、疯狂、死亡、权力、经济、技术人生此在的力量，英雄地接管了这一切。"[1]他颁布大学的领袖原则和思想的整齐划一原则，把建设德国民族的新精神世界当作德国大学的根本任务。

毫无疑问，海德格尔那时在思想上是亲纳粹的，并希望用他自己的哲学思想为纳粹主义找到哲学上的支撑点。至于纳粹党的官方意识形态专家是否承认海德格尔的哲学是其理论基础则是另一回事。[2]海德格尔的存在哲学与纳粹主义是否有着本质性的亲和关系，仍是一个需要探讨的问题。此外，海德格尔对纳粹迫害犹太人、解除犹太人的教职、禁止在图书馆中借阅犹太人的书的做法，还是有所保留的。海德格尔就任校长只有十个月光景。据他自己的说法，他是因为拒绝教育部长要求他批准两位由党指派的院长而辞职的。

1945年盟军解放德国后，海德格尔因其与纳粹的牵连被禁止授课，长达五年之久。1949年夏，弗莱堡大学通知海德格尔，给他退休待遇；随后撤销了不准他授课的禁令。1951至1958年，海德格尔作为退休教授，开设了一些课程。1976年5月26日海德格尔去世，按照他生前的愿望葬于他的故乡梅斯基尔希。

从海德格尔的生平看，除了胡塞尔的现象学是影响他的哲学思想发展的重要因素外，他早年的神学背景值得关注。海德格尔从中学起，到大学二年级，几乎一直在学习神学，特别是天主教神学。由于这一受教育的经历，他熟悉神学的议题，熟悉与教父哲学密切相关的古希腊哲学。纵然他在大学读书的时候已逐步意识到以柏拉图主义和亚里士多德主义为哲学基础的天主教正统神学的问题，但这并不意味着他彻底与基督教神学决裂。

1919年1月9日，海德格尔在给他学习天主教神学时期的朋友、此时已是弗莱堡大学教义神学教授的克雷伯斯（E. Krebs）的信中写道："在过去的两年中，我全力以赴，想在原则上澄清自己的哲学立场……得到的结论是：我已不能用这种哲学之外的联

---

[1] 转引自吕迪格尔·萨弗兰斯基：《来自德国的大师——海德格尔和他的时代》，第315页。
[2] 自称为纳粹运动之官方哲学家的恩斯特·克里克认为海德格尔的哲学与纳粹精神背道而驰："海德格尔理论的世界观基调是由操心忧虑和畏惧决定的，而这两个概念均又引向虚无。这种哲学的意义是明显的无神论和形而上学的虚无主义。在我们这里，一般情况只有犹太人才主张这种理论，它是瓦解分裂德国人民的霉菌；在《存在与时间》中，海德格尔有意识地从哲学上思考了'日常性'，而不是人民和国家，不是种族和我们国家社会主义的世界图景的所有价值。"转引自同上书，第342页。

系，对这种信仰与学说的自由提供保障。认识论上的洞见，特别是对历史认识活动的研究，使我看到了天主教的问题，它在我眼里已经成为不可接受的体系。但并不是基督教和形而上学成了问题。当然这是指新的意义上的基督教和形而上学。"[1]

那么，什么是他所说的"新的意义上的基督教和形而上学"呢？他自己的哲学是不是在进行这方面的建构呢？海德格尔后来没有正面回答过这个问题。但是通过那些建立在海德格尔存在哲学基础之上的基督教神学，如基督教新教神学家**布尔特曼**（R. Bultmann，1884—1976）和**蒂里希**（P. Tillich，1886—1965）的"存在主义神学"、天主教神学家**卡尔·拉纳**（Karl Rahner，1904—1984）的"先验主义神学"，我们能够看出海德格尔哲学中所蕴含的神学向度。要不然，这些神学家难以如此得心应手地用海德格尔的哲学来论证他们的神学思想。

二、问题意识

按照海德格尔的看法，从柏拉图到他那个时代的欧洲两千四百年的哲学史是以**本体论**（Ontologie）为主线的形而上学的思想史。本体论讨论"**存有**"（希腊文"on"）的问题。但是传统的本体论在讨论这个问题的时候，不是把重点落实在"**存有者**"（Seiendes）的"**存有**"（Sein）[2]上，而是落实在各存有者中的某个或某些"最高的"或

---

[1] 转引自吕迪格尔·萨弗兰斯基：《来自德国的大师——海德格尔和他的时代》，第140页。

[2] 有关"Sein""Seiendes""Dasein""Ontologie"这几个德文词的中文翻译，在中国学术界颇有争议。陈嘉映、王庆节把它们分别译为"存在""存在者""此在""存在论"。王路、俞宣孟主张把它们分别译为"是""是者""此是""是论"。王路、俞宣孟的基本理由是"Sein"的含义要比"存在"丰富，它不仅表示"存在"，而且表示具有这样或那样的规定性（属性、特征、状态、关系、行为、倾向等）。如在"上帝存在""地球存在""这个杯子是银做的""这本书是我的"这四个句子中，都用到"Sein"的第三人称单数"ist"，但它的意思都不一样，有的是表示"存在"，有的是表示具有某种属性、处在某种关系中等。我认为，这两种译法都有缺陷。前者的缺陷是中文"存在"不含有"是"（表示具有属性、关系等规定性）的意思，后者的缺陷是中文"是"不含有"存在"的意思。中文"是"几乎没有单独作为谓词使用的。在"谁是谁非"这个句子中，"是"不是表示"存在"，而是表示"正确"或"有理"。我觉得中文词"有"比起"存在"和"是"更接近"Sein"，因为"有"不仅表示"存在"，而且表示具有这样或那样的规定性。我们可以问："有没有上帝？""有没有地球？"说"有上帝""有地球"，与说"上帝存在""地球存在"的意思是一样的。"这个杯子是银做的"表示"这个杯子有银做的属性"，"这本书是我的"表示"这本书有属于我的关系"。而且，"有"是一个古已有之的重要哲学概念，它出现在中国经典的哲学著作

（转下页注）

"最基本的"**存有者**上。他们讨论的不是存有与存有者的关系,而是讨论某个或某些最高的或最基本的存有者如何产生一切其他的存有者。

有关什么是最高的或最基本的存有者,哲学家们历来众说纷纭,如"水""火""心灵""绝对观念""上帝""权力意志"等;有的主张只有一个本源,有的主张存在两个乃至多个本源,从而有所谓一元论、二元论、多元论之争。本体论的问题本应是"存在论"的问题,但却演变为"本源论"的问题。海德格尔认为,这是对存有问题(Seinsfrage)的遗忘,他企图把它逆转过来,即从追问存有者转向追问存有本身。他认为这种逆转是哲学上的一次最重大的革命,将会对人的思想和行为产生根本性的影响。

如果说海德格尔的第一个问题意识有关本体论研究的主题的话,那么他的第二个问题意识有关本体论研究的方法。这时他哲学批判的对象是笛卡尔以来的近代哲学的方法论,包括胡塞尔的现象学的方法在内。海德格尔认为,这种方法论的主要问题是把意识与存在分割开来。

如何研究存有呢?必须首先找到一个能够对存有进行发问的发问者。没有这个发问者,一切都无从开始。那么谁是这个发问者呢?笛卡尔以来的近代哲学家倾向于把这个发问者当作一个意识的主体。这个主体具有自我意识和理解能力。自我意识被认

(接上页注)

老子的《道德经》中。据我所知,在《道德经》的众多德文译本中,这个作为哲学概念的"有"大都被翻译为"Sein"。存在主义哲学家雅斯贝尔斯在《大哲学家》中专门阐释过老子。他引述的《道德经》中的一句话"有生于无"是这样翻译的:"Das Sein entsteht aus dem Nichtsein."参见 Karl Jaspers, *Die grossen Philosophen*, München: Piper, 1989, S. 905. 他还引述了"三十辐共一毂,当其无有车之用,埏埴以为器,当其无有器之用。凿户牖以为室,当其无有室之用。故有之以为利,无之以为用"这一章,认为它的要义是"道的无是那种使得有者(das Seiende)成为有(Sein)的无"。参见 Karl Jaspers, *Die grossen Philosophen*, S. 903. 据说海德格尔与中国学者萧师毅曾合作翻译过老子《道德经》中的一些章节。他们是否把"Sein"翻译为"有"呢?当然这个"有"是与"有者"(Seiendes)相区别的。如能见到他们的德文译本,我们就能对这个问题做出进一步的判断。其实,贺麟等中国老一辈的哲学家(如贺麟翻译的《小逻辑》"有论"),原初大都也把"Sein"翻译为"有",后来才把"Sein"改译为"存在"。究其原因,主要是德文"Haben"也译为"有",这样两个"有"(作为"Sein"的"有"和作为"Haben"的"有")容易混淆。为此,我主张把"Sein"译为"存有",凸显"生存而有"的意思,即首先是生存,因生存而有(这样那样的规定性)。这一译法在台湾学界较流行。相应地,把"Seiendes"译为"存有者",凸显它是因生存而有这样那样的规定性的东西。按照这一思路,"Dasein"应译为"此存有",或至少应从这层意思去理解;但这显得有些累赘,所以我仍随陈嘉映译为"此在"。"Ontologie"可以为"存有论",但考虑到哲学史上出现的相关学说不仅讨论存有的问题,还讨论对存有者的分类,以及它们的本源问题,所以我遵从较为流行的译法,仍然译为"本体论"。

为是自明的,从自我意识的自明性出发,向存有(实际上是向存有者)发问,是笛卡尔以来的主体哲学的基本特征。

胡塞尔的现象学探讨本体论的方式是笛卡尔的路线的继续。胡塞尔通过笛卡尔的"我思故我在"确立作为意识活动的主体的"自我"的存在。胡塞尔认为意识现象是一种直接的给予;任何一个思者在思的时候,都能直接意识到自己的思的活动、思的内容和作为思的活动的承担者的自我的存在。这种内在的意识具有直接性,因而是自明的。但外部世界中的存在物却不是自明的。这是因为我们直接感知到的只是有关它们的现象,我们无从感知到其存在。我们有关外部世界中的事物的存在的观点是一种设定或推断,尽管我们的实践经验告诉我们这种设定或推断具有令人信服的理由。

因此,胡塞尔主张,对外部世界是否存在的问题采取存疑态度,从内在意识的自明性出发探讨一切存有者的本质,即一类存有者区分于另一类存有者的基本的规定性(基本属性)。本体论的问题就演变为意识主体如何按照存有者的基本属性进行分类的问题。胡塞尔这里所说的"属性"(Eigenschaft)的含义比较宽泛,它不仅指一事物直接具有的属性,而且包括存有者与存有者之间的关系的属性,以及在关系的关系中的属性。举例来说,原因与结果并不是某个事物直接具有的属性:下雨本身并没有原因的属性,地上湿本身并没有结果的属性;雷电本身并没有原因的属性,树木燃烧本身并没有结果的属性。但是,一旦我们把下雨与地上湿的关系与雷电与树木燃烧的关系对照起来观看,我们就能看到这其中的因果关系。换句话说,因果关系是关系与关系之间的关系。既然下雨与地上湿之类的事件及其关系是存在的,那么原因与结果的关系也是存在的。只不过前者是在时空中所发生的存有者及其关系,后者是在关系的关系中存在的存有者及其关系。胡塞尔把前者称为实在的存有者(das reale Seiende)及其关系,把后者称为观念的存有者(das ideale Seiende)及其关系。前者是**实质本体论**或**区域本体论**(materiale oder regional Ontologie)研究的范围,后者是**形式本体论**(formale Ontologie)研究的范围。

把存在与属性区分开来,从向意识直接显现的东西(现象)出发进行哲学研究,包括对本体论问题的研究,是胡塞尔的现象学的基本思路。这条思路的一个前提是,本质与属性相关,但与存在无关,在把存有者的存在悬置起来之后,照样能对存有者的本质进行研究。海德格尔正是在这里发现了胡塞尔的现象学的问题。意识现象的存在能与外部世界的存在分割开来吗?当一个人的周围世界(Umwelt)被悬置起来之后，他还能有自我意识吗？"自我"难道不是与"他我"并存的吗？当存在的发问者的在世的存在被悬置起来之后，他还能对存在进行发问吗？海德格尔主张，自我的本质不仅在于思，而且在于存在；思不能与存在分开；存在的结构制约思的结构。

海德格尔认为，我所具有的属性是不能独立于我的存在的。当研究物（物理的存有者）的本质的时候，也许可以把它的存在与属性分开，通过找到其基本的属性（基本的规定性）而把握其本质；但是当研究人的本质时，人的存在与本质是分不开的，人的本质在于他的存在：人的本质与其说是一组这样那样的规定性的总和，毋宁说是无，因为人是自由的，自由的要义是无任何固定的规定性。只有当一个人对自己的存在及其相关对象的存在采取某种态度和行为的时候，有关一个人的个性才会显现出来。就拿"畏惧"和"勇敢"来说吧，"畏惧"和"勇敢"并不始终表现在一个人的身上，只有当他处在某种情境中的时候，当某种威胁到他的存在的事情发生的时候，当他对自己的存在采取某种态度和行为的时候（怕死或不怕死，前进还是逃脱），"畏惧"和"勇敢"这两种品性才会表现出来。

海德格尔认为，纯粹从意识出发，是不能从自我达到他我，以及达到外部世界的存在的。离开了在世界中的存在，甚至连自己是什么都弄不清楚。因此海德格尔决定另辟蹊径。海德格尔不想再把自我的纯粹意识当作出发点，而想从一个相对来说最具有直接的自明性的存有者的存在出发。这个相对来说最具有直接的自明性的存有者的存在就是"**此在**"。每一个存在的探问者最清楚地知道的存在就是他当下的具体存在（此刻此处的存在）。

需要注意的是，不要把这种具体的存在误解为具有现存属性的存在者，而要把它理解为具体的生存，即从无此属性到有此属性的生存，以及将来的存在方式的种种可能性。海德格尔写道："此在的本质在于它的生存。所以，在这个存有者身上所展示出来的各种性质都不是'看上去'如此这般的现存存有者的现存'属性'，而是对它来说总是去存在的种种可能方式，并且仅此而已。这个存有者的一切'如此存有'首先就是它的存有本身。因此我们用'此在'这个名称来指各个存有者，并不表示它是什么（如桌子、椅子、树），而是表达其存有。"[1]

---

[1] M. Heidegger, *Sein und Zeit*, Tübingen: Max Niemeyer, 2006, S. 42. 中译文参见陈嘉映、王庆节合译的《存在与时间》，北京：生活·读书·新知三联书店，1999年，第49—50页。

从此在出发，探问生存的结构和生存的意义，是海德格尔的新的思路。由此，海德格尔从胡塞尔的"**意识哲学**"走向他自己的"**生存哲学**"。

第二节　主要论点及其论证

一、此　在

从**此在**开始探问存在，是海德格尔的早期哲学的基本思路。有关此在的含义，要从与自我的对比上去理解。我们知道，笛卡尔、康德、费希特、胡塞尔一路的意识哲学是从自我出发的。这个自我被理解为作为思者的自我。我不清楚外部世界和他人是否存在，但我清楚地知道自己意识的存在。从自己的意识出发，推导出外部世界和他人的存在，是这种意识哲学的基本思路。海德格尔认识到这条哲学路线是错误的。

海德格尔认为，自我是一种存有，而不是一种孤零零的自我意识。这是因为，自我总是以这种或那种方式在世界中存在。在自我的周围总有其他的存有者。自我是与他我共存的。自我的存在总是具体的，总是存在于不断变化着的时间和空间中。此一刻总是不同于彼一刻，此一处总是不同于彼一处。这是一种活生生的存有，自我不仅亲自感受到这种活生生的存有，而且亲自参与这种活生生的存有。

为了避免把自我理解为一种意识哲学中的纯思的自我（笛卡尔的"我思故我在"的自我，胡塞尔的悬置了世界的存在的"先验自我"），海德格尔制作了一个他的专门的哲学术语"**此在**"，表示每个人自己的那种亲身活动和亲自能体验到的活生生的在世的存有。在这个意义上，中国老一辈的亲炙海德格尔授课的哲学家熊伟把"Dasein"翻译为"亲在"，我觉得也是很有道理的。

二、此在的结构

如果说胡塞尔的意识哲学首先是分析意识的意向性结构的话，那么海德格尔的存在哲学首先是对此在的结构的分析。海德格尔认为**此在的结构**如下：

此在总是一种寓在（Sein-bei）；

此在总是在操劳（Sorgen）；

此在总是与其他的存有者相遭遇（Begegnenlassen）；

此在总是对其他的存有者采取某种态度和行为（Sich-verhalten-zu）。

此在总是与其他的存有者一起存在，在此在的周围总是已经有其他的存有者。当此在与自己发生关系的时候，总是已经与其他的存有者发生了关系。海德格尔把此在的这一特性称为"寓在"。为什么此在总是在操劳呢？因为此在的活动是与生存相关的活动。此在为生存而操劳。此在的这种活动不仅仅是一种意识活动，而且是一种身体的活动，并常常使用工具。操劳不仅表达了人的意识活动的"认知性"的一面，而且表达了人的意志和情感。因为关系到生存，所以感到担忧，所以要投入行动。

此在不可能把自己封闭起来，此在势必遭遇到其他的存有者。这种遭遇是不以自己的意志为转移的。不管自己愿意或不愿意，此在总要与其他的存有者打交道。此在不仅势必被动地与其他的存有者相遇，而且主动地对其他的存有者采取某种态度和行为。不论对其他的存有者喜欢或不喜欢，此在总是要与其他的存有者交往，对其他的存有者发出邀请，做出回应，共同处理生活中遇到的问题。

由此可见，海德格尔的此在的结构有别于胡塞尔的意向性的结构。胡塞尔研究意向性结构，旨在在意识之内考察意识的活动和意识的内容。海德格尔研究此在的结构旨在表明，此在的存在结构优先于此在（人）的意识结构，此在的存在活动优先于此在的意识活动。胡塞尔通过"意识活动"建立思者与思的内容的关系，海德格尔则通过此在与其他存有者的生存活动建立此在与其他的存有者的一种共同的生存的关系。

三、基本本体论

从此在出发理解存有的意义，就是海德格尔所说的**基本本体论**（Fundamentalontologie）的课题。要说清楚这一点，还得从存有（Sein）、存有者（Seiendes）和此在（Dasein）三者的关系出发。传统的本体论研究"存有者之为存有者"，即什么是存有者的本质的规定性。从字面上看，这个问题很容易回答，一切存有者的共同之处就在于它们的存有。然而，究竟什么是存有的意义呢？对于这个问题，传统的本体论却从来没有正确地回答过，因为它们从来没有找到过一条正确地回答这个问题的途径。

在海德格尔看来，从此在出发理解存有的意义，是唯一可行的途径。这是因为，此在是一切存有者中唯一的一个能理解存有的意义的存有者，此在通过它自己的生存理解存在。在生存中，人势必以这种或那种方式对自己的存有和周围的存有采取某种态度和行为，并通过这种活动理解存有的意义。在这个意义上，海德格尔说："对存有的理解本身就是一种此在的存有的规定性（eine Seinsbestimmtheit des Daseins）。"[1]

既然传统的本体论哲学家把本体论视为对存有者之为存有者的研究，而海德格尔认为这一研究的前提或基础是理解存有的意义，而要理解存有的意义必须从此在着手，通过对此在的生存的领悟把握存有的意义，所以他就把这项研究称为"基本本体论"。

四、生 存

海德格尔把此在的存有称为**生存**（Existenz）。此在的存有（生存）是一种充满可能性的存有，是一种需要自己筹划和照料的存有，是一种委托给自己和需要自己对此负责的存有。此在是在这种对自己的生存的关系中理解存有的意义的。

由于海德格尔把对此在的生存的理解与基本本体论联系起来，他就对这种理解做了如下两种区分：一种是对此在的"生存论的理解"（existentiale Verständnis），它特指对此在的基本结构和基本的生存方式的理解，并以系统化的方式表述它们，以便建立基本本体论；另一种是对此在的"生存的理解"（existenzielle Verständnis），它泛指以各种各样的方式理解此在生存的特征，特别是那些与每个人自己的处境相关的具体的生存方式。对此在的生存的理解是对此在的"生存论的理解"的基础，因为一般性总是建立在特殊性的基础之上。

鉴于这种理解是为了达到对存有的意义的理解，海德格尔又区分了"本体论—生存论的"（ontologisch-existenziale）理解和"本体—生存的"（ontisch-existenzielle）理解。[2] 前者指通过对具有普遍意义的此在的生存方式的理解达到对一切存有者的存有的总体

---

[1] M. Heidegger, *Sein und Zeit*, S. 12.
[2] 参见 ibid., S. 12, 13, 135, 248, 266。

上的系统化的理解；后者指通过对具体的此在的生存方式的理解达到对各种存有者的各自的存有意义的理解。

在西方的哲学用语中，加上"论"（logie）这个后缀，通常表示一种具有普遍意义的系统化的学说，它建立在对其对象的基本的结构、特征和规律性的研究的基础之上，旨在把它们的共性和互相间的本质关联揭示出来。海德格尔也是在这个意义上使用"论"这个概念的。为了建立他的基本本体论，就必须对具有普遍意义的生存的基本结构和方式进行研究，以一种系统化的方式表明它们之间的本质关联。除了这种具有共性的生存结构和方式之外，每个此在还有自己独特的生存方式和处境，每一种存有者还有自己独特的存有形式。对普遍性的研究是要建立在对具体事实的研究的基础之上的。所以在海德格尔那里，这二者是相结合的。

海德格尔在《存在与时间》中谈道："此在与其他存有者相比具有多层优先地位。第一层优先地位是本体上的（ontische）：这种存有者在其存有中是通过生存得到规定的。第二层优先地位是本体论上的：此在由于以生存为其规定性，本身就是'本体论的'。但此在——作为生存理解的建构者——也同样原初地理解一切非此在式的存有者的存有。因而此在的第三层优先地位就在于：它是一切本体论的本体-本体论上的（ontisch-ontologische）可能性条件。"[1]

海德格尔的这段话使用了很多术语，相当令人费解。但根据我们以上对相关术语的解释，我觉得还是可以理解的。首先，此在的存有的独特性是通过生存来刻画的，这是此在的存有区别于其他存有者的存有的基本的规定性，所以海德格尔说这是此在的本体上的优先地位。其次，我们需要以此在为基础，通过理解此在的生存方式，建立一种系统地阐发存有的意义的学说，所以海德格尔说这是此在的本体论上的优先地位。这里的"本体论"意指"基本本体论"。最后，此在在生存中与各种各样的非此在式的存有者打交道，从而认识非此在式的各类存有者各自的基本规定性（对非此在式的各类存有者的本体上的把握），并系统地阐明每一类存有者中的各种规定性之间的本质联系（对非此在式的各类存有者的本体论上的把握）。由于这一切都是通过此在来实现的，所以此在是它们的本体-本体论上的可能性条件。这里说的本体论意指各种各样的区域本体论和形式本体论。

1　M. Heidegger, *Sein und Zeit*, S. 13.

五、手边存有和应手存有

按照海德格尔的看法，此在的生存与两类存有相照应：一类是"**手边存有**"（vorhanden sein），另一类是"**应手存有**"（zuhanden sein）。"应手存有"是此在与之打交道的存有，是此在从自己的实践的角度处理它的存有。"手边存有"是此在从理论的角度观察它、研究它的存有。在海德格尔看来，此在通常是在实践中与事物发生关系的，是从实践的角度来认识对象的。因此，"是什么"的问题首先取决于此在如何使用它的问题，因此具有工具的性质。当我用得称心应手时，我不会停下来去观察它的性质；当我遇到问题的时候，我才会研究它，寻找解决问题的方案。

举例来说，我手边有一张纸，我用它来写字，它就成为书写的纸；我用它来包东西，它就成为包装纸；我把它扔在垃圾箱里，它就成为垃圾。当一个存有者处于应手状态中时，它对我意味着什么才能被确定下来。当然，"应手存有"和"手边存有"的先后关系也不是绝对的。我在用纸写字的过程中发现问题，导致我观察和研究什么纸适用于写字。这是从应手存有状态到手边存有状态。我看见一张白纸，我用它来写字；我看见一张彩纸，我用它来包装礼品。这是从手边存有状态到应手存有状态。

"应手"并不意味着一定要拿到手上，或一定要在手上运作（上下手），而是指成为我们的实践活动的相关项。举例来说，我们不可能把太阳拿到手上，但我们可以用太阳来计时和晒衣服，这时太阳就成为我们的应手存有的用具，它以应手存有的方式向我们展开。

海德格尔写道："任何操劳所及的工件不仅在工场内的世界中是应手存有的，而且在**开放**的世界中是应手存有的。随这一开放的世界，**周围世界的自然**被揭示了，并成为每个人都可通达的。在小路、大街、桥梁、房屋中，自然都是随着操劳活动的一定的方向而被揭示的。带顶棚的月台考虑到了风雨，公共照明考虑到了黑暗，也就是说，考虑到了日光的在场与不在场的特殊变化，考虑到了'太阳的位置'。"[1]

海德格尔强调，我们总是在生存中认识存有者，认识依赖于实践的兴趣。当此在

---

[1] M. Heidegger, *Sein und Zeit*, S. 71.

指向某个存有者时，此在是在实践中与某我相关联的。海德格尔使用"应手存有"的概念，是为了突出存有是在我们的实践中向我们展开的，是适应于我们的实践目标的。我们的应手存有的方式是什么，决定了我们所认识的存有者是什么。实践相对于认识而言，具有优先性。

对于海德格尔的"应手存有"的意义，我们最好结合胡塞尔的现象学来理解。在胡塞尔的前期哲学中，对存有者的本质的认识是以直观为基础的，外部世界的存在问题被悬置起来。这样，实践在认识中的作用问题就无从谈起。[1]海德格尔强调"应手"在认识中的作用，强调人带着实践的兴趣认识事物，目的就在于揭示胡塞尔的这种直观认识论的弊端。胡塞尔所说的通过本质直观认识事物，仿佛只是在静观"手边"的存有者。

在海德格尔看来，如果一个存有者不应手（脱离我们的实践活动），我们甚至说不出它究竟是什么。只有当一个存有者从手边的存有方式（Vorhandenheit）转化为应手的存有方式（Zuhandenheit）时，真正具有本体论意义的认识活动才发生。海德格尔写道："这些存有者的存有的方式就是应手方式。……**应手方式是存有者自身的存有在本体论上具有特征性的规定性**。"[2]

六、处身情境

"处身情境"（Befindlichkeit）原本是一个普通的德文词。它表示（某人）处身于某种处境中，并在这种处境中具有某种感受。从"Befindlichkeit"的构词看，其词干是"befinden"，在于强调使之**发现**自己的处境，以及使之**感受到**自己在这种处境中的心情。有关这一点，我们可以在"befinden"的如下用法中发现："我们处在一种困难的情境中"（Wir befinden uns in einer schwierigen Lage）；"我们在这里感到很舒服"

---

[1] 胡塞尔在后期哲学中谈到了本体论与生活世界的关系，并提出"生活世界的本体论"概念，在一定意义上可被视为对海德格尔的"应手存有"概念的吸纳。但胡塞尔坚持认为，"生活世界"只是通向先验现象学的一条道路，"先验意识"仍然是作为严格科学的哲学的不可或缺的基础。

[2] M. Heidegger, *Sein und Zeit*, S. 71.

(Wir befinden uns here sehr wohl)。当然,这个词也可被用于指某物**处于**某一地点或状况中,但它所强调的是我们可以在那里发现这一物。例如," Das Bild befindet sich im Nationalmuseum"不仅仅表示"这幅画在国家博物馆",而且强调(我们)在国家博物馆中可以**发现**这幅画。

就表示"存在"而言,"befinden"与"sein"的含义相近。中文"此在存在于世界中"这句话既可翻译为"Dasein ist in der Welt",也可翻译为"Dasein befindet sich in der Welt"。但是,"befinden"不仅表示此在在世的存有,而且表示这种存有是此在自己发现的,与此同时此在感受到自己在这种处境中的心情。由于"befinden"同时具有这两种含义,海德格尔认为"befinden"这个词能更生动地揭示此在在世的方式。

我们此前在谈到此在在世的结构的时候,曾指出此在总是一种寓在(Sein-bei),此在总是在**操劳**(Sorgen);此在总是与其他的存有者相遭遇(Begegnenlassen),此在总是对其他的存有者采取某种态度和行为(Sich-verhalten-zu)。现在我们可以通过"处身情境"这个概念更生动地刻画此在的这种生存方式。一方面,此在总是发现自己处身于其他的存有者之间,总是发现自己遭遇到其他的存有者。在此意义上,此在是**被动地**处身于某种情境中,海德格尔用"**被抛**"(Geworfenheit)这个词来刻画这种情态。另一方面,此在总是发现自己在**操劳**,在对其他的存有者**主动地**采取某种态度和行为。在此意义上,此在主动地应对自己的处境。海德格尔用"**筹划**"(Entwurf)这个词来刻画这种情态。"被抛"(geworfen)和"筹划"(entwerfen)这两个德文词出于同一个词干"抛"(werfen),正好形成人的处身情境中相对立的两个方面。人的生存就是一方面被抛,另一方面在被抛中进行筹划。因此,海德格尔说:"此在作为被抛的此在被抛入筹划活动的存在方式中。"[1]

七、操劳、惧怕、焦虑

以上我们谈到,此在总是处身于一种情境中,此在总是在这种或那种处境中为

1　M. Heidegger, *Sein und Zeit*, S. 145.

自己的生存操劳。"操劳"（Sorgen）原本也是一个常用的德文词。[1]海德格尔选用它作为此在生存论建构中的关键概念，是因为它涉及身、心两个维度，关乎知、情、意三个层面。在操劳中存在意识的活动（关心、挂虑、担忧），在操劳中存在身体的活动（照料、料理、操办）。操劳把身心的活动统一起来，刻画了人的生存活动的基本特征。以"此在的操劳"代替"我思"（cogito）有利于克服胡塞尔的那种以纯粹意识为重心的现象学。

以"操劳"为主干，可以引申出此在的一系列生存方式。从表面上看，此在是对某人/某物或为了某人/某物而操劳（sorgen um/für etwas/jemand）。实际上，**此在的这种操劳总是关系到生存的可能性**。此在通过操劳改变生存处境，为生存赢得意义。由于此在的操劳关系到生存的可能性，所以在操劳中就会有担忧。在德文中，这特别表现在"操劳"作为反身动词来使用时所表达的那种含义。"我为你的健康而担忧"（Ich sorge mich um deine Gesundheit）：健康发生在你身上，担忧发生在我心中；你的健康不仅关系到你的生存，而且关系到我（或我们的共同体）的生存的可能性，我（我们）为将可能失去与你的交往而悲痛。

海德格尔把操劳中的情绪分为两种：一种是对某一对象的**惧怕**（Furcht），另一种是无特定对象的**焦虑**（Angst）。惧怕和焦虑是此在的处身情境中的两种基本情绪。某小孩可能怕一条狗咬他；某些学生可能怕将来临的考试；某些工人可能怕老板扣他们的工资；某些老板可能怕工人罢工。这是对可以看到或可以说得出原因的事情的惧怕。

但是，还有一种无可名状的、不知对象的、更加基本的惧怕。海德格尔把它称为焦虑。焦虑是对在世的生存本身的担忧。此在在世，总会面临各种各样的可能性，总有什么事情要发生。即使我现在一点儿也不知道将遭遇到某人或某物，但总会有什么事情向我袭来这件事是必然的。因此，焦虑的对象不是特定的某物或某人，而是此在

---

[1] "Sorgen"这个海德格尔哲学中的基本概念很难在中文中找到一个相对称的译名。它兼具"关心""关照""担忧"三个含义，并可分别在不同的使用场合突出其中的一种含义。因此，在"Sorgen"这个词的实际使用中，有时可以译为"操心"，有时可以译为"操劳"。"Besorgen"指具体的操劳或操心，是"Sorgen"演化为及物动词的用法。我倾向于把"Sorgen"译为"操劳"，主要为了避免只从心理活动的意义上理解这个词，突出它兼具"操心"和'劳作'这种身心统一活动的含义。我也想把它译为"关照"，把它理解为"关心"和"照料"的身心活动的统一。

在世的可能性。在焦虑中，此在担忧什么的问题与此在为什么担忧的问题是合而为一的。正是因为此在的生存不是预先决定的，而是存在种种可能性，所以此在才会焦虑。

八、本真的生存与非本真的生存

此在可以**本真地生存**（eigentlich existieren），也可以**非本真地生存**（uneigentlich existieren）。在非本真的状态中，此在把自己理解为像其他的存有者一样的存有者。此在没有意识到自己的生存的可能性，没有领悟到生存的意义，而使自己沉沦到物的世界中去。我把自己混同为常人，别人怎么生存我也怎么生存。我随波逐流，把支配自己的生存可能性的决断交付给流行的意见和习俗。别人追求时髦，我也追求时髦；别人把挣钱当作第一要务，我也把挣钱当作第一要务。我整天忙忙碌碌，却不知道究竟在为什么忙碌。这样，我就失去了此在的本真性，即那种自己对自己的生存的自我决断和自我负责的精神。

在本真的状态中，我意识到自己的此在是一种**能在**（Seinkönnen），即一种能筹划自己的存有的可能性的存有者。此在之所以区别于其他的存有者，正是因为此在把存有的可能性抓在自己手里。纵然此在不能为所欲为，此在不得不在被抛中进行筹划，但此在不能放弃这种决断的自由。此在若放弃这种自由，是对存有的亏欠，是要受到良心的谴责的。这是因为，世上一切存有者中唯有此在是那种能进行自由决断的能在。存有把那种能力赋予我，我却没有用好它，我就对不起存有。我的良心之所以要受到谴责，不是因为我不能做，而是因为我能做而没有做。本真的生存并非刻意要使自己的生存标新立异，而是不忘记自己是一种能在，自己要对自己的生存负责。

为了意识到此在的本真的生存，除了要认识此在与其他的存有者的区别之外，还需要认识死亡是此在的终极的可能性。任何此在必有一死，**死亡**是此在能够先行预料到的结局。死亡是此在本身向来不得不承担下来的可能性。随着死亡，此在本身在其最本己的能在中悬临于自身之前。当此在时时想到终有一死的时候，他就会珍惜自己有限的时光，对自己的生存负责。常有这样的人，当他临近死亡时，才发觉自己有许多值得做的事情还没有做，此在的本真性才在他眼前显露出来。

在此在有限的一生中面临种种决断。当有什么事情向我袭来的时候，我可能害怕它而逃跑，我也可能留下来勇敢地面对它。我评估它是否正义，我决心改变不公正的情形。面对强暴，我可能屈服，我也可能为对抗它而献身。当我说我做了一件有意义的事情的时候，意义不是体现在这件事情是什么上，而体现在我的决断和行动改变了生存的处境。此在在决断和行动中造就自己，此在因自己的决断和行动赢得生存的意义。

九、时　间

海德格尔有关**时间**的中心观点是："时间性绽露为本真的操劳的意义。"[1]以上我们已经说过，操劳是对可能性的操劳，是对将发生的事情的操劳，是对生存的操劳。在操劳中，我们可以发现时间性。操劳是现在的活动，操劳所指向的是将发生的事情，操劳所依据的是过去的经验。因此，**操劳是现在、过去和将来的统一**。时间性体现在操劳中。

但是在操劳中，我们未见得总能体验到时间性。在我们为日常琐事忙忙碌碌的时候，在我们随波逐流的时候，我们没有注意到时间在我们身边白白流逝。只有在那种本真的操劳中，即只有当此在意识到自己是在为自己的生存的可能性而操劳时，意识到这种可能性的展开将以死亡为终结时，此在才意识到时间弥足珍贵。

在此在的结构中已经体现出时间的结构。此在是当下的活生生的在场（Anwesen）；此在被抛入当下的处境中，此在的被抛是一种由过去（Gewesen）到现在的态势；此在的筹划是一种在被抛中力图有所作为的指向未来（Zukunft）的态势。我们现在的处境是过去的各种因素造成的，在现在中凝聚过去的一切，我们的筹划依据过去的经验，旨在改变将来的生存状况。因此，在此在的结构中就可以看到时间性。时间就是此在的生存方式。"操劳结构的原初的统一在于时间性。"[2]

我们从自己的生存中理解时间。时间与我们的生存是合而为一的。当我们理解了自己的生存的意义的时候，我们也就理解了时间的意义。时间不是某物，时间也不是

1　M. Heidegger, *Sein und Zeit*, S. 326.

2　Ibid., S. 327.

过去的某物、现在的某物和将来的某物的总和。时间体现在生存中,在生存中包含现在、过去和将来三个维度。在生存的每一**瞬间**(Augenblick)都能体验到时间。在做出决断的一瞬间,推离过去的一切,同时开启将来的可能性。知道一万年的人不等于就懂得了时间,知道一瞬间与自己的生存的关系的人才真正懂得时间。

以往的形而上学在解释时间的时候,不是把时间与存有联系起来,而是把时间与存有者联系起来。亚里士多德认识到时间与物体运动的关系,认识到客观的时间以物体在空间中的匀速位移来度量。奥古斯丁认识到内在的时间是意识对在场的东西的知觉、对过去的事情的回忆和对将来的事情的展望。胡塞尔把原初的时间意识解说为知觉场中的原初印象、持留记忆和连带展望。在海德格尔看来,这些时间理论都没有切中时间的关键。时间的关键不在于客观的物体,也不在于主观的意识,而在于存有本身;只有在此在的生存中,在此在的本真的操劳中,才能体验到原初的时间和阐明时间的意义。

十、本真与真理

海德格尔主张,只有在本真的生存中,我们才能认识真理;因此,**本真**(Eigentlichkeit)是**真理**(Wahrheit)的前提。

真理常常被理解为命题符合事实,主观的思想符合客观的实在。在海德格尔看来,这种真理论是静态的,是背离真理的实质的。我们如何知道命题符合事实,主观的思想符合客观的实在呢?这需要对命题和思想进行检验。检验不是静态的,而是一种动态的实践活动。当我们说真相大白的时候,真相不是停在那里不动的,而是被揭示出来的。如果我们不进行揭示,真理就不会向我们显示。因此,此在的揭示活动是有关存有者的命题或思想之为真的前提。我们是在生存中进行揭示的。我们的操劳带领我们对现存的意见进行质疑,对遮蔽的东西进行**解蔽**,对隐藏的可能性进行开发。因此,海德格尔说:"揭示活动是在世的一种方式,巡视着的操劳或甚至停下来观察的操劳都揭示世内存有者。世内存有者成为被揭示的东西,只有在第二位意义上才是'真'的。原本就'真'的,亦即进行揭示的,乃是此在。"[1]

---

[1] M. Heidegger, *Sein und Zeit*, S. 220.

为什么有的人容易发现真理，有的人不容易发现真理呢？这是因为我们并不总是进入本真的生存状态中。我们往往人云亦云，把流行的意见当作真理。我们不独立思考，不认真对待生存的可能性，不善于开辟新的境域和发现新的天地，这样真理就不向我们显现。要想使我们看到的事物真，必须首先使我们自己的生存真。哥伦布在航海中发现新大陆；哥白尼发现日心说的真理是因为他敢于质疑流行已久的托勒密的天体理论；文艺复兴时代在科学发明和艺术创作中的辉煌成就应首先归功于那时人的新的生存方式的开辟。一言以蔽之，真理面向人的本真的生存，真理在人的本真的生存中被揭示出来。

第三节　转向后期哲学的问题

对于"本真的生存"，我们不得不思考这样一个问题：此在深受自己的有限性的束缚，深受个人利益的左右，易受常人意见的影响，是否真的能靠自己的决断本真地生存呢？对于这一点，海德格尔的思想后来发生了动摇。在我看来，正是因为《存在与时间》中在有关如何达到本真的生存的问题上海德格尔的论述相当乏力，这使得他发觉难以仅仅从此在出发探明存有的意义和真理。

海德格尔在1930年发表的《论真理的本质》标志着他的思想之路发生了一个转折（Kehre）。如果说海德格尔前期哲学的重心是从此在的生存出发阐明存有的意义，那么他的后期哲学的重心则是让存有启明此在的生存的意义。如果把这个问题联系到人道主义，那么他的前期哲学被某些存在主义哲学家解读为一种以人（特别是以个人的生存）为中心的存在主义的**人类学**或**人道主义**的哲学，他的后期哲学则是对这种误解的澄清。

对此，海德格尔本人在《关于人道主义的通信》（1947）中说得很清楚："存有对绽出的筹划中的人启明自己。然则这种筹划并不创造出存有。此外，筹划根本上却是一种被抛的筹划。在筹划中抛者不是人，而是存有本身，是存有本身把人发送到了那种作为其本质的此-在的绽出-生存（die Ek-sistenz des Da-seins）的状态中去。命运

（Geschick）作为存有之启明（die Lichtung des Seins）而发生，作为存有之启明而存在。"[1]

有关海德格尔后期哲学的问题，我不想多做探讨了。我在此只想就真理的问题与胡塞尔的相关观点做个比较，来作为这一讲的结束语。胡塞尔主张，为了获得真理，必须进行现象学的还原，从而使自我成为一个不偏不倚的观察者，使事物本身不受歪曲地显现出来，使纯粹现象原原本本地得到描述，使知识有一个可靠的起点。所谓**先验自我**就是这样的一位认识论上的理想的观察者。先验自我要使自己超越于世上的各种利益和意见的纠缠。在海德格尔看来，这样的先验自我是没有的，因为一切此在都是在世的此在，一切认识都以生存为本体论上的基础。就这一点而论，我觉得海德格尔对胡塞尔的驳斥相当透彻。不过，海德格尔自己的真理学说也遇到问题。要想使我们认识存有的真理，必须使自己成为本真的此在。然而，要想使自己成为本真的此在，必须接受存有的启明，聆听存有的召唤。在一些神学家眼里，此处的"存有"换成"神"或"上帝"照样能够读得通，而且意思更加明确。海德格尔之所以不直接说"上帝"，而用"存有"代替"上帝"，表现出一种异教的非人格神的观念。在《哲学论稿》中，海德格尔使用"**最后之神**"的概念，并把它与"存有之真理"相关联。他写道："对于最后之神的显现的准备，乃是那种存有之真理的极端冒险（Wagnis），而唯借助于存有之真理，人才能成功地使存在者复原。"[2] 这时，海德格尔的"存有"观念带有浓烈的神秘主义色彩。

为什么胡塞尔相信能通过现象学还原的方法达到这样的一个**先验自我**呢？因为他相信理性的力量。尽管任何人作为"**人格自我**"必定生活在世界上，从他的生活世界出发进行认识，但是当一个人有志于从事彻底的哲学思考，为普遍的知识建立牢靠的"阿基米德点"的时候，他可以凭借理性的力量，超越"自然的心态"，成为一个"先验自我"。为什么海德格尔相信此在能聆听存有的呼唤呢？因为他相信"命运作为存有之启明而发生"，人作为"此在"接受存有之启明，切近本真之存有。在这一意义上，海德格尔的后期哲学具有神学的维度。

---

[1] M. Heidegger, *Wegmarken*, GA, Bd. 9, Frankfurt am Main: Vittorio Klostermann, 1976, S. 337. 中译文参见孙周兴译的《路标》，北京：商务印书馆，2000年，第398页。

[2] 海德格尔：《哲学论稿》，孙周兴译，北京：商务印书馆，2014年，第490页。

思考题

1. 什么是海德格尔所说的"基本本体论"？
2. 海德格尔凭什么主张"此在"的结构优先于意识的意向性结构？
3. 德格尔如何论述"手边存有"（vorhanden sein）和"应手存有"（zuhanden sein）的关系，以及"应手存有"的认识论意义？
4. 解说"处身情境"（Befindlichkeit）、"被抛"（geworfen）和"筹划"（entwerfen）这几个概念在海德格尔论述人的生存处境中的意义。
5. 解说"操劳"（Sorgen）、"惧怕"（Furcht）、"焦虑"（Angst）这几个概念在海德格尔论述人的生存活动中的意义。
6. 德格尔如何区分"本真地生存"（eigentlich existieren）和"非本真地生存"（uneigentlich existieren）？
7. 海德格尔是如何论述"时间"的？他与胡塞尔论述"时间"的主要区别何在？
8. 评述海德格尔有关"本真"（Eigentlichkeit）与"真理"（Wahrheit）的关系的观点。

第二十一章
萨　特

萨特是一位伟大的法国存在主义思想家。存在主义是二十世纪的一场波澜壮阔的思想运动。它的影响不限于哲学，而且涉及政治、文学、艺术等诸多领域。萨特既是一位哲学家，又是一位大文豪，并积极参与政治活动。萨特强烈地影响了欧洲整整一代人的精神风貌。

第一节　生平著述与问题意识

　　萨特的存在主义思想与他一生颠簸、动荡和充满危机的经历有关。萨特出生的第二年，父亲就因染上亚洲热病而去世，母亲改嫁，主要靠外祖父查尔斯·施韦泽（Charles Schweitzer）和舅父阿尔贝特·施韦泽（Albert Schweitzer）抚养长大。这两位都是学识渊博和心志高尚的大师级人物。前者是著名语言学家，后者是于1952年获得诺贝尔和平奖的著名神学家、医生和音乐家。萨特的童年经历给他留下心理创伤，但同时也使他受到博雅的文化熏陶。萨特后来在《词语》（1964）中描述了他自己的童年生活，坦言这是他看待人生和进行写作的形象来源。1924年萨特就读巴黎高师，并于1929年在那里结识他的终身伴侣**西蒙娜·德·波伏娃**（Simone de Beauvoir，1908—1986）。

　　萨特走上研究现象学的道路萌发于与社会学理论家**雷蒙·阿隆**（Raymond Aron，1905—1983）的一次谈话。据波伏娃回忆，阿隆在柏林访学时接触到现象学，1931年回巴黎时在一家餐厅约会萨特和她，指着桌上的玻璃杯对萨特说：当你跨入现象学后，你就能谈论鸡尾酒，它就是哲学，现象学从事物向我们显现的实际样子出发研究世界。萨特听后激动得脸都变色了，说：这正是我多年来所希望的；人们谈论最贴近的对象，而它就是哲学。随后，萨特拉着波伏娃的手上街寻找现象学的书，买了**列维纳斯**（Emmanuel Levinas，1905—1995）在1930年出版的《胡塞尔的现象学的直觉理论》阅读。1933年11月至1934年7月萨特获得奖学金在柏林访学，在那里他研读胡塞尔、海德格尔、舍勒和雅斯贝尔斯的著作。

　　"二战"爆发后，萨特于1939年应征入伍，1940年被俘关入德国的战俘营，在那里他体验到被赤裸裸看押的痛苦滋味。他于1941年获释后，作为中学教师在巴黎工作，并与**阿尔贝·加缪**（Albert Camus, 1913—1960）和**梅洛-庞蒂**一起建立一个名为"社会主义与自由"的知识分子抵抗运动的组织。萨特通过剧本《苍蝇》（1943）等以文艺的形式表达对德国占领者的抗议。

"二战"后，他与梅洛-庞蒂、波伏娃等人一起主办《现代》杂志，推动法国的存在主义运动。萨特在政治倾向上属左翼，同情法国共产党和社会主义，但也不乏从人道主义的角度对苏联和共产国际进行批评。1955年9至10月间，萨特和波伏娃来访中国，待了整整四十五天，曾登上天安门城楼观看国庆大典。那一年，《人民日报》发表了萨特撰写的题为《我对新中国的观感》的文章。六十年代，他反对越战，联合罗素等著名知识界精英建立了一个"国际仲裁战犯法庭"，揭露美国总统约翰逊的反人道主义战争罪行。1980年萨特逝世，下葬时十多万人自发参加葬礼，可见他在民众中的影响力。

萨特的著作可分为两个部分，一部分是文学作品，另一部分是哲学作品。文学作品的代表作是《恶心》（1938）、《苍蝇》、长篇小说《自由之路》第一部和第二部（1944）、《肮脏的手》（1948）等；哲学的代表作是《存在与虚无》（1943）和《辩证理性批判》（1960）。这两部著作分别代表了萨特前期和后期主要的哲学思想。此外，《自我的超越性》（写于1934年）、《想象》（1936）、《存在主义是一种人道主义》（1946）对于理解萨特的哲学思想至关重要。在二十世纪八十年代，中国学界曾出现"萨特热"。那时，萨特的著作被大量翻译成中文。在文学方面，柳鸣九编选的《萨特研究》在当时产生很大影响。在哲学方面，杜小真对萨特的译介首屈一指。

无论是文艺小说还是哲学论著，萨特的核心主题始终是以人为中心的存在问题。如果说丹麦神学家祁克果通过揭示个体生存的焦虑、忧郁和荒谬称得上存在主义的开路先锋，胡塞尔的现象学为存在主义打下认识论和方法论的基础，早期海德格尔的以"此在"为核心的"基本本体论"为存在主义奠定了生存论的基础，那么萨特则是存在主义运动风口浪尖上的旗手。他把人的存在放在一切问题的首位，主张自由是人的生存的基本方式，然而它受到各种各样的威胁；人生的道路是开放的，充满各种可能性和偶然性，人之为人就是他的一系列的自由选择，每个人必须为自己的生存承担全部责任。

萨特的问题意识一方面来自传统的哲学问题，另一方面来自他本人在"二战"及战后冷战年代的特殊处境中的生存关怀。萨特的哲学探讨集中表现为现象与存在的关系和自由与处境的关系。这两个问题由来已久，但在二十世纪中叶的新形势下显得格外迫切，萨特把它们与现象学和人的生存关怀结合起来探讨。可以说，萨特探讨的哲学问题是老问题，但萨特看待这些问题的方式和求解途径则是新的。在萨特那里，现象与存在、自由与处境的关系成为存在主义的核心问题。

有关**现象与存在**的关系，在欧洲哲学史上早就有争论，在现象学和存在主义内部也有争论，这涉及认识论和本体论的关系。代表性的观点主要有两种：一种是实体论，另一种是现象论。按照实体论的观点，真正存在的是实体，现象是实体的表象；现象既在一定程度上透露实体的本质，又往往掩盖实体的本质，所以要透过现象看本质。按照现象论的观点，存在物的存在无非是一系列显现的现象，所谓现象背后的实体其实是不存在的。在解释什么是现象的问题上，争论就更加多了。其中一种观点主张，现象是纯主观的，存在物就被当作主观现象的复合，即贝克莱的"存在就是被感知"。有关现象与存在的关系，胡塞尔的现象学采取认识论优先的路线，主张为了研究外部世界的对象是否存在的问题，不能把结论当作前提先肯定下来，而是要把结论先悬置起来，既不肯定对象的存在也不否定对象的存在，然后从纯粹现象出发看我们凭什么理由要认定对象的存在或不存在。海德格尔主张，认识论不能脱离存在论（本体论），只有从此在的在世的结构出发才能阐明存在的意义和事物的本质。海德格尔的存在哲学采取存在论（本体论）优先的路线：存在本身表现为显现和所显现，这也就是说，现象的本源是存在，存在优先于主体的意识现象。萨特赞同海德格尔对存在与现象关系的看法，但认为这里依然有一些困难问题留待解决。萨特肯定，一个对象的存在是其一系列的显现，在其所显现的现象背后不存在任何隐秘的实体。但是，萨特又认识到，存在物一方面自身显现，另一方面又相对于每一个认识存在物的人显现。就存在物自身显现而言，它是全面和无限的；就存在物相对于人显现而言，它总是相对于某一视角的侧显，并且总是有限的。于是，萨特把存在物自身显现与相对于认识者显现的问题化为一对无限与有限的矛盾。物自体是一系列无限显现的过程。一个人所认识到的对象的形象则是物自体相对于这个人的有限显现的历程。人的主观的认识与客观的物自体的关系被当作有限与无限的关系，因此人的认识具有不确定性和偶然性，是一个无限开放的过程。

萨特并没有去追究在人所认识到的对象中究竟哪些是物自体自身显现的客观成分，哪些是认知主体的主观成分。这或许在萨特看来是一个永远分辨不清的无意义问题。萨特对此的解决途径是把人的认识活动与人的行动结合在一起，从人的行动的实践意义的角度考察对象。人只有先存在和行动，然后才会认识到自己的想法与现实之间的差距，从而区分和辨别哪些是主观的因素，哪些是客观的因素。按照萨特的人必须先存在和先行动的思路，作为行动者的人的存在和作为行动的场所的外部世界的存在一开始就被肯定下来，胡塞尔的那条悬置外部世界存在的认识论优先的路线被认为是不切实际的。

海德格尔提出的此在与存在的关系问题，在萨特那里转化为"自为的存在"（être-pour-soi）与"自在的存在"（être-en-soi）的关系问题。在此需要提示的是，海德格尔的"存在"绝非"自在的存在"，海德格尔甚至主张，此在需要聆听存在的召唤。在萨特那里，绝没有这种神秘兮兮的存在，而只有与人的自为的存在相对立的服从自然的因果律的自在的存在。萨特把以人为中心的存在论放在优先地位。萨特所关心是作为行动者和认知主体的人的存在方式有何特点，以及作为物自体的对象的存在方式有何特点。他认为人的存在的特点在于人是自由的，人的存在由人所选择的一系列的行动塑造，而物的存在则是预先决定了的。由此，萨特得出如下著名结论：**人是存在先于本质，物是本质先于存在**。萨特写道："我们已经指出在人那里，实存（existence）与本质的关系不同于在世间事物那里的存在与本质的关系。人的自由先于人的本质并且使人的本质成为可能，人的存在的本质悬置在人的自由之中。因此我们称为自由的东西是不可能区别于'人的实在'之存在（être）的。人并不是首先存在以便后来成为自由的，人的存在和他'是自由的'这两者之间没有区别。"[1]

有关**自由与处境**的关系，在哲学史上也早有争论。有没有绝对的自由呢？自由是不是受到客观环境的限制呢？卢梭说过，人生而自由，却无往不在枷锁中。萨特对自由与处境的关系的看法与卢梭有类似之处。**卢梭**所说的"人生而自由"，在萨特那里转述为人在意识上选择的自由；卢梭所说的"无往不在枷锁中"，在萨特那里转述为人所选择的行动总是要受到自然和社会环境制约的。萨特从人的存在的本体论和伦

---

[1] 萨特：《存在与虚无》，陈宣良等译，杜小真校，北京：生活·读书·新知三联书店，2007年，第53—54页。

理学的角度论证他自己的观点：人是自为的存在，人的自为存在表现为人的自由；人的生存道路不是预先给定的，而是取决于他自己的选择。然而，这样的选择只有在意识中是完全自由的。一个人可以在自己的思想中进行任何否定，可以不同意别人的意见，可以做出自己喜欢的这样或那样的决定。但是，当一个人把自己的决定投入行动时，他就面对自在存在的外部世界的制约，他可能实现自己的愿望，也可能碰得头破血流。外部世界是不确定、动荡、充满偶然性的；他人甚至可能成为自我的地狱。萨特曾用小说《恶心》来描述人在这种处境中的感受。萨特在早期著作中强调，人的自由选择是人之为人的价值所在。一个人如果不把选择的自由握在自己手里，就是把自己混同于物。人是有价值观的。但是，如果这种价值观来自他人的强迫而不来自己的意愿，那么这样的价值观再好也是别人的而不是自己的。重要的事情在于，一个人是否自由地建立自己的价值观。只有这种价值观是由自己自由建立的，它才是自己的真正的价值观。因此，在各种各样的价值中，自由处于最高的位置上。放弃了自由，也就等于放弃了人的尊严。萨特的早期著作，不论是哲学还是文学著作，都围绕自由这一最高的价值观而展开。在他看来，不论处境多么艰险，压力如何巨大，人都要在心中坚持自己的自由抉择，这是人摆脱奴役寻求解放的决定性的第一步。

萨特在后期反思自由与处境之间的辩证关系，这导致他的后期代表著作《辩证理性批判》的诞生。萨特意识到，光谈人在意识中的自由选择过于抽象，缺乏实际意义。从原则上说，人可以这样想也可以那样想，可以随意选择和做出任何决定。但是，人总是在具体的处境中进行思考和做出抉择。人的选择与他所了解的信息、社会地位和实际利益有关。一个具体的人所了解的具体的情况、他的具体的社会地位和实际的利益关系不可避免地会影响其选择。举例来说，一个工资低下、面临失业的工人选择是否去参加罢工和一个薪酬丰厚的上层管理者选择是否去参加罢工的具体处境是不同的，而这种具体处境在很大程度上会影响他们各自的选择。选择要考虑后果，人总是倾向于选择那些有利于自己的选项。萨特承认这一点，但他也不想由此得出处境决定选择的结论。如果选择归根结底由处境决定，那么所谓的"自由选择"实际上是虚假的表面现象。萨特自始至终把自由选择当作人之为人的最高价值。在坚持这一**"人道主义"**立场的基础上，萨特展开与马克思主义的对话。萨特承认马克思的历史唯物主义的某些观点，但反对经济决定论和阶级地位决定论。萨特认为，生活资料的匮乏是人类生存的基本处境。由于这种匮乏，人类就面临如何分配生活资料的问题。由于如何分配生活资料存在许多不同的可能性，于是就存在不同的选项。人类是通过类似于丛林原则的斗争方式还是通过较为和平和理智的方式来分配生活资料呢？是由某一位酋长说了算还是通过协商寻找解决的途径呢？举例来说，公交车座位有限，为获得公交车的座位，乘客是凭力气来抢还是按排队的秩序来获得呢？这里依然存在一个自由选择的问题。况且，一个有座位者还可以选择是否把座位让给老弱妇幼。萨特承认，人在选择的倾向上是有"惰性"的，人倾向于选择符合于自己利益的东西。但是，人的这种选择惰性不等于物一般的必然性。人在根本上是自由的，人是可以通过自己的思考和觉悟改变这种惰性的。因此，萨特反对经济决定论。他认为经济决定论不符合马克思的本意，而他倡导的人道主义的马克思主义才与马克思思想的真谛相吻合。

第二次世界大战期间和其后的一段时间，是法国存在主义运动轰轰烈烈开展的年代。与萨特同时的**梅洛-庞蒂、阿尔贝·加缪、卡布里埃·马塞尔**（Gabriel Marcel, 1889—1973）都堪称该运动中的重要人物。他们的哲学观点和学术贡献各有特色；特别是梅洛-庞蒂，他在现象学上的造诣、对人的身体与意识的关系等哲学概念的分析和逻辑推理的严密性上甚至高出萨特一筹。但就存在主义的基本特征而论，萨特更为典型；就政治和社会上的影响力而论，萨特远远胜于他们。萨特是活生生的存在主义者的典范，是那个时代的叱咤风云的人物。

第二节 《存在与虚无》的主要论点及其论证

一、《存在与虚无》题解

《存在与虚无》是萨特早期的代表作。人们初读这本著作会感到非常困难。在我看来，其哲理的难解之处还在其次，最棘手的问题是其所使用的概念的独到之处。萨特并非沿着哲学史上的惯例来使用概念，而是借助文学的修辞手法来创作他自己的哲学概念。"**存在**"与"**虚无**"这两个萨特哲学中的核心概念就集中体现了萨特概念使用的文风。按照通常的理解,"存在"与"虚无"的关系就是"有"与"无"的关系。事物处于生成过程中:从无到有,从有到无,从生存到消亡。用黑格尔的哲学用语来说就是"有无生成"。但是,萨特并非在这一意义上使用"存在"与"虚无"这两个概念。萨特使用"虚无"这一概念来刻画人的存在的特点。人的存在既然是存在,又为什么说其是虚无呢?这难道不自相矛盾吗?但要知道萨特是一个文学家式的哲学家,他使用这样悖论性的话语来加强表现人的生存处境。人的存在可以被描绘为"从不是其所是到成为其所是",如从不是一个战士到成为一个战士。这就是从"虚无"到"存在"。"虚无"正是人的存在的意识决断的特点、自由选择的特点。用哲学术语来说,这是"**自为存在**"的特点。自为存在能把本来是无的东西实现为有。没有虚无,不成其为自由。虚无是自由的活动空间。若人真的是自由的,真的能自由决断和自由地实现自己,那么人的存在必定是虚无的,即他能在虚无中展开自己的生成。物的存在则不是如此。*物的存在被一切既成的条件所决定*。纵然物有一个从产生到消亡的过程,但它并非自由地决定它的产生和消亡,而是服从一切先决的条件。从这一意义上说,**自在之物**是从有到有,而没有人的存在的那种"虚无"的特点。萨特的整个《存在与虚无》这本书就是围绕着人的存在与物的存在的这一重大区别来展开的。

二、"现象学的本体论"

《存在与虚无》的副标题是"论现象学的本体论"。萨特通过这个副标题表达了这部著作的总的论题。"**本体论**"(ontology)按其字面意思来理解是有关存在的学说。但是,正如海德格尔所指出的,自柏拉图以来两千四百年的哲学史实际上并没有在研究"存在",而是在研究"存在者"。海德格尔的"基本本体论"是想开辟一条从"此在"出发研究"存在"的道路。按照萨特的理解,海德格尔所说的"此在"无非就是人的存在。海德格尔企图从此在的"操劳""惧怕""焦虑"等现象出发揭示存在,萨特则企图从人在生存中所感受到的"恶心""呕吐"等现象出发揭示存在。从这一视角看,萨特的"**现象学的本体论**"和海德格尔的"**基本本体论**"在目标和途径方面是一致的。

然而,萨特认为,在现象与本体的关系方面还有一些需要澄清和有待解决的问题。这些问题包括:(1)究竟什么是现象?(2)现象与实体的关系?(3)现象与本质的关系?(4)现象与存在的关系?(5)现象与主体的关系?(6)现象的相对性与绝对性、有限性与无限性的关系? 这些问题集中起来就是:现象与存在之间的二元论是否真正解决了? 因此,萨特的《存在与虚无》导言中的第一句话就是:"近代思想把存在物还原为一系列显露存在物的显象,这是一个很大的进步。这样做的目的是为了消除某些哲学家陷入的二元论,并且用现象的一元论来取代它们。这种尝试成功了吗?"[1]

聪明的读者能猜到,萨特将回答这没有成功,因为否则的话他写这本书就没有必要了。不过,萨特并没有直接这么说,而是首先肯定其成功的一面。萨特首先确认,现象并非是存在物的真实本性的表皮,在现象背后并没有所谓真实存在的实体。用萨特自己所举的例子来说,"力"不是掩盖在它的各种效应(加速度、偏差数等)背后的未知的形而上学的实体,而是这些效应总体;同样,电流也没有隐秘的背后:它无非是显露它的许多物理—化学作用(电解、碳丝的白炽化、电流计指针的移动等)的总体。这表明,在一系列的现象背后没有任何隐秘的实体。"现在可以说,'现象理论'的第一个结论就是,显现并不像康德的现象返回到本体那样返回到存在。因为在显现背后什么也没有,它只表明它自身(和整个显现系列),它只能被它自己的存在,而不能被别的存在所支持,它不可能成为一层将'主体存在'和'绝对存在'隔开了的虚无薄膜。"[2]

在西方哲学史上流行这样一种看法:**实体**是本质,现象是实体的表象,现象往往掩盖本质,所以要透过现象看本质。现在,现象背后的实体被否定了,那么**本质**是什么呢? 萨特接受胡塞尔的看法,主张本质在于现象之间的关联,本质是一事物之为该事物的基本规定性,这些规定性不是什么有关实体的规定性,而是一事物之为该事物的不可或缺的现象。换句话说,事物的本质是通过现象呈现出来的,那些表现事物的基本规定性的现象就是本质。"现象并不掩盖本质,它揭示本质,它就是本质。存在物的本质不再是深藏在这个存在物内部的特性,而是支配存在物的显现序列的显现法则。"[3]

随着现象背后的实体被否定了,本质被还原为现象之间的关联的形态和法则之后,现象与存在的关系就显得清晰了。存在把自身体现在一系列的显现之中。一事物

---

[1] 萨特:《存在与虚无》,第1页。
[2] 同上书,第4页。
[3] 同上书,第2页。

之存在无非是与其相关的一系列的显现的综合。由此看来，存在和显现的二元论在哲学中不再有任何合法的地位了。然而，在得出这一结论之前，萨特依然面临现象与主体关系的挑战。存在物把自身显现出来，但存在物的显现是相对于主体的，存在物的显现要通过主体才被意识到。"尽管一个对象只是通过一个单一的渐次显现（Abschattung）揭示自身，然而只要有一个主体存在，这一事实便意味着可能出现对这个渐次显现的多种看法。这就足以把被考察的渐次显现的数目增至无限。"[1]这意味着，尽管山野中的花自开自落，但不同的人带着不同的心情从不同的角度观看它们，就有不同的看法。一则是花自开自落自身显现的现象，一则是相对于不同的主体的不同的意识现象。这样，"**现象**"这个概念就出现了分歧：一则可谓原本的现象，即存在物的自身显现；一则是相对的现象，即相对于认知主体的、包含认知主体看法的意识现象。

　　了解现象学运动史的读者会觉察到，萨特有关现象的第一种说法与海德格尔类似，而其第二种说法与胡塞尔相类似。海德格尔在《存在与时间》中指出："因此，'现象'一词的意义就可以确定为：就其自身显示自身者，公开者。于是 φαινομενα 即'诸现象'就是：大白于世间或能够带入光明中的东西的综合；希腊人有时干脆把这种东西同 ταοντα（存在者）视为一事。"[2]海德格尔援用"**现象**"的希腊文词源把现象定义为"就其自身显示自身者"（das Sich-an-ihm-selbst-zeigende），这就是萨特在《存在与虚无》导言的第一句话中所肯定的现代思想的进步："把存在物还原为一系列显露存在物的显象。"

　　然而，为什么希腊的"现象"概念会演变为近代主体哲学意义上的"现象"概念的呢？难道近代哲学家不懂"现象"这个词的希腊文或遗忘了其原义吗？近代哲学是一种认识论的转向，是一种从对象世界向认知主体的转向。近代哲学倾向于从主体方面解说现象。现象被理解为在认知主体中呈现出来的意识现象，尽管近代哲学家在对象的存在是否完全依存于主体的问题上存在分歧。贝克莱把"现象"定义为"感觉现象"，存在物在他眼里就是"感觉的复合"。休谟认为，在意识现象之外存在物自体的论断是一个得不到证实的假设，因此他持怀疑的、不可知论的态度。康德尽管承认自在之物对主体意识的作用，但他认为自在之物是不可知的，而可知的只是受到先验的感性形式和知性范畴支配的意识现象。从而，康德陷入现象与物自体的二元论。

---

[1] 萨特：《存在与虚无》，第3页。
[2] 海德格尔：《存在与时间》，第34页。

如上所说，在萨特那里实际上存在两种现象的概念：一种类似于海德格尔的原本的或"绝对的""现象"概念，即现象作为存在物原本的显现，或现象作为存在物自身的绝对的表达；另一种是相对于认知主体的、包含认知主体看法的"意识现象"的概念。现在，按照第一种"现象"的概念，存在与现象之间不存在二元论的问题，"因为存在物的存在，恰恰是它之所显现。……现象是什么，就绝对是什么，因为它就是像它所是的那样的自身揭示。我们能对现象作这样的研究和描述，是因为它是它自身的绝对的表达"[1]。但是按照第二种"现象"概念，就会产生意识现象与存在物的关系问题，就会出现贝克莱、休谟和康德哲学中所讨论过的问题。贝克莱只承认意识现象，不承认外部世界中的存在物自身显现的现象，因此把存在物归结为感觉的复合。休谟只承认意识现象是可知的，但对意识现象之外是否有存在物的问题持怀疑论和不可知论的立场。康德则采取先验论的立场，即先验地设定意识的结构和自在之物的存在，把意识现象理解为自在之物和意识结构互相作用的结果。现在，萨特一方面认为现象是存在物自身的显现，另一方面又认为现象是相对于主体的认知活动和包含主体的看法的，那么他就必须回答作为意识现象的现象和作为存在物自身绝对表达的现象之间的关系。萨特对这个问题的回答就是萨特的现象学的本体论的课题。萨特通过"现象的存在"与"存在的现象"的关系、"意识活动"与"对象"的关系（意向性关系）、"自在的存在"与"自为的存在"的关系来展开他对现象学的本体论的论述。在萨特的哲学体系中，这三种关系是交织在一起的，以至于谈到其中一种关系时势必谈到其他两种关系。如果从认识论切入，先谈萨特的意向性理论显得较为顺当。但是，萨特这部著作的主题是"现象学的本体论"，是要从现象学的途径研究存在问题，所以我们沿着这部著作导论的顺序先从"现象的存在"与"存在的现象"的关系谈起，然后谈"意识活动"与"对象"的关系（意向性关系）和"自在的存在"与"自为的存在"的关系。

三、"现象的存在"与"存在的现象"

"**现象的存在**"与"**存在的现象**"是《存在与虚无》中的两个术语，萨特用它们

---

[1] 萨特：《存在与虚无》，第2页。

来处理现象与存在的关系,即处理现象学的本体论问题。对于这两个术语,不能仅仅从字面上去理解,而要结合萨特在上下文中的专门用法。首先让我们解释"现象的存在"的含义。如上所述,萨特主张在现象背后没有实体,现象与存在之间不存在二元论的问题:**存在物的存在,恰恰是它之所显现**。而且,萨特反对贝克莱的观点,他的"**现象的存在**"概念立基于"**自在的存在**"。物自体的存在,就是它的一系列显现。现象不是虚幻的,而是存在的。没有存在物的存在,也就没有存在物的显现。存在物的存在不能被归结为我的主观的感觉现象。在此,萨特持实在论的立场。萨特写道:"这只杯子的实在性在于:它在那里,它不是我。我们可以这样说明这一点,它的显现系列是由一个不以我的好恶为转移的原则联结起来的。"[1]

既然"存在物的存在,恰恰是它之所显现",萨特为什么又要讨论"现象的存在"问题呢?这是因为存在物的显现又是相对于意识主体的。我们看到这只杯子的现象,我们谈论这只杯子的存在,这只杯子的存在超越于它相对于我们的渐次显现。用萨特的话来说,现象的存在又是"超现象的"。要注意,萨特经常在两种不同意义上使用"现象"概念,即一种是基于自在存在的绝对的意义,另一种是相对于意识主体的相对的意义。萨特著作的难读就难在,我们要不时根据上下文来分辨萨特对他自己的概念的用法。下面,我想用萨特自己的例子说明萨特为什么要在"超越"("超现象")的意义上提出"现象的存在"问题。萨特写道:"当然,我们能够超越这张桌子或这把椅子走向它的存在,并且能提出'桌子-存在'或'椅子-存在'之类的问题。但是,这时我的视线就从'桌子-现象'上移开,以便集中到'存在-现象'上。"[2] 我看见一张桌子或一把椅子,在我面前呈现出有关这张桌子或这把椅子的一系列现象。我能根据所呈现出来的现象判断这是一张桌子或一把椅子,但我不能仅仅依靠这些呈现出来的现象(如方形的、四脚的、红色的等)就能确定它们的存在,因为它们的存在超越于它们相对于我而显现的有限的系列。但是,在现实生活中,我们确实能提出"桌子-存在"或"椅子-存在"之类的问题,并能做出有关它们是否存在的判断。我们是根据什么现象来做出这样的判断的呢?萨特认为,这不能仅仅停留在对象的显现系列上,而且还要关注那些揭示我们与对象间的生存关系的现象。事物存在的问题实

---

[1] 萨特:《存在与虚无》,第3页。
[2] 同上书,第6页。译本对照原文后有所改动。

际上不是从事物的属性中得出来的。从事物的属性上看不到存在。要认识事物的存在，必然牵涉人的存在与事物的存在相关的生存关系。萨特在此提到，海德格尔认为这类现象是"**本体状-本体论的**"（ontico-ontologique），因为它们能揭示出存在。具体地说，这就是海德格尔所描述的"操劳""惧怕""焦虑"等。萨特进一步发掘这类现象，认为"恶心""呕吐""厌恶"等能揭示人的生存经验，揭示人的存在与周围世界中的对象的存在之间的关系。这张桌子或这把椅子与我的生活相关，所以我才关心它们的存在问题。这些有关生存经验的现象就被萨特称为"存在的现象"。萨特强调它们与人的生存的关联性，即与"自为的存在"的关联性，所以萨特说："这时我的视线就从'桌子-现象'上移开，以便集中到'存在-现象'上。"萨特企图通过这类生存经验揭示人的存在的特点，揭示人如何认识到自己的存在和存在物的存在，揭示自为的存在和自在的存在的区别和相互联系。然而，萨特认识到，这类"存在的现象"并不等同于存在物的存在。"我们一开始就懂得了，单靠认识不能为存在提供理由，就是说，现象的存在不能还原为存在的现象。"[1] 焦虑、恶心等存在的现象本身不等同于存在，但是它们揭示存在，是"对存在的呼唤"，"存的现象要求存在的超现象性"。[2]

萨特像康德和胡塞尔一样强调不能把存在与本质混同起来。我们通过现象认识各种各样的存在物的特征或规定性，一类事物的本质表现为该类事物的基本的规定性。但是，认识到事物的规定性并不等同于就能肯定事物的存在。这正如我认识到水能解渴并不等同于我身边真的就有水一样。在此意义上，萨特强调存在的现象不能还原为现象的存在。我厌恶说谎的人。说谎的人的存在是我产生厌恶感的条件，因此"厌恶感"是我认识存在的一条途径或所基于的经验。但是，厌恶感之类的生存经验（存在的现象）不等同于存在物的存在（现象的存在），毕竟主观的经验不等同于客观的存在。

四、意向性理论

萨特的意向性理论是在改造胡塞尔的意向性理论的基础上建立起来的。意向性

---

[1] 萨特：《存在与虚无》，第6页。
[2] 同上书，第7页。

在胡塞尔那里被表述为意识总是对某物的意识，"我思"总是与"所思"相关，**意向行为**（noesis）总是联结**意向相关项**（noema）。萨特对意向性的这一结构本身没有异议。萨特认同在我思与所思之间、在意向行为与意向相关项之间存在一种意向的结构关联，但萨特对作为意向行为的主体的自我（我思中的自我）和意向相关项中的对象（所思中的对象）是否超越意识现象而存在的问题有自己的看法。他批评胡塞尔在《大观念》中的意向性理论陷入贝克莱式的主观唯心主义立场。他写道："由于我们一直把实在囿于现象，我们就可以说现象按它显现的样子存在着。为什么不把这看法推到极端，说显现的存在就是它的显现呢？因为那只是贝克莱的'存在就是被感知'这句老话的改头换面而已。事实上，胡塞尔及其追随者正是这样做的，完成现象学还原之后，他们把意向相关项当作非实在的来处理，并宣称它的存在就是被感知。"[1]

我觉得萨特的这一评述不甚确切[2]，但基本精神值得肯定。胡塞尔有关意向性的学说比较复杂，有一个发展的过程。在《逻辑研究》中，他主张意向行为通过意识内容指向对象。在此，他把意识内容与对象区分开来，意识内容是非实在的，而对象可以是实在的，如石头等物理对象，也可以是非实在的，如数等观念的对象。即使在他后来的持先验唯心主义立场的《大观念》中，他仍然区分狭义和广义上的两种意向相关项。**狭义的意向相关项**指单纯的意识内容，是非实在的。在胡塞尔看来，意向行为是在内在时间中进行的，单纯的意识内容也随意向行为一起在内在时间中进行，它有时间性但没有空间性，如一棵树的单纯的意识内容是不占据空间的。用胡塞尔的术语来表达，这种意向行为和单纯的意识内容是"**实有的**"（reell），而不是"**实在的**"（real）。**广义的意向相关项**指单纯的意识内容加上这些内容间的**不变的极**（"X"）。举例来说，我从不同角度看一棵树，在我的意识内容中呈现相关的侧显（Abschattung）系列，它们都汇聚到一个不变的极（"X"）上去。这棵作为实在的对象的树的存在并没有被呈现在单纯的意识内容中，它的存在是根据这个不变的极（"X"）而被推断出来的。一棵实在的树可以被燃烧，这是一个物理—化学的过程，而有关一棵树的意识

---

1 萨特：《存在与虚无》，第7页。译文对照原文后有所改动。
2 胡塞尔在《大观念》I中明确谈到他与贝克莱观点的差别："如果人们在读完这段论述后反对说，这会意味着把整个世界变为一种主观的虚幻，并陷入一种'柏克莱唯心主义'，对此我们只能回答说，他并未领悟这些陈述的意义。"参见胡塞尔：《纯粹现象学通论》，第148页。

内容则不能被燃烧,这是一个心理—意识的过程。因此,胡塞尔的意向性的对象理论与贝克莱的物是感觉的复合的理论还是有重要区别的。

萨特在写下对胡塞尔的这一批判时或许没有仔细读过胡塞尔的原著,他很可能是从别人那里听到这一说法的。尽管如此,我觉得萨特对胡塞尔的批判的基本思路值得肯定。胡塞尔采取先验唯心主义的认识论优先的路线,即为判断对象是否存在必须先进行现象学的还原,然后从纯粹的意识现象出发做出有关对象是否存在的判断,而萨特采取**认识论与本体论互为支撑的路线**,主张认识论若离开本体论就无法展开,意识现象是立基于存在的。萨特写道:"倘若谁一开始就把认识作为既定的,而不曾想为认识的存在奠定基础,并就此断言'存在就是被感知',则'被感知-感知'总体就会由于缺少牢固的存在的支持,而分崩离析落入虚无。因此,认识的存在不能以认识为尺度,也不能归为'被感知'。因此,感知和被感知的'存在-基础'本身不能归结为被感知:它应该是超现象的。"[1]

为什么萨特主张**对象是超现象的**呢?萨特认为,对象是占据空间位置的。举例来说,一张桌子在空间中,在窗户旁边。我看见一张桌子,但这张桌子不在我的意识中,甚至也不在表象的范围内。在这个意义上,对象是超现象的,即对象是超越意识现象的。当胡塞尔说意识总是对某物的意识时,萨特强调这句话只有这样理解才正确:如果意识不包含一个超越的对象的位置,也就谈不上意识。某物处于空间的位置上,对某物的意识必须超越内在的意识现象指向外在的处于空间位置上的某物。胡塞尔主张,现象学应对作为意识对象的某物的存在与否的问题采取中立的态度,萨特主张这种中立的态度是要不得的,因为意识行为指向某物,是对某物抱有态度的:我喜欢还是厌恶某物,以某物的实际存在或可能存在为前提。如果某物的存在被悬置了,我就谈不上去喜欢它或厌恶它。只有在外部世界存在的前提下,我才会抱有某种态度在外部世界中行动。我时而主动地想象某物,时而被动地感知某物,这种主动和被动的状态是以某物的存在或可能存在为前提的。一张桌子摆在我面前,我一睁开眼睛就被动地看到它,这种被动性是以这张桌子在我面前的存在为前提的。胡塞尔企图从这种主观地意识到的被动性来推导出物的存在。在萨特看来,缺乏存在的前提,就谈不上主观意识的主动或被动。一旦对外部世界中的物是否存在的问题持"中立"态度,

---

[1] 萨特:《存在与虚无》,第7—8页。

就不会有什么主动或被动的意识。总之，在萨特看来，意识的意向性以存在超越于意识现象的对象为前提。

萨特有关自我的学说也是在继承和批判胡塞尔的基础上建立起来的。萨特确立如下三个论点：

（1）反思前的我思中的"我"是意识中的一个极，它作为思的主体是直接被意识到的；但这个"我"不是一个自在的存有者，而是内在于意识现象的，是意识在认识对象的同时以"**非位置性的**"（non positionnelle）方式附带地、隐含地觉察到的。

（2）作为反思对象的"我"是自在的存有者；它是反思意识的"**位置性的**"（positionnelle）对象。在一定意义上，这个作为反思对象的"我"超越于意识现象，因为它是与身体合一的具有个体特性（习惯、素质、爱好）的"我"；它像事物一样是实在的时空世界中的一部分。

（3）我们首先通过非反思的方式觉察到意识中的那个我，然后通过反思的方式把我思的行为及其主体当作对象来认知，认识到一系列的意识行为都来自这个主体，并且这个主体是与身体及其行为相关的，从而确定了作为认知对象的超越的我。从认识的过程来讲，非反思地意识到的"内在的我"在先，在反思中被把握作为对象的"超越的我"在后；从本体论的意义上说，"超越的我"及其在时空世界中的活动是"内在的我"的"存在－基础"，即作为自在的存在物的我及其活动是自为的我思的存在－基础。自为的意识必须联结自在的我和自在的事物这两头才能活动。在这个意义上，萨特强调意识依存于客观的存在物。

萨特在《存在与虚无》中以数香烟的例子说明上述观点。当我数香烟时，我的注意力集中在香烟及其支数上。数香烟的意识活动属于认知行为，认知行为的特点是位置性的行为，指向对象的行为。在此，对象是认知"正题的"（thetic）所指。但是，意识在认知行为中也有自我意识。我在数香烟的时候附带地意识到我在数。因此，如果有人问我："你在做什么？"我会立即回答："我在数。"这种在认知行为中附带地意识到的我是"非正题的"（non-thetic），即自我此时不是被专门关注的"正题"，而是在认知对象的同时对自身的附带觉察，好似意识在照亮对象时的自身透明。然而，当我回答我在数时，我的注意力已经集中到我及其行为上去，此时我及其行为已经成为反思的对象。"**反思的我思**"（reflective cogito）强调的是把"我思"作为对象的再一次的知,"反思前的我思"(pre-reflective cogito)强调的是当下直接的自知。如果没有当下直接的自知,也就没有把我思当作对象的再一次的知。因此,萨特写道:"恰恰相反,正是非反思的意识使反思成为可能:有一个反思前的我思作为笛卡尔我思的条件。同时,恰恰是对计数的非正题意识才是我的相加活动的真正条件。如其不然,相加活动如何会是我的诸意识的统一主题呢?"[1]在萨特看来,当笛卡尔说"我思故我在"时,可以分为前后两个"我思":前一个"我思"是"反思前的我思",此时的正题是数香烟之类的对象,此时还没有对作为对象的我的存在做出判断,但已经附带地觉察到"我思";后一个"我思"是"反思的我思",此时我已经把自身当作对象加以关注并思考其存在问题。与"反思的我思"相关联,我的一系列意识活动已经统一到我这个主体之上,并能做出我刚才是在计数之类的判断。

我觉得,萨特与胡塞尔在意向性问题上的差别不在于萨特提出了"反思前的我思"和"反思的我思",而在于萨特强调作为对象的自我是"超现象的",即超越意识现象的。胡塞尔早就注意到,意识的意向性活动不是单纯地指向对象的活动,并非只有对象的意识而没有对意识行为自知的意识;意识活动在指向对象的同时,还附带地意识到是自己在进行意识活动。如:我看一朵花,花是我的意识活动指向的对象,但我在看花的时候,我知道我在看。正因为我在看花时不仅意识到我所看的花,而且意识到是我在看,因此我能记住它,并能在下一刻把我当作对象来反思,能对自己提出这样的问题:你刚才在做什么?并能回答:我刚才在看花。但胡塞尔主张,有必要区分出内在于意识的"**纯粹自我**"和联系到自己的身体的具有习性的"**人格自我**"。他认为,"纯粹自我"是在意识活动内中所察觉到的自我。我不必联系到自己的身体和身体的行为,只要关涉到自己的内在意识(知觉、记忆和自知)就能在反思中把纯粹自我当作对象来把握。在前反思的意识活动中所察觉的自我是仅仅联系到当下意识行为的自我,而在反思中所把握的作为对象的纯粹自我是作为一系列意识活动的统一的出发点和支撑点的自我。当要谈到有关一个人的习性、特点的"人格自我"时,才必须联系到人的行为方式,这种行为方式是与人的身体和在世的活动相关的。因此,人格自我是超越的自我,即超越了内在意识的自我。胡塞尔有关"纯粹自我"和"人格自我"的思想是有一个发展过程的。在早期阶段,他对作为一系列意识活动的统一的

---

[1] 萨特:《存在与虚无》,第11页。

出某种修补。法国哲学家福柯则转向继承尼采路线的对权力及其相关谱系的研究。他认为，用道德规范约束人的行为是一种用权力对人进行规训的方式。在这样的权力和道德的谱系中，弱小群体和边缘群体往往受到不公正的待遇。哪里有权力的压迫，哪里就有反抗。弱小群体和边缘群体的思想方式和行为举止往往被主流意识形态视为非理性的、疯癫的，但他们的反抗是一种争取自身权利的行为，难以被容纳到哈贝马斯所说的公共领域的交往中。

特别是在当前，民粹主义和宗教极端主义抬头，人们感到哈贝马斯的交往行为理论软弱无力。哈贝马斯好像在说教，而民粹主义者和宗教极端主义者根本不听这一套。民粹主义者把眼前的利益放在第一位，认为自己的工作岗位和社会福利受到外来移民的瓜分，持一种强烈的排外主义态度。宗教极端主义者以宗教信仰来区分善恶和划分敌友，以恐怖的方式表达他们的不满。这两股势力形成对立的两极，但他们有一个共同的特点，即都根本不相信理性交往的方式能解决他们面临的问题。普通民众看到这种情况，也认为左翼精英在空谈阔论。在公共领域的大众传媒上，以哈贝马斯为代表的左翼精英仍然在发声，但相当多的普通民众已经不像以前那样关心他们的洋洋洒洒的哲理探讨和宏大的世界治理的方案，而更容易受到一些政客的狭隘民族主义和民粹主义的煽动。进入二十一世纪以来，世界不太平，发生了"9·11"事件、阿富汗战争、英国脱离欧盟、美国发动"贸易战"等等。面对这种情况，政界和学界的不少人批评哈贝马斯的交往行为理性解决方案在现实世界中行不通。

哈贝马斯关注世界局势的动向，也知道别人对他的这种批评，但他依然坚持认为，回到以前的那种形而上学的思考方式上去是行不通的，实证主义和工具理性的思维方式也存在危害。他认为，既不能指望某种在背后主宰人类历史的形而上学的精神力量会发挥作用，也不能听任社会受到各种盲目的力量和现实利益的冲突的左右。他认为，现代的社会制度不是自然而然形成的，反而是一个理性的人工设计的产物。固然，现代社会中存在阶级斗争和利益集团之间的斗争，但这些斗争并不必定能推动社会历史的进步。如果没有理性的协商和沟通，没有通过理性的人工设计而建立的制度保障，这将是一种盲目的力量冲突，不但不会推动人类历史的进步，反而会导致毁灭人类社会的灾难性结果。第一次世界大战和第二次世界大战的经验教训难道还少吗？纳粹把德意志民族的利益和种族优先放在第一位，在利益和权力的驱动下，整个德国沉浸在非理性的激情中，走向战争和毁灭。当前，狭隘的民族主义和民粹主义的激情又被煽动起来，政界人士要么畏首畏尾，要么也丧失了理智，被卷入非理性的潮流中。放任世界上的各种政治力量和经济力量的自发的冲突，等待其自然而然的演变结果，将是非常危险的。康德在一百五十年前写的《论永久和平》中所阐述的有关国际交往的规则和永久和平的理性构想，虽然是形式的东西，但一旦这些形式的东西被广泛接受而被确立为一种有约束力的制度的话，那么世界和平就有了体制上的保障。我们是听从盲目的力量在疯癫中毁灭呢，还是遵循交往行为理性，建立一种世界范围内的民主协商的政治机制，确保世界和平，完成未竟的现代性事业？这是摆在人类面前的命运攸关的问题。

思考题

1. 哈贝马斯以什么方式发展了早期法兰克福学派的批判理论？他为何主张异化和不公正的社会问题不能单靠意识形态批判来解决，而必须发扬交往行为理性，通过公共领域中的民主协商，寻求制度性的解决方案？
2. 哈贝马斯是如何把胡塞尔有关"生活世界"的论述、维特根斯坦有关"生活形式"的论述吸纳到他的"交往行为理论"中去的？请联系日常生活中的实际的生活体验和人际交往的事例加以评述。
3. 哈贝马斯把社会行为划分为"目的行为""规范调节行为""戏剧行为"和"交往行为"，其含义是什么？它们各自与客观世界、主观世界和社会世界的关系如何？
4. 哈贝马斯为何主张，为完善言语的交往行为，必须提出和努力实现主观态度上的真诚性、客观事实上的真实性和社会规范上的正当性的要求？请结合你对社会现实的观察和实际的生活经验评述哈贝马斯的交往行为理论。
5. 为什么说哈贝马斯的交往行为理论在一定程度上综合了欧陆的现象学—诠释学传统和英美的经验主义和分析哲学的传统？
6. 哈贝马斯的交往行为理论受到哪些批评？他是如何回应的？

推荐书目

有关推荐书目，正如大家所知，相关的教材已经很多了。其中重磅的有刘放桐和俞吾金主编的多卷本的《西方哲学通史》、中国社会科学院哲学研究所叶秀山和王树人主持编写的八卷本《西方哲学史（学术版）》。此外，刘放桐等编著的《新编现代西方哲学》和北京大学赵敦华教授的《现代西方哲学新编》等，都是值得教师和学生参考的优秀作品。我在此不想一一列举，附上众多参考书目，而想尽可能精简地推荐一些课后的经典读物和课堂上的讨论资料。

一、哲学史类

1. 施太格缪勒:《当代哲学主流》（上、下），王炳文、燕宏远、张金言等译，北京：商务印书馆，2000年；
2. 雅斯贝尔斯:《大哲学家》（上、下），李雪涛、李秋零、王桐等译，北京：社会科学文献出版社，2009年。

二、哲学经典类

1. 叔本华:《作为意志和表象的世界》，石冲白译，杨一之校，北京：商务印书馆，1982年；
2. 尼采:《权力意志》（全二卷），孙周兴译，北京：商务印书馆，2009年；
3. 杜威:《经验与自然》，傅统先译，北京：商务印书馆，2014年；
4. 弗雷格:《算术基础》，王路译，北京：商务印书馆，2002年；
5. 维特根斯坦:《哲学研究》，李步楼译，陈维杭校，北京：商务印书馆，1996年；

6. 胡塞尔:《逻辑研究》(第三版),倪梁康译,北京:商务印书馆,2015年;

7. 海德格尔:《存在与时间》(修订版),陈嘉映、王庆节译,北京:生活·读书·新知三联书店,1999年;

8. 萨特:《存在与虚无》(修订译本),陈宣良等译,杜小真校,北京:生活·读书·新知三联书店,2007年;

9. 伽达默尔:《真理与方法》(修订本),洪汉鼎译,北京:商务印书馆,2007年;

10. 福柯:《词与物:人文科学考古学》,莫伟民译,上海:上海三联书店,2001年;

11. 哈贝马斯:《交往行为理论》(第一卷),曹卫东译,上海:上海人民出版社,2004年。

三、课堂讨论资料

1. 马蒂尼奇编:《语言哲学》,牟博、杨音莱、韩林合等译,北京:商务印书馆,1998年;

2. 倪梁康主编:《面对实事本身:现象学经典文选》,北京:东方出版社,2000年;

3. 洪汉鼎主编:《理解与解释:诠释学经典文选》,北京:东方出版社,2000年。

参考文献

一、外 文

Adorno, T. W./Horkheimer, M., *Dialektik der Aufklärung*, Frankfurt am Main: Fischer, 2000.

Austin, J. L., *How to Do Thing with Words*, Oxford: Clarendon Press, 1962.

Derrida, Jacques, *Marges de la philosophie*, Paris: Éditions de Minuit, 1972.

Derrida, Jacques, "Limited Inc abc", *Glyph* 2 (1977).

Dewey, Robert E., *The Philosophy of John Dewey*, The Hague: Martinus Nijhoff, 1977.

Dilthey, W., *Gesammelte Schriften*, Bd. 1-12, Leipzig/Berlin: Teubner, 1914-1936.

Dilthey, W., *Gesammelte Schriften*, Bd. 18, Stuttgart/Göttingen/Berlin, 1966.

Dilthey, W., *Texte zur Kritik der historischen Vernunft*, Göttingen: Sammlung Vanden hoeck, 1983.

Driesch, Hans, *The History and Theory of Vitalism*, London: Macmillian, 1914.

Foucault, M., *The Archaeology of Knowedge*, New York: Harper & Row, 1972.

Foucault, M., *The Order of Things: An Archaeology of the Human Sciences*, New York: Random House, 1973.

Foucault, M., *Power/Knowledge*, New York: Pantheon, 1980.

Frege, G., "Sinn und Bedeutung", in G. Frege, *Kleine Schrifften*, Darmstadt: Wissenschaftliche Buchgesellschaft, 1967.

Gadamer, H.-G., "Destruktion and Deconstruction", in D. P. Michelfelder and R. E. Palmer eds., *Dialogue and Deconstruction: The Gadamer-Derrida Encounter*, Albany: State University of New York Press, 1989.

Habermas, Jürgen, *Theorie des kommunikativen Handelns*, Bd. I−II, Frankfurt am Main: Suhrkamp, 1995.

Habermas, Jürgen, *Nachmetaphysisches Denken*, Frankfurt am Main: Suhrkamp, 1988.

Heidegger, M., *Wegmarken, Gesamtausgabe*, Bd. 9, Frankfurt am Main: Vittorio Klostermann, 1976.

Heidegger, M., *Ontologie (Hermeneutik der Faktizität), Gesamtausgabe*, Bd. 63, Frankfurt am Main: Vittorio Klostermann, 1988.

Heidegger, M., *Sein und Zeit*, Tübingen: Max Niemeyer, 2006.

Horkheimer, Max, *Critical Theory*, New York: Seabury Press, 1982.

Husserl, E., *Logische Untersuchungen, Erster Teil: Prolegomena zur reinen Logik*, Halle: Niemeyer, 1900.

Husserl, E., *Logische Untersuchungen, Zweiter Teil: Unersuchungen zur Phänomenologie und Theorie der Erkenntnis*, Halle: Niemeyer, 1901.

Husserl, E., *Logische Untersuchungen, Husserliana*, Bd. XIX/2, The Hague: Martinus Nijhoff, 1984.

Husserl, E., *Die Krisis der europäischen Wissenschaften und die transzendentale Phänomenologie*, Husserliana, Bd. VI, The Hague: Martinus Nijhoff, 1954.

Husserl, E., *Phänomenologische Psychologie, Husserliana*, Bd. IX, The Hague: Martinus Nijhoff, 1962.

Husserl, E., *Philosophie als strenge Wissenschaft*, Frankfurt am Main: Vittorio Klostermann, 1965.

Husserl, E., *Erfahrung und Urteil*, Hamburg: Felix Meiner, 1972.

Husserl, E., *Ideen zu einer reinen Phänomenologie und phänomenologischen Philosophie, Erstes Buch: Allgemeine Einführung in die reine Phänomenologie, Husserliana*, Bd. III, The Hague: Martinus Nijhoff, 1976.

Husserl, E., *Ideen zu einer reinen Phänomenologie und phänomenologischen Philosophie, Zweites Buch: Phänomenologische Untersuchungen zur Konstitution, Husserliana*, Bd. IV, The Hague: Martinus Nijhoff, 1952.

Jakobson, Roman, "Poetry of Grammar and Grammar of Poetry", in Roman Jakobson, *Verbal Art, Verbal Sign, Verbal Time*, Minneapolis: University of Minnesota Press, 1985.

Kierkegaard, Søren Aabye, *Concluding Unscientific Postscript to the Philosophical Fragment*, translated by David Swenson and Walter Lowrie, Princeton: Princeton University Press, 1941.

Levi-Strauss, Claude, *Structural Anthropology*, New York: Basic Books, 1974.

Lodge, D. ed., *Modern Criticism and Theory: A Reader*, London/New York: Longman, 1999.

Lyotard, J. -F., *Instructions Paiennes*, Paris: Galilee, 1977.

Lyotard, J. -F., *The Postmodern Condition: A Report on Knowledge*, Minneapolis: University of Minnesota Press, 1984.

Lyotard, J. -F., *The Different: Phrases in Dispute*, translated by George van den Abbeele, Minneapolis: University of Minnesota Press, 1988.

Malcolm, Norman, *Ludwig Wittgenstein: A Memoir*, London: Oxford University Perss, 1958.

Marcuse, H., *Eros and Civilization*, Boston: Beacon Press, 1955.

Marcuse, H., *One-Dimensional Man*, Boston: Beacon Press, 1964.

Mill, J. S., *A System of Logic*, London: Longmans, 1895.

Nietzsche, F. W., *Sämtliche Werke, Kritische Studienausgabe in 15 Bänden*, hrsg. von G. Colli u. M. Montinari, Berlin: De Gruyter, 1988.

Nietzsche, F. W., *Werke in drei Bänden*, hrsg. von Karl Schlechta, München: Hanser, 1954.

Peirce, C. S., *Collected Papers of Charles Sanders Peirce*, edited by Charles Hartshorne and Paul Weiss, Cambridge/Massachusetts: Harvard University Press, 1965.

Popper, K. R., *The Logic of Scientific Discovery*, London: Hutchinson, 1934/1972.

Popper, K. R., *Conjectures and Refutations: The Growth of Scientific Knowledge*, London: Routledge and Kegan Paul, 1963.

Quine, W. V., *Word and Object*, Cambridge/Massachusetts: MIT Press, 1960.

Quine, W. V., *Ontological Relativity and Other Essays*, New York/London: Columbia University Press, 1969.

Ricoeur, P., *The Conflict of Interpretations: Essays in Hermeneutics*, Evanston: Northwestrn University Press, 1974.

Rorty, R., *The Linguistic Turn*, Chicago: University of Chicago Press, 1967.

Rorty, R., *Philosophy and the Mirror of Nature*, Princeton: Princeton University Press, 1979.

Rorty, R., *Contirgency, Irony and Solidarity*, Cambridge: Cambridge University Press, 1989.

Russell, B., *My Philosophical Development*, London: George Allen & Unwin, 1959.

Russell, B., *Logic and Knowledge*, edited by Robert C. March, London: George Allen & Unwin, first published 1956, fifth impression 1971.

Russell, B., *Introduction to Mathematical Philosophy*, London: George Allen & Unwin, 1919.

Russell, B./Whitehead, A. N., *Principia Mathematica*, Vol. I, Cambridge: Cambridge University Press, 1925.

Ryle, G., *The Concept of Mind*, London: Hutchinson, 1949.

Sartre, J. -P., *Existentialism and Humanism*, London: Eyre Methuen, 1973.

Saussure, Ferdinand de, *Cours de linguistique générale*, édition critique, Wiesbaden: Otto Harrassowitz, 1968—1974.

Schopenhauer, A., *Parerga and Paralipomena*, translated by E. F. J. Payne, Oxford: Clarendon Press, 1974.

Schopenhauer, A., *Manuscript Remains in Four Volumes*, translated by. E. F. J. Payne, London/New York/Hamburg: Berg Publishers, 1998.

Schopenhauer, A., *Schopenhauer Selections Papers*, edited by DeWitt H. Parker, London: Charles Scribner's Sons, 1928.

Spiegelberg, H., *The Phenomenological Movement*, The Hague: Martinus Nijhoff, 1971.

Schubert-Soldern, Rainer, *Mechanism and Vitalism: Philosophical Aspects of Biology*, translated by C. E. Robin, Notre Dame: University of Notre Dame Press, 1962.

Searle, John R., "Reiterating the Differences: A Reply to Derrida", *Glyph* 1 (1977).

Searle, John R., "The World Turned Upside Down", in Gary B. Madison ed., *Working Through Derrida*, Evanston: Northwestern University Press, 1993.

Strawson, P. F., *Individuals: An Essay in Descriptive Metaphysics*, London: Methuen, 1959.

Urmson, J. Q., "On Grading", *Mind* (April 1950): 145–169; reprinted in *Logic and Language (Second Series)*, edited by Antony Flew, Oxford: Basil Blackwell, 1953.

Weber, Max, *Wirtschaft und Gesellschaft*, Tübingen: Mohr, 1956.

Witgenstein, L., *Philosophical Investigations*, London: Blackwell, 1953.

Wittgenstein, L., *Ludwig Wittgenstein Werkausgabe*, Frankfurt am Main: Suhrkamp, 1984.

Wittgenstein, L., *The Big Typescript*, hrsg. von Michael Nedo, Wien/New York: Springer, 2000.

二、中　文

阿佩尔:《哲学的改造》,孙周兴、陆兴华译,上海:上海译文出版社,1994年。
艾耶尔:《语言、真理与逻辑》,尹大贻译,上海:上海译文出版社,1981年。
柏格森:《时间与自由意志》,吴士栋译,北京:商务印书馆,1989年。
柏格森:《材料与记忆》,北京:华夏出版社,1999年。
柏格森:《形而上学导言》,刘放桐译,北京:商务印书馆,1963年。
柏格森:《创造进化论》,肖聿译,北京:华夏出版社,1999年。
杜威:《哲学的改造》,许崇清译,北京:商务印书馆,1958年(1933年第一版)。
布洛克曼:《结构主义:莫斯科—布拉格—巴黎》,李幼蒸译,北京:商务印书馆,1980年。
德里达:《胡塞尔哲学中的发生问题》,于奇智译,北京:商务印书馆,2009年。
德里达:《声音与现象》,杜小真译,北京:商务印书馆,2010年。
德里达:《论文字学》,汪堂家译,上海:上海译文出版社,1999年。
德里达:《马克思的幽灵:债务国家、哀悼活动和新国际》,何一译,北京:中国人民大学出版社,1999年。
杜威:《确定性的寻求》,傅统先译,上海:上海人民出版社,2004年。
杜威:《经验与自然》,傅统先译,北京:商务印书馆,1960年。
杜威:《民本主义与教育》,郑恩润译,上海:商务印书馆,1949年。
杜威:《人的问题》,傅统先、邱椿译,上海:上海人民出版社,1985年。
弗朗索瓦·多斯:《从结构到解构:法国20世纪思想主潮》,季广茂译,北京:中央编译出版社,2004年。
福柯:《词与物:人文科学考古学》,莫伟民译,上海:上海三联书店,2001年。
弗洛姆:《马克思关于人的概念》,载复旦大学哲学系现代西方哲学研究室编译:《西方学者论〈一八四四年经济学-哲学手稿〉》,上海:复旦大学出版社,1983年。
让·格朗丹:《哲学诠释学导论》,何卫平译,北京:商务印书馆,2009年。
西蒙·格伦迪宁:《德里达》,李永毅译,南京:译林出版社,2019年。
哈贝马斯:《后形而上学思想》,曹卫东、付德根译,南京:译林出版社,2001年。
哈贝马斯:《现代性的哲学话语》,曹卫东译,南京:译林出版社,2004年。

哈贝马斯:《交往行为理论》(第一卷),曹卫东译,上海:上海人民出版社,2004年。

洪汉鼎主编:《理解与解释:诠释学经典文选》,北京:东方出版社,2001年。

洪谦主编:《逻辑经验主义》(上卷),北京:商务印书馆,1982年。

海德格尔:《存在与时间》,陈嘉映、王庆节译,熊伟校,北京:生活·读书·新知三联书店,1987年。

海德格尔:《存在与时间》,陈嘉映、王庆节译,北京:生活·读书·新知三联书店,第二版,1999年。

海德格尔:《在通向语言的途中》,孙周兴译,北京:商务印书馆,1999年。

海德格尔:《路标》,孙周兴译,北京:商务印书馆,2000年。

海德格尔:《现象学之基本问题》,丁耘译,上海:上海译文出版社,2008年。

海德格尔:《时间概念史导论》,欧东明译,北京:商务印书馆,2009年。

海德格尔:《哲学论稿》,孙周兴译,北京:商务印书馆,2014年。

胡塞尔:《欧洲科学的危机和超验现象学》,张庆熊译,上海:上海译文出版社,1988年。

胡塞尔:《纯粹现象学通论》,李幼蒸译,北京:商务印书馆,1995年。

胡塞尔:《逻辑研究》第二卷第一部分,倪梁康译,上海:上海译文出版社,2006年。

胡塞尔:《欧洲科学的危机与超越论的现象学》,王炳文译,北京:商务印书馆,2008年。

胡塞尔:《文章与讲演》,倪梁康译,北京:人民出版社,2009年。

伽达默尔:《真理与方法》,洪汉鼎译,上海:上海译文出版社,1999年。

康德:《纯粹理性批判》,李秋零译,北京:中国人民大学出版社,2004年。

克尔凯戈尔:《克尔凯戈尔日记选》,晏可德、姚蓓琴译,上海:上海社会科学院出版社,1992年。

克尔凯郭尔:《恐惧与颤栗》,刘继译,陈维正校,贵阳:贵州人民出版社,1994年。

克尔凯郭尔:《致死的疾病》,张祥龙、王建军译,北京:中国工人出版社,1997年。

克尔凯郭尔:《基督徒的激情》,鲁路译,北京:中央编译出版社,2001年。

克尔凯郭尔:《百合·飞鸟·女演员》,京不特译,北京:华夏出版社,2004年。

冯·赖特:《知识之树》,陈波编选,陈波等译,北京:生活·读书·新知三联书店,

1997年。

利奥塔:《后现代性与公正游戏》,谈瀛洲译,上海:上海人民出版社,1997年。

罗蒂:《后形而上学的希望》,黄勇编,张国清译,上海:上海译文出版社,2003年。

罗素:《西方哲学史》,何兆武、李约瑟译,北京:商务印书馆,1976年。

罗素:《我们关于外间世界的知识》,陈启伟译,上海:上海译文出版社,1990年。

罗素:《我的哲学的发展》,温锡增译,北京:商务印书馆,1982年。

马尔库塞:《单向度的人——发达工业社会意识形态研究》,刘继译,上海:上海译文出版社,2008年。

尼采:《权力意志》,张念东等译,北京:商务印书馆,1993年。

尼采:《朝霞》,田立年译,上海:华东师范大学出版社,2007年。

尼采:《权力意志》(下卷),孙周兴译,北京:商务印书馆,2007年。

尼采:《偶像的黄昏》,卫茂平译,上海:华东师范大学出版社,2007年。

尼采:《查拉图斯特拉如是说》,孙周兴译,上海:上海人民出版社,2009年。

叔本华:《作为意志和表象的世界》,石冲白译,杨一之校,北京:商务印书馆,1982年。

蒯因:《从逻辑的观点看》,江天骥译,上海:上海译文出版社,1987年。

萨特:《辩证理性批判》,林骧华等译,合肥:安徽文艺出版社,1998年。

萨特:《存在与虚无》,陈宣良等译,杜小真校,北京:生活·读书·新知三联书店,2007年。

萨特:《马克思主义哲学与存在主义意识形态》,刘国英译,载刘国英、张灿辉主编:《现象学与人文科学》(04辑),台北:漫游者文化事业股份有限公司,2011年。

吕迪格尔·萨弗兰斯基:《来自德国的大师——海德格尔和他的时代》,靳希平译,北京:商务印书馆,2007年。

施太格缪勒:《当代哲学主流》(上、下),王炳文、燕宏远、张金言等译,北京:商务印书馆,1989年。

孙周兴、孙善春编译:《德法之争:伽达默尔与德里达的对话》,北京:商务印书馆,2014年。

索绪尔:《普通语言学教程》,高明凯译,北京:商务印书馆,2018年。

索绪尔:《索绪尔第三次普通语言学教程》,屠友祥译,上海:上海人民出版社,2007年。

维特根斯坦:《逻辑哲学论》,贺绍甲译,北京:商务印书馆,1996年。

维特根斯坦:《哲学研究》,李步楼译,陈维杭校,北京:商务印书馆,1996年。

詹姆士:《实用主义》,陈羽纶、孙瑞禾译,北京:商务印书馆,1979年。

詹姆士:《彻底的经验主义》,庞景仁译,上海:上海人民出版社,1965年内部发行,1986年再版。

詹姆斯:《詹姆斯文选》,万俊人、陈亚军等编译,北京:社会科学文献出版社,2007年。

詹姆斯:《宗教经验种种》,尚新建译,北京:华夏出版社,2008年。

张庆熊主编:《20世纪英美哲学》,北京:人民出版社,2005年。

张庆熊主编:《现象学方法与马克思主义》,上海:上海三联书店,2014年。

张庆熊主编:《现象学方法与马克思主义文选》,上海:上海三联书店,2014年。

人名索引

A

阿尔都塞（Althusser, Louis） 413, 420, 458

阿芬那留斯（Avenarius, Richard） 105

阿隆（Aron, Raymond） 375

阿佩尔（Apel, K.-O.） 137, 138, 144

奥利金（Origen） 265

奥斯汀（Austin, John Langshaw） 180, 251, 478, 479, 480, 500, 515

奥伊肯（Eucken, Rudolf Christoph） 18

B

巴特（Barthes, Roland） 420

伯格曼（Bergmann, G.） 177, 178, 234

柏格森（Bergson, Henri） 11, 14, 15, 18, 34, 79—99, 446, 476

本雅明（Benjamin, Walter） 487

毕勒（Bühler, Karl） 512

边沁（Bentham, Jeremy） 117, 127

波伏娃（Beauvoir, Simone de） 375, 376

波普尔（Popper, K. R.） 112, 239, 509

布伦塔诺（Brentano, F.） 261, 276, 277, 306, 308, 315, 352

布洛赫（Bloch, Ernst） 487

C

陈德草（Tran Duc Thao） 460—462

D

德里达（Derrida, Jacques） 9, 346, 415, 420, 436, 444—446, 455, 457, 458, 460—485

德罗伊森（Droysen, J. G.） 268, 291

狄尔泰（Dilthey, Wilhelm） 5, 8, 18, 34, 111, 112, 262, 265—272, 276—279, 281, 282, 284, 285, 287, 289—312, 418, 437, 481, 482

笛卡尔（Descartes, René） 77, 90, 254, 255, 273, 292, 307, 337, 338, 342, 355, 356, 358, 390, 394, 403, 442, 445, 466, 475, 499, 503, 518

杜威（Dewey, John） 131, 134, 136, 137, 149, 161—172, 241

E

厄姆森（Urmson, J. O.） 251, 252, 255—257

F

费格尔（Feigl, H.） 234

弗朗克（Frank, Ph.） 234

弗雷格（Frege, Gottlob Friedrich Ludwig） 7, 179, 188,

192, 197, 207, 220, 233, 242, 243, 251, 303, 317, 318, 425—427, 513, 514

弗洛姆（Fromm, Erich） 413, 487

弗洛伊德（Freud, Sigmund） 398, 434, 471, 483, 487, 490

福 柯（Foucault, Michel） 9, 223, 420, 436, 458, 480, 521

G

盖格尔（Geiger, Moritz） 315

戈夫曼（Goffman, Erving） 283

哥德尔（Gödel, K.） 234

歌德（Goethe, Johann Wolfgang von） 17, 21, 22, 290

葛云博格（Grünberg, Karl） 487

H

哈贝马斯（Habermas, Jürgen） 7, 9, 283, 346, 462, 475, 478—481, 483—485, 487, 488, 491, 496—522

海德格尔（Heidegger, Martin） 5, 18, 262, 274—285, 292, 312, 313, 316, 317, 341, 342, 349, 351—370, 375—378, 381, 383, 384, 386, 446, 460, 461, 464, 465, 468—470, 474—476, 481—484, 490

汉恩（Hahn, H.） 234

赫尔德（Herder, Johann Gottfried） 17

赫尔姆霍茨（Helmholtz, Hermann von） 105

胡塞尔（Husserl, Edmund） 8, 18, 27, 204, 261, 262, 268—270, 274, 276—280, 282, 283, 292, 303, 306—309, 312, 313, 315—347, 349, 352, 353, 355, 356, 358, 359, 363, 365, 368, 370, 375—378, 382, 383, 386—391, 399, 403, 427, 428, 445—471, 476—478, 480, 482, 490, 497, 500, 501, 504, 505, 513, 514, 519

霍布斯（Hobbes, Thomas） 126

霍耐特（Honneth, Axel） 487, 488, 520

J

加芬克尔（Garfinkel, Harold） 283

加缪（Camus, Albert） 376, 380

伽达默尔（Gadamer, Hans-Georg） 284, 285, 475, 478, 479, 481—483

居约（Guyau, Jean-Marie） 18

K

卡尔纳普（Carnap, Rudolf） 105, 180, 234, 241, 246

康德（Kant, Immanuel） 2, 13, 16, 19, 21, 23—25, 27, 28, 34, 46, 60, 74, 84—86, 90, 103, 104, 137, 140—142, 147, 175, 176, 184, 227, 234, 261, 266, 267, 290, 293, 296—299, 302, 316, 321, 337, 338, 340, 341, 358, 382—384, 386, 490, 499, 518, 520, 522

柯亨（Cohen, Hermann） 296

克拉夫特（Kraft, V.） 234

孔德（Comte, Auguste） 6, 105, 107, 115, 117—119, 233, 291, 419

蒯因（一译奎因）（Quine, Willard Van Orman） 7, 131, 136, 180, 231, 241—250, 257

L

拉康（Lacan, Jacques） 420

列维纳斯（Levinas, Emmanuel） 375, 462

赖尔（Ryle, Gilbert） 180, 251—255

赖那赫（Reinach, Adolf） 315

赖特梅斯特（Reidermeister, K.） 234

兰克（Ranke, L. v.） 268, 289, 291

李凯尔特（Rickert, Heinrich） 296

利奥塔（Lyotard, Jean-François） 443, 444, 446—448, 452

列维-斯特劳斯（Levi-Strauss, Claude） 404, 406—409, 413, 414, 419, 420, 430, 432—436, 457

刘易斯（Lewis, Clarence Irving） 136

卢卡奇（Lukács, György） 413, 490, 492, 500

罗蒂（Rorty, Richard） 136, 177, 180, 450, 451

罗素（Russell, Bertrand） 7, 175, 176, 178–180, 183–197, 199, 200, 207, 212, 216, 220, 228, 231, 233, 234, 242, 243, 248, 251, 276, 376, 417, 445, 467

洛克（Locke, John） 117, 118, 175, 176, 187, 293, 442

M

马尔库塞（Marcuse, Herbert） 9, 413, 487–490, 495, 496

马赫（Mach, Ernst） 105, 233

马塞尔（Marcel, Gabriel） 380

莫斯（Mauss, Marcel） 419

梅洛－庞蒂（Merleau-Ponty, Maurice） 274, 313, 376, 380, 460

梅农（Meinong, A.） 194, 196, 276

门格尔（Menger, K.） 234

米德（Mead, George Herbert） 136

米塞斯（Mises, R. von） 234

摩尔（Moore, George Edward） 179, 180, 200, 201, 223–227, 234, 251, 255, 256

石里克（Schlick, Moritz） 105, 180, 201, 233–235

穆勒（Mill, John Stuart） 105–107, 115, 117–130, 291–294, 296–298, 320

N

纳托普（Natorp, Paul） 296

尼采（Nietzsche, Friedrich Wilhelm） 5, 8, 11, 14, 15, 18, 34, 35, 37, 39–63, 274, 446, 482, 483, 521

纽拉特（Neurath, Otto） 105, 234, 241

P

帕斯卡（Pascal, Blaise） 15, 154

培根（Bacon, Francis） 103, 104, 106, 117

皮尔士（Peirce, Charles Sanders） 131, 135–148, 151, 153, 155, 157, 159, 161, 167, 168, 478

普凡德尔（Pfänder, Alexander） 315

普特南（Putnam, Hilary） 7, 136

Q

祁克果（Kierkegaard, Søren Aabye） 11, 18, 65, 67–78, 274, 376

S

萨特（Sartre, Jean-Paul） 5, 8, 78, 183, 262, 273, 274, 313, 373, 375–414, 420, 428

塞尔（Searle, John R.） 313, 475, 478–480, 483, 500

舍勒（Scheler, Max） 313, 315, 316, 375

施莱尔马赫（Schleiermacher, Friedrich） 22, 266, 267, 284, 285, 289, 290, 299, 300, 301, 481, 482

叔本华（Schopenhauer, Arthur） 5, 8, 11, 14–16, 18, 19, 21–35, 37, 39, 41, 42, 44, 45, 47, 48, 61, 62

舒茨（Schütz, Alfred） 283, 497, 500

舒尔兹（Schulze, G. E.） 21

斯宾塞（Spencer, Herbert） 105, 107, 115, 233, 291

斯特劳逊（Strawson, Peter Frederick） 180, 251, 252, 257–260

索绪尔（Saussure, Ferdinand de） 8, 406, 413, 415, 419–430, 432, 435, 457, 463, 473

T

涂尔干（Durkheim, Émile） 419

W

韦伯（Weber, Max） 487, 490, 492, 500, 505, 507–509

维特根斯坦（Wittgenstein, Ludwig） 7, 112, 178, 180, 191, 197, 199–229, 231, 240, 242, 243, 251–253,

312, 313, 421, 426, 438, 446, 453, 474, 478, 497, 499-505, 513-515, 519, 520

魏斯曼（Waismann, F.） 201, 234

X

西美尔（Simmel, Georg） 18

席勒（Schiller, Ferdinand C. S.） 136

谢林（Schelling, Friedrich Wilhelm Joseph von） 2, 15, 21, 68

休谟（Hume, David） 117, 121, 123, 175, 176, 261, 318, 383, 384, 442

Y

雅各布森（Jakobson, Roman） 407, 419, 430-432

Z

詹姆士（James, William） 131, 135-137, 139, 151-159, 161, 165, 166, 168

术语索引

A

阿波罗　42, 43

阿基米德点　8, 269-271, 370, 459

爱洛斯　495

奥康姆剃刀　185, 187, 188, 190, 197, 248

B

半假设陈述　253, 254

悲观主义的人生观　31

背景信念　500, 505

被抛　364, 366, 367, 369

本己的　279-281, 283, 366

本然事件　283, 284

本体　11, 13, 14, 16, 19, 23, 24, 28, 30, 34, 35, 79, 80, 93, 94, 97, 148, 190-192, 382, 467, 472, 475

本体论　1, 11, 13, 24, 34, 35, 94, 95, 107, 136, 159, 173, 180, 185, 188-192, 194, 197, 199, 246-250, 275-278, 321, 330, 331, 338, 341-346, 349, 354-356, 359-361, 363, 370, 376-378, 381, 384-386, 388, 389, 391, 396, 403, 445, 446, 458, 462, 466, 475, 518

本体论的承诺的标准　247, 249, 250

本体论的相对性　244, 246, 247, 249, 250

本我　341, 398

本真　279, 280, 283, 352, 366-370, 461, 468, 470, 484, 499

本真地生存　366, 369, 371

本质　29, 32, 33, 52, 84-86, 92, 94, 96, 189, 204, 217-219, 228, 235, 266, 273, 276, 277, 279, 284, 318, 319, 324, 331, 333-335, 342, 349, 356, 357, 359, 363, 377, 378, 382, 386, 403, 404, 420, 422, 428, 439, 445, 446, 449, 451-453, 459, 461, 464, 465, 467, 471, 472, 505

本质还原　318, 331, 332, 334, 335, 459

本质主义　218, 228, 439, 444, 446, 451, 452

比较语言学　422

边缘动荡　462

辩证法　2, 9, 75, 77, 118, 293, 295, 405, 444, 460-462, 467, 468, 478, 481, 487, 492-494, 518

表达明确　497, 519

表象　16, 24-30, 133, 147, 304, 308, 319, 323, 324, 326, 327, 329, 330, 334, 352, 377, 382, 388, 472, 513, 514

表象理论　24

布拉格结构主义　419

C

操劳　282, 359, 362, 364-368, 381, 386

侧显　340, 377, 387, 394

超人　37, 41, 53, 54, 56-58
超我　398
彻底的经验主义　157, 165
持留记忆　339, 368, 470
充足理由律　25, 30
筹划　280, 360, 364, 366, 367, 369
处境定义　510
处身情境　363-365
传统的行为　507, 508
创造进化论　90-93
纯粹的自我和人格的自我　307
纯粹现象　269, 270, 309, 318, 333, 334, 370, 377, 452, 458, 459
此在　48, 53, 275, 277-284, 307, 341, 342, 349, 353-355, 357-370, 376-378, 381, 461, 470, 475
存有　331, 337, 349, 354-364, 366, 368-371
存有者　331, 337, 349, 354-364, 366, 368-370
存在的现象　384, 386
存在先于本质　273, 378, 420
存在主义　5, 8, 11, 18, 60, 65, 67, 69, 76-78, 99, 261-263, 272-275, 280, 284, 287, 355, 369, 373, 375-377, 380, 404-408, 410, 413, 418, 420, 428, 458, 462, 463, 468

D

大叙事　443, 444, 446-449, 453, 463, 475
带存在信念的和不带存在信念的行为　325
单束放射式的和多束放射式的行为　324
单向度发展的人　490, 492, 495
道德科学　112, 118, 121, 123, 128, 293, 294, 298
独断论　16, 23
对理念的摹写　23, 472

对象化的行为　323, 324
对象论　275-277
多元论的世界观　206

E

恩典　74, 75
二元论的历史观　61

F

法兰克福学派　3, 9, 111, 112, 487-492, 496-499, 501, 505, 507, 517-519, 520
翻译的不确定性　244, 245, 249
反思的我思　389-391
反思前的我思　389-391
反庸俗化　135
范畴陈述　253, 254
范畴错误　253, 254
非理性主义　11-19, 77, 80, 97
分析的经验主义　176
分析命题　7, 104, 211, 236, 240, 317
否定辩证法　490
符号学　424-426, 430, 437
复合的句子　191, 192
复合的事实　191, 206, 207
复合命题　192, 207, 227

G

感觉材料　147, 186, 187
哥白尼式的革命　176
个体主义的人性论　130
工具理性　9, 112, 489-492, 495-500, 505, 506, 508, 518, 519, 521

工具主义　136, 166
公共的理解　169
公共领域　453, 497, 500, 521
功利主义　117, 127, 507
共存的方式　309
共同心理　170
共相　187, 189, 249, 259, 321, 333, 334
沟通　483, 484, 501, 504, 505, 507, 510, 511, 513, 516, 519, 521
构成　339-342, 346, 506, 509
关系命题　191, 193
归纳的方法　120, 128, 238, 243
规范调节行为　507-509, 511
规则性的陈述　112, 539
贵族主义　50

H
合法性　170, 444, 447, 448, 450
合理化　441, 489, 492, 499, 500, 505, 506
河床　223, 225-227
恒常的在场　445, 466, 467, 477
后结构主义　9, 415, 420, 436, 438, 455
后现代主义　2, 5, 9, 60, 180, 272, 346, 415, 420, 439, 441, 443, 444, 446, 447, 449-452, 455, 463, 488
后形而上学思想　518
化学或实验的方法　125, 126, 129
话语权　450
混范畴陈述　253
活力论　17
活生生的当下　339, 446, 470, 476

J
几何或抽象的方法　125, 126, 129

积极的虚无主义　53
基本本体论　359-361, 376, 381, 461, 470, 475
基本命题　77, 207, 215, 216, 227, 417, 514, 515
基督教道德　50, 60, 61
技术理性　495, 496
家族相似　217-219, 228, 446
假设陈述　253, 254
假言的推论　128
价值理性的行为　507, 508
价值判断　47, 52, 105, 112, 294
价值中立　112, 494
简单的事实　48, 191, 206
简单对象　191, 192, 216
交往理性　484, 491, 496, 500, 505, 506, 508, 510, 512
交往行为　8, 9, 283, 478, 491, 497-502, 504, 505, 507-513, 515, 520
焦虑　72, 272-274, 364-366, 376, 381, 386, 396, 397, 399
结构制约着历史　407, 408
解蔽　280, 368, 484
解构　1, 9, 420, 439, 444-446, 449, 450, 457, 461, 463-466, 468, 471, 474-476, 479-481, 483-485
进化的目的假设　51
进化论神学　93
禁欲　32, 33, 44, 47, 61
经验改造　168
经验命题　104, 105, 107, 112, 211, 225, 236, 417, 445, 466
经验批判主义　105
经验主义　5, 103, 104, 134, 161, 163, 175, 176, 234, 250, 259, 261, 294, 296, 476, 517
精神的客观化　302
精神科学　17, 18, 111, 112, 118, 268, 269, 271, 272,

277, 281, 292—298, 303, 304, 310—312, 418, 419, 434, 435

精英主义　50

境域　284, 341, 369

酒色之徒　44

酒神精神　42—44

句段关系　428, 430

拒斥形而上学　104, 234, 236, 239

具体演绎的方法　120, 123—125, 127, 129

惧怕　364, 365, 381, 386

绝望　68, 69, 71, 72, 74, 75, 77, 273

K

可错性　146

可检验性的要求　120

可证伪性要求　237—239

客观的唯心主义　302

客我　136

恐惧　31, 48, 73, 74, 124, 127, 157, 165, 272, 396, 397

L

浪漫主义　17, 101, 117, 476

类型学　301

理念等级说　23

理由律　27

力比多　398

历时性和共时性　431

历史的方法　128

历史目的论　302, 311, 345, 346

历史整体化理论　411

历史主义　17, 268, 270, 287, 289, 291, 292, 296, 298—301, 312, 418, 422, 432, 434—436, 459

历史主义思潮　267—269, 271

利益无涉　33

连带展望　339, 368, 470

怜悯　32, 33, 41, 49

联想关系　428—430

伦理阶段和宗教阶段　73

逻各斯中心论　444, 463, 464, 466, 468, 469, 471, 472, 474—479, 481

逻辑经验主义　106, 135, 233, 234

逻辑实证主义　7, 105, 106, 180, 211, 231, 233, 236—241, 246, 318, 467, 514

逻辑原子主义　180, 184, 189, 194, 216, 242

M

马堡学派　296

马赫主义　105

美学阶段　73, 74

绵延　16, 79, 80, 82, 84—90, 92, 94—96, 446, 470, 476

面向事情本身　278, 280, 281, 285, 458

描述的心理学　290, 304—306, 310, 311

描述的形而上学　257—260

民主政体　170

明见性　342, 344—346, 458—460, 463, 466, 471, 476, 477, 482, 497, 500, 501, 504

摩耶之幕　28

摹状词的理论　194

末人　54

目的理性的行为　507

N

内感知　308, 318, 518

内时间　94, 326—329

内知觉　96, 104, 186, 291, 292, 294, 301, 442

能在　282, 283, 366

能指与所指　406, 415, 421, 425–427, 436, 463

逆向演绎的方法　120, 127, 128

涅槃境界　33

奴隶道德　49, 50, 54

P

配对　399

批判理性主义　239

普遍的精神疾病　72

谱系　56, 152, 271, 301, 311, 422, 436, 521

Q

齐一性　104, 105, 111, 118, 120, 121, 123, 124, 128

启蒙运动　13, 15, 41, 43, 54, 60, 107, 439, 441

起源增补　462–464

气质说　155

前理解　270, 408, 481, 482, 515

前谓词的经验　477, 478

强的可证实性要求　237, 239

强人　41

亲知的原则　185

亲知的知识　185, 187–189, 194, 227

情感的行为　507

权力意志　15, 17, 35, 37, 42, 44–53, 55, 355, 482, 483

诠释学循环　271, 302, 481, 482

R

人道主义　43, 46, 50, 60, 110, 369, 376, 379, 380, 404–406, 409, 410, 411, 413, 414, 418, 420, 490

人格自我　341, 370, 390, 391

人工语言　7, 106, 107, 178–180, 191–193, 199, 200, 228, 231, 251, 257, 514

人类学　295, 341, 342, 369, 404–410, 419, 420, 422, 427, 430, 432–435

人生道路的选择　154, 155

人性科学　122, 123

认识的可能性　148, 296, 336, 337

日常的生活世界　283, 342–344, 346

日常语言　107, 177–180, 191–193, 195, 196, 199, 200, 202, 213, 228, 231, 251, 252, 257, 260, 472, 478, 514

日神精神　42, 44

弱的可证实性要求　237, 239

S

三个阶段说　109

上帝超越而内在　75

上帝死了　40, 51, 53, 60, 282

社会规律　121, 127, 128, 419, 494

社会批判理论　3, 5, 9, 111, 487, 518

神秘经验　15, 16, 157, 468

神秘主义　11, 15, 16, 134, 152, 209, 283, 370

神人一体　157

生存竞争　29, 33, 37, 41, 91, 92

生存绝望与上帝拯救　71

生存论的理解　360

生存意志　17, 29, 31, 33, 35, 37, 41, 44

生存哲学　349, 358

生活的结构关联　308, 311

生活世界　8, 10, 98, 283, 292, 312, 317, 319, 331, 340, 342–346, 363, 370, 406, 459, 460, 478, 481, 497, 499–506, 508–512, 519

生活世界的本体论　331, 344, 346, 363

生活形式　107, 112, 173, 179, 199, 200, 215, 217, 221, 222, 227, 312, 426, 438, 453, 478, 497, 499–505, 513,

515, 516, 518, 520
生命表达　300, 481
生命的客观化　302
生命的目的论的统一的结构关联　310
生命的原始冲动　91, 92
生命实体　89, 90, 94
生命哲学　5, 8, 11, 12, 14, 16-19, 34, 37, 80, 93, 98, 99, 111, 261, 262, 279, 281, 282, 287, 299, 300, 310, 312, 418

圣人　41
施为　478-480
实存　69, 378
实际性　278-282
实际性的诠释学　275, 278, 279, 281-283, 481
实践-惰性　404, 405, 407, 408
实效主义　135, 139, 148
实验主义　136
实用主义　5-7, 14, 97, 131, 133-146, 148, 151, 153-158, 161, 166, 168, 171, 180, 231, 241, 242, 415, 417, 450, 478
实用主义的分析哲学　7, 131, 135, 136, 180, 231, 241, 244
实用主义的整体论的经验论　241, 242
实用主义的准则　142, 145, 148, 155
实有的　326, 328, 329, 387
实在的　326-330, 387
实证的标准　101
实证主义　3, 5-8, 97, 101, 103-112, 115, 118, 120, 128, 180, 267, 268, 291-293, 296, 298, 304, 406, 409, 415, 417-419, 435, 437, 489, 490, 492-496, 499, 517, 518, 521
实质本体论或区域本体论　356
世界图式　223, 225-227, 229, 301

事况　206
事实　5-7, 9, 27, 28, 35, 40, 60, 76, 84, 104-107, 118, 120, 121, 126, 127, 129, 133, 134, 143, 148, 154-157, 159, 167, 169, 191-194, 199, 203-210, 215, 242, 243, 267-270, 271, 281, 285, 297, 300, 303-305, 309, 312, 316, 333, 336, 346, 361, 368, 393, 395, 396, 417, 418, 432, 442, 445, 452, 453, 461, 466, 467, 483, 489, 492-494, 497, 505, 512, 515-520, 522
事实本体论　199
事实判断　112
事实性　268, 278-280, 282
事态　133, 143, 203-210, 212, 213, 215, 217, 218, 220, 426, 427, 445, 466, 479, 508, 512-516
视角主义　55-57, 62, 446
视域融合　285
手边存有　362
书写　463-466, 469, 471-476, 485
瞬间　58, 70, 71, 84, 87-89, 92, 94, 368, 469, 470
说和显示　213
说明　294, 295, 298, 303, 311
说明的心理学　305
思想的五步说　166-188
死亡　32, 272, 273, 353, 366, 367
所思的世界　206, 207, 209
琐罗亚斯德教　61

T

他人是地狱　400, 401
探究的五个环节说　167, 168
条件——命令　143
通用的诠释学　265
同构论　199, 207, 209, 515
同情的道德　47

统调者　88, 307, 338
偷窥　400
图像论　199, 207, 218

W

唯理论　13, 19, 55, 86, 133, 134, 164, 441, 442, 445, 466, 467
维也纳团体　234
维也纳学派　7, 106, 177, 180, 202, 231, 233-236, 239, 241
唯意志主义　5, 8, 11, 12, 14, 16, 19, 34, 35, 37, 287
慰藉说　155
文本　112, 263-267, 281, 285, 299-301, 420, 436-438, 457, 469, 473, 474, 481
文化科学　277, 297, 298
乌托邦　8, 9, 448, 489, 495, 496, 518
无谓的命题　210, 213, 514
无意义的命题　112, 176, 210, 514
物-属性-本体论　199
物理作用　157

X

西南学派　296
戏剧行为　507-509, 511
系统性或整体性假设　51, 52
先验的语言主义　227
先验还原　318, 331, 332, 335, 336, 338-340, 346
先验唯心主义　276, 292, 296, 297, 318, 319, 322, 326, 329-331, 340-342, 346, 387, 388
先验意识　279, 292, 300, 319, 337, 338, 363, 505, 506
先验主义　27, 82, 84, 129, 299, 301, 346
先验自我　276, 337, 338, 341, 342, 346, 358, 370, 459
现象的存在　384-386

现象学　5, 8, 18, 27, 99, 111, 202, 261-263, 267-270, 273-283, 285, 287, 292, 295, 306-308, 312, 313, 315-319, 321, 328, 329, 331-334, 337-346, 349, 352, 353, 355, 356, 363, 365, 370, 375-377, 380, 381, 383-385, 388, 391, 396-399, 408, 409, 415, 418, 419, 428, 432, 434, 435, 437, 445, 458-461, 465, 467, 470, 471, 475-478, 482, 488, 490, 498, 500, 504, 517, 519, 520
现象学的本体论　277, 278, 381, 384, 385, 391
现象学还原　270, 276, 307, 318, 319, 342, 345, 370, 387, 471, 506
线性的结构　470
线性的历史观　60
相对主义　267-271, 281, 291, 292, 299, 312, 317, 321, 342, 453, 475, 477, 479, 485
相续的方式　309, 310
消费文化　9, 487, 495
消极的虚无主义　53
效应史　284, 285
心——身或思想——行动的作用　157
心理的结构关联　306, 308, 309, 311
心理的联想律　104, 119
心理主义　119, 129, 130, 317-321, 333, 428
心灵生活的表达　299, 303
新黑格尔主义　134, 180
新康德主义　292, 296-298, 487
新实用主义　136
新实证主义　233
形式本体论　277, 341-343, 356, 361
形式语义学　513-517
性质　82, 85-87, 277, 307, 323-325
修正的形而上学　258
虚无　380, 381, 394-396

虚无主义　41, 48, 50-58, 60, 353, 475, 477, 479, 485
轮回论的历史观　60, 61

Y

延异　436, 445, 446, 451, 452, 462-465, 468-472, 476
言语行为　512, 515-517
言语与语言　422-424
言语中心论（语音中心论）　463, 464, 471-473, 477, 478
一切原则的原则　333, 445, 467, 470, 471
一致性的极　327, 328
移情作用　270, 300, 307, 399
以言表意的行为　515
以言行事的行为　515
异化　9, 273, 280, 404, 405, 410, 412, 413, 487, 490, 492, 495-499, 501
艺术　32, 33, 46-48, 295, 296, 301, 435
意识流　166
意识事实　159, 268-271, 278, 281, 282, 285, 303-305, 309, 312
意识哲学　8, 77, 273, 282, 339, 340, 341, 346, 349, 358, 428, 499, 500, 503, 513, 514
意识总是有关某物的意识　277
意向活动　277, 322, 323, 327, 396, 428, 480, 513
意向内容　322-328, 387
意向行为　308, 322-329, 338, 387, 427, 480, 514
意向相关项　326-329, 338, 387
意向性　8, 269, 274, 306, 307, 313, 322, 326, 337-339, 352, 358, 359, 384, 386-391, 418, 427, 428, 476, 480
意义标准　211, 233, 235, 236, 238-240, 514
意义赋予　323, 513
意志　5, 8, 11-19, 22-35, 37, 39-56, 58, 61-63, 69, 83, 94, 109, 140, 156, 292, 297, 306, 309, 310, 359, 402, 409, 418, 424, 482-484
意志客观化　24
因果链　71, 119, 129, 130
印度婆罗门教　25
英国经验论　117, 133, 164, 197, 318
应手存有　362, 363
庸俗化　135
永恒轮回　56-63
游戏论　199
有限性和脆弱性　72
语言的界限　209, 213
语言批判　197, 199, 228
语言游戏　217, 219, 221-223, 253, 312, 446, 453, 478, 480, 481, 484, 500-502, 505, 513, 515
语言执行力　479
语言转向（语言学转向）　2, 8, 107, 135, 176-178, 190, 191, 197, 478, 496, 510, 518, 519
预定论　93
预象或预表　264, 265
欲望产生痛苦　25
寓意解释　264, 265
寓在　359, 364
原初的在场　445, 467
原初给予　445, 467, 470
原初书写　463, 474
原初印象　339, 368, 470, 476
原子句子　192
约束变项　247-249
晕圈　327

Z

在场　279, 306, 307, 362, 367, 368, 394-396, 436, 445, 446, 449, 451-453, 464-468, 470-477, 480

在场的形而上学　439, 444—446, 451, 452, 463, 464, 466—468, 470, 471, 474—479, 481, 484

真理　6, 15, 46—48, 52, 55, 62, 68, 75—77, 134, 135, 148, 153—155, 157—159, 161, 167, 168, 178, 235, 242, 281, 283—285, 296, 299, 317, 320, 321, 331, 334, 337, 342, 368—370, 439, 445, 449—451, 453, 460, 462, 466—468, 474, 478, 484, 493, 494, 519, 520

真理的兑现价值　153

真理即效用　168

真理即主体性　76, 77

真实性假设　51, 52

整体主义的经验论　241

证实原则　7, 10, 111, 211, 233, 235, 236, 238—240, 514

证伪　104, 112, 178, 211, 237—239, 242, 243, 518

执行式　251, 252, 515

直觉　14, 16, 30, 79, 85, 94, 96—99, 261, 333, 470, 515

质料　158, 323—325

值和值域　249

职业的生活世界　342—344

殖民化　497, 501, 506, 519

指称的不确定性　244, 245, 249

指号学　143—145, 147, 148, 168

中立一元论　189

中止判断　279, 331—334, 337, 338

重估一切价值　44—46, 48, 53, 60

重新体验　299

主奴关系　401—403

主人道德　49, 50, 54

主体际的确认　120

自欺和羞耻　397

自然的心态　336, 370

自然化的认识论　241

自然科学和精神科学　277, 435

自然主义　136, 161, 163, 180, 241, 250, 256, 302, 459

自然主义的经验论　163, 166, 168, 170

自然主义谬误　255—257

自身的异化　280

自为的存在　378, 379, 384, 386, 391—396, 398, 400—405

自我意识　306, 307, 355—358, 389, 403, 437, 518

自由的唯心主义　302

自由想象的变更　334, 335, 459

自由与处境　377—379

自由主义　170, 449, 490

自在的存在　378, 384—386, 391—396, 398, 402, 404, 405

自在之物　16, 23, 24, 28, 30, 147, 148, 337, 381, 383, 384

宗教A和宗教B　75

踪迹　462—465, 471, 473—476, 480, 483

综合命题　7, 236, 240, 324

最后之神　370

最小词汇量　188, 191

罪疚感　74

尊重事实　278, 483, 497, 519

作者中心论　436, 437

增订本后记

本书初版于2017年，这次出的是增订版，由初版的十四章增至二十六章。本书初版和增订版的差别主要在于初版是为一个学期（每周3学时）的课程设置的，增订版是为两个学期（每周2学时）的课程设置的。我多年来在复旦大学主讲"现代西方哲学"这门课程。我们有两套教学方案：一套是把现代英美哲学和现代欧陆哲学合在一起讲，总共54学时；另一套是把现代英美哲学和现代欧陆哲学分开来讲，总共72学时。本书增订版在章节安排上仍然按照时间的顺序，作为教材使用时可以根据课程设置选择相关章节灵活处理。本书增订版与初版还有一个差别是增订版加强了综述的章节，如"非理性主义、唯意志主义和生命哲学综述""诠释学、现象学、存在主义相互关系综述"等，以便把同类学派之间的相互关系说清楚。本书每章附有思考题。出思考题的目的不是为了让学生死记硬背，而是为了激发他们的独立思考。思考题可用于课后的作业，也可用于课堂上讨论的问题。为了活跃思想，可以把学生分为辩护和反驳的两组讨论相关的问题。本书还附有"推荐书目"，作为该课程的参考教材和原著阅读资料。如果时间允许，可增设原著领读和研讨的课程，这是提升外国哲学教学质量的必由之路。

对于这本小书的成稿，我要感谢刘放桐老师和已故的黄颂杰老师。在他们的带领下，复旦大学哲学学院外国哲学教研室在西方哲学的教学和科研方面取得丰硕成果。其中值得一提的是，"西方哲学史"和"现代西方哲学"都被评为国家级精品课程。本书稿是我继承他们的教学工作后陆续形成的讲稿的整理和汇编。在此基础上，我力求做到简明扼要，旨在把重要人物的重要思想讲透彻，并把现代西方哲学各个流派的问题意识和相互关系讲清楚。对于该书的出版，我要感谢商务印书馆总编辑陈小文和商务印书馆上海分馆总编辑鲍静静。在他们的支持下，这本小书得以在学界声誉很高的商务印书馆出版。我还要感谢刘剑涛博士、陈志伟博士、朱健责任编辑，他们细心核对我的书稿，改正我书写中的错漏，使之在注释、参考书目等格式方面符合商务印书馆的规范。